Wilhelm Kölmel

Soziale Reflexion im Mittelalter

Wilhelm Kölmel

Soziale Reflexion im Mittelalter

Ludgerus Verlag

ISBN 3-87497-169-4

Satz und Druck: H. Rademann KG, Baumschulenweg, 4710 Lüdinghausen

INHALT

I. Zum Weg der Betrachtung

Seite

WEGSTRECKEN DER SOZIALEN REFLEXION

II. Von den Kirchenvätern zur karolingischen Soziallehre

III. Soziale Reflexion der karolingischen Epoche

IV. Krise und Ordnung

VORWORT

Die vorliegende Studie verfolgt den Weg der sozialen Ideengeschichte im Mittelalter, den historischen Prozeß des Nachdenkens über menschliche Gesellschaft, ihre Struktur, die Stellung und Funktion des Einzelnen und der verschiedenen Gruppen. Sie will dabei weder ein Handbuch zur flüchtigen und raschen Information ersetzen, noch will sie mit der Ausführlichkeit einer Spezialuntersuchung konkurrieren. Vollständigkeit im Ganzen und erschöpfende Erfassung der Details wird man vergeblich suchen. Dennoch, da die Darstellung aus den Quellen erarbeitet wurde, kann sie Nuancen bieten, die einer Schilderung nach sekundären Vorlagen versagt sind. Auch ist keine Aufzählung von Namen und Aussagen geplant. Im Hintergrund und vor sich hat die Arbeit vielmehr die Frage nach dem „menschlichen Gehalt und Ertrag" der sozialen Reflexion. Denn wenn es zutrifft, daß geschichtliche Leistung an dem zu messen sei, was sie dem Menschen, seiner Würde, seiner Freiheit und seiner Entfaltung einbringt, wie sie ihm hilft, mit seinem Schicksal fertig zu werden, dann gilt das alles für die soziale Reflexion in ganz besonderem Maße. Sie geht ja unmittelbar auf die conditio humana zu, auf die Existenz des Einzelnen unter den Andern und mit den Andern, auf die individuelle und gesellige Selbstverwirklichung. In diesem Nachdenken formen sich die Vorstellungen über das Gestern, Heute und Morgen, reflektieren sich tradierte Denkgewohnheiten und Mentalitäten, werden die Verhaltensmuster formuliert. In der sozialen Reflexion begegnen wir dem Denken „wider den Strich", gegen allen Zwang vorgefaßter Meinungen und verordneten Denkens. Zustimmung und Widerspruch, Bewahren und Verändern können sich in der Zeitspanne zwischen Völkerwanderung und der anhebenden planetarischen Erkundung des orbis terrae freilich nur unter den vorgegebenen zeitgeschichtlichen Bedingungen artikulieren. Darin liegt, wie wir heute meinen, ihre Begrenztheit, was ihre Bedeutung für die anbrechende Epoche einer neuen Zeit keineswegs mindert, sondern sie eher in ein helleres Licht rückt und ihre unwiederholbare historische Funktion deutlich werden läßt.

Wilhelm Kölmel

I. ZUM WEG DER BETRACHTUNG

1. Über soziale Reflexion

Reflexion im Thema der Studie „Soziale Reflexion im Mittelalter“ wird im Wortsinn genommen als: Nachdenken über gesellschaftliche Zustände, als: Überlegen, Bewußtmachen gesellschaftlicher Vorgänge und Prozesse. Dabei sind Begriff und Sache der sozialen Reflexion — je nach Perspektive — eng oder weit zu fassen.

Eng zu fassen, indem das Attribut „sozial“ eben dieses Nachdenken und Reflektieren abgrenzt gegenüber politischen und theologisch-pastoralen Überlegungen, wobei von vornherein evident ist, daß Überschneidungen und Verflechtungen unvermeidbar sind. Eine Tatsache, die es notwendig macht, gerade bei mittelalterlichen Zeugnissen, denen die heutigen abstrakten Differenzierungsprinzipien und Kriterien „sozial-politisch“ fremd sind, eben die Thematik der sozialen Reflexion klar im Blick zu behalten. Vom Attribut „sozial“ her steht die folgende Betrachtung in der Pflicht, ihr Vorhaben möglich eng zu fassen.

Weit zu fassen dagegen ist im Thema „Soziale Reflexion„ die Reflexion selbst. „Nachdenken über Gesellschaft“ muß nicht unbedingt wissenschaftlich vor sich gehen, es muß sich nicht von vornherein um ausgewiesene soziale Theorie handeln. Reflexion kann auch bedeuten, daß man soziale Tatbestände „nachdenklich“ und „nachdenkend“ registriert, sie bewußt zur Anschauung bringen will. Reflexion kann darüber hinaus auch meinen, daß soziale Kategorien und Kriterien bei einer Aussage am Werk sind, daß ein Urteil in einer sozialen Perspektive zustande kommt und im Blick auf soziale Gegebenheiten artikuliert wird. Freilich, damit derlei Aussage und ein solches Urteil zu „sozialer Reflexion“ genommen werden können, ist es erforderlich, daß in ihnen soviel an „Nachdenken über Gesellschaft“ aktiviert ist und in sie einfließt, wie man sie für eine soziale Argumentation erwarten darf. Beispiel: Wenn in einem theologischen Text die soziale Unfreiheit und ihr möglicher Widerspruch zur Heilsbotschaft mit dem Hinweis auf das Fehlen der sozialen Differenzierung in der Ordnung der Gnade beschwichtigt wird, so ist diese Argumentation nur möglich, wenn ihr ein Nachdenken, ein Bewußtmachen christlicher, sozialer Existenz inmitten einer sozialen Struktur, hier der Struktur: frei—unfrei, mit ihren bitteren Folgen vorausgeht [1]). Soziale Reflexion ist auch am Werk, wenn in einem Formular zur Freilassung aus St. Gallen die Gewährung der Freiheit „von dem beschwerlichen Joch menschlicher Knechtschaft (ab importuno servitutis jugo humanae) in Verbindung gebracht ist zur Liebe Christi, der uns „von der Herrschaft des Teufels befreit hat“ [2]). Ob diese soziale Reflexion dabei originär zustande kommt oder im Nachvollzug einer literarischen und spekulativen Tradition formuliert wird, ist zweitrangig. Wenn von den gerade auch für die Sozialgeschichte und die soziale Ideengeschichte aufschlußreichen „Formulae“ die Rede ist, so sei angefügt, daß gerade in ihnen, in ihrer zu knappsten Formeln geronnener Diktion soziale Reflexion zum Vorschein kommt. Zwar nicht direkt und explizit, aber indirekt lenken soziales Bewußtsein, soziale Denkstrukturen und in ihnen soziale Reflexion die Formulierung. An dieser Stelle bietet sich natürlich für „soziales Bewußtsein“,

„soziale Denkstrukturen" auch der Begriff der Mentalität (mentalité) an, der bereits im Vorwort angesprochen wurde [3]). Ohne jetzt ein voreiliges Urteil über das zuweilen komplizierte Verhältnis von Theorie, von Ideenbildung, von Reflexion zu Mentalität abzugeben, sei für den Augenblick betont, daß es sich auch bei einem weitgefaßten Begriff von Reflexion, auch bei „indirekter Reflexion" etwa in den „Formulae" um Überlegung, um eine intellektuelle Operation handelt, die mehr und anders ist, als eine psychische, kulturelle, geistige Befindlichkeit, in die man eingebettet ist und aus der heraus man handelt. Als „intellektuelle Operation" muß sie dementsprechend auch in den Quellen faßbar sein, wobei gerade der weitgefaßte Begriff von Reflexion die Möglichkeit bietet, mittelalterliche Quellen und Zeugnisse auch dort aufzusuchen und zum Sprechen zu bringen, wo keine explizite soziale Reflexion ausgebreitet wird.

1.1 Quellen

Wie wichtig und auch hermeneutisch fruchtbar gerade das zuletzt Gesagte werden kann, stellt sich bald bei einer Überprüfung der Quellenlage heraus. Den Umfang der Quellen kann man ja bestimmen und danach abgrenzen, was eben soziale Reflexion artikuliert, wobei der Grad der Reflexion und das Maß der Artikulation verschieden ausfallen werden. Auf alle Fälle, relevant für soziale Reflexion — im zuvor beschriebenen Sinn und Umfang — sind nicht nur Traktate, gelegentliche Auslassungen über Soziales, sondern auch Aussagen, in deren Reflexion eben auch soziale Vorstellungen mit reflektiert werden, deren Zustandekommen ohne ein derartiges Mitreflektieren gar nicht zu denken ist. Also neben expliziten Äußerungen zu gesellschaftlichen Themen auch die in eine Aussage implizierte soziale Reflexion.

Explizite, dezidierte Äußerungen zu sozialen Themen sind selten, sie werden noch rarer, wenn man nach monographischen Darstellungen sozialen Inhalts Ausschau hält. Häufig, oder besser zumeist, erscheinen Aussagen zu gesellschaftlichen Fragen im Kontext theologisch-pastoraler, philosophisch-ethischer oder enzyklopädischer Texte. So etwa in den Etymologiae des Isidor von Sevilla, in Traktaten der Karolingerzeit, wie in „De institutione laicali" des Jonas von Orleans, der „Via regia" des Smaragd (9. Jahrh.) oder schon früher bei Salvian (De gubernatione Dei, 5. Jahrh.). Dann bei Rather von Verona (Praeloquia, 10. Jahrh.)in der kirchenpolitischen Publizistik des Investiturstreites, und Adalbero von Laon (Carmen ad Robertum), ferner bei Hugo von St. Viktor (De sacramentis), im Polycraticus des Johann von Salisbury, bei Walter Map „De nugis curialium" und Gerhoh von Reichersberg. Die Hochscholastik des 13. und 14. Jahrhunderts bietet in ihren Texten im Zusammenhang mit der Aristotelesrezeption schon das Material für eine soziale Theorie, als repräsentative Stimmen seien Thomas von Aquin, Bonaventura und Wilhelm Ockham genannt. Wir begegnen jetzt auch monographischen Darstellungen, wie dem Schachbuch des Jacobus de Cessolis oder der Oekonomik des Konrad von Megenberg. Die Zeit der bürgerlichen Revolten und der kirchlichen Krise im Großen Schisma bringt sozialkritische und sozialutopische Texte wie Wyclifs „De civili dominio" oder die „Reformatio Sigismundi" aus der Zeit des Basler Konzils. Ihnen folgen im Vorfeld der Reformation der „Oberrheinische Revolutionär", der bereits in die sich dramatisch zuspitzende soziale Krise des 16. Jahrhunderts führt. Sozialkritik findet sich auch im Kreis der studia humanitatis, bei Poggio Bracciolini etwa mit seiner Kritik am Adel (De nobilitate), bei Brandolini (De comparatione reipublicae et regni) und schließlich im großen Wurf der Utopia des Thomas Morus.

Eine in Relation zu der gewaltigen Zeitspanne zunächst spärliche Ausbeute, die auch spärlich bleibt, wenn man sie im Sinn der Vollständigkeit zu komplettieren suchte. Deutlich hebt sich jetzt schon das vom 12. Jahrhundert anwachsende literarische Interesse an sozialer Artikulation ab.

Man darf sich natürlich mit diesem literarischen Material nicht zufrieden geben. Weitere Fundorte werden sich dort möglicherweise anbieten, wo Fragen des gesellschaftlichen Zusammenlebens anstehen: In Beschlüssen von Synoden, in Anordnungen der Herrschaft (Capitularien), in Rechtsordnungen, in — wie wir schon sahen — Formelsammlungen, in Aussagen der Sonderkirchen und Randgruppen (Haeretiker), in Inquisitionsprotokollen und schließlich in der Geschichtsschreibung selbst. Ein buntes Bild, gewiß, jede Aussage als Manifestation und in ihrer Bedeutung für ihren Lebenskreis, Teil eines konzentrisch sich verdichtenden Ganzen von tradierten sozialen Überzeugungen, Denkkategorien und Kriterien, Teil aber auch der immer wieder andrängenden neuen und sich verändernden Vorstellungen menschlicher Existenz und menschlichen Zusammenlebens.

Bleiben noch Dichtung und didaktische Literatur. Auch sie bieten soziale Reflexion, überall dort, wo das gesellschaftliche Verhalten künstlerisch oder belehrend dargestellt wird. Hier geht es vorwiegend um Beobachtung der Wirklichkeit, ihre kritische, anklagende oder satirische Wertung, vielleicht auch um ihre dichterische Verklärung, wie sie etwa die ritterliche Dichtung ausbreitet. Kritisch anklagend etwa bei Heinrich von Melk (Priesterleben, Von dem gemeinen Leben), satirisch zuweilen in der Standesdichtung, mit sozialer Theorie verknüpft in religiöser Dichtung (Scoph von dem lone, Vom Rechte). Vom 13. Jahrhundert an schwillt dann die Lehrdichtung und mit ihr die Sozialkritik mächtig an.

1.2 Zur Literatur

Im Unterschied zur politischen Theorie und politischen Reflexion liegt die Thematik: „Soziale Reflexion (Theorie) im Mittelalter" bisher im Abseits des historischen Interesses. Wir haben zwar in jüngster Zeit sich mehrende Darstellungen einzelner Autoren oder Vorstellungsbereiche, eine Gesamtbetrachtung jedoch, wie sie hier unternommen wird, fehlt noch, sie eröffnet sicher neue Perspektiven. Gewiß gibt es Darstellungen, die im Titel eine Gesamtübersicht in Aussicht stellen und deren Ergebnisse dankbar anzuerkennen sind, die aber dann doch nur Ausschnitte vermitteln. So die verdienstvolle Arbeit von Bede Jarret: „Social theories of the middle ages (1200 — 1500 — Boston 1926) oder Kurt Schilling: „Geschichte der sozialen Ideen" (Stuttgart 1957). Aber Jarret beschränkt sich, wie schon der Titel besagt, auf hohes und spätes Mittelalter und bringt — mit Schwertpunkt der scholastischen Sozialphilosophie — eben diese soziale Theorie (Law, education, women, slavery, property, money making, war, christendom, art), die er durch interessante Ausblicke auf die soziale Wirklichkeit ergänzt und verlebendigt. In seinem Buch: „Mediaeval socialism" (London 1913/35) führt er dann das Thema weiter auf die Frage: Eigentum und eigentumslose Gesellschaft, wobei er deutlich den modernen Kontrast von extrem individualistisch verstandenem Eigentum und sozialistischer Alternative absetzt gegenüber mittelalterlichen Verhältnissen und Vorstellungen. Der Feudalismus etwa kenne keine „landowners" sondern eben „landholders":„thus the extremely individual ideas as regards the holding of land which are to-day so prevalent would then have been hardly understood" (16). Kurt Schilling bringt in seiner Darstellung nach einer allgemeinen sozialgeschichtlichen Charakteristik, im Abschnitt über das Mittelalter, zunächst Augustin, an den sich eine Beschreibung der sozialen Ideen der Hochscholastik vor allem des Thomas von Aquin anschließt. Übergreifende Gesichtspunkte verfolgen weiter: E. Troeltsch und sein Kontrahent O. Schilling, und ebenso A. Dempf. Troeltsch hat in seinem wort- und ideenreichen Buch: „Die Soziallehren der christlichen Kirchen und Gruppen" (1911) die Sozialtheologie dargestellt und von seinem Standort als protestantischer Sozialtheologe die Soziallehre der alten und mittelalterlichen Kirche verglichen, wobei er im Mittelalter sich vorwiegend auf eine Darstellung der thomistischen Soziallehre konzentriert (Kap. II, 7, 8) und „das absolute Gottes- und Naturrecht und die Sekten" einander konfrontiert. Wesentlich ist ihm in der alten Kirche die Herausbildung des Gegensatzes von Welt und Kirche: „War das allgemeine Leben für Jesus trotz aller Sünde noch von Spuren göttlicher Güte, konnte er in Kindern, Sündern und Samaritern den naiven Naturlaut der Frömmigkeit anerkennen und lag für ihn der Schnitt nicht zwischen Welt und Kirche, sondern zwischen Gegenwart und Zukunft, so steht schon für Paulus das Reich Christi oder die Kirche in vollem Gegensatz zum Reiche des ersten Adams, des Fleisches, der Sünde, des Gesetzes und des bösen Geistes. Mit dem Gedanken der klerikal-sakramentalen Kirche als der civitas Dei, um die die Engel spielen und in der Christus-Gott thront, verstärkt sich dann auch der Gegensatz der Welt als des Satansreiches, in dem es nur Verlorenheit und sittliche Unkraft gibt. In diesem Kontrastgedanken vollendet sich erst die soziologische Geschlossenheit des christlichen Gedankens, und dieser Kontrast wird immer bedeutender für die christliche Soziallehre". Im Mittelalter vollzieht sich dementgegen nun eine tiefgreifende Veränderung, indem eine Einheitskultur unter kirchlicher Autorität entsteht, und damit eine „positive Welteingliederung" geboten ist, die wiederum auch in der Soziallehre einen Kompromiß „mit dem alten Menschentum des Kampfes ums Dasein, des Rechtes, des Zwanges, des Krieges und der Gewalt mit der Naturbasis des Daseins" bedingt (356f). Aber auch jetzt kommt es selbst auf der Höhe der „gedanklichen Durchbildung" nicht zu einem „Programm einer eigentlichen Sozialreform". Dennoch stellt sich Troeltsch die ganz außerordentlich schwierige und verwickelte Frage „inwieweit die christliche Idee die soziale Entwicklung des Mittelalters bestimmt hat", nachdem zuvor betont wurde, daß der Kompromiß mit der Welt erst möglich war „auf dem Boden der mittelalterlichen Gesellschaftsordnung" (351). Eine entscheidende Position zweifellos, die Troeltsch durch eine Schilderung der mittelalterlichen Sozialgeschichte nach den Vorstellungen seiner Zeit verdeutlicht. O. Schilling, „Die christlichen Soziallehren", 1926, meldet vom Standpunkt der katholisch-thomistischen Sozialphilosophie her gegen Troeltsch entschiedenen Widerspruch an. Er sieht in den Forderungen des Paulus an die Gemeinde, ihre beruflichen Pflichten zu erfüllen, zu arbeiten, einen Erweis für eine im Evangelium begründete, im Naturrecht verankerte Mitarbeit in der Welt. Das Christentum halte die Mitte „zwischen einer extremen Ideologie", und dem „geschichtsmaterialistischen Extrem", die Kritik von Troeltsch nennt er „modernmarxistisch". Also kein absoluter Gegensatz zwischen Kirche und Welt, wie ihn Troeltsch konstruiere. Mit seiner Theorie der „Welt" als der Zusammenfassung der innerweltlichen sozialen Bindungen stehe und falle seine ganze Theorie. Zwischen dem Gegensatz von civitas Dei und civitas terrena, im Sinne der sündigen Welt gäbe es auch bei Augustin einen neutralen Begriff der Welt, worunter er, ohne ethische Wertung, die Gesamtheit der irdischen Verhältnisse und Güter verstehe. Zwischen der thomistischen Soziallehre und der pastristischen Tradition vollziehe sich nicht der von Troeltsch behauptete Bruch, Schilling verteidigt die durchgehende Tradition im Konsens des Grundsätzlichen.

Der Kontrast Troeltsch-Schilling, in dem sich zugleich die Positionen der vom Idealismus und der Soziologie des 19. Jahrhunderts geprägten historischen Kritik und der auf Apologetik bedachten thomistischen und Sozialphilosophie gegenüberstehen, wirft die grundsätzliche Frage nach Deutung und Bedeutung der kirchlichen, sozialen Reflexion im Mittelalter auf. Mit ihr verbindet sich die von der Sozialgeschichte und vom Diamat-Histomat aufgeworfene Frage nach der gegenseitigen Beeinflußung von Sozialwirklichkeit und Sozialfiktion, von Theorie und Praxis, von Basis-Überbau/Sein-Bewußtsein. Dies alles kann nicht unser vordringliches Thema sein, aber die Fragen werden doch unsere Betrachtung begleiten und ihr praesent sein.

In seinem großen Wurf „Sacrum Imperium" (1929) hat schließlich A. Dempf zwar eine Geschichts- und Staatsphilosophie angekündet, jedoch zeigen bereits die „Vier Kapitel einer positiven Sozialphilosophie" (I, Einführung) an, daß für Dempf Sozialphilosophie „unerläßlich für Geschichtsphilosophie" ist und diese Verbindung wird denn auch im ganzen Werk spürbar, noch zum Schluß wird die Option des Cusanus der „concordantia catholica" als eine sozialphilosophische Formel ausgegeben, die sich dann als Weltformel bewähre. Freilich, die primär geschichtsphilosophische und politische Thematik läßt die soziale Theorie und Reflexion nicht so markant und eigenständig hervortreten, wie es der Stoff erfordert. Meine eigene hier vorliegende Betrachtung will versuchen, diesen Weg freizulegen und ihm nachzugehen.

1.3 Historische Situation-Sozialwirklichkeit

Soziale Reflexion vollzieht sich nicht im luftleeren, sprich menschenleeren, gesellschaftsleeren Raum. Sie ist gebunden und wächst aus der jeweiligen gesellschaftlichen Situation, sie hat vor sich die soziale Wirklichkeit, die sie festigen und bewahren will, die sie kritisiert, der gegenüber sie ihre Gegenmodelle und Utopien entwirft. Bewahren und Festigen, Kritik und Gegenmodell werden geprägt und bestimmt von diesem ihrem Umfeld, dessen Gegebenheiten, Denkstrukturen und Kriterien in die Reflexion einfließen, ihr auch Grenzen setzen. Das gilt auch für die Reflexion auf Zukunft hin. Auch sie kann sich nicht von ihrer Zeit und den in ihr praesenten reflexiven Möglichkeiten lösen.

Sozialwirklichkeit des Mittelalters, die es im folgenden zu beschreiben gilt, ist gekennzeichnet durch zwei Komponenten: Beharren und Wandel. Eine konservative, zum Teil romantisch verklärte Betrachtung hat lange Zeit die Statik, die beharrenden Elemente der mittelalterlichen Gesellschaft betont, eine dem Fortschritt, dem Wandel zugewandte Darstellung, wie sie seit dem Eindringen soziologischer Kriterien in die historische Betrachtung üblich geworden ist, sucht die auf Wandel, auf Mobilität hin drängenden Elemente der gesellschaftlichen Entwicklung auf. Beide Betrachtungsweisen neigen dazu, bewußt oder unterschwellig, im geschichtlichen Verlauf die jeweilige Bestätigung für den eigenen Standpunkt zu finden.

Nun ist es sicher, daß die mittelalterliche Gesellschaft kontinuierliche, beharrende Strukturen aufweisen muß, sonst könnte und darf man nicht von „mittelalterlicher Gesellschaft" sprechen. Ebenso sicher ist es, um es an den Extremen zu verdeutlichen, daß die Gesellschaften des 6. und 15. Jahrhunderts verschieden strukturiert sind, anders gewichtet, verschieden im Selbstverständnis. Das Gleiche gilt für die hochmittelalterliche Gesellschaft im Verhältnis zu der des frühen Mittelalters. Das frühe Mittelalter mit seiner grundherrschaftlichen Agrarstruktur, seinen Residuen der spätantiken Epoche im noch bestehenden Städtewesen, seiner

Kirche, die noch missionarisch mit weiten Teilen Mitteleuropas zu ringen hat. Das hohe Mittelalter mit seinem ausgebildeten Lehenswesen, seiner Machtkirche und deren Krisen in ihren Haeresien, seinen aus der Unfreiheit aufsteigenden, mobil gewordenen Schichten, seiner Profilierung der Stände, seiner sich entfaltenden Stadtkultur, seinem Bildungswesen. Das späte Mittelalter mit seinem kulturell glanzvollen Bürgertum, seinen politisch und gesellschaftlich aktiven Ständen, seinem Handel und seinen präindustriellen Manufakturen, seiner trotz ihrer Schwächen immer noch dominierenden feudalen Kaste, seinen sozialen und religiösen Unruhen bis hin zur Reformation. Sicher kann man nicht unbesehen und obenhin von nur **einer** mittelalterlichen Gesellschaft sprechen, auch nicht im Sinn der strukturalistischen „longue durée“. Wir stehen vor höchst komplexen Prozessen. Gesellschaften, nicht eine kompakt und monolithisch agierende Gesellschaft bestimmen das Jahrtausend. Was bedeutet dann aber der Terminus „mittelalterliche Gesellschaft“?

Er besagt, daß es offenbar im geschichtlichen Wandel, innerhalb der zahlreichen sozialhistorischen Differenzierungen doch bestimmte Konstanten gibt, Mobilität und Konstanz also. Konstanten, die man — alle Modifikationen eingerechnet — relativ leicht erkennen kann, wie auch der Wandel sich evident darstellt. Wobei freilich, angesichts der herrschenden Unsicherheit und Uneinigkeit in vielen Fragen der sozialgeschichtlichen Forschung, sowohl der Wandel und die Mobilität, wie auch die Konstanten selbst in den Strudel des wissenschaftlichen Disputs geraten können[4]). Trotz derlei fataler Aussichten sei versucht, einige durchgängige Merkmale mittelalterlicher Gesellschaft auszumachen, die gerade auch für die soziale Relexion relevant werden. Auf den gesellschaftlichen Wandel und seine Krisen wird im Laufe der Darstellung eingegangen.

(1) Ein Grundmuster der mittelalterlichen Gesellschaft ist die Gliederung in „ordines, conditiones, status“, die soziale Klassifizierung und Fixierung. Wesentlich dabei: Der Einzelne gerät bereits durch seine Geburt in seinen „ordo“, seine „conditio“, seinen „status“. In meiner Geburt erhalte ich zunächst einmal meinen sozialen Rang zugewiesen, mit seinen Privilegien oder seinen Nachteilen, ich bin rechtlich und sozial fixiert. Ich kann meinen mir zugewiesenen Stand als Einzelner nur im Sonderfall oder als Gruppe nur auf dem Weg einer im Gang befindlichen Umschichtung — und dies zumeist nur in kleinen Schritten — verlassen. Etwa wenn ein Unfreier Geistlicher werden soll und dazu freigelassen wird, oder wenn unfreie Gruppen in den Städten ihre Freiheit erhalten.

Mit der Vokabel „unfrei“ fällt bereits ein Stichwort dieser geburtsständischen Gesellschaft, ihre Gliederung nämlich in Freie und Unfreie (liberi, servi). Man kann diesen Tatbestand zunächst einmal mit dem Satz des Gaius im Codex Justinianus (Inst. I, 3) beschreiben: „Summa itaque divisio de iure personarum haec est, quod omnes homines auf liberi sunt aut servi“. Der Satz markiert eine Leitlinie im gesellschaftlichen Prozess des Mittelalters, er beschreibt — mit den noch gleich zu nennenden Einschränkungen — vereinfacht eine der grundlegenden sozialen Strukturen der Epoche, wie sie vor allem auch in der sozialen Reflexion erscheint. Es gibt hier Freie, die um in der Sprache des römischen Rechts zu bleiben — tun können „quod cuique facere libet, nisi si quid aut vi aut iure prohibetur“ (Inst. I, 3). In der Sprache eines späteren Freilassungsformulars beinhaltet diese Freiheit: „ut absque ullius ... contradictione sibi vivant et Deo, sibi laborent, pergant quo eis libuerit, serviant quibus voluerint, quasi de ingenuis et nobilissimis Alamannis sint geniti“.[5]) Und es gibt Unfreie (servi), die offenbar diese Freienrechte nicht haben, die nicht „sui iuris sunt“ (Inst. I, 6) wie die Freien, sondern als

Personen „alieno iure subiectae sunt" (Inst. I, 6), „in potestate dominorum" (Inst. I, 6) leben, über sich den „dominus" mit seinem Herrenrecht haben.

Freilich, und hier beginnen die soeben angedeuteten historischen Einschränkungen, in der Sozialwirklichkeit der Jahrhunderte nach dem Codex Justinianus wird aus diesem vereinfachten Schema: liberi-servi des römischen Rechts eine Vielfalt von Abstufungen und Zwischenformen, sowohl auf der Seite der Freiheit wie der Unfreiheit. Die Bemerkung von Inst. I, 3: „in servorum condicione nulla differentia est" wird von der Entwicklung überholt, zudem gab es bereits in der Spätantike mit dem schollenpflichtigen Colonat Zwischenformen zwischen Freiheit und Unfreiheit [6]). Diese Vielfalt der Formen von Freiheit und Unfreiheit und ihrer konkreten Subjekte: „liber, servus" ermöglichen keineswegs immer eindeutige Indentifikationen. So begegnet man auf der Seite der Freiheit in der sozialgeschichtlichen Interpretation: den Altfreien, Edelfreien, Gemeinfreien, Königsfreien, Kirchenfreien, wobei jede dieser Rubrizierungen eine wissenschaftliche Kontroverse bedeutet. Ferner den Freigelassenen, die zur Vollfreiheit und solchen, die zu Minderrecht, mit Dienst und Zinszahlung, entlassen werden. Dabei bleibt hinsichtlich der ständischen Differenzierung innerhalb der Freien noch vieles unklar, man denke nur an die Einordnung der „liberi pauperes" der karolingischen Zeit oder an die Kontroverse um Gemeinfreie und Königsfreie [7]). Zwischen Freien und Unfreien gibt es Minderfreie, wie die eben zu niederem Recht entlassenen Freigelassenen, die Liten und Kolonen aus spätrömischer Zeit. Auf der Seite der Unfreien haben wir die behausten (servi casati) und unbehausten (servi non casati) Hörigen. Letztere stellen, neben den Verkaufssklaven, die es auch noch gibt, wohl die äußerste Randzone der Unfreiheit dar, da sie keinen Grundbesitz haben und ungemessene Dienste leisten müssen. Behauste und unbehauste Hörige gehen als Zubehör des Grundstücks bei Traditionen an den neuen Herrn. Christen sollen nicht verkauft werden, was voraussetzt, daß es doch geschah. Das diffuse Spektrum von Freiheit und Unfreiheit in mittelalterlicher Zeit ist, gegenüber der knappen Aussage des Codex Justinianus über liberi und servi, noch zu ergänzen durch die Wandlung in der rechtlichen und sozialen Stellung des servus. Wird bereits in römischer Zeit die „asperitas dominorum" eingeschränkt (Inst. I, 6) durch Verbot der selbstherrlichen Tötung eines Sklaven, so setzt bereits in der Spätantike eine Tendenz ein, die darauf zielt, den Sklaven nicht als Sache sondern als Person zu werten [8]). In diesem Zusammenhang stellt sich die Sonderfrage nach der Rolle der Kirche und des Christentums. Sie hat, was später noch näher zu beleuchten sein wird, weder die antike Sklaverei noch die mittelalterliche Unfreiheit beseitigt. Auf ihrem Grundbesitz wird die Unfreiheit der „mancipia" praktiziert [9]). Gleichzeitig hat sie jedoch dazu beigetragen, dem Unfreien die Anerkennung als Person in jenen Bereichen zu verschaffen, die unmittelbar in die kirchliche Gemeinschaft selbst führen. Dazu gehört die allmähliche Anerkennung der Ehe von Unfreien, der Schutz des Lebens gegen willkürliche Akte des Herrn, der Kampf gegen den Verkauf von Christen als Sklaven. In dieser Perspektive taucht natürlich die Rolle der sozialen Reflexion innerhalb der Theologie auf. Sie wird sich fragen lassen müssen, ob sie genügend getan hat, um die menschenunwürdige Institution der Unfreiheit zu beseitigen. Denn wie stark das System der auf dem Grundmuster von Freiheit-Unfreiheit lebenden und wirkenden mittelalterlichen Gesellschaften ist, zeigt die Ausbildung jener neuen Form von Unfreiheit in Gestalt der seit dem 13. Jahrhundert sich ausbildenden Leibeigenschaft, in der sich ältere Formen der Unfreiheit fortsetzen, mit deren Hilfe Grundherrschaften, weltliche und kirchliche, ihren Besitz arrondieren und durchformen im Sinn einer einheitlichen Untertanenschaft, und dies in einer Zeit, da sich bürgerliche Freiheit in den Städten voll ausbildet.

(2) Die ständische Differenzierung innerhalb der Freien erweist sich am markantesten in jener gesellschaftlich privilegierten Gruppe, die der Zeit zu einem ihrer Namen hilft, dem Adel. Adelsherrschaft, Adelssitte, Adelskultur, Adelskirche, all diese Termini verraten, daß wir in dieser Schicht offenbar eine weitere Konstante des sozialen mittelalterlichen Systems vor uns haben. Mag auch der Begriff „Adel" in jüngster Zeit kontrovers geworden sein, besonders für die frühe Zeit, die Quellen sprechen in ihrer kontinuierlichen Hervorhebung einer sozialen Ebene, auf der die seniores, proceres, potentes, optimates, nobiles, boni homines agieren, eine eindeutige Sprache [10]). Daß es dabei wieder einen Unterschied zwischen sogenanntem hohen Adel, etwa den „capitanei" der Lombardei, den „potentes" der hohen Reichsaristokratie, den großen alten Geschlechtern, die in den Leges Baiuvariorum auftauchen [11]) und dem größeren Kreis der „nobiles" gibt, ist für die Sache der sozialen Reflexion nicht entscheidend. Hier erscheinen, wenn es um eben diese privilegierte Gruppe geht, die sich ja auch im geschichtlichen Prozess ergänzt, eben die „nobiles", wie es die „Praeloquia" des Rather von Verona beispielhaft zeigen [12]). Zum Kreis der nobiles gehört man durch Abstammung, etwa in Form des germanischen Uradels, man steigt in ihn auf im Königsdienst der fränkisch merovingischen und karolingischen Zeit oder später über das Institut der ursprünglich unfreien Ministerialen, die dann die ritterliche Kultur tragen. Die adlige Aristokratie trägt das Königtum, sie nimmt als Herrschaftsträger an der Gesamtherrschaft teil, sie ist Inhaber der herrschaftlichen Lehen, lange Zeit gestaltet sie allein die politische Entscheidung. Ihr Einfluß wirkt auch in die Kirche, deren Hierarchie überwiegend zeitweise — etwa in der ottonischen Reichskirche — fast außschließlich aus ihrem Kreis stammt [13]). Adlige bevölkern die Konvente der großen Reichsklöster, können sich sogar die Besetzung mancher Domkapitel reservieren lassen [14]). Es wäre merkwürdig, wenn in dieser Adelskirche nicht auch soziale und standesethische Vorstellungen der privilegierten Schicht ihren Niederschlag fänden, bis hin zum „Adelsheiligen" [15]). Ein Vorgang der auch gerade für die soziale Reflexion seine Bedeutung haben wird. — Wenn man schließlich nach einer Schicht sucht, die im schillernden Spektrum der Freiheit ein hohes Maß an Freiheit besitzt, dann wird man sie sicher im Kreis der Nobilität finden. Über ein höchstes Maß an Freiheit verfügt der Kreis der großen Herren, die unter sich die politischen Entscheidungen ausmachen, aus deren Mitte sich das Kolleg der Kurfürsten heraus bildet, während die kleinen Herren sich nur korporativ an den Entscheidungen beteiligen können.

(3) Die Geschichte des Mannes im Mittelalter, seiner Rechte und Vorrechte ist noch nicht geschrieben, für die Frau gibt es eine beachtliche Literatur. Aus ihr geht als Konsens und Ergebnis hervor, daß — regionale und zeitliche Schwankungen eingerechnet — die Frau nur beschränkt rechtsfähig ist, man spricht von einem „régime oppressif" des Mannes, seiner „superiorité", von einer „vom Manne geprägten Gesellschaft" [16]). Daran ändern auch gelegentliche Hinweise auf die Rolle der Frau in der literarischen und gesellschaftlichen Kultur, auf ihre Teilnahmemöglichkeit an der Herrschaft auf dem Weg über das Erbe, wo sie jedoch nach dem salischen Recht (De terra vero Salica nulla in mulieris hereditatis transeat porcio) ausgeschlossen ist, auf gewisse und allmähliche Besserstellungen nichts. Besserstellungen müßten nicht sein und als solche gerühmt werden, wenn es nicht offensichtliche Benachteiligungen gäbe [17]). Alle Hinweise auf partielle Angleichung in der rechtlichen und sozialen Wertung der Geschlechter jedoch zeigen an, und darin sind sie unübersehbar, daß Bevorteilung des Mannes und Benachteiligung der Frau keine generelle Unterdrückung bedeuten, sie helfen dazu, ein feministisches Zerrbild schrankenloser Männerherrschaft zu korrigieren.

„In multis articulis iuris nostri deterior est conditio feminarum quam masculorum" gesteht unbefangen das römische Recht zu (D. 1, 5, 9), das im übrigen der Frau größere Rechte zugesteht als sie im germanischen Raum hat — sie ist juristisch im Prinzip voll handlungsfähig [18]). Viel später wird der Schwabenspiegel die entsprechende Meinung seiner Umgebung Zeit formulieren: „der Mann seines Weibes Vogt ist und Meister" (c. 10, 2) [19]). In einer so lange vom bewaffneten Mann bestimmen Gesellschaft wird die Frau weniger bedeuten als in einer vom emanzipierten Bildungsbürgertum geprägten Öffentlichkeit. Die Zurücksetzung der Frau hat aber sicher noch andere Gründe, wenn man an die so oft wiederkehrenden negativen Attribute denkt, die sie erhält: ihre geschlechtlich bedingte Schwäche, ihr unsicheres Urteil, ihr wankelmütiger Geist. In früher Zeit wird die Ehe von der Sippe bestimmt (Sippenvertragsehe), wenn die Braut nicht mit ihrem Einverständnis geraubt wird und dadurch ein Konsens ihrerseits mit eingebracht wird (Konsensehe) oder sie in der sogenannten Friedelehe einen Liebesbund eingeht. Zumeist untersteht die Frau der Schutzgewalt des Mannes (Muntehe), rechtlich setzt sich diese Munt in der Vormundschaft vor Gericht fort [20]). Die Kirche hat diese Stellung der Frau, wie auch sonst in der Anerkennung sozialer Strukturen, dort belassen, wo sie nicht wesentliche sittliche Grundsätze verletzt oder bedroht sah. So vor allem in der Ehe, wo sie die freiwillige Zustimmung der Braut als Voraussetzung einer gültigen Ehe fordert, ebenso in der ehelichen Gemeinschaft selbst, die für sie eine personale Beziehung zwischen Liebenden darstellt. Gerade die Forderung einer freiwilligen Zustimmung, mag sie in der Praxis fragwürdig gehandhabt werden — man denke an die fürstlichen Frühehen — ist wesentlicher Beitrag zur Anerkennung der Würde der Frau. Andererseits verweigert sie der Frau den Zutritt zum hierarchischen Amt, zur Verkündung, zur kirchenrechtlichen Gleichstellung mit dem Mann. Nur die freiwillig jungfräuliche Frau in einer monastischen Gemeinschaft kann kirchlich Einfluß erlangen, wie es die Gestalten der großen Äbtissinnen zeigen. Wie überhaupt die Nonnengemeinschaft sozialgeschichtlich eine absolute Neuerung darstellt, die es der Frau erlaubt, in diesem ihrem Bereich ihr Leben zu finden.

(4) Verwandtschaft: Familie — Sippe. Frau und Mann begründen Familie, bleiben Kern der Familie, auch in der verwandtschaftlichen Großfamilie. Die Lebensform der Nobilität mit ihrem ausgeprägtem, adelsstolzem Sippenbewußtsein spiegelt in ihrer Weise ein weiteres dauerndes Merkmal mittelalterlicher Gesellschaft wieder: die enge Bindung des Menschen in Familie und Gemeinschaft. Familie bedeutet vor allem in früher Zeit Wohngemeinschaft im Frieden des Hauses, mit der väterlichen Hausgewalt. Im Haus, das Schutz bietet und auch einem größeren Kreis, den Eltern von Mann und Frau, dem einen oder anderen Geschwisterteil, den Kindern und möglicherweise Verwandten Raum zu bieten hat, je nach Leistungsfähigkeit der Familie; dazu die Abhängigen, wieder je nach wirtschaftlicher Stellung. Die Großfamilie, der „oikos", wie ihn später im 14. Jahrhundert Konrad von Megenberg eingehend beschreiben wird, hier freilich schon mit deutlichem Akzent auf die herrschaftliche und bürgerlich-städtische Familie. Das Mädchen hat, wie schon die Frage der Konsensehe gezeigt hat, die Gewalt der Munt zu spüren, es ist auch dort hintenangesetzt, wo sich Brüdergemeinschaften zur Übernahme des Familienvermögens bilden. Allerdings erweisen Zeugnisse der frühen Zeit, daß Frauen entgegen salischer Rechtsgewohnheit, auch in das Erbe eintreten können [21]). Die Familie ist eingebettet in die Verwandtschaft (Sippe), die sowohl über das Zustandekommen einer Ehe (Sippenvertragsehe), über die Einhaltung ehelicher Treue, vorwiegend auf seiten der Frau, über familiäres Vermögen in der Weise des Verwandtenerbrechtes und der Gesamtvormundschaft Sippe mitentscheidet [22]). Sippe hat Aufsichtsrechte

über die Witwe, kann im Rahmen der Gesamtvormundschaft über eine Wiederverheiratung entscheiden. Sie übernimmt als Frauensippe den Schutz der Frau gegen Gewalttätigkeit des Mannes, sie kann umgekehrt gegen eine unzüchtige Frau das Strafrecht beanspruchen, wie Gregor von Tours berichtet [23]).

Das Aufbrechen der weithin geschlossenen agrarischen Struktur der frühen Zeit, Bevölkerungsbewegungen, das Entstehen weit verbreiteter städtischer Siedlungsformen und Lebensgewohnheiten lassen, zumindest in diesem Bereich, die Dominanz der alten Verwandtschaftsverbände verschwinden, die Einzelfamilie bestimmt jetzt das Bild. Im städtischen Bereich tritt an die Stelle des umfriedeten Hauses allmählich auch die Wohnung. Sie erlaubt es nicht mehr, größere verwandtschaftliche Gruppierungen zu beherbergen. Trotzdem bleibt die in der Familie konzentrierte verwandtschaftliche Bindung lebendig genug, um den Einzelnen an seine Herkunft zu binden. In intensivierter Form sogar dort, wo der überkommene Besitz ungeteilt erhalten bleibt, also keine Realteilung stattfindet, und durch das Anerbengesetz sich sogar ein bäuerliches Dynastiebewußtsein entwickeln kann.

(4) Parallel zur Gruppenbildung in Familie und Verwandtschaft haben wir seit alter Zeit im mitteleuropäischen Raum die verschiedenen Formen von Genossenschaften, wobei freilich die früher nach Tacitus Germania (C. 26) angenommene Markgenossenschaft seit Dopsch verpönt ist [24]). Genossenschaften, Bünde, Vereinigungen bilden sich in Form von Kampfbünden um einen Herrn (C. 13), in karolingischer Zeit in Gilden der Kaufleute, im Agrarsektor in Winzersodalitäten, in der dörflichen Wirtschaftsgemeinschaft, der die Allmende zusteht. In den städtischen Schwurbünden (coniurationes), den Berufsvereinigungen in Italien, den Handwerkskorporationen. Im Bereich der Kirche in den Gebetsbrüderschaften, den confraternitates, die zugleich caritative Aufgaben übernehmen.Mit dem sich entfaltenden Bildungswesen formieren sich die universitates magistrorum et scolarium, die gesellschaftlichen Organisationen der Universitäten. Personengruppen, deren Ursprung, Ziele, Aktionsweise verschieden sind, die aber doch eine soziale Existenzform manifestieren, in der es dem Einzelnen gegeben und möglich ist, in der Verbindung mit andern voranzukommen. Die Bindung an die Genossenschaft kann so intensiv sein, daß der Familienverband zurücktreten muß, etwa in der Lebensform der Hansen in ihren Kontoren.

O. Gierke hat der Genossenschaft sein Genossenschaftsrecht gewidmet, innerhalb der Rechtsgeschichte vertritt er entschieden die These, daß die Genossenschaft und ihre rechtlichen Normen die mittelalterliche Rechtsauffassung wesentlich bestimmen [25]).

(5) Mentalität: Soziale Beziehungen, der konkrete „soziale Alltag“ leben vom — häufig emotional bestimmten — Grundverhalten des Menschen, das selbst in seinem Zustandekommen und in seiner Struktur äußerst komplex ist: Wie reagieren der Einzelne, die Gruppe spontan, welche Kriterien der Reaktion lassen sich festhalten? Aus welchem Umfeld, welcher Mentalität entspringt das jeweilige Verhalten? Mentalität, ein Begriff, der in etwa das Grundverhalten abdeckt, meint — auf den sozialen Bereich und soziale Reflexion bezogen — die eine Gesellschaft, die Gruppen, den Einzelnen auszeichnende Weise, in der die jeweils eigene und fremde Position, die jeweilige Existenz eingeschätzt wird; die Weise, in der Verhalten und Verhaltensnormen angegangen werden. Für Le Goff ist mentalité so wichtig, daß er ihre Erforschung der Philosophie der Geschichte konfrontiert, in der er die schlimmste

Feindin der Geschichte sieht. Sprandel versteht unter Mentalität das Verhalten und Vorstellen des Einzelnen oder der Gruppe (Gruppenmentalität[26]).

Mentalität läßt sich geschichtlich vermuten, wenn über Zeiträume hinweg gleiche Verhaltensweisen auftreten, die auf eine entsprechende Übereinstimmung sozialer Vorstellungen und Wünsche, sozialer Emotionen schließen lassen. Wenn in Quellen immer wieder von blutigen Fehden innerhalb der schwerttragenden Schicht berichtet wird, dann zeigt sich hier kriegerische Mentalität der Aristokratie. Wenn im Zeichen einer sich entfaltenden Wirtschaft die Sorge um das Vermögen, das Haus, Reichtum Geltung gewinnen, wenn konkurrierende Interessen nicht mit dem Schwert sondern im Stil wirtschaftlichen Kampfes erledigt werden, dann begegnen wir bürgerlicher Mentalität. Wenn innerhalb der Geistlichkeit gewisse Urteile über die Frau, gegenüber dem Laien sich profilieren, dann wird klerikale Mentalität sichtbar. Wenn bei vielen — keineswegs allen — Gelegenheiten ein unmittelbares Eingreifen Gottes, vielleicht sogar unter Ausserkraftsetzung natürlicher Kausalitäten oder ein Eingriff dämonischer Kräfte angenommen wird, dann haben wir es mit einer bestimmten religiösen oder abergläubischen Mentalität zu tun.

Soziale Mentalität wird auch und leicht auf soziale Reflexion wirken. Sicherlich in jenen Relationen, die elementare Situationen des Menschen tangieren: Ehe—Familie—Verwandtschaft, Volk. Dazu kommen gewollte oder ungewollte, d. h. immanente Praeferenzen; etwa in der Beurteilung von Standesinteressen. Soziale Mentalität schlägt sich im Recht nieder: Recht als Resonanz sozialer Mentalität. Sie schafft, erhält und verändert soziale Spielregeln.

1.4 Ideengeschichtliche Voraussetzungen der mittelalterlichen sozialen Reflexion

Soziale Realität, sozialer Prozeß bieten Stoff und Anlass, sich über „Soziales" Gedanken zu machen, zu reflektieren. Die Reflexion selbst, und mittelalterliche Sozialreflexion im besonderen, vollzieht sich aber auch in ihrem eigenen Bereich der Reflexion nicht isoliert und losgelöst von all dem, was zuvor gedacht wurde, sie hat die ihr gegebene ideelle historische Situation, ihren geistigen Raum, aus dem heraus sie spekuliert, ihre Begriffe und Perspektiven werden ihr tradiert, sie findet vorgegebene Fragen und Antworten, die sie nun auf ihre eigene Situation anwendet.

Dieses ideelle historische Umfeld stellt sich in folgenden Traditionen dar:

a) In der Tradition der Schrift und ihrer theologischen Auslegung,

b) in der Tradition der antiken Sozialphilosophie,

c) im Reflexionsgehalt des Rechts, vorwiegend des römischen Rechts und der Volksrechte.

a) Die soziale Botschaft der Hl. Schrift

Der alte Streit, ob man die Hl. Schrift besser und richtiger versteht, wenn man sie politisch oder unpolitisch auslegt — politische Theologie und Theologie der Befreiung vertreten die politisch-soziale Auslegung — steht hier nicht zur Debatte. Faktum bleibt, daß das Mittelalter weithin und an entscheidenden Stellen das Neue Testament vor allem politisch und sozial im Sinne der herrschenden Strukturen auslegt. Allerdings kann man auch in einer Gegenbewegung eine Exegese verfolgen, die nicht systemkonform verläuft, sei es, daß mit Hilfe der Schrift politische und soziale Kritik geübt wird, sei es, daß aufgrund der Schrift eine radikale Absage an Macht und Machtstreben, Besitz und Besitzstreben, an soziale Geltung und soziale Privilegien erfolgt. Das ist dann eine Haltung Weniger, die freilich ob ihres Beispiels jederzeit eine Provokation darstellt.

Der mittelalterliche Betrachter findet in der Hl. Schrift und ihrer Exegese verschiedene soziale Perspektiven: Die Aussagen des AT, in denen sich zugleich der Wandel vom winzigen Nomadenvolk zum stadtgründenden Staatsvolk über Königszeit, babylonisches Exil bis in die hellenistisch-römische Umwelt fassen läßt, zeigen eine relativ ausgewogene Sozialstruktur mit genauer Regelung der Abgaben, der Riten, der Sorge für Fremdlinge, Waisen, Witwen (Deut. 26, 13), eine Struktur ohne den klaffenden Unterschied von privilegierten Klassen und Sklaven, wie ihn die Mittelmeerwelt der Antike bis zur Massensklaverei des Imperium Romanum auswuchern sieht. Im NT gerät diese alttestamentliche Gesellschaft mit ihrer Priesterkaste, ihren Schriftgelehrten, ihrem Königshof, ihren Kollaborateuren der römischen Besatzung, ihren Randgruppen, ihren eingefahrenen Spielregeln in eine neue, ihr ungewohnte Wertung. Christus predigt keinen sozialen Umsturz, er will das Gesetz erfüllen. Aber gerade seine Erfüllung des Gesetzes bricht doch erstarrte Gewohnheiten und Mißstände auf: Seine Mißachtung veräußerlichter Riten, des Abwaschens von Bechern, Krügen, Kesseln, Bettgestellen (Mk 7, 4), die Reinerklärung aller Speisen (Mk 7, 19), die Vertreibung der Händler aus dem Tempel, die Absage an Geltenwollen, an die ersten Plätze beim Mahl, an das Machtstreben — wer unter euch ein Großer werden will, sei euer Diener (Mk 10, 42) — allein diese Beispiele führen das soziale Verhalten in die nun ganz andere Dimension einer nur an Gott und an dem Menschen selbst sich messenden Lebensweise. Die Verbindung zu den Ausgestoßenen, den Sündern, der Schutz der Ehebrecherin, das unbefangene Zugehen auf Zöllner und Samariter signalisieren unverhüllt, daß Christus sich nicht in kanonisierte, nationaljüdische Vorurteile pressen läßt. Kein soziales Reformprogramm und doch die radikale Erneuerung des Zusammenlebens, die existentielle Alternative der Brüderlichkeit, verbunden mit der entschiedenen Verweigerung gegenüber „Menschensatzungen", die das Zusammenleben unmenschlich werden lassen. Indem aber zugleich die bestehende Ordnung, sofern sie notwendig ist, anerkannt wird, der Kaiser, der Soldat (Luk. 3, 14), Fischer und Landmann je an ihrem Platz, entsteht ein zugleich erregendes und provozierendes Bild: Einerseits Anerkennung und Belassen der politischen Herrschaftsstruktur, der sozialen Gegebenheiten, keine politischen und sozialen Parolen an die Jünger, andererseits der eigene Abschied von bürgerlicher Sicherheit und Sicherheitsmechanismen, die ernste Warnung an die Reichen, die aller Konvention widersprechende Lösung sozialer Konflikte im Bild der „andern Wange", die man dem Angreifer hinhalten soll, die Verpflichtung der Jünger auf den Verzicht — Brot, Bettelsack und Münze (Luk. 12). Kein Umsturz der Institutionen und des Systems, und doch ein „Umsturz", die Metanoia, die innere Wandlung des sozialen Denk- und Erwartungshorizontes, der Einschätzung von Besitz und Habenwollen, in der Gemeinschaft des Gottesvolkes. Die ganz andere Weise des Führens und Geführtwerdens, nun im Bild des Dienstes, des sorgenden Hirten, der Traube am Rebstock.

Die Verkündung der urchristlichen Gemeinden folgt den Weisungen der Botschaft und formt die Regeln des Verhaltens. Keine revolutionäre Parole, Petrus und Paulus mahnen, der Obrigkeit zu gehorchen (Röm. 13,1 Petr. 2, 17). Die Standesordnung soll gewahrt bleiben, selbst in der skandalösen Position der Unfreiheit: „Ein jeder bleibe in dem Stande, in den er berufen ward. Du wurdest vielleicht als Sklave berufen, das soll dir keine Sorgen machen. Aber wenn du dazu noch frei werden kannst, ergreife es umso lieber" (1 Kor. 7,21). Der „fugitivus" freilich, der flüchtige Sklave — eine Dauerscheinung der Sklaverei — wird zum Patron zurückgeführt: Paulus schickt den flüchtigen Onesimus zu Philemon zurück (Phil. 12), jedoch mit der Begleitmahnung, die nun ganz im Stil der „inneren Wandlung" erfolgt. Paulus schickt ihn „nicht mehr als Sklaven, sondern statt des Sklaven als einen vielgeliebten Bruder. Dies ist er mir vor allem; wie viel mehr wird er dir es sein, als Mensch und als Christ (im Fleisch und im Herrn)". Vorsichtig deutet Paulus sogar auf eine noch zusätzlich folgende Freilassung hin: „Ich weiß, du tust noch mehr als ich verlange" (Phil. 21). Der Verkaufssklave bleibt in der rechtlichen Abhängigkeit, aber er wandelt sich aus einem rechtlosen Gebrauchsinstrument in eine nun „im Fleisch und im Herrn" gleichberechtigte Existenz, in den Bruder nämlich. Der „Menschenfüßler" Sklave wird zum „Freigelassenen Christi" (1 Kor. 7, 22), zu dem in der Taufe von Grund auf „Gleichen vor Gott". Das große Wort von der evangelischen Freiheit klingt auf (Gal. 5), das hinreißende Bild vom Verschwinden der die Gotteskinder trennenden Unterscheidungen: „Jetzt gibt es nicht mehr Juden oder Heiden und nicht mehr Sklaven oder Freie und nicht mehr Mann noch Frau; in Christus Jesus seid ihr alle eins" (Gal. 3,28). Gewiß das alles ist nicht im Sinne politisch-sozialer Freiheit und Gleichheit gemeint, aber es ist eben in dieser politisch-sozialen Ordnung nicht einfach unsichtbar, abwesend, von ihr so geschieden, daß christliche Freiheit und Gleichheit nicht in die politisch-soziale Welt hineinwirken dürften und würden. Solches Hineinwirken wird greifbar zunächst im Eigenraum der Gemeinde. In der Brüderlichkeit von Herrn und Sklave (Eph. 6), „ohne Ansehen der Person". Im Tragen der „Last des andern" (Gal. 6, 2), vor allem in dem einmaligen Beispiel der Urgemeinde, das für alle Zeit beispielhaft werden sollte und in dem sich die bewußte Absage an die Welt der „Reichen und Satten" samt ihrer Wertungskategorien vollzieht: „Die Menge der Gläubigen war ein Herz und eine Seele. Niemand betrachtete etwas von seiner Habe als sein Eigentum; sie hatten alles miteinander gemeinsam" (Apg. 4, 32). Ein für alles Besitzdenken und für das soziale System der antiken Umwelt provozierendes Verhalten, ein aus der Hingabe der ersten Stunde entspringender existentieller Widerspruch gegen die Normen einer auf Privilegien der Geburt und des Reichtums aufgebauten und auf Vorrechte bedachten Gesellschaft. Ein gelebter Protest gegen die im Jakobusbrief so heftig getadelten Reichen, die sogar den Arbeitern ihren wohlverdienten Lohn vorenthalten (Jak. 5, 1ff).

Gewiß, was von Jerusalem berichtet wird, bleibt das Beispiel der ersten Gemeinde. Es wird schon in der Urkirche nicht noch einmal von einer anderen Gemeinde in dieser Entschiedenheit wiederholt, möge auch anderswo eine ähnliche Beistehung des Geistes geherrscht haben (Didache 4, 8). Aber schon in Korinth (1 Kor. 6 und 11) und in der Didache liegen die Dinge anders. Dennoch wird der Satz von dem einen Herzen und der einen Seele, von der Gemeinsamkeit aller für die Kirche der Zukunft eine Herausforderung bleiben, die Herausforderung der bruchlosen Erfüllung der Botschaft auch im Leben der Gemeinde. Der reflektierende Betrachter der Zukunft wird sich immer dieser „Ursituation" gegenübersehen und sich mit ihr auseinandersetzen müssen. Das gilt gerade auch für das Mittelalter. Denn hier ist ja die Gemeinde der Kirche aus der Isolierung herausgewachsen, sie bestimmt jetzt die politische Ordnung, sie ist aufgerufen und vermag es auch „christliche Grundsätze" in den Raum der Welt hinein zu verkünden und zu verwirklichen.

Der sozialen Reflexion wird hier eine besondere Verantwortung zukommen. Inwieweit kann man das Beispiel der Gemeinde von Jerusalem als wegweisend annehmen? Sicher wird man keine Verpflichtung ableiten können, das erlaubt schon die mit dem Anwachsen der Gemeinden immer intensiver werdende Verflechtung mit der sozialen Umwelt nicht, ganz abgesehen von der inneren Situation der Kirche selbst, die in ihrer Verkündigung aus dem Beispiel der ersten Gemeinde keine verpflichtende soziale Norm machen kann. Der Unterschied von Vorschrift und Rat wird auch demjenigen, der Eigentum behält, erlauben, ein christliches Leben zu führen. Das Gebot der gemeinsamen Armut wird Sache kleiner Gemeinschaften werden und als monastisches Ideal das ganze Mittelalter in immer neuen Aufbrüchen prägen.

Wir finden in der Schrift auch Aussagen, denen die Abhängigkeit von Denkkategorien der damaligen Gesellschaft deutlich eingeprägt ist. So die Aussagen des Paulus über die Unterordnung der Frau unter den Mann, ihr Schweigen in der Kirche. Die letzte Mahnung läßt den Schluß zu, daß vielleicht doch im Aufbruch der jungen Gemeinden, an dem ja, wie Paulus selbst zeigt, Frauen wesentlich beteiligt sind, die Frauen gegen antike Kultgewohnheiten auch ihre Stimme erhoben. Andererseits nimmt der Apostel in dem Anspruch eine „adelphe güneika“ bei sich zu haben „wie die andern Apostel, die Brüder des Herrn und Kephas“ (1 Kor. 9, 5) eine gewisse Freiheit in Anspruch. Die Stelle sollte bei den religiösen Aufbruchsbewegungen des hohen Mittelalters eine Rolle spielen. Jede Zeit, jedes soziale System, jede Richtung, jede theologische Adaption an die „Verhältnisse“ kann für sich und wird für sich das „Geeignete“ interpretieren und herauslesen, wird die Worte der Schrift an die eigene Situation anpassen, ein Vorgehen, das in sich historisch und situationell seine Gründe und Berechtigung haben kann, gilt es doch, die Botschaft in die jeweils eigene Lage zu projizieren, sofern darin nicht die Substanz verletzt wird. In dieser ständigen Reflexion kann sich ein „anpassen“ oder ein „verweigern“ herausstellen, beide liegen nahe beieinander, contestation permanente und aggiornamento. Der Weg der sozialen Reflexion der kommenden Jahrhunderte wird es erweisen.

b) Die sozialphilosophische Tradition der Antike

Die zweite Komponente der sozialen Reflexion des Mittelalters entstammt der Tradition antiken Denkens, und diese Tradition ist wiederum eng verbunden mit der konkreten Rezeption des antiken Schrifttums. Wirksam kann nur werden, was vorhanden und bekannt ist. Und hier gilt die Tatsache, daß große und wichtige Teile antiken Sozialdenkens teils unbekannt bleiben, teils nur bruchstückhaft, in Zitaten und Sentenzen überliefert und griffbereit sind. Der Platonismus im Mittelalter ist allseits bekannt, wenn auch seine Wertung verglichen mit Platon selbst, verschieden ausfällt, aber die originalen Texte, außer dem Timaios, sind lange unbekannt, vor allem der Staat [1]). Platon und platonische Motive trifft man in der neuplatonischen Philosophie und in der Patristik, aber gerade die typisch platonischen Theoreme zur Gesellschaft, seine Vorstellungen über den idealen Staat, die ja zugleich ein Bild der idealen Gemeinschaft enthalten, werden hier nicht so deutlich tradiert, daß sich daraus eine eigene Literatur bilden könnte. Das ist erst möglich und der Fall, wenn die platonischen Schriften im Ganztext bekannt werden, also im 15. Jahrhundert und dann lassen die „Utopien“ ja auch nicht lange auf sich warten. Eine eigene Frage bildet die Herkunft der im 10. Jahrhundert aufkommenden Lehre von den drei Ständen — oratores, bellatores, laboratores —. Hier ist die Nähe zu den drei Ständen Platons so frappierend, daß die Übernahme aus platonischer Tradition offen gelassen werden sollte. Jedenfalls scheint sie mir näher zu liegen, als weit hergeholte indogermanische Vorstellungen [2]). Der gleiche Mangel an konkreter Tradition gilt für die aristotelische Soziallehre. Erst im 12. Jahrhundert werden über die Kategorien und „perihermeneias" hinaus die übrigen Schriften des Organons bekannt. Die Politik und Ökonomik, also die zwei wichtigsten Werke zur Staats- und Gesellschaftslehre werden erst um 1260/70 von Wilhelm von Moerbeke auf Anregung des Thomas von Aquin aus dem Griechischen übersetzt und so einem weiteren Kreis zugänglich gemacht. Nun erschöpft sich das antike Sozialdenken aber nicht in Platon und Aristoteles, wir haben die reiche stoische Tradition, die vor allem über Cicero und Seneca weiterwirkt, und damit ist zugleich der weite Bereich der Vermittlung griechischen Gedankengutes über römische Autoren angesprochen. Die Zeit nach der Völkerwanderung, in der sich die Grundlagen der folgenden Jahrhunderte formieren, erfährt ja das antike Sozialdenken nicht in unmittelbarem Anschluß an das ältere griechische Gedankengut, sondern in Verbindung mit den Aussagen der späten Antike, in denen wiederum die ältere Tradition rezipiert und weitergebildet ist. In dieser Rezeption verbinden sich Denkmotive der platonischen, aristotelischen, stoischen Überlieferung, vor allem der mittleren Stoa (Panaitios, Poseidonios), sodaß ein reiches Angebot vorliegt, das früher oder später zur Wirkung kommen kann je nach Bekanntheit und Zugänglichkeit der Texte und je nach dem spekulativen Bedürfnis selbst.

Wichtige Vorstellungen dieser griechisch-römischen Tradition kann man in das Umfeld der Leitworte: Natur, Recht, vollkommene Gesellschaft und vollkommener Staat einbringen. Sublime Unterschiede einzelner Autoren sind dabei für die Nuancen, jedoch nicht für das Gesamtbild entscheidend. In den Umkreis des Leitwortes „Natur" (physis, natura) gehört die Vorstellung einer Urzeit, in der man ohne Besitz und Habsucht „naturgemäß" lebt, der „goldenen Zeit", wie sie Seneca, dem Poseidonios folgend, schildert (Epist. 90). Hier regieren die Philosophen (sapientes), ein Gedanke, der sich schon im Kritias des Platon findet. Gesellschaft bildet sich in der Geschichte aus dem natürlichen Trieb zur Geselligkeit, der Mensch ist ja als „politikon zoon" von Natur aus ein geselliges Wesen, das nun von Familie und Haus, über die Gemeinschaft von verschiedenen Hausgemeinden — die „Dorfgemeinde" — schließlich die höchste und nun sich selbst genügende Gemeinschaft, den Staat (polis, civitas) entfaltet (Aristoteles Polit. I, 1) [3]). Der Staat ist das Endergebnis der tätigen, geselligen Natur des Menschen. Die Stoa wird diese Konzeption der natürlichen Geselligkeit durch den Gedanken der „oikeiosis", der zunächst individuellen Zuneigung zu sich selbst und der konzentrisch sich erweiternden Zuneigung zu allen dem Individuum Verbundenen, bis zur Menschheit hin, erweitern. Die Menschheit selbst, die „immensa societas humani generis" (Cicero, De offic. I, 17) tritt in den Blick, eingeordnet in das vom Logos geformte Weltganze, in dem jeder Vernunftbegabte Bürger wird. Die Perspektive der kosmopolis wird frei. Gründendes Prinzip der Natur der „communitas et societas humana", zugleich Bindeglied (vinculum) sind aber Sprache und Vernunft (ratio et oratio), sie verbinden die Menschen zu einer „gewissen natürlichen Gemeinschaft" (Cicero) [4]), sie unterscheiden wie kein anderes Merkmal den Menschen vom Tier.

Der Gedanke der vernunftdurchwalteten Menschheit, deren Voraussetzung eben in der gemeinsamen menschlichen, vernünftigen Natur begründet ist, führt jedoch nicht zur These und Forderung der politischen und sozialen Gleichheit aller. Die Erörterung der Sklaverei bei Aristoteles — entstammt sie der Natur oder menschlicher Satzung? —, die von Aristoteles erwähnte Ablehnung der Sklaverei bei manchen Denkern (Polit. I, 5, 6), seine eigene Position: von Natur aus sind manche triebhaft und körperlich geprägte Menschen eben unterlegen — all das erweist, daß Unfreiheit in der sozialen Reflexion offenbar doch kontrovers und fragwürdig war, diese Fragwürdigkeit aber nicht zu einem Argumentationsdruck und Argumentationsschub in der Diskussion führte, es blieb bei den Bedenken einer Minderheit.

Der Natur folgen, heißt der Vernunft folgen. Geselliges Verhalten im Sinne naturgemäßen Verhaltens richtet sich sowohl nach der allgemein menschlichen Natur, wie nach der individuellen Natur (Cicero, De off. I, 30). Sie gebietet, dem andern nicht um eigenen Vorteils willen zu schaden „gemäß der Natur und der menschlichen societas". Daraus ergibt sich auch der Wert des Gemeininteresses: „Aber gerade wenn die Natur das vorschreibt, daß der Mensch dem Menschen seine Sorge widmet, sei er, wer er sei, um des Grundes willen, daß dieser ein Mensch ist, dann entspricht es notwendig derselben Natur, daß der Nutzen aller ein Gemeingut sei. Und wenn es sich so verhält, dann werden wir alle durch dasselbe Gesetz der Natur zusammengehalten, und wenn dies so ist, dann werden wir sicherlich durch das Naturgesetz gehindert, den anderen zu verletzen" (Cicero, De off. III, 5). Diese Verpflichtung zum Mitmenschen und zum Gemeinwohl kann sowohl zur Hinnahme eines persönlichen Nachteils beim Zusammentreffen zweier Notsituationen, der meinen und der des andern, führen, wie auch kann sie die Verletzung der mitmenschlichen Sorge rechtfertigen, etwa gegenüber einem Tyrannen. Im Nachdenken über Menschheit, gegenseitige Hilfe, Gemeinwohl taucht schließlich noch ein anderer Gesichtspunkt auf, der später noch seine Bedeutung gewinnen sollte, der „communis usus". Er besagt die gemeinschaftliche Verfügung über alles „was die Natur zum gemeinschaftlichen Gebrauch (communis usus) erzeugt hat", was damit auch allen zugänglich ist: fließendes Wasser, Feuer, das ich mir vom anderen Feuer holen kann, ein Grundsatz, der auch in Gesetz und Recht eingeht [5]). Im übrigen gibt es von Natur kein Privateigentum (sunt autem privata nulla natura (De off. I, 7).

Mit Gesetz und Recht ist ein zweites Leitmotiv der antik-sozialen Reflexion angesprochen. Es findet sich sowohl in der philosophischen Spekulation über Gesellschaft, wie auch in der Rechtsatzung selbst. Hier sei zunächst die philosophische Spekulation betrachtet, die ihrem Wesen nach weiter greift und ausholt als geschriebenes Recht. Zwei wichtige Perspektiven bilden sich aus, die wiederum für die mittelalterliche Reflexion einflußreich werden sollten: 1.) Die Vorstellung eines dem positiven Recht übergeordneten Gesetzes, 2.) Recht als innere Bindung der Gesellschaft und des Staates. Die Vorstellung eines dem sich wandelnden positiven Recht übergeordneten Gesetzes entfaltet sich in einem langen Prozeß, an dessen Ende die römische Formulierung des Naturgesetzes und des Naturrechts steht [6]). Ungeschriebene Gesetze (agraphoi nomoi) gelten überall, Sokrates betont ihre göttliche Herkunft [7]). Aristoteles spricht „von dem der Natur nach gemeinsamen Recht" (physei koinon dikaion), der Stoa zufolge gibt es entsprechend der Weltvernunft ein gleiches Recht für alle. Cicero konfrontiert das übergeordnete Naturgesetz (lex naturae) dem Zivilrecht, er nennt die Natur Quelle des Rechts (iuris natura fons), das Zivilrecht ist ihm „von der Natur abgeleitet", es muß dem Völkerrecht (Naturrecht) entsprechen, ist ihm also untergeordnet [8]). Eine klare Sprache. Naturgesetz und Naturrecht, die nicht dem Wandel ausgesetzt sind, bilden das „rechtliche Pendant" zu Gerechtigkeit, die für alle gelten soll, auch für die Niedrigsten, und die zusammen mit der Freigebigkeit (liberalitas) das Leben der Gemeinschaft zusammenhält.

Recht und Gerechtigkeit als inneres Band von Staat und Gesellschaft. Von der Horde unterscheidet sich die politische Gemeinschaft durch das Recht „concilia coetusque hominum iure sociati, quae civitates appellantur" (Cicero, Somn. Scipionis). Cicero, der Römer, stellt diese rechtliche Bindung besonders markant heraus: Gemeinwesen ist keine zufällige Gemeinschaft sondern aufgrund von Rechtsvereinbarungen und gegenseitigem Nutzen gebildet [9]), und dies wiederum aufgrund einer dem Menschen innewohnenden Anlage. Und mit diesem Gemeinwesen, an dem der Einzelne durch die Übereinkunft Anteil hat, dem er, durch Familie, Verwandtschaft, Herkunft, durch die Pflichterfüllung besonders verbunden ist, soll nun der Einzelne in besonderer Weise geeint sein, im Dienst an der „gemeinsamen Sache" soll er seine sittliche Existenz verwirklichen.

Aus der inneren Einheit von vernünftiger Natur, die sowohl zur Pflicht, dem „kathekon" der Stoiker, wie zur Geselligkeit treibt, mit dem Handeln und geselligen Verhalten, aus der Übereinstimmung von „natura-ratio-lex (ius)", erwächst die Möglichkeit der besten Gemeinschaft, des besten Gemeinwesens. Das antike Staats- und Gesellschaftsdenken ist geprägt von diesem Zugehen auf ein Optimum, auf die „perfecta societas" und wird es je nach der Eigenart der philosophischen Schule zu Ende denken. Platon, vor allen andern, im Staat der Philosophenkönige, der Wächter und körperlich Schaffenden, mit der Forderung des gemeinsamen Besitzes aller in den zwei führenden Ständen, wobei die These des gemeinsamen Besitzes der Frauen (Weibergemeinschaft) den besonderen Anstoß beim mittelalterlichen Betrachter hervorrufen wird. Aristoteles in der Spekulation über die beste Staatsform, die zugleich ein bestes Funktionieren der gesellschaftlichen Kräfte im gegenseitigen Miteinander voraussetzt. Die Stoa im Ideal der vernunftgelenkten Gemeinschaft, das auch dann in Verbindung mit revolutionären Forderungen nach Gleichheit zu sozialrevolutionären Programmen führen kann. Bekanntlich beeinflußen Sphairos von Borysthenes den Spartaner Kleomenes und Blossios von Kyme den Tiberius Cracchus und Aristonikos von Kyme (Heliopolis) [10]). Die Frage nach dem besten Staat kann nach Cicero nur vor dem Hintergrund der Natur, d. h. einer der Natur folgenden sozial-politischen Ordnung, beantwortet werden [11]). Dabei wird sich von selbst das Bild der idealen Urgemeinschaft einstellen, als Kontrast zur Verderbnis, in die der Mensch durch Habsucht (avaritia) geraten ist. In der „goldenen Zeit" des Gemeineigentums und Gemeingenusses aller Schätze der Natur herrschte Sicherheit, gab es keine Armut. Aber dann „brach in die bestens geordneten Dinge die Habsucht ein, und indem man etwas auf die Seite bringen und zum Eigentum machen wollte, machte man alles zu Fremdbesitz und brachte sich aus dem Überfluß in den Mangel. Habsucht brachte Armut und verlor durch Besitzgier schließlich alles" (Seneca Epist. 90). Nachdenken über Gesellschaft, das eine „vollendete" beste Gesellschaft anvisiert und vielleicht für möglich hält, gibt der sozialen Reflexion eine vorwärts drängende Kraft, läßt sie nicht zur Ruhe kommen und gibt sich nie mit dem Bestehenden zufrieden.

c) *Recht und soziale Reflexion*

Rechtsgewohnheit und geschriebenes Recht ordnen nicht „unüberlegt" Staat und Gesellschaft, sie spiegeln Beurteilung, Einschätzung und Wertung der gesellschaftlichen Verhältnisse wieder, und dies entsprechend den Herrschaftsstrukturen einer Zeit. Der Geist dieser Rechte deckt sich mit den Erwartungen und Bedürfnissen der jeweiligen Schicht, die Recht gibt und Recht spricht. Wer die Macht hat, gibt das Recht. Er ist freilich dabei auf die Konkurrenz der ebenfalls nach Einfluß drängenden Schichten angewiesen, ein Prozeß, der über Jahrhunderte sich erstrecken kann, wie es der Kampf der Patrizier und Plebejer in Rom erweist. Mit Rom ist zugleich das Sichwort für das Recht und die Rechtskodifikation gegeben, mit denen das Mittelalter, neben den Volksrechten, vorrangig zu tun hat, das ius civile Romanum.

Die römische Gesellschaft ist ein Verband abgestufter Privilegien mit ihren Abgrenzungen und Zuweisungen von Rechten. Umfassend der in sich privilegierte Bund der cives mit ihren bürgerlichen Rechten und Freiheiten. In ihrer Mitte die patres, die patrizische Aristokratie, zu der die Schicht der equites kommt, die Geldaristokratie. Dann die zäh und unterbittlich um die Macht ringende plebs, mit ihren Vertretern und ihrer Versammlung, sie schließt den Kreis der vollberechtigten cives. Was folgt, sind Minderberechtigte wie die peregrini, die Fremden, die Halbfreien und Freigelassenen, schließlich die Unfreien bis zu ihrer untersten Stufe, den im ergastulum (Arbeitshaus) Verwahrten, häufig angekettet. Abgestuft ist auch der private Bereich der familia: Vorweg der pater familias mit seiner ursprünglich unbegrenzten Macht, sogar mit dem Recht über das Leben der Hauskinder, mit dem Recht, Kinder selbst zu verkaufen. Die Frau teils Sache (res), teils persona, ist ursprünglich nicht rechtsfähig, sie steht unter der tutela mulieris (Vormundschaft). Der Vater bestimmt über den Familienverband, nach ihm richtet sich in der agnatischen Erbfolge das Erbe. Eine Welt der Männer.

Das römische Recht kodifiziert diese Welt. Die Vorrechte des senatorischen Standes, der auf der Höhe seiner Macht, vor den einsetzenden Ständekämpfen das Recht, der politische, sakrale und richterliche Funktionen innehat, während Ritter und Plebs in mühsamen Kämpfen ihre Positionen erringen. Die zusätzlichen Rechte im Patronat über denjenigen, der sich nicht selbst rechtlich vertreten kann, den cliens. Eine Einrichtung, die zugleich den Freigelassenen und Schutzbedürftigen Sicherheit verleiht. Hier wird ein sozialer Grundzug des römischen Rechts sichtbar, das über die Kodifizierung von Vorrechten hinaus fähig ist, einen Ausgleich zu schaffen, und das in sich selbst flexibel genug ist, um auch veränderten Umständen sich anzupassen.

Dieser Wesenszug wird vor allem im Privatrecht deutlich, das ja ohne Unterschiede allgemein gilt und nur selten den Privilegien der politisch-sozialen Ebene, des öffentlichen Rechtes Raum gewährt. Die wirtschaftlich-sozialen Veränderungen der späten Antike schlagen auch im Privatrecht nieder, wie es die Zurückbildung des rein agnatischen Familienverbandes, der ja am „pater familias", am Mannesstamm sich orientiert, die sich bessernde Stellung der Frau im Verschwinden der „tutela mulieris" und in der Erbgleichheit von Mann und Frau erweisen. Einfluß des Vulgarrechtes und des Christentums wirken zusammen, der „Geist des Rechtes" wandelt sich. Kaser spricht von einer Zurückbildung der „patria potestas" und davon, daß die Familie mehr und mehr den ursprünglichen Charakter eines Rechtsverbandes verliere [12]). Anstatt des agnatischen Erbrechts, nun das Recht der Blutsverwandtschaft (cognatio) vor allem auch der weiblichen Sippe. Der sich wandelnde Geist des Rechtes im Sinne der humanitas zeigt sich auch an der allmählich sich bessernden Stellung der Sklaven. Töten eines Sklaven durch den Herrn wird nun zum Mord, der Sklave erhält ein geringes Eigentumsrecht (peculium). Freilich Zwang, Diskriminierung, Benachteiligung bleiben, selbst der Freigelassene muß noch die Härte seines früheren Standes spüren, wenn er als „undankbar" oder ob seines „übermütigen und trotzigen Nackens" oder wegen einer „levis offensa" von seinem Herrn „verdientermaßen in die Sklaverei zurückgebracht wird" [13]). Auch die „honores" und die „palatina militia" (Ämter und Palastgarde) sind ihm verwehrt.

Milderung der rechtlichen Situation des Unfreien einerseits, Sicherung des Systems der Sklaverei andererseits, man könnte daraus auf eine Unsicherheit schließen, hinter der ein Wandel im „Geist des Rechtes" am Werk ist. Tatsächlich mußte den Einsichtigen zu Bewußtsein kommen, daß zwischen philosophisch-philanthropischen Thesen, christlichen Vorstellungen und der rechtlichen Wirklichkeit ein im Grunde nicht harmonisierbarer Antagonismus walte, der eben hingenommen werden muß, will man nicht zur gewaltsamen Veränderung der Verhältnisse übergehen. In dieser Hinsicht ist die Einleitung der grundlegenden Zusammenfassung der römischen Rechtstradition und ihrer Weiterführung im Rechtsbuch Justinians (CJC) aufschlußreich. Die Redaktoren, Bribonius, Theophilus, Dorotheus stellen hier nach der Definition des allgemeinen Naturrechts, das alle Lebewesen umfasse (Inst. I, 2), des Völkerrechtes und Zivilrechtes fest, daß Kriege und Gefangenschaft — sie sind ja Hauptquellen der Massensklaverei — gegen das Naturrecht entstanden seien, so sei das ius gentium geschaffen worden „usu exigente et humanis necessitatibus" (da es die Praxis erforderte und aus menschlichen Notwendigkeiten). „Dem Naturrecht nach wurden ursprünglich (ab initio) alle Menschen frei geboren" (Inst. I, 2, 2). Im weiteren Kontext heißt es (Inst. I, 2, 11), daß die „Naturrechte", die bei allen Völkern und gleichmäßig beobachtet werden, durch eine gewisse göttliche Voraussicht eingesetzt und immer fest und unwandelbar bestehen. Gleich darauf (Inst. I, 3) wird das Personenrecht eingeteilt: „Die vornehmlichste Einteilung im Personenrecht ist die, daß alle Menschen entweder frei sind oder Sklaven". Sklaverei ist aber eine Einrichtung des Völkerrechtes, der zufolge jemand „gegen die Natur (contra naturam) einem fremden Herrn unterworfen wird". Dieses Völkerrecht wurde aber zuvor auf die zwischen allen Menschen waltende „naturalis ratio" begründet (Inst. I, 2, 1).

Ein Text, der eine ganze philosophische und rechtliche Überlieferung in sich trägt, der philosophische Einsicht und Rechtsnorm zu verbinden sucht, eine Rechtsurkunde der Menschheit, hier im 6. Jahrhundert, zur Zeit der Blüte Ostroms und der ersten Germanenreiche. Einerseits die Einsicht in die ursprünglich natürliche Gleichheit, die geschichtliche Verkehrung der conditio humana durch Krieg und Gefangenschaft, die Übereinkunft gemäß der „natürlichen Vernunft" und Anerkennung der Sklaverei kraft Völkerrechtes. Daneben aber die feierliche Legitimierung des Naturrechtes kraft göttlicher Providenz und die Erklärung seiner Unwandelbarkeit. Gilt das auch für das Naturrecht der ursprünglichen Freiheit? Offenbar nicht, denn wohlweislich ist in die Formel vom göttlichen Charakter des Naturrechts die Einschränkung eingebaut: „Naturrechte, die von allen Völkern und gleichmäßig bewahrt werden". Ein solches ist aber das Naturrecht der Freiheit offenbar nicht, denn es wird vom gegenteiligen Völkerrecht abgelöst, das wiederum auf die natürliche Vernunft zurückgeht. Ungenügen und Ungereimtheit der gelehrten Argumentation sind handgreiflich, es gelingt nicht, die Überzeugung eines unwandelbaren Naturrechtes der Freiheit auch inmitten einer übermächtigen Rechtsstruktur durchzuhalten. Dennoch bleibt es wichtig genug, daß überhaupt die Antinomie von ursprünglicher Freiheit und geschichtlicher Unfreiheit, das „contra naturam" in der Rechtswirklichkeit einmal und an so hervorragender Stelle artikuliert wird. Der sozialen Reflexion der Folgezeit, die ja diesem Text konfrontiert ist, war damit eine bedenkenswerte Analyse der „natürlichen" und geschichtlichen Sozialwirklichkeit angeboten.

Die Volksrechte germanischer Stämme und Herrschaften — sie bilden die zweite Rechtsquelle sozialer Reflexion — enthalten keine derart prinzipielle Überlegungen. Sie erfassen pragmatisch gewisse Anweisungen des Privatrechtes und Strafrechtes und beschränken sich dabei auf einzelne Vorschriften zum Schutz von Leib und Leben, von Habe und Haus, von Ehe und Familie. Sie übernehmen geltendes Gewohnheitsrecht, das nun auch im Zusammenhang mit dem spätantiken Vulgarrecht formuliert werden kann. Die Zeit ihrer Entstehung vom 5. — 9. Jahrhundert macht sie zugleich zu Zeugnissen der frühmittelalterlichen Aera.

Was die Rechte, angefangen von den frühesten Aufzeichnungen bei den Westgoten, Burgundern, Franken (Pactus legis Salicae) bis zu den späteren Rechten der Ribuarier, Alamannen, Langobarden, Bayern, Thüringer und Sachsen als spezifisch germanisches Rechtsgut enthalten, mag im Detail umstritten sein [14]), sicher ist, daß in den Volksrechten soziale Tatbestände erscheinen und rechtlich relevant werden, die auch den aus der Geschichtsschreibung vor allem seit Tacitus bekannten Fakten entsprechen. So der elementare Unterschied von frei und unfrei, die Sonderstellung der Gefolgschaft um einen Herrn, die jetzt auch den besonderen Rechtschutz des Königgefolges erfaßt und auszeichnet. Dann die Fehde, deren offenbar häufige Praxis in den zahlreichen Strafbestimmungen für Verletzungen und Totschlag greifbar wird. Ältere Zustände zeigen auch die Bestimmungen gegen Frauenraub; die Ehe ist geschützt, freilich ist die Ehescheidung möglich, wie es ja neben der durch Sippenvertrag geschützten Ehe auch die freie Konsensehe (Friedelehe) und die Kebsverbindung gibt. Das Recht der Sippe erscheint in der Vormundschaft und in der Eideshilfe, im Strafrecht gegenüber der ehebrecherischen Frau. Das Strafrecht manifestiert die ständische Gliederung des Volkes in dem nach dem Stand des Täters (frei oder unfrei) oder des Geschädigten (Königsgefolge, Geistlicher, Frei, Unfrei) das Bußgeld festgelegt wird [15]). Die Strafgewalt des Hausherrn zeigt sich in dem Recht, die untreue Frau zu töten, die Frau im Notfall zu verkaufen. Altertümliche Rechtsordnung kommt schließlich zum Ausdruck, wenn im Prolog zum Pactus Legis Salicae noch Rechtskundige (Wisogast, Salegast, Arogast, Widogast) als gewählte Redaktoren genannt werden, eine Form der Rechtsfindung, die noch eine ältere Struktur und Lebensweise sichtbar macht: Rechtliche Ordnung, die unmittelbar aus dem politisch berechtigten Teil des Volkes wächst. In den späteren Gesetzen, wie dem der Alamannen und Bayern wird vereinfacht nur noch die Schicht der Herrschenden (König, Bischöfe, Aristokratie) als Beschließende genannt [16]).

Anmerkungen: 1.1 — 1.3 Über soziale Reflexion.

Quellen — Zur Literatur — Historische Situation — Sozialwirklichkeit

[1]) Theodoret, Zu I Cor. VII, PG 82, 279f: „Doulos eklaethaes, mai soi meleto". Übersetzung: „Servus vocatus es. Non sit tibi curae. Sed si potes fieri liber, magis utere. Non novit gratia differentiam servitutis et dominii". — Rather, Praeloquia, I, XV, PL 136, 176f: „Servus es, noli tristari; si fideliter domino tuo servieris, libertus eris omnium Domini: omnes enim in Christo fratres sumus".

[2]) Collect. Sangall., MGH Formulae, S. 406, n. 16: „in Christi amore qui nos a dominatu satanae liberavit, ab importuno servitutis iugo humanae ...liberare disposui".

[3]) Le Goff, Pour un autre moyen-âge, Paris 1977.

[4]) R. Sprandel, Verfassung und Gesellschaft im Mittelalter, Paderborn 1975, S. 31 zur Diskussion über die frühmittelalterliche Gesellschaftsstruktur: „Man wird sagen können, daß jeder dieser Sätze durch den einen oder anderen der genannten Kritiker entschieden in Frage gestellt worden ist".

[5]) Form. Sangall. n. 16, MGH Form. S. 406, Carta libertatis. — Weitere Freilassungsformeln in den Formulae Marculfi, a. a. O. S. 95ff.

[6]) M. Kaser, Röm. Privatrecht, III, 3, 2, 75.

[7]) Zu Gemeinfreien, H. Conrad, Dt. Rechtsgeschichte, I, 116f. — K. Bosl, Frühformen der Gesellschaft, S. 161ff.

[8]) M. Kaser, a. a. O. S. 305.

[9]) Noch Anfang des 11. Jh. (1027/29) muß sich Konrad II. dagegen wenden, daß die Verdener Kirche Eigenleute verhökert: „Unde quia sanctae Fardensis ecclesiae mancipia seu bruta animalia pro quantulocumque pretio hactenus venundata fuisse audivimus". G. Franz, Quellen zur Geschichte des dt. Bauerntums, Darmstadt 1974, n. 50 und MGH Dipl. IV, n. 130.

[10]) Vgl. die Titulaturen bei Isidor, Etymologiae, IX, c. 4, PL 82 349ff. — D. Claude, Topographie und Verfassung der Städte Bourges und Poitiers, Hist. Stud. 380, Lübeck, 1960.

[11]) Leges Baiuv. Tit. III, 1, „De genealogia" zu den großen Familien Hosi, Draza, Hahilinga, Anniona.

[12]) Rather, Praeloquia, I, tit. X, PL 136, 165ff.

[13]) L. Santifaller, Zur Geschichte des ottonisch-salischen Reichskirchensystems, Wien 1954. — A. Schulte, Der Adel und die deutsche Kirche, Kirchenrechtl. Abh. 63 (1910), 64 (1910).

[14]) Vgl. auch: Chiese nelle societa, Torino 1980. — Hier mein Beitrag: L'Epoca imperiale da Carlo Magno alla riforma gregoriana, S. 41ff.

[15]) K. Bosl, Der Adelsheilige, in: Speculum historiale, Festschrift, Joh. Spörl, München 1965.

[16]) Vgl. „La Femme", Recueil de la Société Jean Bodin, I, II, Brüssel, 1959, S. 117, 141, 243.

[17]) Literatur zur Stellung der Frau: E. Power, Medieval Woman, Cambridge 1975 (ed. M. M. Postan). — R. Th. Morewdge, The role of woman in the middle-ages, New-York 1975. — G. E. Duby, Le chevalier, la femme et le prêtre, Paris 1980. — Sh. Shahar, Die Frau im Mittelalter, Königstein 1981. — R. Fossier, La femme dans les civilisations des Xe et XIIIe siècles, Poitiers, 1977. E. Ennen, Frauen im Mittelalter, 1984.

[18]) G. Rossi in: La Femme (vgl. Anm. 16) S. 116/121.

[19]) H. Conrad, Dt. Rechtsgeschichte I, S. 400.

[20]) Conrad a. a. O. S. 160, 34f.

[21]) R. Sprandel, S. 36 zum tit. 55 des alemannischen Volksrechtes.

[22]) H. Conrad, Dt., Rechtsgeschichte I, S. 155 ff.

[23]) Gregor von Tours, Hist. libr. V, 32 und VI, 36.

[24]) A. Dopsch, Die Wirtschaftsentwicklung der Karolingerzeit, 1, 2, 1921/1922.

[25]) O. v. Gierke, Das deutsche Genossenschaftsrecht, I-IV, 1868-1914.

[26]) R. Sprandel, Mentalitäten und Systeme, Hamburg, 1979 — Le Goff, Pour un autre moyen-âge, Paris 1977, S. 14: „la pire ennemie de l'histoire, la philosophie de l'histoire. J'ai abordé certains aspects de l'histoire des mentalités". Er sei sich dabei der „risques de la mode" bewußt.

Anmerkungen: 1.4 Ideengeschichtliche Voraussetzungen.

[1]) G. v. Bredow, Platonismus im Mittelalter, Freiburg 1972. — Platonismus in der Philosophie des Mittelalters, herausgeg. v. Beierwaltes, Wege der Forschung, Darmstadt 1969.

[2]) Nach G. Dumézil gehört die Einteilung in die drei Klassen, wie sie im 10. Jh. aufkommt, zur indogermanischen Trias. In der italischen Ausprägung heißt diese Trias: Jupiter (Adler), Mars (Wolf), Quirinus (Schwein) — ratio, voluntas, appetitus. G. Dumézil, L'idéologie tripartie des Indo-Européens, 1958, Paris. — Beweise für eine indogermanisch-italische Herkunft der mittelalterlichen Dreiteilung wären noch zu erbringen. Wenn eine Verbindung zu Jupiter, Mars, Quirinus bestehen soll, warum kommt dann die Dreiteilung erst so spät und — was die indogermanische Verbindung angeht — so plötzlich und unmotiviert auf?

[3]) Aristoteles, Politik I, 1 (1252 b 10-18) hat die Stufenfolge: Haus (oikia, oikos), Dorf (vicus-kome), Staat (polis, civitas). Haus umschließt Familie und Sklaven, die für den Tag sorgen. Mehrere Hausgemeinschaften bilden die kome, die ihrer Struktur nach noch in die Nähe des Hauses gehört; sie ist mehr als Haus, aber noch nicht polis, da sie noch nicht autark ist, d. h. alle Bedürfnisse befriedigen kann.

[4]) Cicero, De offic. I, 16: Sed quae naturae principia sint communitatis et societatis humanae, repetendum videtur altius. Est enim primum quod cernitur in universi generis humani societate. Eius autem vinculum est ratio et oratio, quae docendo, discendo, communicando, disceptando, iudicando conciliat inter se homines coniungitque naturali quadam societate, neque ulla re longius absumus a natura ferarum.

[5]) Cicero, De offic. I, 7. — I, 16: In qua omnium rerum, quas ad communem hominum usum natura genuit, est servanda communitas.

[6]) Vgl. zum folgenden den Artikel: Rechtsphilosophie mit Hinweisen in: R. Eisler, Wörterbuch der phil. Begriffe, II, 635ff.

[7]) Platon, Nomoi, 714a: „und so viel uns an unsterblichem innewohnt, dem sollen wir folgen ..daß wir das, was sich uns aus unserer Einsicht ergibt, als Gesetz erachten (ten tou nou dianomen eponomazontes nomon).

[8]) Cicero, De offic. III, 17: „solum ius civile ductum a natura malitiam fraudemque vindicat". — Es gibt Dinge, die zwar durch Sittenverfall nicht verboten sind: „Tamen naturae lege sanctum est". — Ferner: De re publ. III, 22.

[9]) Cicero, Somnium Scip. c. 6.

[10]) Zu Sphairos: Stoic. Vet. Fragm., I, 139ff. — H. Gunermann, Cicero, De off. (Reclam, 1976) S. 339 — Zu Blossios J. R. S. 31, 1941, 92-99.

[11]) Cicero, De re publ. II, 39.

[12]) M. Kaser, Das römische Privatrecht, II, München 1975, 202 ff.

[13]) Cod. Theod. IIII, 10, 1 (332?): Libertis ingratis in tantum iura adversa sunt, ut, si quadam iactantia vel contumacia cervices erexerint aut legis offensae contraxerint culpam, a patronis rursus sub imperio dicinionemque mittantur.

[14]) Die Volksrechte sind ediert in MGH Leges. — Zu den Volksrechten: K. v. Amira, — K. A. Eckhardt, Germanisches Recht I, 1960. — H. Conrad, Deutsche Rechtsgeschichte I, 131ff. Karlsruhe 1962. — K. Kroeschell, Deutsche Rechtsgeschichte I, Hamburg 1972, 52ff zweifelt an der Nähe des Vulgarrechtes zu den Volksrechten, „ob sich das Germanische überhaupt wird ermitteln lassen".

[15]) Der Stand des Täters wird unterschieden in Pactus Legis Salicae XI: De furtis ingenuorum vel de effracturis. — XII: De furtis servorum vel effracturis. — Nach dem Stand des Geschädigten werden allenthalben die Strafen, besonders das Wergeld für den Erschlagenen festgelegt.

[16]) Im Prolog des Pactus Legis Salicae heißt es zunächst daß „inter Francos atque eorum proceribus" die Rechtsfassung beschlossen wurde. Dann werden „inter eos electi de pluribus" vier Männer als Redaktoren bestimmt. — in der Lex Alamannorum versammeln sich unter Chlotar „duces, episcopi, comites". — In der Lex Baiuvariorum wird beschlossen: „apud regem et principes et apud cunctum populum christianum". Die Königs- und Adelsherrschaft bestimmt den Gang der Dinge.

WEGSTRECKEN DER SOZIALEN REFLEXION

II. VON DEN KIRCHENVÄTERN ZUR KAROLINGISCHEN SOZIALLEHRE

2. Kirche und soziale Reflexion

Soziale Reflexion im Übergang von der Spätantike des 2.—5. Jahrhunderts n. Chr. zur Gesellschaft der germanischen Reichsbildung auf römischem Boden seit dem 5. Jahrhundert vollzieht sich zunächst und vorwiegend im Raum der Kirche. Entstammen Sprecher, Quellen zur sozialen Theorie in der Antike dem Bereich der Philosophie und des Rechts, so haben wir jetzt fast ausschließlich Theologen als Autoren, die Sache sozialen Nachdenkens ist an die Vertreter der Kirche übergegangen. Darin prägt sich unverkennbar der tiefgreifende Wandel, der mit der Konstantinischen Wende einsetzt: Kirche als gesellschaftliche und kulturell prägende und bestimmende Gemeinschaft.

Damit ist zugleich etwas über das Ambiente ausgesagt, aus dem heraus Überlegungen und Formulierungen kommen und sich melden. Es ist die Kirche selbst, in deren Diktion und Sehweise der Sprecher lebt und sich artikuliert: Er ist Kirchenmann, hat wichtige Funktionen inne, überwiegend sind es Bischöfe, denen wir begegnen: Augustinus, Ambrosius, Gregor I., Theodoret, Chrysostomus, Isidor von Sevilla, Claudius von Turin, Agobard von Lyon, Jonas von Orleans, Rather von Verona, Atto von Vercelli, Hinkmar von Reims, Äbte wie Smaragdus und Alkuin.

Sie stehen häufig zugleich in politischer Verantwortung oder in engem Kontakt zur Ebene der Herrschaft. Der Träger des hierarchischen Amtes sieht Gesellschaft von seiner Position her, in seiner Pflicht für die Gemeinschaft, im Blick des Hirten auf seine Herde: Verantwortung „von oben". Er ist einer Glaubensgemeinschaft eingefügt und übt in ihr Funktion aus, die selbst bestimmte Formen der Gemeinschaft ausgebildet hat und die auf dem Weg ist, sie weiterzubilden, neue Formen zu finden, sich zu wandeln: Die Kirche der karolingischen, ottonischen Epoche mit ihren Orden und Reichsklöstern, ihren fürstlich wirkenden Bischöfen, ihrer adligen Hierarchie ist in ihrer sozialen Gruppierung und ihrem sozialen Selbstverständnis nicht mehr die Kirche der Katakomben. Dabei kann man drei Faktoren herausstellen, von denen die Gesellschaftsnatur der Kirche in dieser Zeit geprägt ist:

(1) Die mit dem Toleranzedikt von Mailand einsetzende Entwicklung gewährt der Kirche zunächst nach außen Duldung und freie Ausübung des Kultes, sehr bald erfolgt die Abgrenzung gegenüber den Haeretikern, die Ausbildung einer Ketzergesetzgebung schon im 4. Jahrhundert. Das christliche Bekenntnis wird Staatsreligion, der heidnische Kult wird verboten, die Altäre zerstört, die Tempel „ad usum publicum" beschlagnahmt (408) [1]. In einem zwar langsamen aber unablässig drängenden Prozeß, der das Heidentum schließlich verdrängt, werden Kirchenvolk und Staatsvolk-Gesellschaft in den Reichen mit christlicher Herrschaft schließlich identisch. Mit der quantitativen Ausbreitung vollzieht sich parallel eine innerkirchliche soziale Wandlung. Aus der Bekennergemeinschaft der Verfolgungszeit wird eine herrschaftlich abgesicherte Kirche, die sogar sozialen Aufstieg ermöglicht. Zurückkehren die in der Verfolgung abtrünnig gewordenen „traditores", breite Bevölkerungsschichten strömen ein, auch der gehobenen Klassen, die bisher eher zurückhaltend waren. Da das hierarchische Amt eine sozial gehobene Position bietet, wird es auch für Angehörige der führenden Schichten anziehend, aus deren Reihen überwiegend die Bischöfe gerade in den

christlich gewordenen Germanenreichen stammen. Ein Vorgang, der im späteren Verlauf schließlich zu einer dominanten Aristokratisierung des Episkopates führt.

(2) Die episkopal-hierarchische Struktur der Kirche hatte sich schon in der Frühzeit gebildet, sie wird jetzt intensiviert, indem neue Aufgaben den Bischöfen zuwachsen. Im Religionsedikt von 408 weisen die Kaiser Arkadius, Honorius und Theodosius II. den Bischöfen eine Überwachungsfunktion gegenüber den verbotenen heidnischen Riten zu. Der Bischof übernimmt öffentlich-rechtliche Aufgaben, er wird zu einem religiösen Ordnungsorgan [2]). Für sich selbst gewinnen die Bischöfe rechtliche Privilegien, sie sind der weltlichen Gerichtsbarkeit entzogen, erhalten Steuervorteile und erreichen die Abgabefreiheit des Klerus. Und dies in einem Staat, der gerade durch seinen fiskalischen Zwang gekenzeichnet ist.

(3) Indem der Staat die kirchliche Hierarchie als ordnende Institution in Teilbereichen anerkennt, indem die Kirche sich für das Gemeinwesen mitverantwortlich weiß, beginnt eine Entwicklung, in der Kirche nicht getrennt von der respublica lebt und wirkt, sondern nun auch öffentliche Funktionen übernehmen kann. Wesentlich unterstützt wird sie darin durch ihre Autorität als „auctoritas sacrata pontificum" (Gelasius I.), durch das „grave pondus sacerdotum", wie es Gelasius I. in seiner Botschaft an Anastasius formuliert (Ep. 12). Diese politische Verantwortung kann verschiedene Formen annehmen und wechselnde Intensität gewinnen: So in der Entscheidung des Papstes Zacharias für den karolingischen Hausmeier Pippin gegen den legitim amtierenden aber machtlosen Mervovinger Hilderich (751), in der ottonischen Reichskirche, in dem mit Gregor VII. einsetzenden Anspruch, über das kaiserliche Amt zu wachen und notfalls mit äußersten Mitteln einzugreifen [3]). Daß mit all dem eine, möglicherweise extreme, Politisierung verbunden ist, daß die Kirche mitten in die politisch-sozialen Spannungen gerät, dabei Partei wird und Partei ergreifen muß, wird man nicht bestreiten können.

Der theologische Betrachter, der in diesem Umfeld Überlegungen zu gesellschaftlichen Fragen anstellt, wird von dieser seiner Situation geprägt sein. Ich meine nicht, daß nun alles, was er niederschreibt, zur Legitimierung der jeweiligen Praxis dient, aber zunächst einmal steht er eben in seinem Leben und Wirkkreis, in den ihm vorgegebenen sozialen Bedingungen. Diese liefern ihm die Daten und Fakten, die er nun begründen, bejahen oder ablehnen kann. Ablehnen bedeutet eine Herausforderung an den Katalog anerkannter und praktizierter Regeln. Begründen und Bejahen erfordert, daß die Übereinstimmung von christlicher Botschaft und sozialer Ordnung hergestellt und gewahrt wird. Das gilt für das Verständnis der Kirche als geschlossene Heilsgemeinschaft gegenüber allen Abweichlern (Haeretikern), für ihre hierarchische Praxis und Struktur, für die Übernahme weltlicher Verpflichtungen, für die Problematik von Freiheit—Unfreiheit, für die Sicherung menschlicher Würde. Der in hierarchischer Funktion und Verantwortung Stehende wird die andrängenden Fragen anders sehen als ein Vertreter der Schicht am Ende der sozialen Skala. Eine Tradition von Autoren, die hohe Würdenträger sind, wird manches anders sehen als ein theologischer Sprecher aus dem Stand der Unfreien oder genauer: als eine ganze Tradition unfreier Eigenpriester. Aber eine solche artikulierte Tradition, besitzen wir nicht. Sie ist stumm geblieben, wir haben aus ihren Reihen keine vergleichbaren Stimmen. So sind wir darauf angewiesen, uns mögliche Alternativen der Antwort und der Argumentation selbst vorzustellen und sie zur eigenen Sache zu machen, das heißt, sie gewissermaßen zu vertreten.

2.1 Soziale Ordnung nach Augustinus

In Cassiciacum 386 verfaßt Augustinus als letzte einer Dialogreihe die Schrift über die „Ordnung" (ordo). Er ist noch Heide, aber die Konversion und Taufe stehen schon in Erwartung, der Dialog ist ein wichtiges Dokument des Übergangs, an dem sich zugleich der Übergang der Epoche wiederspiegelt. Mit „Ordnung" ist eine Leitidee im Verständnis von Welt und Mensch angesprochen, sie ermöglicht einen Einstieg zugleich in das soziale Denken des Mittelalters [1]). Die Konzeption der „Ordnung" zielt im weitesten Sinn auf die Vorstellung einer die Schöpfung und die menschliche Welt durchwaltenden sinnvollen Verfaßtheit, Ordnung trägt damit aber auch die menschlichen Beziehungen. Der Ordo-Gedanke ermöglicht es, die aufeinander verwiesenen Stufungen der Herrschaft, der Dienste umd Ämter, der Berufungen und Berufe, der Geburt und des Schicksals, des Standes und der von den Standesprivilegien Ausgeschlossenen in ein übersichtliches, rechtlich gesichertes System einzufügen, dieses auf die verschiedenen Formen der kirchlichen und weltlichen Funktionsteilung, die Hierarchie, das Feudalwesen und die Ständegesellschaft zu transponieren und so ein allseitiges, stimmendes Modell einer „geordneten Welt" darzubieten.

Für Augustinus entsteht die Frage nach dem „ordo" aus dem inneren Bedürfnis, den inneren Zusammenhalt der Welt zu erfahren. Er läßt das Thema anhand eines Erlebnisses in Gang kommen: Im Schlafraum, den er mit zwei Schülern teilt, wacht er auf und horcht auf das wechselnd starke Geräusch des Baches, der hinter dem Bad vorbeifließt. Einmal lauter, einmal leiser über den Kieselgrund, es ist November, und der Regen war schon da. Was verursacht den Wechsel des Geräusches? Wäscht jemand am Bach, kommt es vom Herbstlaub, das sich im Bach sammelt und dessen Lauf unterbricht? Wie kann man aber dann von Ordnung sprechen, muß das Laub so fallen, der Bach so fließen? Die Zuleitung des Wassers zum Bad in Holzkanälen ist das Ergebnis eines „Planes", aber im Lauf des Wassers, in seinem Wechsel, ist da nicht einfach der Zufall am Werk? Die Antwort lautet: „nichts entsteht und nichts wird erzeugt, ohne daß ein Grund ihm Leben und Bewegung gibt" (I, 14). Eine schlichte Lösung, die aber sofort fragwürdig wird, wenn in die Verursachung auch das Böse genommen wird. Für Augustinus, der jahrelang manichäischer Dualist war, eine entscheidende Frage. Wie verträgt sich das Böse mit der Ordnung, erst recht dann, wenn die Definition des „ordo" erscheint: „Ordo est quo Deus agit omnia quae sunt", sie ist Weg und Mittel, wodurch Gott in allem, was existiert, wirksam wird (II, 4). Eine Antwort nimmt Augustinus schon in der Vorrede vorweg, wenn er an die Unordnung der zahllosen Mosaiksteine denkt, die erst im Überblick zur bewundernswerten geordneten Schönheit sich zusammen fügen. Auf die Frage nach dem Bösen, Häßlichen, Widerwärtigen in der Welt weitergeführt heißt das: Auch sie haben ihren Platz, ihren Sinn in der großen Ordnung. Das gilt gerade auch für das Leben der Menschen, für die soziale Ordnung: Gibt es etwas Häßlicheres als den Henker, fragt er im dritten Gespräch (III, 12). Gibt es etwas Furchtbareres, etwas Grausigeres als seine Tätigkeit? Und doch füllt er im Rahmen des Gesetzes einen notwendigen Platz aus, und ist dieser in die Ordnung eines recht geleiteten Staates eingefügt. Selbst wenn er verbrecherisch denkt, er manifestiert aufgrund einer Ordnung, die höheren Ursprungs ist, eben die Strafe für den Verbrecher. „Oder kann man von etwas Verächtlicherem sprechen, das noch weniger Anstand, noch mehr Schmach besitzt als Dirnen, Zuhälter und die ganze damit zusammenhängende Seuche? Schaffe die Dirnen in der menschlichen Gesellschaft ab, und du wirst eine einzige Verwirrung durch die ungezügelten Genußsüchte schaffen. Gib ihnen den Platz von Ehefrauen und Schmach und Schande wird auf alle fallen. So wird durch das Gesetz der Ordnung eine

Bestimmung, wenn auch die niedrigste, sogar dieser Art von Menschen gegeben, deren Sitten das Leben am tiefsten entehren" (III, 12) [2]). Das geordnete Beieinander von Gut und Böse, von Schön und Häßlich beruht auf der göttlichen Lenkung selbst. Der ehemalige Manichäer Augustinus, dem die Existenz des Bösen in der Welt des Menschen zeit seines Lebens das große und erregende Thema bleibt, formuliert dann später, daß es Dinge gäbe, die ganz und gar unverständlich sind und dennoch mit Gott zu tun haben — „dennoch göttlich" —, daß Gott, der selbst nichts Böses tut, so viel Böses tun läßt (IV, 46). Die manichäische Lösung der ewigen Dualität von Gut und Böse wird durch den Satz von der Lenkung auch des Bösen überwunden. „Ich glaube nicht, läßt er seine Mutter sagen, daß irgendetwas außerhalb der Ordnung Gottes entstehen könnte, obwohl das Böse, das geboren wird, keinesfalls durch die Ordnung Gottes zum Entstehen gelangt, aber jene Gerechtigkeit ließ es nicht zu, daß es ungeordnet bliebe, und hat es auf den ihm zugehörenden Platz verwiesen und zurückgedrängt" (IV, 23) [3]). Ordnung trifft demnach nicht eine homogen gute Welt, sie ist, wie es später im Gottesstaat heißt (XIX, 13): „parium dispariumque rerum sua cuique loca tribuens dispositio". Sie ist auch nicht so gemeint, daß sie nur das in sich Gleiche, das Gute, disponiert, ihm Rang und Funktion zumißt, während das vom Zerrüttler, dem Diabolos, Durcheinandergebrachte für sich ungeordnet bleibt. Sie gilt für das, was seinem Wesen nach in der Ordnung und gemäß der Ordnung, im Gesetz, sich gestaltet, sie gilt aber auch für das, was dem Gesetz entgegensteht, wie ja auch die Dämonen in den gotischen Wasserspeiern in das Ganze des Doms eingefügt sind. Wesentlich gehört zum „ordo" also der Gegensatz, der Widerspruch, den die Ordnung bändigt: „Ubi omnia bona sunt, inquit, ordo non est. Est enim summa aequalitas, quae ordinem nihil desiderat", wo alles gut ist, bedarf es keiner Ordnung. Ordnung wird notwendig durch Ungleichheit von Gut und Böse: „Das Böse bewirkt, daß die Ordnung auch das Gute umfaßt. Gut und Böse werden durch die Ordnung gelenkt, nicht das Gute allein (II, 2): „Nam sola bona non ordine reguntur, sed simul bona et mala". Die Theorie des geordneten Gegensatzes auf die soziale Welt übertragen, das entwickelt eine bedeutsame Sozialtheorie.

Sie macht fähig, auch den permanenten Widerspruch in der gesellschaftlichen Wirklichkeit zu „verarbeiten". Denn in der Ordnung werden Gegensätze, Widerspruch, zwar nicht beseitigt, aber in ein erträgliches Maß gebracht, sie ist ja, wie es nach der Definition des Gottesstaates hieß: die Disposition, die dem Gleichen und Ungleichen je seinen Platz zuweist. Die Welt existiert in Gegensätzen, die Ordnung läßt sogar das Böse als notwendig erscheinen: „Qui ordo atque dispositio .. fit ut mala etiam necesse sit" (I, 7). Aus dem Gegensatz heraus entsteht die Schönheit der Dinge: „Quasi ex antithetis quodammodo .. id est ex contrariis, omnium simul rerum pulchritudo figuratur" (I, 1). Antithetische Struktur also als Voraussetzung der Ordnung, auch der Gesellschaft. Dieser antithetische Ansatz verhindert, im sozialen Ordnungsdenken Augustins, das Bild eines monolithischen Harmoniemodells zu sehen, eines auf die Erde getragenen und hier existenten Engelstaates, in entelechischer Stufenfolge auf und absteigend. Denn wie die Gegensätze in der Schöpfung „ordine administrantur", so auch die Gegensätze, das Gleiche und Ungleiche in der menschlichen Gesellschaft. Das gilt selbst für das Leben der Toren (vita stultorum). Obgleich ihr Leben durch sie selbst keineswegs geordnet ist, wird es dennoch durch die göttliche Providenz in die notwendige Ordnung der Dinge einbeschlossen (II, 11); es erhält seinen Platz, „es darf auf keine Weise dort sein, wo es nicht sein soll".

Damit sind wir bei der Disposition der sozialen Funktionen. Jedes Ding hat seinen Platz. Der Kopf kann nicht unten und nach unten gerichtet sein, die Ordnung der Glieder wäre verkehrt: „was von Natur unten sein müßte, ist dann nach oben gekommen", wie es im Gottesstaat heißt (XIX, 12)[4]. Der Satz steht im Kontext einer Erörterung des zentralen augustinischen Themas, des Friedens. Selbst in der verkehrten Körperlage eines Aufgehängten, von daher stammt das Bild des nach unten gerichteten Kopfes, gibt es noch einen gewissen Zusammenhalt der Körperteile, gibt es im Widerstreit gegen die falsche Lage einen Ausgleich, gibt es noch so etwas wie „Friede".

Friede entsteht, wenn alles in der Gesellschaft an seinem Platz ist und bleibt. Es folgen Eintracht in Familie und Staat, gesichert durch Vorordnung und Unterordnung, durch Befehl und Gehorsam. Denn, parallel zum Begriff der Ordnung, wird Friede definiert als das geordnete Zueinander des Zusammengehörenden: Der Teile im Körper, des Denkens und Handelns in der vernünftigen Seele, des Leibes und der Seele im geordneten Leben, der Menschen in ihren verschiedenen Gruppierungen (De civ, Dei XIX 13, 14). Ordnung und Friede also in innerer Relation. Sie werden in der Gesellschaft erreicht durch das ausgewogene Verhältnis von Führen und Folgen: Mann und Frau, Eltern und Kinder, Herren und Sklaven. Führen bedeutet zugleich Sorgen. In der Gemeinschaft der „Gerechten, die aus dem Glauben leben" wandelt diese Sorge jedes einseitige Verhältnis von Befehl und Gehorsam in eine gegenseitige Unterordnung, denn in der Gemeinschaft der pilgernden Gerechten: „dienen auch die Herren denen, welchen sie scheinbar befehlen. Sie befehlen ja nicht aus Herrschsucht, sondern im Auftrag des Sorgens (officio consulendi), nicht im Hochmut des Vorrangs, sondern im Mitleid der Fürsorge". Herrschen wird zum Dienen. Die Unfreiheit verblaßt in der Wirklichkeit der Gotteskindschaft, aber sie bleibt eben bestehen. Augustin übernimmt die in der theologischen Interpretation bereits vorgebildete These von der historischen Legalisierung der Unfreiheit, sie ist Sündenfolge.

Unfreiheit, Sklaverei, damit war ein gerade im 4./5. Jahrhundert andrängendes Problem angesprochen. Soziale Unruhen ließen auch den Stand der Unfreien nicht unbeteiligt, Sklaven wurden mit religiösen Parolen (praetextu religionis) zur Flucht aufgefordert. Die revolutionäre Bewegung der Circumcellionen erschütterte die Heimat des Augustinus[5]. In der östlichen Theologie gerät die Sklaverei deutlich in die Zone der Kritik, davon wird noch später zu reden sein. Augustinus stellt sich im Gottesstaat (XIX, 15) die Frage nach der Berechtigung der Sklaverei und antwortet auf einer Linie, die auch in der östlichen Theologie greifbar wird. Er nennt den Unterschied von natürlicher Ordnung (naturalis ordo) und der geschichtlichen Entwicklung nach der Sünde. Der Schöpfung nach sollte der Mensch nur über das unvernünftige Tier (Gen. I, 26), nicht aber der Mensch über den Menschen (hominem homini) herrschen. Unfreiheit ist Sündenfolge: „Der Stand der Unfreiheit wird zu Recht verstanden als durch Sünde auferlegt". Erste Ursache der Sklaverei ist die Sünde, sodaß nämlich der Mensch dem Menschen durch die Fessel seines Standes untergeordnet wird. Die Verbindung von urständischer Freiheit und geschichtlich als Sündenfolge legalisierter Unfreiheit führt antike Vorstellungen von ursprünglicher Freiheit weiter und bringt sie exegetisch mit dem Bericht über Schöpfung und Sündenfall zusammen. Augustinus erinnert daran, daß die Genesis erst bei der „Sünde" Chams, der seinen Vater Noe unbedeckt liegen läßt, das Wort „servus" gebraucht: „das Wort (servus) ist Verdienst der Sünde nicht der Natur". Er erklärt die geschichtliche Entstehung der Sklaverei in etymologischer Verbindnug zum Wortstamm „servare", indem die Gefangenen nicht mehr nach altem Kriegsrecht getötet, sondern als Gefangene „gerettet werden" (servantur), eine Erklärung, die er einer gebräuchlichen römischen Etymologie entnimmt. Aber auch dieses „Retten" hat mit Sünde zu tun, denn im Krieg geht es, so oder so, um Sünde, denn selbst im „gerechten Krieg": „pro peccato et a contrario dimicatur". Unfreiheit nimmt so den Charakter der Strafe an, wird zur „poenalis servitus" und rechtlich geschützt, indem eben der „servitus" ein Verstoß gegen das Gesetz vorausgeht: „Niemand ist von Natur aus, in der Gott zuerst den Menschen schuf, Sklave eines Menschen oder der Sünde. Aber auch die als Strafe gegebene Unfreiheit (poenalis servitus) wird durch das Gesetz angeordnet, das die natürliche Ordnung zu wahren befiehlt und zu stören verbietet. Denn wenn nicht gegen eben dieses Gesetz gehandelt worden wäre, wäre auch nichts durch die „poenalis servitus" zu züchtigen." Ein schwieriger Satz. Welches Gesetz befiehlt, die natürliche Ordnung zu wahren? Man denkt von selbst an das natürliche Gesetz. Dann wäre die „poenalis servitus" naturgesetzlich geschützt? So weit braucht man nicht zu gehen, es genügt anzunehmen, daß Augustinus an das ius gentium denkt, das ja aus dem Naturrecht abgeleitet ist. Jedenfalls wird die rechtliche Sicherung der Unfreiheit sehr hoch angesetzt, und zwar mit Hilfe der Verbindung: Sklaverei — Sünde. Erst nachdem der Mensch „servus peccati" geworden ist, kann er auch zum „servus hominis" werden. Dasselbe Gesetz, demzufolge die „natürliche Ordnung" zu wahren ist, ordnet auch die „poenalis servitus" an.

Eine nicht nur sozialgeschichtlich bedenkliche und letztlich verhängnisvolle Argumentation. Denn wenn derart das peccatum zur Ursache — ob nun als causa proxima oder causa remota — der Unfreiheit und ihres hohen rechtlichen Schutzes wird, dann muß dieser Kausalnexus sich auch in menschlicher Situation auswirken und personalisieren. Sollen nur die Gefangenen die Sündenlast des Krieges tragen, die Sieger aber nicht? Manifestiert sich die Ordnung der Sündenfolge nur an den Gefangenen und Unfreien, nicht aber an den Herren? Oder sind die Unfreien etwa Menschen, die ob ihrer Wildheit und Leidenschaftlichkeit als Unfreie gehalten werden müssen? Das würde in etwa auf die Linie des Aristoteles passen, der ja den „Sklaven von Natur" behauptet, den nur körperlich produktiven und triebhaften Menschen (Polit. 1154 b 10ff). Augustinus äußert sich dazu nicht, er reflektiert auch nicht über die Folgen seiner Argumentation, die ja dazu führt, die Situation einer ganzen Klasse, zudem der Mehrheit, in eine apriorische Relation zur Sünde zu bringen und sie dort zu fixieren, ihrem sozialen Status und Schicksal das Etikett „Sündenfolge" vorzubehalten, während die Minorität der bevorzugten Freien von der Einweisung in diese Sündenfolge verschont bleibt. Es genügt ihm, die Sklaverei als unabwendbaren Zustand, an dem er nichts ändern kann und will, theologisch zu rechtfertigen, sie in den Rahmen der großen Friedensordnung (pacis ordo) einzubringen und hier ihre „conditio" zu deuten. In ihr, die auf Vorordnung und Unterordnung aufgebaut ist, macht es glücklicher, einem Menschen zu dienen als der Herrschsucht, die in den Menschen regiert (De civ. Dei XIX, 15). Die Unfreien können hier ihre „humilitas" üben, während die Herren in der steten Versuchung der „superbia" stehen. Vor allem, und hier weitet sich der Blick auf die christliche Existenz, kann der Sklave in der freiwilligen Übernahme der Knechtschaft, im Ja zu seiner Lage, im Dienst aus „treuer Liebe" seine Unfreiheit „frei machen", zur Freiheit werden lassen, sie wird zur inneren Freiheit. So geht sie schließlich über in die erwartete künftige Existenz, in der nun endgültig jede unbillige Ungleichheit (iniquitas) verschwindet und jede Herrschaft und menschliche Gewalt vergeht [6]).

Enthält die soziale Friedensordnung so die „iniquitas" der Sklaverei, so wird der Kodex sozialen Verhaltens allerdings nicht vom Geist des Herrschens geformt. Hier sollen Liebe und Gerechtigkeit für alle Richtschnur sein. Der Hausvater soll seine „familia" unterschiedslos zu Gott führen, nur in zeitlichen Dingen kann er das Los seiner Kinder von dem der Sklaven trennen (De civ. Dei XIX, 16). Nur dort, wo der volle Einklang waltet in der Verehrung des wahren Gottes, in der Führung des Körpers durch den Geist, der Leidenschaften durch die Vernunft, des Lebens der Einzelnen und der Gemeinschaft aus dem Glauben und aus der Liebe, gibt es die „wahre Gerechtigkeit" (vera iustitia). Augustinus entwickelt diese Gedanken am Schluß der Erörterung über Sklaverei, Herrschaft und soziale Ordnung des pilgernden Gottesstaates inmitten des Weltstaates und kommt dabei auf die bereits im zweiten Buch seines Gottesstaates aufgeworfene Frage zurück, ob die Definition Ciceros, daß das Volk „eine Vereinigung einer Menge" sei, „zusammengefügt durch Übereinstimmung im Recht und durch den gemeinsamen Nutzen" (iuris consensu et utilitatis communione), auch auf das römische Volk zutreffe [7]). Augustinus antwortet mit Nein, denn ungerechte Gesetze und die Verehrung von Götzen formen keine Gemeinschaft des Rechts und der Gerechtigkeit. Man müsse dann schon eine andere Definition wählen, die nämlich, daß das Volk eine durch gemeinsame Liebe zu bestimmten Dingen geeinte rationale Gemeinschaft sei (rerum quas diligit concordi communione sociatus (XIX, 24). Nur in diesem Sinn gilt: „Romanus populus, populus est et res eius sine dubitatione respublica".

Bleibt man dagegen bei der ciceroianischen Definition von Volk und respublica als einer Rechts- und Nutzgemeinschaft, dann kommt es zu der kühnen und folgenreichen These, daß nur dort, wo die „wahre Gerechtigkeit" herrscht auch von Volk als einer Rechtsgemeinschaft, von „Sache des Volkes" (res publica), also von Staat als einer wahren Rechtsgemeinschaft gesprochen werden könne. Das ist aber nur in der „res publica" der Fall, deren Gründer und Herr (conditor rectorque) Christus selbst ist (De civ. Dei, XXI, 21). Wahre Gerechtigkeit, wahres Volk, wahrer Staat schließen sich zu einer Konzeption zusammen, die noch bedeutenden Einfluß auf die künftige politische und soziale Theorie haben sollte [8]). Daß in der Konzeption der „vera iustitia" und der ihr entsprechenden, geschlossenen Gesellschaft des wahren Glaubens der Abweichler, der Haeretiker keinen Platz haben konnte, entspricht der inneren Logik der Vorstellung des „wahren Volkes".

2.2 Stimmen östlicher Theologie

In Augustinus begegnen wir Tendenzen der Sozialtheologie, die man als symptomatisch für die weitere Spekulation im Westen ansehen kann. Sie gehen darauf aus, die bestehende soziale Struktur theologisch verständlich zu machen, das heißt sozialbewahrend zu wirken, wobei freilich gerade Augustinus eine radikale Besinnung auf die Forderungen einer Friedensordnung im Sinne der „wahren Gerechtigkeit" Christi vertritt. Man kann seine Aussagen durch Stimmen aus dem weiteren Feld sozialer Theologie ergänzen und wird dabei auf drei Perspektiven stoßen, die als Ganzes ein lebendiges Bild ergeben und repräsentativ für die spätere Reflexion sein können: 1) Die sozial bewahrende, 2) die sozialkritische, 3) die sozialdynamische Perspektive.

1) Der sozial bewahrenden Perspektive begegnen wir in jenen Positionen, in denen, wie bei Augustinus, die Grundstruktur von „frei—unfrei" angenommen und theologisch interpretiert wird. Theodoret von Cyrus, jüngerer Zeitgenosse des Augustinus, der große Exeget der Griechen, erklärt 1 Kor. 7, 20ff (Ein jeder bleibe in dem Stande, in den er berufen ward) mit einer bezeichnenden Wendung des Wortsinns, die wiederum als Antwort auf sozialrevolutionäre Vorgänge der Zeit zu verstehen ist. Radikale Mönchsgruppen im Osten und die Circumcellionen in Nordafrika hatten die Sklaven zur Flucht aufgerufen.

Im Paulustext 1, Kor. 7, 21 steht nun, der Sklave solle sich über seinen Stand keine Sorge machen: „Aber wenn du frei werden kannst, gebrauche es umso lieber (mallon chresai - magis utere)". Heißt das nun: Der Sklave solle ein mögliches Freiwerden nicht unbenutzt lassen, also ergreifen; oder er solle lieber die Sklaverei ergreifen? Die Stelle ist bis heute umstritten. Luther wählt die erste Möglichkeit und übersetzt: „so brauche es lieber", R. Storr ebenfalls: „ergreife umso lieber die Gelegenheit". In gleicher Weise entscheidet A. Schlatter [9]). O. Kuß, E. Facher, Conzelmann, Wilckens interpretieren entgegengesetzt, die neue Einheitsübersetzung lautet in gleicher Richtung: „lebe lieber als Sklave weiter", gesteht aber anmerkend zu, daß es auch Gründe für die erste Interpretation gäbe: „Ergreif lieber die Gelegenheit (frei zu werden)". Theodoret nun interpretiert, mit Verweis auf die Nichtigkeit des Unterschieds von Herr und Knecht im Gnadenstand, entschieden im Sinn „bleibe Sklave" (perge servire) und ermahnt, man solle nicht die Sklaverei als des Glaubens sozusagen unwürdig und unter dem Vorwand der Religion (praetextu religionis) fliehen. Er gesteht allerdings zu, daß im Paulustext bewußt eine äußerste Formulierung, ein Extremismus (hyperbole) vorliege, um eben vor einer religiös verbrämten Flucht zu warnen. Man darf annehmen, daß sozialrevolutionäre Gruppen den Text im entgegengesetzten, ersten Wortsinn gedeutet hatten.

Eine exemplarische Situation der Exegese, und dies bis heute: rein religiöse, die soziale Befreiung hintenansetzende Deutung einerseits und sozial engagierte, emanzipierende Erklärung andererseits, soziale Weltentsagung und Weltzuwendung. Wenn Theodoret und alle, die auf seiner Linie interpretieren, einen Extremismus, eine Hyperbole, in Kauf nehmen, um ihre Deutung des sozialen Verzichts zu begründen, dann führt eben diese Hyperbole zu einer unmenschlichen Situation, vor allem wenn der Text der Schrift nicht auf den heroischen Einzelfall und die extreme Einzelentscheidung für den Verzicht eingegrenzt ist. Zu der Situation nämlich, daß ein Stand freiwillig auf die Chance verzichten soll, ein unmenschliches Abhängigkeitsverhältnis, das sich in langer Zeit strukturell verfestigt hat, zu beenden, obwohl sich eine Gelegenheit dazu bietet. Hat die Exegese derartige Extremismen nötig? Ich meine, die Hyperbole spricht gegen Theodoret. Ganz abgesehen vom Kontext des einleitenden ersten Satzteils (wenn du frei werden kannst) und von Phil. 21, wo ja Paulus dem Herrn diskret anrät, den Sklaven doch freizulassen: „Ich weiß, du tust noch mehr, als ich verlange".

2) Die Passage bei Theodoret verrät, daß im 4./5. Jahrhundert offenbar eine exegetisch sich versichernde Sozialkritik tätig wurde, die zur Sklavenflucht riet. Soziale Kritik, die zweite der eingangs genannten Perspektiven, muß nicht soweit gehen, sie kann auch ohne Aktion beunruhigen, wach machen. Genau das wollen offenbar die kritischen Stimmen der Väter, auch wenn sie keine unmittelbare Wandlung des Systems anstreben. Ihre Besonderheit wird umso deutlicher, wenn man sie mit dem Befund an Reflexion aus der spätantik heidnischen Umgebung vergleicht. Man wird hier vergeblich auf gleich kritische Aussagen warten, offenbar ist diese Gesellschaft nicht fähig, sich in Frage zu stellen und die eigenen Verhaltensnormen von Grund auf zu überprüfen.

Wichtiges Thema bleibt der seit Christus selbst angeklagte Gegensatz von Arm und Reich und die Klage wider die Selbstsucht des „Reichen". Nach dem „Hirt des Hermas" muß der die Reichen betörende Reichtum „behauen" werden, nur der notwendige Lebensunterhalt ist erforderlich. Reichtum soll Dienst an Ewigkeit werden, dann ist er fruchtbar. Reichtum für sich bleibt unfruchtbar. Cyprian spricht von dem Dunkel der „Unfruchtbarkeit" das den Geist des Reichen beherrscht, er sei ein „Gefangener und Sklave des Geldes". Der Dichter Commodian warnt in seinen „Instructiones" den Unersättlichen, der nur an das Jetzt denkt und vergißt, daß Gott der Herr seiner Güter ist. Hochfahrend übersieht er den Armen: „Oh ihr Bedauernswerten, die nur mittleren Besitz haben (mediocres), mögen weit von Euch fliehen" [10]). Eine bemerkenswerte Abgrenzung von reich und mittelständisch; der „mediocris" wird demnach nicht verurteilt. Reich kann Verdammnis bedeuten. Tertullian: „Immer rechtfertigt der Herr die Armen, verurteilt er schon jetzt (praedamnat) die Reichen". Das Himmelreich gehört nicht den Reichen sondern den Armen [11]). Reichtum hängt mit dem Geldgeschäft zusammen, das dem Spekulanten, vor allem dem Zinsnehmer ohne Mühen Gewinn bringt. Gregor von Nyssa schildert eindringlich dieses Geschäft: „Träge und unersättlich verläuft das Leben des Wucherers". Er kennt nicht die mühsame Landarbeit, will alles „ohne Saat" und „Pflug", der Schreibgriffel ist ihm der Pflug. Gregor von Nazianz verurteilt in gleicher Weise den Zinsnehmer, der von der Not der Armen lebt. Angriff gegen das Zinsnehmen wird zum Gemeingut der Theologie von Clemens von Alexandrien bis zu Leo I. Den Bedürftigen ausnützen ist eine „größte Unmenschlichkeit" (Basilius) [12]).

Der Angriff auf das Zinsnehmen ist Teil der Verurteilung allen ungerechten Reichtums, Zins bedeutet ja bei der geringen Geldmenge bis in die Zeit der ausgebildeten Geldwirtschaft mit ihrem Vorrat an Geld Wucherzins. Ja Reichtum wird in sich fraglich. Zu Luc. 12/18,7 meint Basilius: „Das Gemeinsame nehmen sie im voraus als Eigentum an, nur weil sie es früher erhielten", Hieronymus urteilt noch schärfer: „Da aller Reichtum, während sie andere berauben, durch Ungerechtigkeit erworben wird". Von ihm stammt der dann später viel zitierte Satz: „Der Reiche ist entweder ungerecht oder Erbe einer Ungerechtigkeit" (dives aut iniquus aut iniqui heres" [13]). Reichtum kann sich auch im Reichtum an Sklaven zeigen, Johannes Chrysostomus tadelt heftig die Unsitte, sich mit einer Menge von „Menschenfüßlern" (andrapodon; mancipia) zu umgeben [14]).

3) Es nimmt nicht wunder, wenn sich in dieser Distanz zur Zeit die Erinnerung an eine ganz andere Vergangenheit und eine mögliche bessere Zukunft artikulieren kann, daß heißt: eine sozialdynamische Sicht zu Wort kommt. Soziale Reform also, gewiß nicht als unmittelbares politisches Programm, aber doch in Grundvorstellungen greifbar, die im Vergleich zu den herrschenden Zuständen eben doch eine Korrektur bedeuten und so von selbst eine ideale Alternative formulieren und in die Zukunft weitergeben. Ein derartiges Alternativdenken hat im 4./5. Jahrundert schon seine eigene Vergangenheit: In den Pseudoclementinen, von Rufinus im 4. Jahrhundert übersetzt, aber wohl schon in ihrer „Grundschicht" der Wende vom 2. zum 3. Jahrhundert angehörend heißt es: „Der Gebrauch von allen Dingen auf der Welt sollte allen Menschen gemeinsam sein, aber durch Ungerechtigkeit (iniquitas) sagte der eine von diesem, der andere von jenem, es sei sein Eigentum und so vollzog sich unter den Menschen die Teilung. Schließlich sagte der Weiseste der Griechen, der wohl wußte, daß dem so sei, es solle unter Freunden alles gemeinsam sein. Unter dem „alles" sind ohne Zweifel auch die Frauen inbegriffen. Und wie man, so erklärt er, Luft und Sonne nicht teilen kann, so solle man auch das übrige nicht teilen. Was den Menschen auf der Welt zum Gebrauche gemeinsam gegeben ist, soll auch Gemeinbesitz bleiben" [15]). Ein wahrhaftig folgereicher Text, umso auffälliger in seiner Wirkung, da er, an unscheinbarer Stelle entstanden und tradiert, schließlich in die großen Texte übergeht: In die pseudoisidorischen Dekretalen und dann von hier aus in das Dekret Gratians im 12. Jahrhundert und schließlich in die theologische Diskussion des hohen Mittelalters. Nimmt man zu den Pseudoclementinen die Mahnung der Didache (IV, 8:

Teile alles mit deinem Bruder und nenne nichts dein eigen) und Stellen der Konstitutionen (Gott hat alles gemeinsam gewollt), des Barnabasbriefes [16]) dann kann man fast von einem Konsens der frühchristlichen Theologie zu einer gottgewollten ursprünglichen gemeinsamen Inanspruchnahme (metalepsis) der Dinge sprechen.

Angriff auf den Reichtum und Erinnerung an eine paradiesische Urzeit, sei sie nun im Sinne Platons oder der Bibel gedacht, können sich zu sozialen Erwartungen und Forderungen verdichten. Radikal im Sinne eines zu aktualisierenden Programms, wie wir es bei der christlich-gnostischen Sekte des Karpokrates beobachten können, dessen Sohn Epiphanes nach Irenaeus und Clemens von Alexandrien die unbedingte Gemeinschaft, auch der Zeugung, als weiterwirkendes Naturgesetz fordert und die positiven Gesetze, so den Schutz der Ehe vor Ehebruch, als naturwidrig bezeichnet. Gemäßigt im Sinn einer unbedingten Wandlung des sozialen Verhaltens, einer Wandlung, die dann allerdings bis in das soziale System selbst übergreifen kann [17]). Dazu gehören das „Teilen mit dem Bruder" der Didache und das Almosen, dazu gehört die soziale Verpflichtung des Reichtums. Clemens von Alexandrien erörtert gerade diese Perspektive. Gegen jede radikale Verneinung allen Besitzens wie er von antiken Lehrern — er erwähnt Anaxagoras, Demokrit, Krates — und sektiererischen Gruppen vertreten wurde, stellt er die innere Abkehr vom Besitzdenken. „Verkaufe alles, was du hast", diese Mahnung Christi erfordere das Beseitigen jedes lebensfeindlichen, leeren Besitzdenkens. Aus dem Wort Luk. 16,9 von der „iniquitas" (adikia) des Besitzes, dem „ungerechten Mammon" folgt ihm zwar, daß der Einzelne an sich nichts sein eigen nennen könne, dennoch aber könne aus der „iniquitas" eine „gerechte und heilsame Sache" werden, wenn man andere unterstütze [18]). Soziale Verpflichtung also, nur sie läßt den Wohlstand gerecht werden. Die Fronten sind klar: Unbedingte Verneinung des Eigentums in radikal-utopischen Gruppen oder Einbindung des Eigentums in die tätige gesellschaftliche Verantwortung.

Eines wird zudem deutlich. In der vorkonstantinischen Kirche ist die Nähe zum apostolischen Ideal des brüderlichen Teilens und damit zur gegenseitigen Hilfe lebendig und virulent. Tertullian kann noch sagen: „Alle Dinge sind bei uns gemeinsam (ungeschieden) außer den Frauen". Aus dieser Situation wird auch das Programm verständlich, das Laktanz nun in den „Divinae Institutiones" entwirft (V, 5, 6). Er schildert die goldene Zeit Saturns, die Zeit der Gerechtigkeit, des Friedens und zitiert Vergil: „Nicht einmal das Feld durch Grenzen zu bezeichnen oder einzuteilen war Recht; sie betrieben es für die Öffentlichkeit" (Georg. I, 126f), es herrscht gemeinsamer Nutzen am gemeinsamen Boden, was freilich privates Eigentum nicht ausschließt. Aber die Menschen sind freigebig. Mit Saturns Sturz durch Zeus beginnt die Zwietracht, die „communitas vitae" zerbricht, die Begierde gewinnt Macht. Mit ungerechten Gesetzen werden Raub und Geiz sanktioniert, die Unfreiheit entsteht, eine Minorität herrscht. Anstelle von Gleichheit (aequitas) nun die hochfahrende und aufgeblasene Ungleichheit, die sich mit Gefolge, Waffen und Prunk umgibt. Ehren, Purpur und Liktorenbündel werden erfunden, um die anderen in Furcht zu halten. Ein erstaunliches historisches Bild, das später durch ein ebenso erstaunliches Sozialprogramm ergänzt wird (V, 14). Notwendig ist eine gerechte Ordnung, die auf der „aequitas" aufbaut, wobei „aequitas" vor allem als Fähigkeit sich den übrigen gleichzustellen verstanden wird (se cum ceteris coequandi). Gott hat alle gleich geschaffen, gab allen die gleiche „condicio vivendi", schuf alle zum Erwerb der Weisheit, stattete alle mit Unsterblichkeit aus. „Niemand ist bei ihm Sklave, niemand Herr; wenn er allen derselbe Vater ist, sind wir nach gleichem Recht alle frei". Arm ist vor ihm nur, wer keine

Gerechtigkeit erhält, reich nur, wer reich an Tugend ist. Keiner darf den Titel „clarissimus" oder „perfectissimus" (Titulaturen der hohen Funktionäre) tragen, wer nicht barmherzig oder tugendhaft ist. Griechen und Römer konnten diese Gerechtigkeit nicht bewahren, „da sie in vielen Rangstufen die Menschen ungleich machten: von den Armen zu den Reichen, von den Niedrigen zu den Mächtigen, von den einfachen Leuten bis zur erhabenen Gewalt der Könige. Wo aber nicht alle gleich sind, gibt es auch keine „aequitas" (Gleichrangigkeit). Das Ungleichmachen (inaequalitas) schließt die Gerechtigkeit aus, deren Kraft darin besteht, die zu Gleichen zu machen, die in die Situation dieses Lebens mit gleicher Bestimmung kamen". Wie ist diese Gleichheit zu verwirklichen, was ist zu tun? Laktanz entwickelt sowenig wie die übrige Theologie ein konkretes soziales Reformprogramm, das widerspräche im übrigen dem Thema seiner Schrift, die ja Apologie des Glaubens sein will. Seine Rezeptur lautet: Abkehr vom Polytheismus als der letzten Quelle der Übel, hin zur inneren Wandlung: Das utopische Bild eines neuen goldenen Zeitalters entsteht: „Wie glücklich und wie golden wäre der Zustand der menschlichen Dinge, wenn auf dem ganzen Erdkreis Milde, fromme Sitte, Frieden, Uneigennützigkeit, Gleichrangigkeit, Maß und Glaube walten würden" (V, 8). Der Wert der treffenden Analyse sollte nicht unterschätzt werden, auch wenn man den Schritt zur konkreten Veränderung des Systems vermißt. Die Fragwürdigkeit einer auf ökonomische, politische, rechtliche Stufung und Privilegierung fixierten Gesellschaft wird in dieser kurz vor dem Toleranzedikt von 313 begonnenen und nach der Freigabe des christlichen Kultes beendeten Schrift wirkungsvoll geschildert. Ein echtes Dokument innerer Freiheit im Umfeld der weltgeschichtlichen Wende, das seine spekulative Brisanz nicht zuletzt dadurch gewinnt, als Laktanz ja durch imperiale Gunst nach Nikomedia kam und später in Trier als Prinzenerzieher und Kanzleileiter in das Zentrum der Macht gerät.

Innere Freiheit gegenüber den herrschenden sozialen Strukturen bleibt der sozialtheologischen Besinnung auch nach der durch die Wende von 313 bedingten Anpassung. Auch jetzt lebt die Überzeugung von der in der ursprünglichen Gleichheit begründeten sozialen Pflicht. Die östlichen Väter des 4. Jahrhunderts, wie Gregor von Nazianz und Basilius, machen je auf ihre Weise die „anfängliche Gleichheit" (Gregor: prote isonomia) anschaulich. Gregor: „Im Anfang, in der Wonne des Paradieses gab es keine Unterschiede. Hier waren die Früchte der Erde allen gemeinsam". Neid, Zwietracht, die Verführung der Schlange zerstörten die Gleichheit, das Gesetz der Macht entsteht.Basilius gebraucht das gelungene Bild des Theaterbesuches: Der zuerst eintritt, behauptet, der Platz sei der seine, obwohl dieser doch zum allgemeinen Gebrauche da ist. So handeln die Reichen: „Das Gemeinsame beschlagnahmen sie zuerst und machen es durch ihren Vorgriff zum Eigentum" [19]). Einen eigenen und unverwechselbaren Akzent setzt Johannes Chrysostomus. Er formuliert am entschiedensten den Gedanken des allem Sondereigentum vorausliegenden Gemeinbesitzes. Isoliert man einzelne Wendungen, dann entsteht unmittelbar die Vision einer neuen Gesellschaft. Reichtum entstammt letztlich notwendigerweise einem Unrecht. Gott hat im Anfang nicht den einen reich, den andern arm geschaffen. Selbst wenn jemand meint, der Reichtum der Vorfahren sei nicht durch Raub entstanden, gut, aber dann besteht immer noch die soziale Verpflichtung des Besitzes, ohne deren Erfüllung jeder Reichtum schlecht wird. Da die Erde Gemeingut ist, „woher hast du dann viele Joch Land, dein Nachbar aber nicht einmal eine Scholle?". „Wenn jemand sich etwas anzueignen beginnt, dann entsteht der Streit, und die Natur erträgt es gleichsam unwillig, da wir das, was Gott uns überall gab, nun zu teilen und zerreißen versuchen". Mehr als das „Mein und Dein" ist also das Gemeinsame (koina) uns zugewiesen und „naturgemäß" (kata physin). Aus der Tatsache, daß es gemeinsames öffentliches Eigentum gibt sollen wir lernen, auch die übrigen Dinge gemeinsam zu haben (echein koinos) [20]).

Chrysostomus hat das Bild der „anfänglichen Gleichheit" der Gemeinde in Jerusalem vor Augen, wenn er als erster ein ganz konkretes Programm entwickelt. Freilich nur „im Wort gesagt", weder Reicher noch Armer sollen sich verwirren lassen. Er vergleicht Jerusalem mit Antiochia und später mit Konstantinopel. Wenn in einer kleinen Gemeinde durch Verzicht die Armut beseitigt wurde, dann müßte das in Gemeinden mit einer großen Zahl von Gläubigen erst recht möglich sein. Zahlenvergleiche dienen ihm als Beweis [21]). Die Reichen, die man auf ein Zehntel schätzt, könnten zusammen mit den in der Überzahl vorhandenen mittleren Vermögen sehr wohl das Zehntel der Armen durch Freigebigkeit unterhalten. An den Christen in Jerusalem lobt er, daß sie nicht einen Teil ihrer Habe zurückbehielten, sondern alles zu den Füßen der Apostel niederlegten, daß sie die „anomalia" aus ihrer Mitte beseitigten. Wenn aber eine so kleine Zahl Erfolg hatte, um wieviel größer müßte heute der Gewinn sein, da der Erdkreis so viele Gläubige hat. „Würden wir nicht die Erde in eine Gemeinde der Engel verwandeln?".

„Engelstaat", in diesem weit entfernten Bild erfüllt sich, wenigstens rhetorisch „im Wort", wie er einschränkend sagt, jene Sehnsucht, die seit der frühen Zeit den Christen präsent war und sich immer wieder in der Mahnung „nichts als eigen anzusehen", artikulierte. Chrysostomus ist sich darüber klar, daß er weder zum Umsturz aufrufen kann, noch die bestehende soziale Ordnung diffamieren kann. Sie besteht, und er sucht auch ihr einen Sinn abzugewinnen, indem er auf das gegenseitige Angewiesensein verweist [22]). Und hier allerdings entsteht dem Besitz eine unbedingte Pflicht zur Hilfe. Indem er, wie die andern Väter, auf diese Pflicht verweist, die allein die „adikia" erträglich macht und über die vielen Fragen nach dem woher und warum der Ungleichheit hinweghilft, bleibt er seiner pastoralen Intention treu. Er würde dieser pastoralen Intention untreu, wenn er zur politischen Agitation überginge. Daher erkennt er die bestehende Ordnung an, er bleibt, wenn er nicht sich wie die radikalen Gruppen radikal verweigern will, in der „Realität" der sozialen Umstände. Freilich, auch das bleibt bestehen, seine Überlegungen folgen jener „Logik des Evangeliums", die immer darauf angewiesen ist, das Mißverhältnis von Arm und Reich festzuhalten und zu überwinden. In der Praxis war eine derartige Güterteilung nur minimal zu realisieren, sie hatte jedoch ein Beispiel in jenen Gemeinschaften, und Chrysostomus konnte auch auf diese Gemeinschaften verweisen, die nun für sich die Güterteilung zur Regel machten, in den Gemeinschaften der Mönche: „Denn die Teilung bringt immer Minderung, die Gemeinsamkeit und das Zusammenleben aber läßt wachsen. Auf diese Weise leben nun die in den Klöstern, genauso wie vormals die Gläubigen" [23]). Der Hinweis des Chrysostomus kommt nicht von ungefähr, er öffnet den Blick für jene Gruppen, denen die „engelgleiche Gemeinschaft" zum verpflichtenden Vorbild wird. Sie werden zum Alternativmodell der christlichen Gesellschaft der Kirche der Anpassung nach der konstantinischen Wende. Daß sie gerade jetzt ihre Form finden und auf Jahrhunderte eine so weite Anziehungskraft ausüben können, hat über alle sonstigen, zweitrangigen sozialen Sicherungseffekte hinaus seinen tieferen Grund eben in dem Wunsch, der „Logik des Evangeliums" zu folgen. Der Mönch, der sich der Herrschaft des Besitzes entledigt und das gemeinsame Leben lebt, gewinnt, wie Basilius in seiner Regel ausführt, die Lösung von den Banden des irdischen Lebens und die Freiheit von den menschlichen Verpflichtungen (anthropinon kathekonton) [24]). Das arme gemeinsame Leben, das Augustinus im gemeinsamen Entschluß mit seinen Klerikern führt, wird zu einer Grundform geistlicher Kommunität im westlichen Abendland. Im Zuge dieses Verzichts auf die Normen weltlicher Existenz erfolgt dann auch der weitere Schritt, die Freilassung der Sklaven. Zuerst aus eigenem Besitz, dann auch aus dem Besitz anderer Kleriker, der Diakone Hipponensis und Eraclius [25]). Im gelebten Beispiel der brüderlichen Gemeinschaft des Verzichts auf Besitz und Besitzstreben wurde so den kommenden Formen der Angleichung an die jeweiligen sozialen Umstände, an feudale oder bürgerliche Strukturen eine Lebensweise konfrontiert, die herausfordernd wirken mußte, selbst wenn sie zuweilen auf eine Alibifunktion innerhalb eines fragwürdigen Minimalismus reduziert wurde. Sie erinnert an die evangelische Botschaft und läßt etwas von der urchristlichen Erwartung einer neuen Gemeinde wirklich werden. Sicher nicht im Sinn eines Kommunismus sozialistischer Provenienz, damit haben weder die monastischen Regeln noch die soziale Reflexion der Väter etwas zu tun [26]). Denn hier geht es nicht um eine Steigerung der gesellschaftlichen Wünsche und des Zugriffs auf die Güter der Welt im Sinne des Marxschen: „Jeder nach seinen Fähigkeiten, jedem nach seinen Bedürfnissen“ [27]), sondern um eine Überschreitung der etablierten Schranken des Besitzes und der sozialen Privilegien im Sinne der Frohbotschaft der gegenseitigen Liebe. Diese Überschreitung ist möglich, auch wenn das System nicht revolutionär angegriffen und verändert wird, was nicht heißt, daß sozialer Wandel aus dem Erwartungshorizont verschwindet und keine Verpflichtung bedeutet. Gerade die unerbittliche Mahnung an die soziale Pflicht des Reichtums greift unmittelbar in die bittere Realität der Gesellschaft ein und sucht sie unzweideutig in ihrem Verhalten zu ändern.

Diese stete Aufforderung zur Veränderung des Verhaltens wird auch dort sichtbar, wo es um die Teile der kirchlichen Gemeinschaft geht, die im besonderen Dienst der Kirche stehen, ein „officium“ innehaben und so vorbildlich wirken sollen. Ambrosius entwirft, neben anderen Sprechern, einen Verhaltenskatalog seines Standes, der in manchen Partien zu einer christlichen Soziallehre auswächst, vor allem dort, wo er über Grundlagen humanen Verhaltens sich äußert [28]). Gesellschaft gründet nach ihm in „iustitia“ und „beneficentia“. Gerechtigkeit ordnet und wacht, das Wohlwollen zielt auf Güte: „illa (iustitia) censuram tenet, ista bonitatem“ (I, 28). Gerechtigkeit als das höhere Prinzip meint für Ambrosius nicht die heidnische Gerechtigkeit der Vergeltung, die bei Eigenschaden auch dem andern schaden kann, sondern die Gerechtigkeit des Gnadenerweises (gratia), also des Verzichts auf Vergeltung. Gerechtigkeit ruht weiter auf der ursprünglichen gemeinsamen Verfügung über die Dinge: „natura enim omnia omnibus in commune profudit“. Das liegt ganz auf der Linie der patristischen Soziallehre, wird allerdings hier, wie bei Chrysostomus, sehr pointiert formuliert. Ambrosius erinnert an die Stoa, ist jedoch überzeugt, daß die Stoiker ihre Anschauung dem AT verdanken. Schließlich ist die Gerechtigkeit in der Schöpfung des Menschen selbst begründet, denn er ist „um des Menschen willen geschaffen“. Diese eminent humane Gründung des Rechts in der menschlichen Existenz selbst bildet die Voraussetzung, um später die gegenseitige Subsidiarität als Grundgesetz menschlicher Soziabilität zu schildern: „Das ist unbedingt ein Naturgesetz, das uns an jede Form der Humanität bindet, daß wir uns der eine dem andern gegenseitig wie die Teile des Körpers anbieten“ (III, 3).

2.3 Untergang und Neubeginn — Salvian von Marseille

Die Aussagen der Kirchenväter zu gesellschaftlichen Themen sind deutlich von ihrem historischen und sozialen Umfeld geprägt. In der Fähigkeit gerade führender Sprecher und

Autoren — vor allem im Osten — zur Kritik und sozialen Vision wirkt noch die Nähe zur vorkonstantinischen Aera nach, man spürt die Verwandtschaft zu Stimmen und zur Stimmung jener Zeit. Ebenso wird aber auch das geistige und gesellschaftliche Milieu spätantiker Großstädte mit ihrer erregten theologischen Diskussion, ihren vielen Armen und Deklassierten sichtbar. Die problemfreudige Spekulation der Homilien eines Chrysostomus trifft ja ein Publikum, das fähig und willens ist, sich zu informieren, man meint eine Zuhörerschaft vor sich zu sehen, von der berichtet wird, daß selbst auf den Straßen und Plätzen über die Trinitätstheologie gestritten wird [29]).

Was wird aus dieser Situation in der Folgezeit, im Umbruch und gesellschaftlichem Wandel des untergehenden Imperium Romanum, das vom 5. Jahrhundert an in germanische Teilreiche im Westen und das byzantinische Imperium im Osten zerfällt? Ein Umbruch und Wandel, der sicher mehr bedeutet als das Auswechseln von Herrschaftsträgern und den sie tragenden Schichten. Wir haben vor uns das Aufkommen neuer Grundherrschaften, durch Steuerprivilegien begünstigt, sie bilden zusammen mit dem senatorischen Adel die Klasse der „potentes" und „honestiores" [30]). Daneben das verarmende Bürgertum und Bauerntum, die „humiliores". Die Gesellschaft ist streng gegliedert, die führenden Schichten durch Titulaturen wie die „illustres, spectabiles, clarissimi" ausgezeichnet. In der ständigen Geldnot des krisengeschüttelten Staates entsteht ein ausgeklügeltes System des Steuerdrucks, mit dem vor allem Heer und Verteidigung finanziert werden. Seine Funktionäre müssen für das Steueraufkommen haften, sodaß man sich häufig der eingegangenen Pflicht durch Flucht zu entziehen sucht. Der Staat antwortet mit Zwangsverpflichtung, ein System, das auch auf die zahlreichen Zunftkorporationen (collegia), die nun staatlicher Überwachung unterliegen, Anwendung findet. Fixierung auf eine Schicht als Norm, wo ich hingeboren bin, da soll ich bleiben. Das gilt auch für das neu entstehende halbfreie Colonat, in dem sich der ursprüngliche freie Siedler verbirgt, er wird jetzt an die Scholle gebunden.

In diese durch externe Klassenunterschiede, durch Zwang und Fixierung, durch unentwegte Fluchtbewegungen geprägte Gesellschaft brechen nun die germanischen Stämme, zuerst an den Stromgrenzen Rhein und Donau, teilweise als foederati angesiedelt, schließlich in den großen Stammeszügen der Westgoten, Vandalen, Burgunder, Ostgoten das Reich überschwemmend, während die Franken und Alamannen in ihrem Vorrücken mit ihren Gebieten am Rhein verbunden bleiben. Reichsgründung auf römischen Boden und Ansiedlung mit Hilfe der „hospitalitas", die etwa ein Drittel römischen Landes den germanischen Grundherren überließ, verändern die soziale Stuktur der spätantiken römischen Gesellschaft. Die Germanen haben als wesentlichen Verband den Stamm, der durch Sprache und Herkommen ausgezeichnet ist. Innerhalb der Kriegerverbände, die aus bäuerlicher Herkunft sich loslösten, gibt es Stammeskönige, Heerführer (duces), Gefolgschaftsverbände um einen Herrn, von denen schon Tacitus berichtet [31]), und sicher auch Unfreie. Könige, Heerführer, Gefolgschaftsherren bilden wohl die „nobilitas", auch sie wird schon von Tacitus bezeugt [32]). Sicherlich sind diese Stämme von sich aus nicht in der Weise der spätantiken Klassenfixierungen gegliedert, ihr Leben war darin „freier" und mußte auf den römischen Betrachter wohl auch so wirken. Wir können das augenfällig aus der Schrift „De gubernatione Dei" des Salvian von Marseille entnehmen, die zugleich ein wichtiges sozialgeschichtliches Dokument der Völkerwanderungszeit darstellt.

Salvian, der möglicherweise aus der Gegend von Trier stammt, schreibt um 440 (sicher vor 451) seine geschichtstheologische Apologie, in der Thematik und im Anlaß ähnlich der Civitas Dei des Augustin. Es geht, historisch-politisch, um die Frage nach Sinn und Glaubwürdigkeit der christlichen Botschaft in einer Welt des Untergangs: Warum das Verhängnis der großen Germaneninvasion gerade über Westeuropa, das doch nun seit über hundert Jahren Christen in öffentlicher Verantwortung und Macht sieht? „Als die Römer früher Heiden waren, haben sie gesiegt und regiert, jetzt da sie Christen sind, werden sie besiegt und müssen dienen" (VII, 1) [33]). Ist der christliche Glaube historisch glaubwürdig? In Antwort auf die sicher weitverbreiteten Zweifel erscheint nun ein ganzes Gemälde der sozialen Situation, wobei die Argumentation häufig auf zwei Ebenen erfolgt, der theologischen und politisch-sozialen Ebene. Bezeichnend die Gleichsetzung der Flucht des Sklaven von seinem Herrn mit der Flucht des Herrn vor Gott [34]). Die Vermischung der Argumentationsperspektiven verhindert jedoch nicht, daß nun der soziale Gehalt, die sozialen Zielvorstellungen einfach verschwinden. Was der Priester aus Gallien, selbst verheiratet und der Herkunft nach wahrscheinlich ein „nobilis", über die Gesellschaft und den Staat seiner Zeit mitteilt, ist originell und wagemutig genug, um mehr zu bieten, als sonstige Quellen. Salvian ist kein Konformist, was noch manchen heutigen Betrachtern quer liegt.

Die entscheidende These lautet: Gott ist der Herr der Geschichte, er lenkt Wohlergehen und Mißgeschick, er ist nicht gleichgültig (incuriosus) und nachlässig (neglegens humanorum actuum: I, 1) gegenüber dem Menschen. Die jetzige Drangsal aber hat zu ihrem Grund das Versagen der Christen selbst, Gott hält in diesem Mißgeschick sein Gericht über die Römer, die ihre eigene tugendhaftere Vorzeit vergessen und der Heilsbotschaft zuwider leben [35]). Weltgeschichtliche Apologie, in sie als Material eingebracht, als Beweisgut die Details dieses Versagens. Es ist umso gravierender, als die Zeit der heidnischen Fürsten und Verfolger vorbei und Gott mit dem „Geringen" (minora) zufrieden ist und sogar noch das „Größere" gewährt (III, 5). Aber fast alle Christen erleiden Schiffbruch, die Kirche ist eine einzige Verhöhnung (exacerbatrix: III, 7) Gottes. Der Blick richtet sich auf die Geburts- und Geldaristokratie, die „nobiles" und „divites", das unheilvolle Auseinanderdriften der Schichten des römischen Bürgertums, auf die verachteten Unfreien, denen man selbstgerecht ihre Fehler vorhält: Flucht aus dem Herrendienst, Diebereien und Konsumgier (IV, 3). Dagegen entfaltet sich dann vom zweiten Teil, Buch IV an, das Kontrastbild der Germanen (IV, V) zu den „Schimpflichkeiten, Untaten und Verbrechen des römischen Volkes" (IV, 12). Die Barbaren, teils Heiden teils Haeretiker (IV, 13), demonstrieren jene ethische und soziale Wahrheit, daß es nämlich auf das gelebte Leben selbst ankommt. Göttliches Gesetz und tatsächliches Leben sind konfrontiert. Die christlichen Römer haben zwar die „lex", aber sie handeln nicht danach: „Was das göttliche Gesetz angeht, sage ich, sind wir unvergleichlich besser als sie alle; was aber das Leben und das tägliche Handeln angeht, sind wir schlechter, ich beklage und bedaure es" (IV, 13). Gewiß, die heidnischen Barbaren haben ihre Fehler: Die Sachsen sind wild, die Franken untreu, die Gepiden unmenschlich, die Hunnen schamlos (IV, 14). Daraus erwächst ihnen jedoch nicht die gleiche Schuld (reatus) wie uns, die wir das Gesetz haben und kennen. Sie, als Heiden, „kennen (eben) Gott und das Gesetz nicht" (IV, 14). „Der des Gesetzes Unkundige handelt nicht gegen das Gesetz" (IV, 14). Man kann daher den heidnischen Barbaren nicht das Auseinanderklaffen von Gesetz und Leben vorwerfen. Man kann nicht zu Sachsen oder Franken sagen „Schaut, was sie treiben, die sich Verehrer Christi nennen", (IV, 17). Konfrontiert sind also Ignoranz der Heiden und Pflichtvergessenheit der christlichen Römer, und es bedeutet geringere Schuld „das Gesetz nicht zu kennen als es zu verachten" (IV, 19).

Es gibt aber doch bereits christianisierte Germanen, Salvian nennt die Goten und Vandalen (V, 3). Sie sind freilich Haeretiker, Arianer. Auch hier entlastet Salvian die germanische Seite, er verweist auf verstümmelte Schrifttexte, auf ihre Lehrer: „Sie irren, aber sie irren im guten Glauben (bono animo)" (V, 2). Ein bemerkenswerter Satz, dessen theologisch-apologetische Dimension hier nicht zu erörtern ist. Wir können auch nicht bei den heute noch national gefärbten Interpretationen Salvians stehen bleiben [36]), französische Autoren haben offenbar noch heute Schwierigkeiten, eine Verteidigung der Germanen mitzuvollziehen. Aber gerade diese Verteidigung der Eroberer gegenüber den nur auf Schaulust und Spiele fixierten Römern (Buch VI) enthüllt aus der Sicht Salvians die Krise des Imperiums zugleich als eine Krise der sozialen und politischen Strukturen. Seine Angriffe gegen die verkommene Moral der Römer geben zugleich den Blick frei auf die Schäden im System selbst und werden so zu einer Analyse des sozialen und politischen Umfelds. Er liefert eine Fülle von Beobachtungen, von Daten und Fakten, die durch die Sozialgeschichte bestätigt werden. Gewiß, er ist oft einseitig zelotisch, und man wird seine Attacken häufig niedriger hängen müssen, dennoch enthalten eben auch seine Einseitigkeiten oft das berühmte Körnchen an Wahrheit.

Sein dargebotenes Material an sozialer Reflexion kann man in drei Aspekte sammeln: Zustand, Verhalten und Neuformung der Gesellschaft. **Zustand:** Seine Aufmerksamkeit gilt zunächst den gehobenen Schichten, den „nobiles" und „divites". Nobiles meint die Geburtsaristokratie, wohl die Klasse der senatorischen Familien und Familienclans, „divites" deutet auf die neuen Reichen; ihr Reichtum bildet sich durch Grundherrschaft, durch steuerliche Vorteile, durch rücksichtsloses Ausnutzen des administrativ-ökonomischen Systems. Dabei kommt es offenbar zu einer Vermischung der Schichten: Nobilis kann auch einfach „reich" bedeuten, „denn so groß ist das Elend dieser Zeit, daß niemand als mehr edel gilt, als wer am meisten reich ist" (III, 10). Reichtum als entscheidende sozial-elitäre Kategorie, das läßt auf Verhältnisse schließen, die einmal Reichtum in dieser Dimension ermöglichen, und in denen ererbtes Ansehen der Geburt den Vorrang verliert oder zumindest gefährdet sieht. Andererseits zeigt sich, daß das System der sozialen Privilegierung Bestand hat, in den „nobiles" und „divites" haben wir zwei Leitfiguren, die auch in den kommenden Jahrhunderten sich dem Betrachter anbieten.

Daß Reichtum sich so ungehemmt entfalten kann, hat nach Salvian seine Gründe nicht zuletzt in Fehlentwicklungen des Staates und der Gesellschaft. Mächtige Minoritäten sind imstande, durch Ausnutzung ihrer Stellung und Privilegien sich ständig Vorteile zu verschaffen, auch dort wo öffentliche Maßnahmen für die Allgemeinheit eingerichtet werden. Der Staat hat nicht die Kraft, seine Anordnungen in seinem Sinn durchzusetzen, die respublica Romana als Staat von Plünderern: „Siehe die Heilmittel, die früher einigen Städten gegeben wurden, was bewirken sie anders, als daß sie den Reichen Immunität brachten, aber die Lasten der Armen vermehrten". Offenbar werden Steuerprivilegien im privaten Interesse mißbraucht und die Lasten auf die niederen Schichten umverteilt. Was als Heilmittel gedacht war, wird zum Gift. „Nichts ist für die Armen unheilvoller, denen auch das, was zum Wohl aller gegeben wird, zum Verderben wird" (IV, 6). Das System des delegierten Steuereinzugs, dazu nach einem überzogen fiskalischen Reglement, wirkt sich so doppelt verhängnisvoll aus. „Die Romana respublica, die schon gestorben ist oder sicherlich in letzten Zügen liegt, stirbt auch in dem Bereich, wo sie bislang noch zu leben scheint, indem sie durch die Fesseln der Abgaben wie in Räuberfäusten stranguliert wird (strangulata IV, 6). Würde der Vornehmen ist identisch mit Ausbeutung: „Was anders ist die Würde der Vornehmen als die Ausbeutung der

Städte? Oder worin besteht die Praefektur gewisser Leute, deren Name ich verschweige, anders als in Raub?". Dabei wird aber der Staat selbst arm. „Früher haben die armen Magistrate den Staat wohlhabend gemacht, jetzt macht die Gewalt des Reichtums (dives potestas) den Staat arm" (I, 2). Die Schlichtheit des alten Rom gegen das verzerrte Sozialgefüge der Jetztzeit. In ihm klaffen die Schichten immer stärker auseinander, ein Mittelstand von Gewicht fehlt. „Wie wenige sind nicht ihrer Lage oder ihrem Stand nach arm, wenn man von den Reichen absieht" (IV, 4). „Damit wenige zu „illustres" werden, muß die Welt zugrunde gehen, die Ehre eines einzelnen, wird zum Untergang des Erdkreises" (IV, 4). Die Mächtigen und Reichen haben ihre Paläste, in die man ohne Vorladung nicht ungestraft eintreten kann. Die oberste Kaste schottet sich ab, die Reichen werden reicher, die Armen ärmer.

Eben fiel das Wort: „dem Stande nach arm". Hier wird auf einen verhängnisvollen Vorgang angespielt: die Rechtsminderung am Ende der sozialen Skala des freien Bürgertums. „Nobilis" und „dives" sind allgemeine, wenn man will, diffuse Kategorien. Dahinter verbirgt sich aber eine in sich festgefügte Nomenklatur der herrschenden Schicht. Bei Salvian erscheinen sie als „illustres, potestates, praesides" und „praepositi", die letzteren sind leitende Funktionäre (III, 9). Von ihren dem ungewünschten Eintritt verwehrten Häusern haben wir eben gehört. Sie bilden den „honestior status", sind also die „honestiores", von denen wir auch aus den zeitgenössischen Quellen wissen. Eine durch Geburt, Funktion, Vermögen klassifizierte und abgeschlossene Gruppe [37]). Angehörige der Mittelschicht, deren Fehlen ja Salvian beklagt, erscheinen nicht detailliert und aufgefächert, man kann sich aber ihre Situation ausmalen, nach dem, was Salvian über die unteren Schichten der Bürger aussagt. Er bringt das Beispiel eines „pauper" dem ein Vermögender, noch unter Berufung auf seinen Eid im Namen Christi die Substanz nimmt (IV, 15). Unter der Last der Schulden und der Steuerlast begeben sie sich in die Abhängigkeit von Reichen, denselben, die zuvor Steuervorteile unter sich aufgeteilt haben (V, 8) [38]). Ein stets sich wiederholender Kreislauf des Unheils. Niemand ist vor der Tyrannei der Kurialen, den Ersten in der Stadt (principales), den „potentes" sicher, ausgenommen die Leute an der Spitze (V, 4). Sie sind den Räubern gleichgestellt [39]). Der Zwangsstaat lastet am stärksten auf den minores, Steuererleichterungen werden von den Reichen untereinander aufgeteilt, bevor sie die Niedrigen und Bedürftigen (humiles, egestuosi) treffen. Diese gelten nur als Steuerpflichtige (tributarii), wenn es um Abgaben geht, nicht aber bei den Erleichterungen (V, 8). Als Ausweg sehen sie lieber den Übergang zu den Germanen, die derlei Lasten nicht kennen (V, 5ff). Die Unterschicht der „humiliores" ist in derselben Lage wie die aufständischen Bacauden, die um ihre Freiheit kämpfen [40]). Wie er zuvor die heidnischen und haeretischen Germanen in Schutz nahm, so sucht jetzt Salvian auch diese sozialrevolutionäre Bewegung zu verstehen: Warum sind sie zu Rebellen geworden? Eben durch die Ungerechtigkeit, die Willkür der Richter, durch Proskriptionen und Ausbeutung: „Im Geist wünschen sie die Freiheit, aber sie erdulden die schlimmste Knechtschaft" (V, 6).

Eben diese Freiheit verlieren auch viele Römer. Von den „potentes", der herrschenden Schicht in Not gebracht, ergeben sie sich den Stärkeren in Schutz, werden sie zu Abhängigen der Reichen und verlieren ihre Freiheit. Gemeint ist offenbar die Precarie, die Überlassung eines Guts, gegen wirtschaftlichen Schutz und Übernahme in Leihpacht. Praktisch hat das den Erbverlust zur Folge, wobei zugleich der Pachtzins bleibt: „cum possessio recedit, capitatio non recedit", (V, 8). So haben die meisten der Schwachen und Elenden ihre Gütchen verloren, aber tragen weiter die Last der Zahlungen für ihr verlorenes Gut.

Salvian brandmarkt mit schärfsten Worten diese unglaubliche „Monstruosität", menschliches Empfinden könne sie kaum ertragen. Was zum Schutz der Schwächeren gedacht ist, das rechtliche Patronat, verwandelt sich in sein Gegenteil. Die Rechtsschützer (defensores) nehmen ihren Klienten die Substanz: „damit die Väter ihren Schutz (defensio) haben, verlieren Söhne ihre Erbschaft" (V, 8). So darf der Frontwechsel zu den Germanen oder Bacauden nicht überraschen: „Lieber wollen sie unter dem Anschein der Gefangenschaft frei leben als unter dem Anschein der Freiheit Gefangene sein". Der einst so begehrte Name des römischen Bürgers wird verabscheut, sogar die meisten der ehrenwerten „nobiles" werden durch das System des etablierten und praktizierten Unrechts dazu gebracht, nicht mehr Römer sein zu wollen (V, 5). Rhetorisch wirkungsvoll, aber doch nicht stimmig zu dem, was zuvor über die „nobiles" als Nutznießer des Systems zu hören war. Die führende Schicht ist dann doch nicht so verrottet, wie es zu Beginn der Attake im 3. Buch aussieht [41]).

Man kann im Ganzen ein Horrorgemälde sehen, wenn man nur die Übertreibungen und Pauschalierungen zusammen nimmt. Läßt man jedoch die rhetorische Klimax beiseite und achtet auf die Zwischentöne — das eben genannte Beispiel der ehrenwerten „nobiles" weist in diese Richtung — dann bleibt noch genug soziale Realität: Der spätantike Fiskal- und Reglementierungsstaat, der gerade die Schwachen besonders trifft, die Kluft zwischen den bevorzugten und benachteiligten Schichten verschärft, der bis hinein in die Tätigkeit den Einzelnen in seinen Beruf fixiert [42]). Eine Gesellschaft deren Unterschicht, die „humiliores" und „minores", ihre Freiheit ausgehöhlt sieht, in Minderfreiheit gerät und damit in die Nähe der Unfreiheit kommt, wie es am deutlichsten bei den Kolonen mit ihrer Schollenpflicht zu beobachten ist [43]). Möglicherweise spielen gerade abhängig gewordene Kolonen bei den Bacauden eine führende Rolle. Dagegen bietet die neue germanische Herrschaft zumindest den Wegfall der drückenden Reglementierung.

Noch nicht die Rede war von den Unfreien selbst. Ihre Lage ist weiterhin miserabel und wenig geschützt. Salvian wirbt um Verständnis für die Hauptvergehen, die man ihnen vorwirft: Diebstahl und Flucht. Bedürftigkeit führt zu Diebstahl, Angst vor den Aufsehern und Mitsklaven verleitet zur Flucht: „Von allen werden sie geschlagen, von allen gequält" (IV, 3). Immer noch gibt es Herren, die ihre Sklaven töten und das als Recht ansehen und sich das Privileg nehmen, unter den Sklavinnen sich ihre Konkubinen zu wählen [44]). Daher leben manche Sklaven weniger schändlich als ihre Herren (IV, 6).

Verhalten: Die politische und gesellschaftliche Krise ist eng verbunden mit einem Verfall der sozialen Sitten. Der alten römischen Einfachheit steht entgegen die Raffgier der neuen Reichen (I, 2). Der Moral der Germanen konfrontiert Salvian nicht nur den Sittenverfall in den führenden Gruppen, sondern auch unter den Christen insgesamt: „So lasterhaft wird von allen gelebt, daß es fast keinen Christen gibt, der nicht ständig unterzugehen droht" (III, 4). Die trotz der Not ungezügelte Sucht nach Spielen und Spektakel schildert er in einem ganzen Buch (VI). Der Fall Trier, wo eine ausschweifend lebende Oberschicht trotz der Zerstörung noch Spiele verlangt, ist ihm ein besonders abstoßendes Beispiel: „Wo sollen sie denn abgehalten werden? Etwa auf Scheiterhaufen und über der Asche, über den Gebeinen und dem Blut der Untergegangenen" (VI, 9). Die Stadt ist brandgeschwärzt, aber man will den Festglanz, „alles trauert, du freust dich". Rom stirbt und lacht. Den wesentlichen Mangel im Sozialverhalten der Römer gegenüber den Germanen, die das zweite entscheidende Kontrastbild abgeben, sieht Salvian in der gegenseitigen Liebe der Stammesgenossen. „Fast alle

Barbaren, wenn sie nur einem Stamm und König zugehören, lieben sich gegenseitig, fast alle Römer verfolgen sich wechselseitig. Welcher Bürger ist nicht auf den andern Bürger neidisch? Wer leistet dem Nachbar die volle christliche Caritas? Und zwar distanzieren sich alle voneinander, auch wenn sie räumlich nicht entfernt sind, so doch gefühlsmäßig, und selbst wenn sie beieinander wohnen, sind sie im Geist einander entfernt" (V, 4). Noch mehr, der Nachbar achtet nicht einmal das Recht des andern. Man fühlt sich nicht glücklich, wenn nicht der andere unglücklich ist. In der Logik derartiger egoistischer Isolierung liegt dann die gegenseitige Ausbeutung, eine Ausbeutung, deren besondere Bösartigkeit darin begründet ist, „daß die überwiegende Mehrzahl von wenigen ausgebeutet wird", denen die öffentliche Steuer zur privaten Beute wird, die die Forderungen des Fiskus zur eigenen Einnahme machen, und dies nicht nur die Höchstrangigen, sondern beinahe die untersten Chargen, nicht nur die Richter sondern auch ihre Untergebenen" (V, 4).

Vieles davon mag Topos sein, es bleibt jedoch bemerkenswert, wie die Herren einer neuen Epoche auf den gallorömischen Priester wirken, und was wohl auch in einem gewissen Kern auf die Wanderstämme zutrifft. Eine stammesmäßige Geschlossenheit, die erst das zuweilen ungehinderte Vordringen ermöglicht. Eine Sozialstruktur und Sozialverhalten, das noch nicht in die starren Fixierungen der römischen Zivilisation eingepreßt ist[45]). Ein Stück „natürlicher" Unbefangenheit, das auf manche, nach Salvian sogar auf viele, befreiend wirken mußte. Vielleicht und eben auch, weil sich in diesem Erwartungs- und auch Wunschbild, etwas von dem ausspricht, wie man sich eine bessere Gesellschaft vorstellt. Was die Germanen selbst angeht, so sollte der Prozeß der Okkupation, des Einrichtens sehr bald auch mit einem rasanten Verlust dieser „gegenseitigen Liebe" verbunden sein. Die Bücher des Gregor von Tours mit ihrer Schilderung grausamer Sippenfehden, vor allem im Haus der Merovinger selbst, bieten ein Bild, das nicht mehr die soziale Euphorie eines Salvian motivieren könnte.

Neuformung der Gesellschaft: Am Schluß seines Angriffs auf die Spektakelleidenschaft der Römer spricht Salvian von einer „nova vita" (VI, 17). Wie sieht dies neue Leben aus? Verklärende Erinnerung an die alte römische Zeit, Wunschbild der germanischen Eintracht und Solidarität, die Forderung nach christlicher Brüderlichkeit lassen, wenn auch nur in Umrissen deutlich werden, daß Salvians Polemik sich nicht in Kritik erschöpft, sondern von einer sozialen Konzeption getragen ist. Gewiß er macht keine konkreten Vorschläge zur wirtschaftlichen, sozialen Reform, er sagt nicht, wie man praktisch der staatlichen Finanzmisere abhelfen könne, das bleibt seine und die Schwäche vieler polemischer Rundumschläge. Man kann jedoch aus Kritik und Kontrastbildern zur pervertierten römischen Gesellschaft seine Reformabsichten zusammenfügen.

Der Lobpreis der alten römischen Einfachheit, die kein Geld im Überfluß hortet und verschwendet, die keine Mittel für „läppische Dinge" (res nugatoriae) übrig hat (VI, 9), die den Staat nicht zum Tummelplatz für eine kleine Schicht von Ausbeutern verkommen läßt, die nicht den „Reichen" als den „Adligen" gelten läßt, er zielt auf eine genügsame Lebensweise aller und vor allem auf ausgeglichene soziale Verhältnisse. Sicherung der „pauperes" und „humiliores", das heißt zugleich die Förderung einer lebensfähigen Mittelschicht. Die Kritik am ausbeuterischen Fiskus samt seiner Nutznießer und die Alternative germanischen Lebens zielt auf den Abbau der ertötenden staatlichen Reglementierung und damit ebenso auf die Beseitigung des wild wuchernden Mißbrauchs zugunsten einer Minorität von „Räubern" und „Beutemachern". Die Solidarität, wie sie an den Germanen beobachtet wird und die sich im festgefügten Kriegerbund und den Gefolgschaftsverbänden darstellt, nun verbunden mit brüderlicher Caritas, programmiert eine Gesellschaft, die nicht isoliert sich in lauter Neid auflöst, sondern die sich dem andern öffnet und brüderlich auf ihn zugeht. Weltliche Reform und christliche Gesinnung verbinden sich. Salvian kann auch auf jenen Kreis der Wenigen verweisen, die er an verschiedenen Stellen aus der allgemeinen Verderbnis abhebt, die „Heiligen“, die „Religiösen“. Die neuen Gemeinschaften der Mönche. Er selbst gehörte ja nach seiner „conversio“ und Aufgabe der ehelichen Gemeinschaft mit der Römerin Palladia zum Konvent der Mönche von Lerin [46]). Das Kloster als Vorbild für die Welt. Anstelle des Reichtums herrscht hier Armut, statt der „luxuria“, der Verschwendung an Konkubinen und Gelage, hier nun der rechte Gebrauch des Besitzes. In seiner Schrift „ad ecclesiam“ geht Salvian auf die viel erörterte Frage nach der sittlichen Dimension des Besitzes ein. Die Antwort erfolgt auf der seit der Didache feststellbaren Linie: „Sage von nichts, daß es dein Eigen sei“ (Didache IV, 8). In der Begründung Salvians: Erster Eigentümer ist Gott, er schenkt die irdischen Gaben, er fordert ihre rechte Verwendung ein, er fordert sie beim Tod zurück. Daher die Pflicht des Almosens, die Verantwortung des Vererbens. Nur für arme Verwandte und asketisch lebende Kinder kann ein Erbe freistehen, sonst gehört es den Armen [47]). Hier greift das mönchische Ideal der Armut bereits in einen der wichtigsten Bereiche des privaten Güterrechts, die Kontinuität des Besitzes, die Erblassung. Salvian strebt keine Beseitigung rechtlicher Normen an, aber er will sie im Geist einer entschiedenen Nachfolge im Geist der Schrift praktiziert wissen. Damit steht er in einer Tradition, die in den Stimmen der Väter des Ostens und Westens ihren Ausdruck gefunden hat.

2.4 Zeugnisse sozialer Mentalität und Reflexion im Bereich germanischer Herrschaft

Die Stimme Salvians, seine Beharrlichkeit, mit der er auf die Schäden seiner Zeit verweist, seine Weise der „philosophia Christiana“ (De gub. Dei IV, 12), die eine unbedingte Übereinstimmung von lex und vita erfordert und aus der heraus er die Germanen, Haeretiker, Bacauden zu verstehen sucht, das alles bleibt in seinem Jahrhundert und noch lange nach ihm singulär. Mögen einzelne seiner Perspektiven theologisches Gemeingut darstellen, etwa die Interpretation der Barbareninvasion als Strafgericht, keiner geht in der Kombination von Sozialkritik und relativer Anerkennung vor allem der sozialethischen Verhaltensmuster der Germanen soweit wie er, keiner befaßt sich so dezidiert mit den politisch-sozialen Schäden seiner Epoche [48]). Der Satz: „Fast alle Barbaren, die eben zu einem Stamm und König gehören, lieben sich gegenseitig, fast alle Römer verfolgen sich untereinander. Welcher Bürger ist nicht auf den andern Bürger neidisch?“ (V, 4) trifft genau und im Kern einen Wesenszug der über eine hoffnungslos verkrustete Struktur siegenden Stämme: ihre starke volkliche Bindung, ihr um den Heerkönig geschartes Gefolgschaftswesen, ihre noch nicht in Administration, Fiskalismus, Korruption erstarrten sozialen Spielregeln. Gewiß, ein Schwarz-Weißbild, aber was an historischer Realität bleibt, bestätigt sich einfach in dem so schwer verständlichen, oft mühelosen Vordringens der Invasoren.

Schließlich gehört Salvians Schilderung in die große sozialkritische theologische Literatur des 4./5. Jahrhunderts, er ist im Westen auch zeitlich der Letzte jener Reihe bedeutender Sprecher, die daran gehen, ihre Zeit am Vorbild der Heilsbotschaft zu messen. Als er schreibt (zwischen 435 und 451), stehen bereits Westgoten und Vandalen, samt ihren Satelliten mitten im Imperium, als er stirbt (vor 480), nähert sich die Agonie ihrem Ende zu und drängen bereits die Franken und Alemannen nach Gallien, der Heerkönig Odoaker bestimmt in Italien, bald wird das merovingische Zeitalter einsetzen. In ihm verstummt der laut vernehmliche Chor sozialkritischer Stimmen. Man ist jetzt auf die Suche nach vereinzelten Zeugnissen angewiesen, was bereits bedeutet, daß auch jetzt soziale Reflexion nicht aussetzt. Aber im Vergleich zu den reichen Quellen der Väterzeit kann man jetzt doch — unterm Strich gerechnet — von einer Epoche relativen Schweigens sprechen. Einzelne bedeutende Autoren finden sich im Bereich römisch literarischer Tradition in Italien und Spanien, es sind Gregor I. und Isidor von Sevilla, für den germanischen Bereich sind wir auf die Volksrechte, auf vulgarrechtliche Formalsammlungen, auf Heiligenviten und die Geschichtsschreibung verwiesen. Soweit sie Überlegungen zur Situation der Gesellschaft bringen, kann es sich nur um gelegentliche Bemerkungen handeln, stärker kann ins Gewicht fallen, was sie an „sozialer Mentalität" anzeigen, obwohl hier rechtliche Formulierungen keineswegs garantieren, daß die aktuelle Situation beschrieben wird. Überwiegend führen sie ja tradiertes Rechtsgut mit, das zudem in einer kontinuierlichen Formelsprache sich ausspricht. Soziale Realität und Resonanz dieser Realität im Nachdenken über die soziale Situation kann man daher nur vorsichtig und in allgemeinen Umrissen deutlich werden lassen. Erschwerend kommt die überaus kontroverse heutige wissenschaftliche Deutung der zentralen Phänomene hinzu, wie: Sklaverei, Unfreiheit, Freiheit, Adel samt ihren Verflechtungen im Gesamtbild der Gesellschaft.

Beginnen wir unter diesen einschränkenden Vorbemerkungen mit der Betrachtung der „sozialen Mentalität", so ist sicher, daß wir gewisse grundlegende Vorstellungen des sozialen Bewußtseins und des sozialen Selbstverständnisses erkennen können. Zunächst: Soziale Mentalität artikuliert sich im Bereich des Rechts als Mentalität der herrschenden Gruppen. Sie formulieren die Rechtssatzung aus ihrer Sicht der Ordnung, aus ihren Bedürfnissen, die Kategorien und Kriterien des Zusammenlebens entsprechen ihren sozialen Situationen. Sie sichern die Strukturen, in denen sie bestimmen, die Strukturen mit ihren „vielen Rangstufen", wie sie sich historisch entwickelt haben. Laktanz hat diese Entwicklung in faszinierender Kürze ja kritisch festgehalten [49]). Wesenszug dieses Sozialbewußtseins ist es, die Gesellschaft in bevorrechtigte und minderberechtigte Schichten zu stratifizieren. Darin besteht kein Unterschied zur antiken Sozialmentalität. Auf einzelne Daten dieses stratifizierenden Sozialbewußtseins wurde schon aufmerksam gemacht. Wenn wir das bereits Vorgebrachte ergänzen und es in die Thematik der sozialen Mentalität weiterführen, dann stoßen wir auf drei Gesichtspunkte: 1) Das Verhältnis frei-unfrei, 2) Sozialregeln der Freien, 3) Sozialregeln der Unfreien. Die Einengung der „Gesichtspunkte" auf den Gegensatz von frei-unfrei mag überraschen, sie entspricht jedoch genau der in den Stammesrechten vorherrschenden Betrachtungsweise.

1) Das rechtliche Verhältnis von frei-unfrei: Grundlegend für das rechtliche Verhältnis von frei-unfrei ist die Einstufung des servus als eine Sache (res), er kann zusammen mit dem Vieh aufgeführt werden, in den Gütertraditionen werden die mancipia kurzerhand zusammen mit der „terra" übergeben [50]). Er kann weiterhin verkauft werden, noch im Kapitulare Karls von 779 wird das Verkaufsverfahren geregelt, hier möglicherweise, um privaten Mißbrauch zu steuern [51]). Die merovingischen Formelsammlungen weisen eine Reihe von Verkaufsmodalitäten auf. Wir dürfen, entgegen früheren Anschauungen, daß mit den Germanen die Sklavenzahl weiter abnehme, nicht mehr ausschließen, daß die Menge der Unfreien im Ganzen zunimmt, vor allem auf den Großgütern. Theuderich I. kann seinen Kriegern reiche Beute an

Unfreien versprechen, Gewalt und Fehde bringen immer neuen Nachschub [52]). Gegenüber der Sache = Sklave ist der Freie von vornherein Rechtsperson. Er ist durch das höhere Wergeld geschützt, er ist strafrechtlich eindeutig bevorzugt. Im Edictum Rothari der Langobarden wird der herausgeschlagene Backenzahn des Freien oder der Daumen eines Vornehmen mit der gleichen Wergeldsumme eingestuft wie die Tötung eines Landsklaven oder eines Haussklaven [53]). Der Preiskatalog entspricht der Gliederung der Gesellschaft. Strafen und Rechtsschutz sind ungleich: Der Herr kann in der frühen Rechtsordnung, entgegen spätrömischem Gesetz, das Sklaventötung als homicidium einstuft, den Sklaven ungestraft töten (Westgoten, Franken), bei den Langobarden wird eine compositio entsprechend dem Wert gezahlt. Erst langsam setzt sich, sicher unter kirchlichem Einfluß, der Schutz des Sklavenlebens durch. So in einem Edikt Chlotars II. (614) und vor allem in der Strafrechtsreform Chindavinths, des Westgotenkönigs. Angesichts der Sitte, Sklaven ohne Gerichtsverfahren (extra discussionem publicam) zu töten, verbietet er unter Androhung lebenslänglicher Verbannung und geistlicher Buße derartige Willkür [54]). Sein Sohn Reccesvinth setzt für die Tötung eines fremden Sklaven die Hälfte der Entschädigung für den Totschlag eines Freien fest, der Sklave wird hier nicht mehr als Sache gemessen, sondern zum Freien in Relation gebracht. Zudem werden körperliche Verletzungen unter Anklage gestellt. Begründung, man solle nicht das Ebenbild Gottes verletzen. Ganz deutlich wird hier das Abwägen sozialer Motive, ein Fall, der in den Stammesrechten der Zeit des 7. Jahrhunderts und überhaupt für die Germanenrechte singulär bleibt. Erst in den Leges Baiuvariorum des 8. Jahrhunderts werden ähnliche Überlegungen greifbar [55]).

Daß die sklavenfreundlichen Reformen Chindavinths und Reccesvinths eine Ausnahme bilden — sie werden durch den Nachfolger Ervig wieder unterbrochen [56]) — bestätigen die Regel: der Unfreie bleibt im Ganzen als Person ohne Recht, er ist Sache, unterliegt dem Sachenrecht. Entschädigungen, die der Herr oder Täter zu zahlen haben, nehmen ihren Wert vom Besitz— und Funktionswert als Arbeitskraft. Er hat nur beschränkten Zugang zu Besitz, über den er aber nur selten, etwa im jüngeren westgotischen Recht, verfügen kann. Ebenso selten ist die Prozeßfähigkeit des Sklaven, Chindasvinth bestätigt den „servi regis" Zeugnisfähigkeit, Reccesvinth erweitert dieses Recht für bestimmte Fälle auch auf die übrigen Sklaven [57]). Markant wird schließlich die rechtliche Abgrenzung der Unfreien im Bereich der Tat des Unfreien selbst: Bei Mord am Freien und vor allem in sexuellem Verhältnis zur freien Frau. Tötung, Auslieferung an die Freiensippe, Auspeitschung, ja sogar Tod der einwillenden Frau kann hier eintreten [58]).

2) Freie unter sich: Die derart nach unten rechtlich abgesicherte Schicht der Freien verfügt über spezifische soziale Spielregeln, nach denen sich ihr Leben gestaltet. Einmal fällt auf, daß nur von weit gesehen und allgemein gesehen eine soziale und rechtliche Gleichheit waltet, im Detail und aus der Nähe besehen gibt es Unterschiede, die offenbar sich in langer Tradition entwickelt haben und entsprechend anerkannt sind. Wenn auch das salische Gesetz keinen Adel erwähnt, so hören wir doch im ostgotischen, westgotischen und langobardischen Recht und erst recht im jüngeren bayerischen Recht von Höherstehenden. Sie sind von den „minores" abgesetzt und können, das ist entscheidend, in Einzelfällen rechtlich bevorzugt sein. Sicher haben wir es hier mit bevorrechteten Geburtsständen zu tun. Der vornehme ostgotische Gewalttäter gegenüber einer Frau kommt mit Heirat und Geldbuße davon, derjenige niederen Ranges wird versklavt; wer als „humilior" eine „ars mala" praktiziert, erleidet den Tod, als Vornehmer wird man verbannt [59]).

Was die Schicht der Freien insgesamt auszeichnet ist ihre Bindung in der Sippe und die rechtlich-soziale Bedeutung der Sippe. Sie hat wiederum zur Voraussetzung, daß Ehe oder eheähnliche Verbindungen (Friedelehe) mit ihren agnatischen und kognatischen Verästelungen innerhalb der Gesellschaft anerkannt sind. Sicher hängt mit dieser gesellschaftlichen Anerkennung zusammen, daß alle Verbindungen hinein und hinab in die unfreien Schichten diffamiert und strafwürdig sind, jedenfalls depravierende Folgen haben. Sippe und Sippenbesitz sollen nicht in die rechtliche Unsicherheit und Ungeschütztheit der Unfreien verfließen. Die Freie, die sich einem Sklaven verbindet, wird entweder getötet, so bei Westgoten und Langobarden, oder verliert Freiheit. Dagegen kommt der freie Mann eindeutig besser weg, er zahlt Buße oder wird unfrei, verliert aber nicht das Leben [60]). Das Vorrecht der Sippe bindet einerseits den Freien in die Ordnung der Verwandtschaft, andererseits gibt sie ihm den Schutz seiner Gruppe. Da gibt es die Gesamt- und Einzelvormundschaft über den Mündel, die Unterordnung der Frau unter die Strafgewalt der Sippe, wenn sie untreu wird. Es gibt den Rechtsschutz für den Straffälligen, dem die Sippe das Wergeld zahlt oder Beistand im Gericht leistet [61]). Über alle komplizierten Einzelheiten des Erbrechtes hinweg garantiert sie den Zusammenhalt des Besitzes.

Am Rechtsschutz der Sippe können wohl auch die Freigelassenen teilnehmen, die zur vollen Freiheit entlassen sind. Wir begegnen ihr in den „Formulae Marculfi". Hier wird Freiheit vom Dienst (servitium) auch gegenüber den Erben, vom „gehorsam" der sonst üblichen „Freilassung" gegenüber dem bisherigen Herrn (libertinitatis obsequium), werden Besitz und Zugewinn garantiert [62]). Derartige Vollfreie haben dann auch, wie die Vollfreien, die später durch Schatzwurf oder ähnliche Riten zur vollen Freiheit entlassen werden, die politischen Rechte der Freien.

3) Minderfreie und Unfreie unter sich. Die in der Rechts- und Sozialgeschichte umstrittene und im Detail schwierige Bestimmung der Minderfreien kann hier nicht erörtert werden. Sicher gibt es zwischen der Vollfreiheit und der Unfreiheit einen Zwischenbereich, dessen Zugehörige, Kolonen, Liten, Aldien zwar gewisse Rechte haben, zugleich aber an ihren Besitz gebunden sind und Dienste zu leisten haben. Zu ihnen gehören auch die Freigelassenen, die nur minderen Rechtes sind und in den Leges der Bayern eine eigene Beschreibung erhalten. Ihre Abgrenzung gegenüber dem „servus" ist durch das doppelte Wergeld markiert. Sippenordnung und Sippenschutz dürften für dieses soziale Feld soweit in Frage kommen, als bei ihnen das anerkannte „coniugium", die Familie und deren Besitz möglich sind [63]).

Sicher trifft das für die Sippe der Freien Gesagte eben für die „servi", die Unfreien nicht zu. Gerade darin, in diesem Fehlen der rechtlich und sozial relevanten Sippenbildung darf man, neben allen andern Merkmalen der Unfreiheit als Sache und rechtlicher „Unperson" [64]) ein wesentliches soziales Kriterium der Unfreiheit sehen. Dies wird, soweit ich sehe, bei der Beschreibung der sozialgen Lage der Unfreien gewöhnlich übersehen. Der Unfreie wird nicht in der Ordnung und vom Schutz der Sippe getragen, er steht allein und ist auf seinen Herrn angewiesen. Daher kommt der Ehefähigkeit unter Unfreien eine ungemeine Bedeutung zu, was nicht heißt, daß mit einem möglichen „coniugium" zwischen Unfreien auch schon die Bildung einer Sippe als eines sozialen Rechtsverbandes gewährleistet wäre [65]). Tacitus (Germ. 25) spricht vom Sklaven mit Wohnung und Familie, die älteren Volksrechte kennen die „Sklavenehe", das „contubernium", dem Unfreien wird kein „coniugium" zugestanden, der Herr kann das „contubernium" trennen. Erst spät erscheinen Sicherungen für die Sklavenehe.

Etwa wenn bei den Westgoten eine Trennung durch den Herrn nach einjähriger Duldung nicht mehr möglich ist, oder wenn bei den Langobarden von „uxor", „maritus" die Rede ist. Ganz klar spricht dann Luitprand (729) von der „uxor legitima" eines Unfreien und wendet sich gegen Mißbrauch der Sklavenfrau durch den Herrn: „quia non est placitum Deo, ut quilibet homo cum uxore aliena" sich einläßt [66]). Diese Überlegung entstammt aber erst dem 8. Jahrhundert und zeigt klar kirchlichen Einfluß.

Der kirchliche Einfluß, die Mitsprache christlichen Denkens im Bereich der Volksrechte zeigt sich vereinzelt und langsam. Das erweist, wie schwer es war, Vorstellungen christlicher Sozialethik zur Ehe, zur Würde der Person, auch des Unfreien, zum Verhältnis von Herrn und Knecht zur Geltung zu bringen. Eine das Gesetz mitbestimmende, veränderte Einstellung- können wir erst im Volksrecht der Bayern greifen, wenn es im Leistungskatalog (I, 13) heißt, niemand solle den andern ungerecht bedrücken, oder die Auflagen „per possibilitatem" begrenzt werden; wenn zum Schutz der Fremden aufgefordert wird, (IV, 31) oder das Wergeld bei Fehlen von „parentes" den Armen und Fremden gegeben werden soll (IV, 32). Aber bei derartigen Überlegungen befinden wir uns schon im Umfeld der karolingischen Epoche. Deutlicher als in den Volksrechten selbst ist die Reaktion auf die soziale Situation in Aussagen der Kirche auf ihren Synoden. Gegen Tötung des Eigensklaven (Yenne, 517), für Einschärfung des Asylrechtes (Orléans, 549). In Tours erinnert man an die Sorge für die „pauperes" und „egenos" (567), die Richter und Mächtigen (potentes) sollen bei hartnäckiger Unterdrückung der „pauperes" exkommuniziert werden [67]). Die Anklage gegen die Unterdrückung der kleinen Leute (oppressio pauperum) wird sich in die karolingische Zeit fortsetzen, der Mißbrauch der Macht in merovingischer und karolingischer Zeit ist systemimmanent. In Macon (585) werden Königsleute und andere „potentes" mit dem Anathem bedroht, wenn sie die „miseri" aus Haus und Hof vertreiben [68]). Zur Sorge für die Armen (pauperes), unter denen man sich nicht unbedingt ökonomisch Bedürftige vorzustellen hat [69]), kommt selbstredend die Pflicht, sich um die Witwen und Waisen zu kümmern, kurz, die Hierarchie will die Schwachen und Hilflosen schützen. Die Kirche ist sicher auch die einzige Institution, der diese Aufgabe ein Anliegen ist und die sich diese Aufgabe einschärfen muß, will sie dem Evangelium folgen.

Wie steht sie zu den Unfreien und Minderfreien, den Rechtlosen? Von Synodalakten sind keine systemändernde Überlegungen zur Änderung der sozialen Strukturen zu erwarten, die Kirche hat die Unfreiheit als soziale Ordnung belassen, sie hat sie in ihrem Bereich der kirchlichen Grundherrschaft übernommen und verteidigt, davon wird später noch wiederholt die Rede sein. Wie steht es dann aber mit der vielberedeten Rolle der Kirche in der allmählichen Ablösung der Sklaverei als System? Wenn es nur diese Anerkennung und Ausübung der Unfreiheit gäbe, würde ihre Rolle im Prozeß des gesellschaftlichen Wandels auf ein Minimum, auf gelegentliche pastorale Vertröstungen zusammenschrumpfen. Nun haben wir jedoch auch für die frühe Zeit der germanischen Staatenbildung Äußerungen und Vorgänge, die das Bild differenzieren. Dazu gehört vor allem das Phänomen der Freilassung und der sogenannten Kirchenfreiheit. In einem Brief von 567 wird das Zehntgebot auch für die Freilassung von Unfreien gefordert, Freilassung in den Schutz der Kirche war schon seit Konstantin privilegiert, die Kirche sieht im Schutz der in ihren Bereich vor dem Bischof Freigelassenen eine besondere Aufgabe, wie sich auf dem Konzil von Macon 585 ergibt [70]). Syndrom zu dieser Tendenz, die Kirche als einen Freiraum zu gestalten, läuft die von Gläubigen selbst getragene und von der Kirche als gottesgefälliges Werk erklärte Absicht zum

Heil der Seele eine Freilassung zu vollziehen. Mit dieser Freilassung, die in den Formelsammlungen redigiert ist [71]), öffnet sich die Sicht auf den weiten Bereich der christlichen Wohltätigkeit einerseits und auf die latente Einsicht, daß mit der Freilassung zumindest ein Ungenügen der bestehenden sozialen Ordnung beseitigt oder korrigiert wird. Zwar nur in einem winzig kleinen Ausschnitt, aber summiert und auf die Dauer von Generationen betrachtet, ergibt sich doch eine bestimmte Bewußtseinslage. Die nämlich, daß der Christ und die Kirche sich nicht endgültig und unbedenklich mit der bestehenden sozialen Struktur identifizieren dürfen [72]).

Das ist wichtig, wenn man bedenkt, daß eben andererseits die Kirche in ihrem Herrschaftsbereich die Unfreiheit und damit das System der Vorenthaltung von Rechten aufrechterhält, wobei gleichzeitig für den priesterlichen Dienst die Unfreiheit als Hindernis empfunden wird. Ein Spektrum von Verhaltensweisen, dessen Widersprüche man vielleicht mit Hilfe scholastischer Distinktionen zu entschärfen versuchen kann, dessen Ergebnis — eine auf rechtlicher Ungleichheit basierende Gesellschaft — jedoch erhalten bleibt.

2.5 **Heilige und Gesellschaft — Klostergemeinschaften** — Einzelne Autoren: Gregor I.

Eine derartige Integration in die Gesellschaft läßt wenig Denk- und Handlungsspielraum im Sinne einer gleichzeitigen Distanz zu eben dieser Gesellschaft. Das ist selbst dort zu spüren, wo eine entschiedene Nachfolge der Heilsbotschaft gelebt und als vorbildlich hingestellt wird: bei den Heiligen der Zeit. Die merovingische Epoche hat uns eine Fülle von Heiligenleben hinterlassen, sie sind Ausdruck einer Zeit, in der der Heilige prägendes Vorbild werden kann. Vorbild zumindest für die gesellschaftliche Schicht, die durch Rang und Bildung imstande ist, ihr Selbstverständnis zu artikulieren. Das ist unzweifelhaft die Kirche und in ihr die sie führenden und bestimmenden Kreise. Wer sie ausmacht und darstellt, sehen wir sehr schnell, wenn wir die sozialen Kriterien vornehmen, nach denen der Heilige beurteilt wird. Zu meist sind es Angehörige der herrschenden Schichten, denen wir begegnen, nur selten findet sich der Angehörige der niederen Schichten, Minderfreie oder Unfreie muß man suchen. Die herrschende Schicht stellt auch die besonders vorbildlichen Christen. Im marxistischen Idiom könnte man von einer Selbstreproduktion des ethischen Überbaus sprechen.

Kurz: Wir stehen vor dem Phänomen des Adelsheiligen. K. Bosl hat ihn geschildert, F. Graus hat den Heiligen der Merovingerviten marxistisch in den gesellschaftlichen Prozeß zu implizieren versucht. Wenn man auch weder der These, daß „im Grund“ ein „sanctus nur ein adeliger sein“ kann (Bosl), noch der Implikation in den Sozialprozeß in der Weise von Graus zustimmen kann, so bleibt doch das historische Phänomen und ist man verpflichtet, es ohne Beschönigung zu deuten [72a]).

Immer wieder erfährt man, daß der Heilige aus vornehmer, gehobener Familie stammt: „parentibus ingenuis“ (Eligius), „ortus natalibus parentum nobilitate“ (Remedius), „parentum quidem clara progenies“ (Austrigisilus), „parentibus honestissimis“ (Desiderius), „parentibus satis clarus“ (Romaricus), „genere nobili, parentibus inclytis“ (Bavo) um nur einige, weniger berühmte Männer zu nennen, von den berühmten Namen ganz zu schweigen [73]): Germanus, Balthilde, Radegundis, Odilia, Kilian, Rupert, Emmeram, Korbinian, Wilfried. Beim Heiligen Nivard treffen wir die vornehme Umwelt versammelt. Nur vereinzelt und ganz selten stoßen wir auf Heilige einfacher Herkunft: Walaricus (mediocris), Marcellus (humilis, mediocris), Frodobert (parentibus mediocribus), Pardulf (ex agricolarum cultoribus), Richarius (mediocris), Vincentian (ex predio et familia) [74]. Gemeinsam freilich ist allen die gelebte Praxis der Liebe zu den Bedürftigen, die persönliche Abkehr von der „luxuria“ der Standesgenossen, der Verzicht auf ein weltliches Leben, das man vielleicht anfangs führte, wie bei Romaricus, Austrigisilus, Bavo, Desiderius, Germanus. Bei einigen Heiligen wird die besondere pastorale Hinwendung zu den „infimi“ genannt: Gamalbert steht auch ihnen zum Gespräch bereit, zu Korbinian kommen auch die „ignobiles“, Leodegar geht auf die „pauperes et vulgus reliquum“ zu [75]. Andere bemühen sich, die starren Sozialgrenzen zu überwinden: Eligius kauft Gefangene frei, entläßt Unfreie, ähnliches wird von Romaricus berichtet, der bei seiner Konversion auch Unfreie mit in sein Kloster nimmt: „er wird der Untergebene derer, die er vorher als dominus prepotens beherrscht hatte“. Gamalbert läßt bei Streit unter seinen Unfreien lieber einen frei: „Lieber gebe ich euch die unverdiente Freiheit, als daß ich durch Bestrafung Gott beleidige“ [76]. Die grausame Strafpraxis erscheint hier als Sünde vor Gott, wie auch Odilia die Strafe eines unfreien Mörders mildert [77].

Der Heilige, das zeigen diese wenigen Beispiele, die sich vermehren ließen, erscheint als derjenige, der fähig ist, sein Handeln nicht von den Zwängen der sozialen Struktur bestimmen zu lassen. Er vollzieht in seinem Leben etwas von der befreienden Botschaft des Evangeliums. Voraussetzung und Mitte dieser struktur-überwindenden Haltung ist die „conversio“, die Hinwendung zu Gott und dem Nächsten. Sie kann sich verschieden vollziehen, in einem bereits in der Jugend getroffenen Entschluß oder nach weltlichem Leben. Häufig, fast überwiegend verbunden mit dem Eintritt in eine geistliche Gemeinschaft. Mönchische Gemeinschaft mußte dabei in ihrer brüderlichen Solidarität etwas von der neuen Gesellschaft aus christlichem Geist verwirklichen, und keine andere gesellschaftliche Gruppe ist ja auch derart intensiv von einer Reflexion über ihr Wollen, von Vorstellung und Planen geprägt, wie die Gemeinschaft der verschiedenen Orden, die in reicher Vielfalt das christianisierte Europa überziehen und von denen aus Mission erfolgt. Ihre Gründer suchen ja überlegt und bewußt ihre Kommunität als „coenobium“, als Gemeinschaft der „perfectio“ des christlichen Lebens zu formen, die Regel (regula coenobialis bei Columban), die sich zuerst in bunter Individualität entfaltet, dann in immer stärkerer Ausschließlichkeit auf die Regula Benedikts verdichtet, ist verpflichtender Ausdruck dieser Überlegung [78].

Sicher, in den Forderungen der „perfectio“ gibt es Unterschiede, gegenüber den strengen Formen des eremitischen Mönchtums der Spätantike sind die Lebensgewohnheiten der Adelsklöster merovingischer und karolingischer Zeit eher weltlich zu nennen, der Gehorsam wird bei Columban ungleich schärfer gefordert und bei Nichtübertretung geahndet als bei Benedikt, obwohl auch bei ihm die „oboedientia“ wenig Raum läßt. Aber im Ganzen kann man doch bestimmte Grundlinien sozialen Verhaltens markieren. Sie müssen sich auch erkennen lassen, ist doch das Vorbild aller Regel das Evangelium selbst, auf das man sich immer wieder beruft und das zitiert wird. Das Leben, das sich in diesem steten Rekurs auf das Evangelium bildet, unterscheidet sich bereits durch seine Grundregeln von der „vita laicalis“. Denn Ehelosigkeit, Trennung der Geschlechter; Armut, Verzicht auf privates Eigentum; Gehorsam, Absage an eine Lebensgestaltung nach eigenem Ermessen, setzen die Voraussetzungen „normalen“ Lebens außer Kraft: Familie, Fortpflanzung, privaten Erwerb und Besitz, sie schaffen eine Gemeinschaft, in der teils urchristliches Vorbild direkt übernommen werden kann, teils das, was als evangelischer Rat überliefert ist, vor allem die Ehelosigkeit, nun gemeinsam verwirklicht werden soll. Unmittelbar übernommen kann die Eigentumslosigkeit werden (Caesarius: Sint vobis omnia communia), nach dem Vorbild Christi und der Jerusalemer Urgemeinde. Caesarius stellt Ananias und Saphira als warnendes Exempel seinen Nonnen vor (Regula ad Virgines). Über das urchristliche Exempel hinaus müssen die andern Pflichten nun gemeinsam realisiert werden, allen voran die „castitas" und das Einfügen in das „coenobium". Hierfür bietet die Schrift keine unmittelbaren Beispiele, hier müssen eigene Formen gefunden werden, zugleich eigene Sicherungen, um überhaupt eine den Engeln gleiche Gemeinschaft auf die Dauer zu erhalten. Von daher kommt es dann zur disziplinären Seite der Regeln mit ihren strengen Vorschriften des Gehorsams, den Strafen, die besonders in der Regel Columbans bis zu den merkwürdigsten Details gehen, dem Fallenlassen eines Gefäßes mit Chrisam, dem „sonus" während des Gebetes [79]). Dazu gehört die rigorose Einteilung des Tages in „labor manuum, lectio divina" (Regula S. Benedicti 48) und in oratio. Kurz eine eigene Welt, die sich nach außen abschirmt, die im Innern eigene soziale Spielregeln praktizieren kann, deren eigentliche Klammer die „oboedientia" darstellt. In ihr können, zumindest der Regel nach, soziale Privilegierungen fallen. Benedikt sagt ja in Regel 18, daß dem Sklaven der Freie nicht vorgezogen werden soll, und bringt gleich darauf (20) das Pauluswort: Ob Sklave oder Freier, in Christus sind wir alle eins. Die klösterliche Gemeinde also ein Ort, an dem die soziale Struktur vergessen werden soll und nur die Brüderlichkeit das Verhalten lenkt. Sie kann, wenn in der Praxis diese Brüderlichkeit gelebt wird, als lebendiger Widerspruch zur Außenwelt, als stete Mahnung und Anregung, als Ferment der Gesellschaft empfunden werden. Vor allem wenn man bedenkt, daß nun in stetem Ansteigen sich die Zahl der Klöster mehrt, nach Courtois kann man allein für Gallien Ende des 6. Jahrhunderts mit etwa 200 Klöstern rechnen [80]). Nimmt man das weite Netz der Gründungen in den andern Ländern hinzu, dann haben wir ein äußerst wirksames „weitgespanntes Kommunikationssystem", das Gesellschaft bildet und befruchtet [81]).

Damit ist die Frage nach der sozialen Effizienz des Mönchtums gestellt; sie reicht über unsere Thematik hinaus, kann aber auch nicht einfach übergangen werden. Übertragbar auf die Gesellschaft ist die Konzeption des „coenobium" sicher nicht, aber motivierend und herausfordernd konnte sie sein, vor allem dort, wo sich soziale und wirtschaftliche Korrekturen anboten. Freilich, gerade hier war eine Sozialwirkung gehemmt. Das Beseitigen von Klassenunterschieden in der klösterlichen Gemeinschaft konnte nur dort zum Tragen kommen, wo nicht die Privilegierungen der Gesellschaft übermächtig sich bemerkbar machten und das Klosterleben bestimmten. Hier erweist jedoch die Feudalisierung vieler Klöster, die häufig schon von ihrer Gründung und wirtschaftlichen Ausstattung her dem Adel verbunden waren, wie intensiv die „coenobia" in den Sog der sozialen Strukturen gerieten [82]). Wenn man auch nicht von einer „Selbstheiligung" des Adels in den Klöstern und ihren beispielhaften Figuren als einer durchgängigen Erscheinung sprechen kann, so zeigt die Gesellschaftsgeschichte dieser frühen Zeit, daß ein Wandel des gesellschaftlichen Gefüges vom Mönchtum weder angestrebt noch realisiert wurde. Die soziale Wirkung des Mönchtums vollzieht sich sehr differenziert und von Gelegenheit zu Gelegenheit anders, sie äußert sich in der Wohltätigkeit, in der Friedenssicherung in einer gewalttätigen Umwelt, in der Bildung, den „litterae" und der Schule, im Beitrag also zur Humanisierung. Daß ein struktureller Wandel nicht angestrebt werden konnte, ergibt sich schon aus der Tatsache daß die Klöster in ihren Gutsherrschaften die bestehenden Strukturen übernahmen, also auch die Unfreiheit und Minderfreiheit in Anspruch hielten und praktizierten. Und was das Prinzip des „alles allen gemeinsam" angeht, so hatte die paupertas ihre Grenze schon am wachsenden Besitz, der großen crux der mittelalterlichen Klöster, der schließlich zu großen, über das Land verstreuten Herrschaften führte und die Klöster in der wirtschaftlichen Rangordnung eindeutig auf die Seite des großen Besitzes brachte. Das Gebot des Almosens, die Sorge für den Fremden und Bedürftigen erinnerte freilich an die soziale Verpflichtung des Eigentums und ließ die Klöster, wo dieses Gebot praktiziert wurde, zu Inseln sozialer Brüderlichkeit werden.

Eigene Bedeutung für die Stellung der Frau gewinnt im Rahmen des Mönchtums das Nonnenkloster. Gegenüber früheren Frauengemeinschaften kultischer Art in der Antike stellt es in seinem Zustandekommen durch freiwilligen Eintritt, Lebensweise der Insassen, Leitung etwas Neues dar. Es gewährt der Frau Bildungsmöglichkeit, „omnes literas discant" sagt Caesarius, aber sich nicht mit Fabeln beschäftigen (non se fabulis occupent: Regula ad Virgines, 18, 19) [83]). Das bedeutet keinen Ausschluß der antiken Literatur, die ja keineswegs nur aus Mythologie und ihrer dichterischen Variation besteht, denn alles soll gelesen werden, was zur Erbauung und zum seelischen Nutzen beiträgt. Wenn auch in den Regeln keine Überlegungen über die besondere soziale Funktion einer Schwesterngemeinschaft angestellt sind, so verrät doch das Reglement des Klosterlebens die typischen Züge einer Frauengemeinschaft. Lectio, Gebet und Arbeit, die vor allem zur kunstgewerblichen Textilarbeit führen sollte, die steten Ermahnungen zum gegenseitigen Frieden und Warnung vor Gezänk, die Angst vor der Begegnung mit Männern. Gerade hier zeigt die strenge Abschirmung, daß das Ideal der Jungfräulichkeit nur mit rigoroser Isolierung durchzuhalten war, wie auch die Kontinuität der Gemeinschaft die für ein Leben geltende Zugehörigkeit mit einschloß: Wer einmal die „conversio" vollzogen hat „usque ad mortem suam de monasterio non egrediatur, nec de basilica, ubi ostium esse videtur" [84]). Nur mit Hilfe des ewigen Gelübdes war der Bestand gesichert, wobei gerade diese disziplinäre Rigorosität die Frage nach der Konformität mit dem Evangelium aufwirft. Schwerste Bedenken erheben sich auch, wenn man erfährt, daß auch bereits Kinder von 6—7 Jahren an aufgenommen werden können [85]).

Gregor I.

Von den Mönchen kommt, in der Regula Benedicti geformt ist der Römer Gregor, als Papst Gregor I. Neben Augustin einer der großen Lehrer der kommenden Jahrhunderte, Zeuge seiner Epoche zwischen Byzanz und Germanen, im Spektrum der sozialen Reflexion hat seine Stimme besonderes Gewicht. Praefekt von Rom erlebt er selbst die „conversio" und gründet im Stil eines „potens" auf dem Celio sein Kloster, bringt also in seine geistliche Laufbahn eine erfüllte Erfahrung des städtischen Alltags mit. Was seine Aussagen zu menschlichem Zusammenleben zuerst auszeichnet, ist der Einklang von Theorie und Praxis, beide von ungewöhnlicher Wirkung. Man kann diesen Einklang auf eine elementare Sicht der conditio humana hin verdichten: Der Mensch eingefügt in vom Gesetz gegebene Normen erfüllt seine soziale Bestimmung, wenn er wie Hiob „simplex et rectus" in allen Widerwärtigkeiten nicht vom Weg der Einsicht und des auf Gott bezogenen Handelns abweicht. Eine theologisch bestimmte Lehre, Sozialtheologie. Damit ist bereits angesprochen, daß er keine weltliche Soziallehre entwickelt, dennoch läßt sich im Hintergrund seiner Schriften eine bestimmte Vorstellung menschlicher Gesellschaft ausmachen.

Grundlegend ist der Riesenkommentar zu dem Buch Hiob, die sogenannten Moralia, dann die Homilien und die Regula pastoralis. Dazu kommen die zahlreichen Briefe seiner ausgedehnten Verwaltung des Patrimonium Petri und die Korrespondenz, also die Praxis. Job, der

Heide außerhalb des geoffenbarten Gesetzes (homo sine lege), der Mensch inmitten der Trübsal, der Freunde und der Familie, ist denen, die im geoffenbarten Gesetz leben, zur Lehre vorgestellt, mitten unter sie (Mor. Praef. 5). Gregor deutet vorwiegend allegorisch-mystisch, Job wird zur „figura", zum Vorbild Christi, aber der Ausgang für das heilstypische Geschehen ist doch die gegebene soziale und historische Situation. So können sich mitten in der Allegorie gesellschaftliche Grundlehren ansammeln: Vor allem die, daß der Mensch von Natur aus gleich ist, also die Position der Väter, aber er kann nicht politisch und sozial „gleich sein" (aeque stare) (Regula past. II, 6), daher wird der eine vom andern gelenkt. Diese Ungleichheit entstammt der Ordnung der Verdienste (meritorum ordine), sie ist Folge der Sünde [86]). Die Herleitung der gestuften Gesellschaft als Sündenfolge ist Vätergut (vgl. S. 35), was soll aber die Ordnung der Verdienste? Hat der Lenkende mehr Verdienst und woher hat er ihn? Der göttlichen Anordnung wird ein Motiv angefügt, das den Verdacht aufkommen läßt, als solle in der Rangordnung des Befehlens und Gehorchens auf Seite der Befehlenden auch ein persönlicher „Verdienst" vorwalten. Da sich Gregor über den „varians meritorum ordo" nicht näher ausläßt, muß es beim Verdacht bleiben.

Sicher ist, daß Gesellschaft auf der Grundsituation von Vorordnung und Unterordnung basiert, das gilt für Welt und Kirche. Auf der Seite der Unterordnung bedeutet das Gehorsam (oboedientia), er ist eingebettet in das Verhaltensmuster der „humilitas", der Niedrigkeit, des Gering-Seins. Humilitas ist geradezu die „Mutter der Tugenden" (Mor. 34, c. 51), gilt also für Vorgesetzte und Untergebene. Beim Vorgesetzten ist sie innere Auszeichnung, beim Untergebenen verbindet sich die Tugend mit der sozialen Position. Daraus ergeben sich Folgen für soziale Krisen. Bezeichnend zwei Aussagen: Bei Unrecht eines Herrn ergehen sich die rohen, unerfahrenen Völker in lautes Protestieren, die „Vollkommenen" dagegen, die ein kontrolliertes Leben führen, sie „bedauern und schweigen" [87]). Aufbegehren und Schweigen, daß damit mehr als eine Schilderung eines Zustandes gemeint ist, zeigt sein Tadel über die „superbia" der Untergebenen. Sie zeigt sich im Räsonnieren über Anordnungen, in der Widersetzlichkeit, die zudem noch als „Recht der Freiheit" (rectitudo libertatis) firmiert werde. Man redet in ungeduldiger Überheblichkeit, für die man das Recht auf das freie Wort in Anspruch nehme [88]). Damit sind Konfliktsituationen bereits im Keime entschärft und auf die einfache Lösung der „humilitas" gebracht, im Falle offenen Unrechts auf schweigendes Hinnehmen reduziert. Gewiß, Gregor vertritt ein Anliegen und hat Recht, wenn er für Wahrung der sozialen Ordnung eintritt, aber der Appell an das „sich erniedrigende Schweigen" inmitten einer auf Privilegierung etablierten Gesellschaft und deren ständigem Machtmißbrauch , den auch er beklagt, führt notwendig zu einer Verfestigung des Systems und erstickt zwangsläufig Motivationen eines sozialen Wandels. Das ist der Preis, man sollte es nicht übersehen, für die Wahrung der Ordnung in einer chaotischen Welt, der Gregor zweifellos vorbildlich gedient hat.

Im Kontext brandmarkt Gregor den Anspruch einiger auf „die Freiheit recht zu haben (libertas rectitudinis)" als Zeichen „ungeduldiger Überheblichkeit". [88a]) Das erweist, daß es offenbar hier eine Diskussion über Freiheitsrechte gibt. Einen Erweis, den wir leider nicht näher ausgebreitet bekommen, der aber dennoch aufschlußreich genug ist, um ihn — gerade angesichts der kommenden Epoche — festzuhalten. Sie verläuft unter dem Stichwort von „praeceptum" und „oboedientia", von Anordnung und Gehorsam, aber daneben gibt es eben den Widerstand, den ungesetzlichen und aufrührerischen, aber eben auch den, der für sich die

„rechte Gesinnung der Freiheit", die „rectitudo libertatis" in Anspruch nimmt und möglicherweise auch in Anspruch nehmen darf. Für die Thematik der sozialen Reflexion ist das interessant genug.

Was die auf Wahrung der bestehenden Ordnung bedachte Argumentation Gregors nun trotz ihrer Grenzen und Schwächen auszeichnet, ist das Bemühen, die Gewichte zu verteilen. Der „humilitas" und „oboedientia" der Untergebenen entsprechen die Forderungen an die Vorgesetzten. „Alle, die vorstehen, sollen in sich nicht ihren Stand der Gewalt, sondern die Gleichheit der menschlichen conditio bedenken" (Reg. past. 6). Nicht Schrecken und Furcht soll das Regiment auszeichnen, widernatürlich ist das Bestreben, das auf Furcht zielt. Die „humilitas" gilt, wie wir sahen, auch für den Herrn. Er soll seine Freude nicht an seinem Rang haben, sondern am Nutzen, den er schafft: „Sie sollen sich nicht freuen den Menschen vorzustehen, sondern ihnen zu nützen". In aller Schärfe lehnt er jede Arroganz und Überheblichkeit ab, das gilt auch für die Kirche. Seine Attake gegen Kleriker, die zu Wölfen werden, läßt an Deutlichkeit nicht zu wünschen [89]). Eine Sozietät der nach dem jeweiligen Stand gewichteten gegenseitigen Verantwortung, in der nicht das Habenwollen regiert, dahin zielt Gregors soziale Konzeption. Sie findet ihre Erfüllung im Bild der „neuen Kreatur". Gegenüber dem „alten Menschen", der eigensüchtig nur am Vergänglichen hängt, den Nächsten schädigt, nach Besitz giert, den Bedürftigen übersieht, entsteht ein Bild, in dem neben den geistlichen Tugenden der Weltverachtung, der Jenseitsorientierung nun gerade soziale Muster erscheinen: Nächstenliebe, Geduld bei Schmähung, Wohltat, das Teilen mit dem Bedürftigen, keine Benachteiligung des Andern, Feindesliebe, Mitgefühl, „das ist die neue Kreatur" [90]). Vor dem Horizont der Eschatologie, mit der die „Moralia" enden, gerät diese Vision der „nova creatura" in jene Perspektive, in der Christus den Leviathan bändigt (Mor. 33, 10).

Die sozialtheologische Konzeption trägt auch die Aussagen der hierarchischen Praxis. Grundlegend die jeweils vorauszusetzende Anerkennung der bestehenden Sozialordnung, also Freiheit-Unfreiheit, der Versuch, Härten dieser Ordnung auszugleichen, ohne das System als solches zu beseitigen. Geflohene Kirchensklaven sollen zurückerstattet werden, andererseits werden in Sklaverei geratene Römer freigekauft, oder flüchtige Judensklaven in Kirchenschutz genommen. Unfreie sollen nicht durch Heirat in eine andere Herrschaft geraten, damit nicht „utilitas ecclesiae" verletzt wird (Ep. IX, 128) [91]).

Die besondere Sorge gilt den schutzbedürftigen niederen Schichten (minores, pauperes) [92]). Er wendet sich gegen Unterdrückung, schärft das Asylrecht ein, die Gutsverwalter in Gallien werden ermahnt, so zu wirtschaften, daß die Untergebenen sehen, „daß sie gut handeln, damit diejenigen sie anerkennen, denen eben diese dienen" [93]). Er will vermeiden, daß „de causis pauperum" vor Gericht mit all dem öffentlichen Lärm gestritten werde. Er setzt sich für den Schutz einer Witwe ein [94]). Ein im Ganzen doch eindrucksvolles Bild. Die tragende Überzeugung, „recht zu handeln", überschreitet zwar nicht die im sozialen System gezogenen Grenzen, sie weiß sich jedoch verpflichtet, innerhalb der Strukturen Unrecht und Mißbrauch zu beseitigen. Die in dieser Überzeugung waltende Konzeption der Herrschaft hilft, „Herrschaft von Menschen über Menschen" zu humanisieren, indem der Herrschende aufgefordert wird, seine „potestas ordinis", die standesgemäße Gewalt, in ein stetes Nachdenken (pensare) über die gemeinsame „aequalitas conditionis", die den Menschen gemeinsame Ausgangslage, einzubinden und seine Herrschaftspraxis an der allen gemeinsamen „conditio humana" zu messen [95]). Daß sich schließlich Gregor engagiert für die Befreiung christlicher Judensklaven einsetzt, erweist, daß es doch Möglichkeiten gab, in das starre Gefüge der Unfreiheit einzubrechen. Bedingung war freilich, daß die Schubkraft entsprechender Vorstellungen am Werk war und daß die Gesellschaft den Vorrang solcher Vorstellungen anerkannte. Bei Gregor ist es die Vorstellung: „Was sind denn die Christen anders als die Glieder Christi?“ [96]). Der Christ soll nicht in der Gewalt des Juden sein. Es war kein Angriff auf die Unfreiheit als solche, die Institution in Ausübung der Christen gegenüber Christen blieb unberührt, der christliche Unfreie unter einem christlichen Herrn konnte sich daraus nichts erhoffen. Daher war hier auch kein gesellschaftlicher Wandel signalisiert.

2.6 Panorama der Gesellschaft: Isidor von Sevilla.

Wie weit man Gesellschaft, im Umfang und in Einzelheiten, erfassen kann, wie sie ein gebildeter Betrachter des 7. Jahrhunderts zu analysieren vermag, dafür ist Isidor von Sevilla der beste Zeuge. Auch er über Jahrhunderte hinweg einflußreich, seine „Etymologiarum libri“ bleiben lange eine unentbehrliche Fundquelle, sicher auch für soziale Fragen. Eingebettet in eine Enzyklopädie des gesamten Wissens der Zeit: Sprache, Rhetorik, Dialektik (Trivium), der Fächer des Quadrivium, der Medizin, der Zeiten, einem Abriß der Lehre von Gott und über die Kirche erscheinen im 9. Buch die Sprachen, Völker, Reiche, das Heer, die Bürger, die verwandtschaftlichen Bindungen [97]). Ein Panorama der „humana societas“ (Etym. IX, 1). Die Kirche mit ihren sozialen Gruppen, den kirchlichen Diensten und dem Volk der Laien (laos) erscheinen in dieser Schilderung der „humana societas“ nicht, sie sind vorweggenommen (Etym. VII/VIII). Sie ist eine eigene Gemeinschaft, das Volk Gottes, das alle und alles umgreift. Bei ihr werden auch die verschiedenen Sekten aufgeführt. Die Gegenkirche.

Grundlage der Gliederung der „humana societas“ ist ihm, nach der biblischen Erzählung vom Turm zu Babel, die Sprache (IX, 1: „in diversos signorum sonos humanam divideret societatem“), also das rationale Element. „Völker bilden sich durch Sprachen, nicht die Sprachen aus Völkern“ (Etym. IX, 1). Für Volk steht bei Isidor das Wort „gens“, das ja zugleich Stamm bedeutet, wird dann (c. 2) biologisch als von einem Ursprung aus definiert: „ab uno principio orta“, darin ist sie von andern Gruppierungen (collectio) unterschieden (Etym. IX, 2). Die Völkertafel ist zunächst alttestamentlich nach den Söhnen Noahs bestimmt, es schließen sich antike Beschreibungen an, in denen auch die „Germanen“ (Germaniae gentes) aufgeführt werden, ihnen wird eine riesige Körpergröße zugesprochen. Das rauhe Klima härtet sie ab, „von wildem Geist sind sie immer ungezähmt“.

Die politische Gliederung nach den Königreichen (regna) ist verbunden mit dem aufzählenden Beschreiben der militärischen Ämter (militiae vocabula), beginnend mit dem „imperator“, später folgen der „dux“ und schließlich die römische Heeresordnung. Sie prägt ja gerade auch die in der Zeit Isidors noch lebendige spätrömische Staatlichkeit. Erst danach folgt (Etym. IX, 4) eine eigene Beschreibung der bürgerlichen Gemeinschaft (de civibus). Bürger sind die „im Zusammenleben ihr Leben schöner und sicherer machen wollen“: „unum coeuntes, ut vita communis et ornatior fiat et tutior“. Lebenserhaltung und Lebenssteigerung als staats- und gemeinschaftsbildendes Motiv, die aristotelische Definition vom „politikon zoon“ erscheint nicht. Für die Definition von Volk verbindet er die ciceronianische Definition als Rechtsgemeinschaft mit Teilen der augustinischen Definition, sie lautet: „Populus est coetus humanae multitudinis iuris consensu et concordi communione sociatus“ (Et. IX, 4) [98]). Man sieht, wie Elemente der Tradition synkretistisch assoziiert werden. Volk ist grundsätzlich in Klassen

(Stände) geteilt in die „seniores civitatis" und die „plebs" (vulgus), die „minores". Diese bilden die Mehrheit[99]). Ein getreues Bild der auf Privilegierungen basierenden Gesellschaft. Die „seniores" bilden den Senat mit seinen verschiedenen Rängen, in denen die zeitgenössische Terminologie erscheint: „illustres", diesen Titel findet man bei den Herrschern, „spectabiles, clarissimi". Neben den altrömischen Magistraten erscheinen auch die „proceres" als die „principes civitatis" (Et. IX, 4). In ihnen haben wir nicht nur die Vertreter der spätrömischen Stadtaristokratie, sondern auch den germanisch-gotischen Schwertadel zu sehen, der nicht mit eigenen Bezeichnungen erscheint. Dagegen begegnen wir der spätrömischen urbanen Administration, den „municipales, curiales, decuriones", die „defensores" als Rechtsvertreter der „plebs" werden kritisiert, sie seien eher Verderber (eversores) als Verteidiger (Et. IX, 4, 18).

Ein buntes Bild der späten provinzialrömischen Gesellschaft, die auch unter den Goten weiterlebt, mit den Einwohnern der „burgi", Grenzsiedlungen (per limites habitacula), den für Lohn Arbeitenden, den Steuereinnehmern und der schmutzigsten Art von Menschen, den „collegiati", alle von unbekannter Herkunft. Dann die Gutsherrschaft mit den Verwaltern (villicus), den Kolonen. Sie erscheinen als Pächter, teils Römer, Siedler (coloni Latini), Wehrsiedler (auxiliares?) und private Pächter. Daß es in der Bevölkerung Wanderbewegung gibt, sieht man an den „inquilini", die für bestimmte Zeit an fremdem Ort wohnen, während die „advenae", dauernd am neuen Platz bleiben. Schließlich die große Welt der Knechte und Unfreien: Die Sklaven, Mägde, die „mancipia", ferner die „famuli", Leute die aus der „familia" geboren werden. Eine Begründung der Unfreiheit liefert Isidor im Moraltraktat seiner „Sententiae", sie ist ganz und in bedenklicher Weise religiös intendiert: Gott gibt, in der Folge des Sündenfalls aus größerem Mitleid denen die Knechtschaft, denen in seiner Sicht die Freiheit nicht zuträglich ist. Diese Regel wird auch durch die von der Erbsünde befreiende Taufe nicht beseitigt: „damit durch die Gewalt der Herren die Neigung der Sklaven schlecht zu handeln im Zaum gehalten wird. Denn wenn alle ohne Furcht lebten, wer könnte dann jemand vom Schlechten zurückhalten?" [100]). Sklaverei als Sündenfolge, der sich der Einzelne zu fügen hat, damit wird die tradierte heilsgeschichtliche Deutung endgültig bekräftigt.

Die Passage über die „servitus" findet sich im Zusammenhang einer Betrachtung der kirchlichen und weltlichen Vorsteherschaft. In ihr findet sich der Satz, daß der Untergebene, die „plebs" nicht berechtigt sei, über einen „inordinatus rector", den pflichtvergessenen Leiter zu urteilen, „denn die Völker sollten erkennen, daß sie ob ihres verkehrten Strebens (perversi meriti) den Pontifex erhalten hätten" (Sent. III, 39). „Denn Gott gibt entsprechend dem Verdienst der Untergebenen das Leben der Vorgesetzten". Mag sich der Kontext auf den geistlichen Leiter beziehen, so ist die Tendenz doch unverkennbar, eine allgemeinere Regel aufzustellen. David erscheint als Beispiel dafür, daß die Fürsten „nach dem Verdienst der Untergebenen (ex merito plebis) ihre Pflicht verletzen". In jedem Abhängigkeitsverhältnis offenbart sich Schuld des Abhängigen einschließlich der Schuld am Versagen des Vorgesetzten. Es nimmt nicht wunder, daß der Untergebene dann auch kein Urteil über den Vorgesetzten beanspruchen kann. In einer solchen Perspektive gibt es keinen Raum für eine kritische Kontrollfunktion der Gesellschaft.

Ein Gleichgewicht sucht Isidor herzustellen, indem er ein strenges Ideal des Vorgesetzten erstellt (Sent. III, 48ff). Er soll recht handeln, dem Übel keine Gelegenheit verschaffen, Gerechtigkeit üben, geduldig bleiben und sich an die Gesetze gebunden wissen. Isidor sieht den princeps „intra ecclesiam", die politische Gewalt operiert im Raum der Kirche, ist in die

Heilsordnung integriert. Eine Sicht, die noch ihre Entfaltung in der politischen Theologie und Philosophie gewinnen sollte. Daher ist der Fürst auch gegenüber der Kirche besonders in die Pflicht genommen. Entschieden wendet sich Isidor gegen ungerechte Richter, ein Mißstand, der offenbar der Zeit endemisch ist, man denke an Salvian. Bestechlichkeit scheint zudem ein vorherrschendes Übel zu sein, sie wird durch die vielen falschen Zeugen — offenbar ein Zeitübel — noch verschlimmert. Dazu kommt die Unterdrückung der „pauperes", Isidor widmet ihr ein eigenes Kapitel (Sent. III, 57). Allerdings weiß er auch hier keinen anderen Rat, als den raschen Hinweis auf Gottes Wille, der auch das Handeln der Böswilligen erlaubt und dies zugleich zum „Nutzen der Gerechten" wendet. Auch hier werden die Grenzen dieser Sozialtheologie deutlich. So sehr ihr pastorales Anliegen berechtigt sein mag, sie ist nicht fähig, ein Instrumentar eigener sozialer Aktivitäten zu entwickeln, mit denen sich die Gesellschaft der Untergebenen (subditi) in einer von einer privilegierten Oberschicht beherrschten Umwelt verteidigen kann. Der Untergebene, die „plebs" ist auf das Vertrauen in eine höhere Gerechtigkeit und in den guten Willen der „maiores" angewiesen.

Vor allen politischen, herrschaftlichen Bindungen und über sie hinaus ist für die Gesellschaft dieser frühen Zeit jedoch ein Netz anderer Bindungen wesentlich und charakteristisch. Es ist naturgegeben und entwickelt sich aus der Familie: Die „affinitas", die Verwandtschaft. Isidor gibt ihr, ihren Rängen, den Verwandtschaftsgraden bis zum 6. Glied (tritavus) weiten Raum. Die Berechnung der Grade ist wichtig für die Eheschließung, da die Kirche häufige Verwandtenehen einzudämmen und zu verbieten sucht [101]). Relevant ist sie für die Erbschaft, dieses Motiv leitet auch Isidors Betrachtung ein. Das Ganze erweist die Intensität und Stärke der Sippe, die ja auch rechtlich immer wieder zum Einfluß kommt. Der Einzelne wird durch die Sippe getragen, denkt in ihr und wird auch von ihr in Schranken gehalten. Freilich nur für die Schichten, die eine gesetzlich anerkannte Ehe eingehen und damit eine „familia" gründen können. Der Unfreie kann nicht zum „Pater familias" werden, wenn seine Bindung nur ein „contubernium", eine Schlafgemeinschaft, darstellt. Aber selbst in die gesetzlich anerkannte Ehe bricht die Ständegesellschaft ein: „Matrimonium ist die rechte Übereinkunft und Situation der Adligen" heißt es in den Etymologien Isidors (IX, 7). „Conjugium" ist die Verbindung gesetzlich anerkannter Personen (legitimarum personarum), „contubernium" ist eine Verbindung auf Zeit (ad tempus). Solange der Minderberechtigte nicht eine anerkannte Ehe schließen kann, darüber war schon die Rede, bleibt er auch von all den Vorteilen der Sippengemeinschaft und des Familienrechtes ausgeschlossen. Hier erscheint ein zentrales Problem der frühmittelalterlichen Gesellschaft: Wie steht es mit der Sklavenehe, die nicht ausdrücklich legitimiert ist, nun in einer christlichen Umgebung? Kann die Kirche zusehen, daß in einer weiten Schicht, Verbindungen zwischen Mann und Frau, die sich naturnotwendig einstellen, nur unter dem Stichwort der „Schlafgemeinschaft" existieren? Sicher liegt es Isidor fern, einen derartigen Zustand sozialethisch zu legitimieren, und man wird aus der Passage der Etymologien noch keine endgültige theologische Aussage herleiten können. Dennoch bleibt ein Widerspruch zwischen rechtlicher, sozialer Deskription und moraltheologischer Einordnung dieser Situation bestehen. Er deckt sich mit den Antinomien zwischen dem Anspruch christlicher Ethik und den realen Verhältnissen.

Anmerkungen Kapitel II: Von den Kirchenvätern zur karolingischen Soziallehre

[1]) Cod. Theodos. XVI, tit. V De haereticis c. 1 (Constantin 326): „Privilegia, quae contemplatione religionis indulta sunt, catholicae tantum legis observatoribus prodesse oportet. — Ferner: Cod. Theod. XVI, tit. X, de paganis.

[2]) Cod. Theodos. XVI, tit. X, c. 19: „Episcopis quoque locorum haec ipsa prohibendi ecclesiasticae manus tribuimus facultatem". Gemeint ist die Verhinderung heidnischer Zusammenkünfte (convivia) und Riten.

[3]) Vgl. meine Darstellung in: Regimen christianum, 113ff. — und meinen Beitrag: L'epoca imperiale da Carlo Magno alla riforma gregoriana, in: Chiese nelle società, Cronache teologiche 4, 1981 Torino, besonders 65ff.

2.1 — 2.6

[1]) Augustinus, De ordine, PL 32, 977ff. — Übersetzt von C. J. Perl, Paderborn 1947. — L. Manz, Der Ordo-Gedanke, Diss. Heidelberg, 1936, 18ff.

[2]) Verg. Übers. von Perl S. 48.

[3]) Perl S. 58.

[4]) Manz (vgl. Anm. 1) 22f.

[5]) Theodoret von Cyrene ad 1 Kor. 7, 21, PG 82, 280 erwähnt, man solle nicht Sklaven unter dem Vorwand der Gottesverehrung (profasei theosebeias) zur Flucht auffordern. Das bezieht sich auf die Eusthatianer, die sich derart äußerten. Vgl. hierzu Vittinghoff in: Der kleine Pauly, Realenzyklop. Antike, Artikel Sklaverei, V, 231ff.

[6]) Augustinus De civ. Dei, XIX 15. — Der Terminus „iniquitas" hat seine Geschichte. In Luk. 16, 9 steht das Wort: Macht Euch Freunde mit dem Mammon der Ungerechtigkeit (adikia). Zitiert bei Clemens von Alexandrien im: Liber quis dives salvetur, PG 9, 657. Adikia wird übersetzt mit iniquitas. — Auch in den Pseudoclementinen findet sich der Terminus: Pseudo Clement. Recogn. X, V. PG 1, 1422: „sed per iniquitatem alius hoc suum dicit esse, et alius illud, et sic inter mortales divisio facta est".

[7]) Augustinus De civ. Dei II, 21 erörtert bereits ausführlich die Frage nach der Definition der res publica und des populus. XIX, 23, 5 nimmt er das Thema wieder auf. Volk im Sinn der Definition einer Rechtsgemeinschaft kann nur sein, wo die „vera iustitia" waltet. Sie waltet nur dort, wo „secundum suam gratiam civitati obedienti Deus imperet unus et summus". Der wahren Gerechtigkeit entspricht das wahre Volk der Gerechten, die aus dem Glauben leben und in Liebe handeln.

[8]) Augustinus De civ. Dei, II, 21: „Vera autem iustitia non est, nisi in ea republica, cuius conditor rectorque Christus est". Zur Nachwirkung dieses Satzes in der ekklesiarchen Doktrin vgl. Kölmel, Regimen christianum 297f.

[9]) Theodoret, PG 82, 280. A. Schlatter, Paulus, der Bote Jesu, 1962, 3 231ff. — E. Facher, Theol. Handkommentar VII, 1, Berlin 1975, 190. — R. Storr, Die Hl. Schrift des Alten und Neuen Bundes, Wiesbaden 1935.

[10]) Hirte des Hermas, Visio 3, 6, 6, F. X. Funk, Patres aport. I. — Cyprian, De operibus et Eleemosynis, c. 13, PL 4, 610. — Commodianus, Instructiones, PL, 5, 223f, c. 29, 30. über die „divites". — Pöhlmann II, 474f. — I. Seipel, Die wirtschaftsethischen Lehren der Kirchenväter, Wien 1907, 84ff.

[11]) Tertullian, De patientia, PL 1, 1260. — Ad uxorem 2, 8, PL 1, 1302.

[12]) Gregor von Nyssa, Kata ton tokizonton, PG 46, 437f: „Segnis et insatiabilis est vita usurarii" (In Übersetzung). — Gregor von Nazianz, Oratio XVI, PG 35, 957f: — Der Reiche als Ausbeuter, der sich durch Betrug oder Gewalt Land usurpiert, Haus an Haus reiht. — Zum Zins vgl. I. Seipel, Wirtschaftsethische Lehren, 162ff und die Artikel „Zins" von Hilgenreiner in Lex. f. Theol. u. Kirche X, 1938 und 1965 mit Literatur. — Basilius, in Ps. XIV, PG 29, 265f: apanthropias hyperbolen (maxima inhumanitas).

[13]) Basilius zu Luc. 12, 18ff: „Indem sie das Gemeinsame sich vorher aneignen, machen sie es durch Vorgriff zum Eigen". PG 31, 276. Seipel, 94. — Hieronymus, In Mich. II, 6 PL 24, 1213: omnes divitiae, dum alios spoliant, iniquitate pariuntur. — Ferner: Ep. 120, 1, 7. PL 22, 984.

[14]) Joh. Chrysostomus, In 1 Cor. Hom. XL, 5, PL 61, 353f: „periphereis andrapodon agelas" mit schönem Wortspiel, indem er dann an die eigenen zur Tätigkeit bestimmten Hände und Füße erinnert.

[15]) Pseudo-Clem. Recognitiones X, 5, PL 1, 1422. Mit dem „Graecorum quidam sapientissimus" ist Platon in seiner Politeia gemeint. Die Clementinen sind nach K. Baus (Lex. f. Theol. u. Kirche, VI, 334f). eine stark von gnostischem Gut durchsetzte Schrift des heterodoxen Judenchristentums ebionitischer Prägung. Zum Ganzen und zur Übersetzung: A. Bigelmair, Zur Frage des Sozialismus und Kommunismus im Christentum der ersten drei Jahrhunderte, in: Beiträge zur Geschichte des christlichen Altertums usw., Festgabe A. Ehrhard, Bonn 1922, 88f.

[16]) Constit. apost. 7, 12: „Gemeinsam sei alles mit deinem Bruder und du sollst nicht begehren, daß es eigen sei" Funk, Didascalia et constitutiones I, 400. — Barnabas, 19, 8 ähnlich, Funk Patres apost. I, 92. Seipel, Wirtschaftsethische Lehren 84ff.

[17]) Karpokrates und Epiphanes: Clemens von Alexandrien, Stromat III, 2, PG 8, 1103ff. — Irenaeus, adv. haer. I, 25, PG 7, 680ff. A. Bigelmair, Zur Frage des Sozialismus 91.

[18]) Clemens v. A., Quis dives salvetur (tis o zozomenos plousios), PG 9, 603ff. besonders c. 11, 613. — c. 31, 657f.

[19]) Gregor von Nazianz, Orat. 14, 26, PG 35, 892: „Alla su blepe moi ten proten isonomian" (Du, schaue auf die erste Gleichheit).

Basilius, Hom. in Luc. 12, 18, 7, PG 31, 276. — Seipel Wirtschaftsethische Lehren, 94.

[20]) Chrysostomus 12. Hom. in 1, Tim. PG 62, 563/564. L. Brentano, Die wirtschaftl. Lehren des christl. Altertums, Sitz. Ber. der k. bayer. Ak. der Wiss. phil. hist. Kl. 1902, 155f.

[21]) Chrysostomus In acta ap. 112, PG 60, 96ff. — Seipel, Wirtschaftseth. Lehren 102f. — Pöhlmann, Gesch. der soz. Frage und des Sozialismus II, 484ff und Brentano a. a. O. sprechen hier, je von ihrem Standpunkt, von Kommunismus bzw. Sozialismus. Seipel wendet sich zu Recht dagegen. Tatsächlich hat das Gemeineigentum, eben so wie die gemeinsame Besitzlosigkeit, als asketisches Ideal nichts mit Kommunsismus oder Sozialismus zu tun. Dafür fehlen die weltanschaulichen Voraussetzungen und vor allem wollen ja Kommunismus und Sozialismus nicht eine Abkehr vom irdischen Glückstreben, sondern im Gegenteil eine gesteigerte Hinwendung zu den sprudelnden Quellen einer in der eigentumslosen Gesellschaft möglichen Verfügung über den Reichtum der Erde.

[22]) Chrysostomus In acta apost. 11, 2, PG 60, 96: Ten anomalian ek mesou exaegagon. — In ep. 1 ad Cor. PG 61, 292. — Seipel, 108.

[23]) Chrysostomus In acta ap. 11, 2, PG 60, 97.

[24]) Basilius, Regulae fusius tract. resp—8, 3, PG 31. 910.

[25]) Augustinus, Sermo de vita et moribus clericorum suorum, 355, 356, PL 39, 1569, 1575f.

[26]) Eine typische Zweck- und Fehlinterpretation in der oben erwähnten Richtung liegt vor, wenn Pöhlmann II, 486 und L. Brentano (vgl. Anm. 20, 21) 156 Chrysostomus in I Tim PG 62, 563/564 als Kommunisten vorstellen. Sie übersetzen: „nos autem ne in minimis quidem communitatem servamus" (to koinon phylattomen) mit „wir aber beobachten diesen Kommunismus usw." und ebenso: „communia habere (echein koinos)" mit: „die andern Dinge in kommunistischer Weise zu besitzen".

[27]) K. Marx, Kritik des Gothaer Programms (1875).

[28]) Ambrosius, De officiis ministrorum, PL 16, 23ff. besonders im folgenden I, 28, PL 16, 61ff und III, 3, a. a. O. 149ff.

[29]) Eusebius, Vita Const. II, 61. Im Theater witzelt man über den Dogmenstreit.

[30]) Zusammenfassend zu Gesellschaft der Spätantike: F. G. Maier, Die Verwandlung der Mittelmeerwelt, Fischers Weltgesch. 1973, mit Bibliogr. — Zu Kirche und Gesellschaft: Kölmel, L'epoca imperiale in: Chiese nelle società, Turin 1980 44ff. — Als Quelle wichtig der Codex Theodosianus. — N. Brockmeyer, Soz. Geschichte der Antike, 1972.

[31]) Tacitus, Germania 7, 11, 13.

[32]) Zur Diskussion um „Adel": Artikel „Adel" in: Reallex. der germ. Altertumskunde, I, 58ff. — Wie man auch die führende Schicht benennen mag, so zeigt doch die Institution der Kleinkönige, ferner die Existenz „besonders edler Geschlechter" (Paulus Diakonus I, 14), daß es eine vererbbare Auszeichnung kraft Geburt gab.

[33]) Salvian, De gubernatione Dei MGHI, Auct. Antiquiss. I, Hier: VII, 1.

[34]) De gub. Dei IV, 3, S. 39.

[35]) Vgl. hierzu auch J. Badewien, Geschichtstheologie, 81ff.

[36]) Badewien S. 128 zu F. Paschoud, Roma aeterna, Courcelle, Histoire littéraire.

[37]) Unklar läßt Salvian, ob er die Curialen generell zu den divites et nobiles rechnet, oder in ihnen nur Helfershelfer der Ausbeuter sieht. V, 4 heißt es: „quot curiales fuerint, tot tyranni sunt. Quamquam forte hoc nomine gratulentur, quia potens et honoratus esse videtur". „Potens" ist der Terminus für die Führungsschicht, F. G. Maier, Die Verwandlung der Mittelmeerwelt 89f.

[38]) De gub. Dei V, 7ff bringt eine eindrucksvolle Schilderung der auseinanderklaffenden sozialen Situation: divites, potentes, fortiores auf der einen Seite, die humiliores, pauperes auf der andern. Herrschende Minorität und darbende Majorität.

[39]) De gub. Dei V, 4, S. 59: „Nemo itaque horum tutus est neque ulli admodum praeter summos a vastatione latrocinii populantis immunes, nisi qui ipsis latronibus pares".

[40]) De gub. Dei V, 6, 7.

[41]) De gub. Dei V, 8: schildert eindringlich diesen Prozeß des Verlustes der Freiheit. Zunächst der Verlust des Gutes dann die Aufgabe der Freiheit: „isti quia tueri amplius vel sedem vel dignitatem suorum natalium non queunt, iugo se inquilinae abiectionis addicunt". Sie verlieren nicht nur Besitz (facultas) sondern auch ihren Stand (condicio): „et rerum proprietate careant et ius liberatis amittant". Er gebraucht das Bild der Kirke: „qui intra fundos divitum

recipiuntur, quasi Circaei poculi transfiguratione mutantur". Wer in einen Gutsverband sich begibt, wird zum Unfreien: „quos esse constat ingenuos, vertuntur in servos". „Man braucht sich nicht zu wundern, wenn uns die Barbaren einnehmen, da wir die eigenen Brüder zu Gefangenen machen. „Nil ergo mirum est, quod vastationes sunt atque excidia civitatum".

42) De gub. Dei V, 5 spricht betont von den „honesti et nobiles et quibus Romanus status summo et splendori esse debuit et honori". Sie gehören offenbar zu den wenigen, die er von der Verderbnis ausnimmt (IV, 3: paucos excipio). IV, 4 wird dagegen pauschal die „dignitas sublimium" für die Ausbeutung der Städte verantwortlich gemacht, während später in der Anklage V, 7ff die „divites" herausgestellt werden. Sie, die neue Klasse der Reichen, scheint er für die Hauptverantwortlichen zu halten.

43) De gub. Dei V, 9: „domicilia atque agellos suos aut pervasionibus perdunt aut fugati ab exactoribus deserunt, quia tenere non possunt, fundos maiorum expetunt et coloni divitum fiunt".

44) Tötung des Sklaven gilt als homicidium. Kaser, Röm. Privatrecht, II, 1971, 126f. — H. Nehlsen, Sklavenrecht zwischen Antike u. Mittelalter S. 175, 272.

45) De gub. Dei V, 4. Salvian vergleicht die „conversatio" der Goten und Vandalen mit derjenigen der Römer: „omnes se fere barbari qui modo sunt unius gentis et regis, mutuo amant, omnes paene Romani se mutuo persequuntur. Quis enim civis non invidet civi? quis plenam vicino exhibet caritatem". Das ist der Eindruck, den die Gentilverfassung, die innere Geschlossenheit des Stammes, das Gefolgschaftswesen um den König auf den in der urbanen Isolierung und in der auf Unfreiheit basierenden gutsherrlichen Struktur lebenden Provinzialrömer macht und machen mußte.

46) Salvian Ep. IV und Badewien 15f.

47) Salvian, Ad ecclesiam IV. MGH AA I, 146.

48) Zu zeitgenössischen Stimmen: Badewien 167ff.

49) Laktanz, Div. Inst. V, 14. vgl. oben S.

50) Cassiodor: „servi qui personam legibus non habebant, Var. VI, 8, 1 und 2. Nehlsen, Sklavenrecht 128. — Lex. Sal. 10, 1. Dazu Nehlsen Sklavenrecht 206f.

51) MGH Cap. I, 20, 19. Verkauf vor Bischof und Graf als Zeugen, mit Verbot des Sklavenexports (foris marca).

52) Gregor von Tours, Hist. III, 11. Nehlsen 263. Verlinden, L'esclavage dans 1' Europe méd. I, 663ff.

53) Ed. Roth. 30, 51. Nehlsen, Sklavenrecht 269.

54) MGH Leg. Vis. 5, 5, 12. S. 274. Gegen die „presumptio crudelium dominorum" — In Leg. Vis. VI, 5, 13 wendet sich Egiga gegen König Ervig, der die Strafe bei Verstümmelung des Sklaven beseitigt habe. Es solle nicht das „imaginis Dei plasmationem" verletzt werden. — Nehlsen, 176.

55) Leg. Vis. 6, 5, 13. vgl. Anm. 54.

56) Ervig mildert die Strafe für die Tötung des eigenen Sklaven (Leg. Vis. 6, 5, 12). Egiga setzt den von Ervig beseitigten Schutz des Sklaven wieder in Kraft (invenimus hanc legem iniustissime editam iniuste abrasam).

57) MGH Leg. Vis. 2, 29; 2, 24. Nehlsen 170f. Totschlag an Freien und Flucht.

58) Tod und Notzucht: Ed. Theod. 63, 61. — Leg. Vis. 3, 2, 2,: Freie Frau und Sklave werden hingerichtet. — Bei Mord an Freien Leg. Sal. 35, 8: Übergabe an Sippe. — Leg. Sal. 25, 1: Notzucht eines Freien an Sklavin, er kommt mit Geldzahlung davon. — Leg. 69 bei Tötung eines Sklaven nur Versklavung.

59) Cod. Theod. 108—Nehlsen 141. — In Leg. Baiuv. VII, 3 verliert „minor persona" bei Incest die Freiheit. Über andere Stände wird nichts gesagt. — Die vornehmsten Familien (Leg. Baiuv. III, 1: Hose, Draza, Hahilinga, Anniona) haben doppelten „honor", doppelte „compositio". Zur Gliederung innerhalb der Freien, H. Brunner (Schwerin) Deutsch. Rechtsgeschichte I, 343ff.

60) Leg. Vis. 3, 2, 2. — Ed. Roth. 193 Tötung der Freien bei Verbindung mit Sklaven- und Versklavung der Frau: Leg. Vis. 25, 4. — Der freie Mann dagegen kann nach Ed. Roth 222 die Sklavin freilassen und heiraten.

61) Zu Sippenrecht, H. Conrad, Deutsch. Rechtsgesch. I, 157ff.

62) MGH Form. Form. Marculfi II, 32, S. 95. (Zu Minderfreien: H. Brunner Dt. Rechtsgesch. I, 355): „nec libertinitatis obsequium debeas, nisi soli Deo, cui omnia subiecta sunt, peculiare concesso".

63) Nach Lex. Al. 55 verliert die freie Frau eines Kolonen ihr Erbrecht, da sie „sibi coequalem non nupsit". Ehe als solche wird anerkannt. Andererseits können Kolonen zu den servi gerechnet werden, wie aus einem Capitular hervorgeht (MGH, Cap. I, 145) „quia non est amplius nisi liber et servus". Dies in Bezug auf Heiraten von Kolonen und servi verschiedener Herren.

64) Vgl. Cassiodor: „servi qui personam legibus hon habebant" Var. VI, 8 und oben Anm. 50.

65) Selbstredend ergeben sich auch aus den „contubernia" Verwandschaften. Aber sie werden nicht zur rechtlich anerkannten Gruppe der „parentes" der Freien.

66) Nehlsen 389 und Ed. Liutprand 104 — Ed. Roth. 220, 260.

67) Synode von Yenne: MGH Conc. I. n. 34. — Orléans: MGH Conc. I n. 3, 22. Tours, MGH Conc. I, n. 5 (S. 123): Die Städte sollen die pauperes, egenos ernähren. Ebenda (n. 27) die Androhung gegen Unterdrückung durch die „iudices aut potentes".

68) Die Synode von Macon 585 hat besonders zahlreiche soziale Bestimmungen. MGH Conc. I, S. 165ff. n. 14, S. 170 gegen „qui latere regis adhaerent vel alii qui potentia saeculari inflantur. miseros non solum de agris sed etiam de domibus propriis excolare": Anathem. — Auch Synode von Valence (585), a. a. O., S. 165 klagt wegen der verschiedenen „pauperum querimoniis".

69) Zu der inzwischen wachsenden Literatur über die pauperes: K. Bosl, potens und pauper in: Frühformen der Gesellschaft, 106ff. R. Le Jan Hennebique, L'enquête sur les pauvres et la pauvreté au Haut Moyen Age. — J. C. Dufermont, Les pauvres d'après les sources Anglo-Saxonnes du VII au XI siècle. Beide in Revue du Nord. 1968, 50, 169ff. — 189ff.

70) Zur Freilassung in kirchlichen Schutz: Synode von Macon (585): MGH Conc. I, S. 167 n. 7: In Kirche Freigelassene (miseri liberti) sollen nicht wieder „magistratui" übergeben werden, d. h. ihre Freiheit verlieren. — Zur Freilassung: H. Brunner (Schwerin), Dt. Rechtsgeschichte I, 359ff.

71) Religiös motivierte Freilassung in Formalsammlungen und Traditionsbüchern. MGH Form. Arv. 3, 30. — Sen. n. l. — Tur. 12. — Bitur. 9.

72) Das Bewußtsein einer sozial verkehrten Situation wird deutlich in Collectio Sangallensis, MGH Form. n. 17, S. 406: „in Christi amore qui nos a dominatu satanae liberavit ab importuno servitutis iugo humanae consensu amicorum et cognatorum meorum liberare disposui".

72a) K. Bosl, Der Adelsheilige, Speculum historiale, Festschrift J. Spörl, 1965, S. 168. — F. Graus, Herrscher und Heilige im Merovingerreich, Prag, 1965, vgl. etwa S. 434ff.

73) Die Viten sind gesammelt in MGH **Rer. Mer.** Script. IV—VII. Ferner Auct. antiqu. IV (Venantius Fortunatus). — Eligius Rer. Mer. IV, 663ff. — Remedius, AA IV, 64. — Austrigisilus, Rer. Mer. IV, 191. — Desiderius Rer. Mer. VIV, 563. — Romaricus, IV 221f. — Bavo IV 535. — Ferner: IV Amatus, Lupus, Emmeram, Columban. — Rer. Mer. V: Wandragesilus. — Remaclus. — Rer. Mer. V: Nivardus, Faro, Leodegar, Amandus, Ado, Filibertus, Lantbert, Ansbert, Wulfram, Aermenlandus, Kilian, Andomar, — Rer. Mer. VI: Erhard, Desiderius, Antrudis, Adelgunde, Bertila, Bonitus, Rupert, Wilfried, Trudo, Erminio. Rer. Mer. VI: Eucherius, Rigobert.

74) Nivard: Rer. Mer. V, 166ff. — Walaricus: Rer. Mer. IV, 161. — Marcellus, Auct. Ant. IV, 50. — Frodobert, Rer. Mer. V, 74. — Pardulf, Rer. Mer. VII, 25. — Richarius Rer. Mer. VII, 446. — Vincentian, Rer. Mer. V, 116.

75) Gamalbert: Rer. Mer. VII, 188f. — Korbinian, Rer. Mer. VI, 564. — Leodegar Rer. Mer. V, 283.

76) Eligius: Rer. Mer. IV, 677. — Romaricus: Rer. Mer. IV, 221f. — Gamalbert: Rer. Mer. VII, 188f.

77) Odilia: Rer. Mer. VI, 48.

78) Neben der Regula Benedikts und des Caesarius sehr wichtig die Regula Magistri mit ihren detaillierten Anweisungen. — Allgemein Regulae Benedicti Studia, Ann. Intern. 1, 1972. Chr. Courtois, Die Entwicklung des Mönchtums in Gallien, in: Mönchtum und Gesellschaft, Wege der Forschung 312, Darmstadt, 1976. — F. Prinz, Frühes Mönchtum im Frankenreich, München 1965.

79) Zur Regel des Caesarius: PL 67, 1099ff. — Ad virgines, 1107ff. — Regula coenobalis Columbans, PL 80, 222.

80) Courtois a. a. O. 16f.

81) F. Prinz in: Mönchtum und Gesellschaft a. a. O. S. 2.

82) Die Regula Magistri zeigt in: Quomodo suscipi debeat nobilis filius in monasterio (PL 88, c. 91, 1042) die Vorsorge bei Aufnahme eines Adligen. Er muß als erstes unbedingten Gehorsam schwören, dann folgt die Zustimmung der Eltern und Verwandten.

83) F. Weißengruber in: Mönchtum und Gesellschaft 403f geht zu weit, wenn er meint — nach Caesarius, Ad virgines c. 18: „non se fabulis se occupent — daß weltliche Dichtung bei der Lektüre abgelehnt sei. Die antike Literatur enthält mehr als die fabulae, d. h. Mythologische Themen. — Zum freiwilligen Eintritt gibt die Regula magistri mit ihren ausführlichen Überlegungen zum Eintritt einen Erweis für die Absicherung gegenüber ungeeigneten Bewerbern, PL 88, c. 87ff, 1035ff.

84) Regula Caesarii Ad virgines, c. 1, PL 67, 1107. — Zum Verbot der eventuell sogar handgreiflichen Streitereien c. 24 a. a. O.

85) Regula Caesarii Ad virgines c. 5.

86) Gregor, Regula past, 6. — PL 77, 34: „liquet, quod omnes homines natura aequales genuit, sed variante meritorum ordine alios aliis culpa postponit. Ipsa autem diversitas quae accessit ex vitio, divino judicio dispensatur". Unter Berufung auf Moralia XXI, 15. PL: „aequalitas conditionis. Omnes namque homines natura aequales sumus". PL 76, 203f.

[87]) Moralia XXII, c. 52 — PL 76, 215f.: „contra eius iniustitiam rudes quidem populi in murmurationis vocibus erumpunt, sed perfecti quidem...probatioris vitae subiecti deflent et tacent".

[88]) Moralia XXXIV, c. 51. — PL 76, 746: „nonnulli loquuntur per impatientiam elationis et tamen se loqui credunt per libertatem rectitudinis". — Zuvor heißt es im Wortspiel - „pro libertatis rectitudine".

[88a]) Zum Wortspiel: „rectitudo libertatis" und „libertas rectitudinis", vgl. Anm. 88.

[89]) Gregor, Hom. In Ev. I, 17, PL 76, 1138.

[90]) Gregor, Hom. In Ezech. I, 10, PL 76, 888: „haec est nova creatura".

[91]) Gregor Epist. V, 33; MGH, Epistolae, I, 314: Mancipia sollen zurückerstattet werden. — Freikauf: Reg. VI, 32, VII, 23. MGH, Epistol. I, 410, 466. — Judensklaven: Reg. III, 37. — Dazu ferner: Reg. IV, 21, VII, 21, IX, 213, 214. — Unfreie durch Heirat nicht in andere Herrschaft, sollen „in ea massa, qua lege ex condicione ligati sunt, socientur" : Reg. IX, 128.

[92]) Die Sorge um die minores, pauperes durchzieht das Briefregister. Vgl. im einzelnen: Reg. III, 57 — MGH Epistol. I, 216. — X, 17 — MGH, Epistol. II, 252. — XIV, 8. — MGH Epistol. II, 428.

[93]) Reg. X, 17 — MGH, Epistol. II, 252: „minores vel pauperes ab eis, qui illic maiores sunt, opprimantur". — Bischöfe sollen minores unterstützen: Reg. XIV, 8. — Asylrecht: Reg. X, 17. — Anweisung nach Gallien: Reg. V, 31. MGH, Epist. V, 31, S. 595.

[94]) Über die „causae pauperum": Reg. III, 53 — MGH Epistol. I, 216: „nihil cum scandalo nihil cum forali strepitu vobiscum nos velle de causis pauperum definire". — Schutz der Witwe: Reg. III, 5.

[95]) Regula past. II,. 6, PL 77, 34: „Unde cuncti, qui praesunt, non in se potestatem debent ordinis, sed aequalitatem pensare conditionis; nec praeesse se gaudeant sed prodesse".

[96]) Gegen christliche Judensklaven: Reg. IX, 213. — III, 37. IV, 21. Daß diese Forderung wiederholt erhoben werden konnte, setzt voraus, daß sie sozial und politisch durchsetzbar erschien. An dieser Stelle zeigt sich die Geltung christlicher und kirchlicher Kategorien im öffentlichen Raum. Sie ist so deutlich, daß sie eine Forderung möglich macht, die sonst, d. h. für andere Unfreie in dieser Form gar nicht möglich war.

[97]) PL 82. — M. Manitius, Geschichte der lat. Literatur des Mittelalters, I, 52ff.

[98]) Aus der Definition Ciceros, De republ. I, 25 — multitudinis iuris consensu et utilitatis communione sociatus — und der Augustins De civ. Dei XIX, 24 — multitudinis rationalis rerum, quas diligit concordi communione sociatus — entnimmt Isidor jeweils ein Element: iuris consensu (Cicero) und concordi communione (Augustin).

[99]) Etym. IX, 4: Populus ergo est tota civitas; vulgus vero plebs est". „maior est enim numerus minorum quam seniorum". — „Populus universi cives sunt connumeratis senioribus civitatis; plebs autem reliquum vulgus sine senioribus civitatis".

[100]) PL 83, 717, Sent. III, c. 47: De subditis. — Dazu die Ausführungen im ganzen 3. Buch.

[101]) Etym. IX, c. 5: De affinitatibus et gradibus. PL 82, 353ff. — Zur Verwandtschaftsberechnung: H. Conrad, Rechtsgeschichte I, 34f, 155. — Zur kirchlichen Verwandtschaftsberechnung: Conrad I, 155. Die Kirche sucht die mit der sippenendogamen Ehe gegebene Verwandtschaftsehe einzudämmen. Vgl. auch: W. Hörmann, Quasiaffinität, II, 1906. — D. Lindner, Die gesetzliche Verwandtschaft als Ehehindernis, 1920.

III. SOZIALE REFLEXION DER KAROLINGISCHEN EPOCHE

3. Aus der Sicht der Herrschaft

Wenn das Stichwort: Karolingische Epoche fällt, dann kann man, angesichts des folgereichen Wandels von der wilden, von Familienfehden erschütterten Zeit der Merovinger zur machtvollen Ordnung der Karolinger auch gesellschaftliche Änderungen und deren entsprechenden Widerhall im Nachdenken über Gesellschaft erwarten. Betrachtet man daraufhin zunächst die Ergebnisse der Sozialgeschichte, so hat man hier allerdings ein weites Feld von Vermutungen vor sich, die selten zur zwingenden historischen Schlußfolgerung werden, es sei denn, man begnügt sich damit, den jeweils sich wandelnden Positionen zu folgen. Sie aufzuzählen ist nicht Aufgabe dieser Betrachtung. Es genüge, auf die resignierende Darstellung Sprandels zu verweisen, der sich auf allgemeine und approximative Beobachtungen zurückzieht [1]). Strittig ist das Meiste, vor allem die Existenz und Form des Adels, des Bauern, der soziale und politische Inhalt der „Freiheit", das Verhältnis von „Freiheit" und „Unfreiheit" im gesellschaftlichen Prozeß. Die marxistische Deutung macht es sich da, wie schon Marx selbst, einfacher. Nach dem axiomatischen Schema des vorprogrammierten qualitativen Sprungs von der Gesellschaftsformation des Sklavenhalterstaates zum Feudalismus fügen sich die Behauptungen zu einem stimmigen Modell [2]). Für die soziale Reflexion selbst ist dieser Zustand der Sozialgeschichte nun freilich nur insoweit relevant, als ein Zusammenhang von Fakten und Reflexion erkennbar ist. Aber gerade das kann höchstens in allgemeinen, keineswegs bedeutungslosen Umrissen eruiert werden, im sozialgeschichtlichen Detail dagegen verlieren sich die Spuren. Denn der Betrachter jener Zeit hat nicht die Sorgen eines modernen Betrachters. Wenn er von „nobiles, maiores, seniores, proceres, potentes", von „liberi" und „servi" spricht, dann überlegt er sich nicht, ob es sich nun um Uradel, merovingischen Amtsadel, Völkerwanderungsadel, um Gemeinfreie, Königsfreie oder Rodungsfreie, um Halbfreie oder Unfreie in ihren höchst differenzierten Abhängigkeiten handelt [3]). Das heißt, wir haben in den reflektierenden Aussagen die Beschreibung der elementaren Gruppierungen vor uns, der Strukturelemente in ihren groben Umrissen entsprechend der sozialen Hierarchie von oben nach unten: Die Schicht der Herrschenden mit ihrem engen Kreis des „Herrschaftsgefolges", Adel, Amtsträger, Gutsherren. Dann die vielberedete Schicht der „Freien" (liberi), der Halbfreien oder Minderfreien und der Unfreien. Daß es Freie in nennenswerter Zahl gibt, sollte nach dem Quellenbefund nicht bestritten werden, wobei wirtschaftliche Verpflichtungen und gewisse Dienste noch keineswegs die persönliche Freiheit beseitigen [4]). Gerade bei der Schicht der Freien (liberi homines) findet man nun aber Anzeichen für eine soziale Krise, die ihren Niederschlag auch in der Reflexion hat. Eine Krise, möglicherweise auch ein Wandel und eine Reflexion, deren Charakter erst im größeren Rahmen der karolingischen Sozialordnung und der sie begleitenden reflektierten Resonanz besser beschreibbar werden.

Zeugnisse, in denen sich die Ergebnisse sozialen Reflektierens abzeichnen, haben wir zunächst, von oben her, von der Ebene der Herrschaft her gesehen, in den königlichen Kapitularien. Sie verkünden zwar nicht dezidiert ein gesellschaftliches Programm, verraten jedoch Absichten der Herrschaft, die von der Vorstellung getragen sind, das Reich nicht nur politisch, herrschaftlich zu ordnen und zu sichern, sondern die Gesellschaft selbst zu einem gedeihlichen, das heißt friedlichen und rechtlich geordneten Leben zu führen: Vorrangig in den leitenden, die Herrschaft tragenden und an ihr teilhabenden Schichten, vom Königshaus angefangen über die geistliche und weltliche Amtsaristokratie bis zum Ganzen der „generalitas populi", dem „populus christianus". Christliche und weltliche Gemeinschaftsvorstellungen gehen hier ineinander über, beziehungsweise konvergieren zueinander. In der königlichen Familie soll, wie es in der grundlegenden „Divisio regnorum" (806) heißt „Friede und brüderliche Liebe" (pacem atque caritatem cum fratre) zwischen den Söhnen, den Teilherrschern walten. Die Enkel mögen sich unterordnen, „Wie es in einer solchen Verwandtschaft sein soll" [5]). Vom Herrscher aus und auf ihn zu geht das Band der Treue, und dies in konzentrisch sich erweiternder Form. In enger Form sind an den Herrscher gebunden das königliche Gefolge, die hohen Beamten und Hierarchie (Bischöfe, Grafen, Königsboten). Für sie entwickeln sich im 9. Jahrhundert besondere Eidesformeln. Dann die „vassi regales" (Königsvasallen), ihr Name führt zur Institution der karolingischen Vasallität und Feudalität, der Dienstverpflichtung unter gleichzeitiger Vergabe eines beneficium (feudum) [6]). In diese Vasallität treten allmählich auch Angehörige der hohen Amtsaristokratie. Der Treubund wird darüber hinaus von Karl erweitert, indem zusammen mit der hohen herrschaftlichen Schicht, der Geistlichkeit, einschließlich der Mönche auch die unteren Verwaltungsorgane und schließlich auch die „generalitas populi" eidlich zur „fidelitas" verpflichtet werden. Zur „Gesamtheit des Volkes" zählt nach dem wichtigen Kapitular von 792 ein weiter Kreis: Zunächst charakterisiert als diejenigen, „die zum Ding (placitum) kommen und die Befehle der seniores erfüllen können" (qui ad placita venissent et iussionem adimplere seniorum et conservare possunt). Aufgezählt werden Jugendliche von 12 Jahren an, Greise, Gauleute (pagenses), Untervasallen der Bischöfe, Klöster, Grafen und andere Herren, Leute auf Fiskalland (fiscilini), Kolonen, Kirchenleute, und schließlich sogar servi, die in Vasallität stehen, ein beneficium und ministerium haben (Leiheland und Dienst) und mit den Waffen des Herrn waffenfähig sind. Sie sind durch ihre Vasallität geehrt (basallatico honorati). Ein Panorama des politischen irgendwie berechtigten und in Dienst genommenen Volkes [7]). Die weiteren, im Blick auf öffentliche Funktionen offenbar rechtlosen unfreien Hufenbauern (servi casati) und die übrigen unfreien Landarbeiter (mancipia) werden nicht aufgeführt. So entsteht ein Treuebund, ein Treueverband oder Personenverband (Th. Mayer), in dem alle „per sacramentum" erfaßt sind, die an öffentlichen Funktionen innerhalb von Herrschaft und Gesellschaft teilhaben.

Aber die Pflicht des Herrschers gilt auch über diesen Kreis hinaus. Das wird deutlich, wenn wir von der in der „generalitas populi" aufscheinenden Perspektive der „Gesamtheit" weitergehen und danach fragen, ob auch ein umfassender Begriff des „Gesamtvolkes" erscheint. Eine Frage, die besonders drängend ist, nachdem gegenwärtig die Neigung besteht, „populus" auf den engen Kreis der Magnaten oder der Gesamtgefolgschaft einzuschränken [8]). Eine Überprüfung der Zeugnisse in den Kapitularien ergibt jedoch bald, daß Volk sehr wohl auch einen umfassenden Sinn hat. Gerade die wichtige „Admonitio ad omnes regni ordines" von 823 zeigt das deutlich. So wenn es heißt, daß „pax et iustitia in omni generalitate populi" gewahrt sein soll; wenn gegen die Zerstörer der „communis pax populi" angegangen wird und vom Frieden und der Gerechtigkeit „totius populi" gesprochen wird [9]). Diese ethische Verpflichtung der Herrschaft auf „pax et concordia" innerhalb der „communis societas", auf die „communis utilitas" nun nur auf die Magnaten oder die Gefolgschaft begrenzen zu wollen, wäre geradezu absurd und würde dem karolingischen Herrscherethos radikal widersprechen. Vor allem da dieses Ethos ja zugleich und zutiefst eingebunden ist in das Bild des christlichen Herrschers innerhalb des "populus Christianus" und der „ecclesia".

Mit den letzten Hinweisen geraten wir in eine neue Dimension des Begriffes Volk. Es ist die Dimension des „populus Christianus" das zugleich „populus Dei" ist, das syndrom zur politischen Aussage und mit ihr unlösbar verbunden in den Kapitularien erscheint. Die erste „Admonitio generalis" von 789 stellt die „Christi regis clementia" gegen Karl und „sein Volk" heraus, betont die priesterliche Sorge für den „populus Dei", später (802) werden die blutigen Gewalttaten (homicidia) beklagt, durch die „multitudo perit populi christiani". Genau dieser „populus" ist ihm anvertraut, er wird als christlich identifiziert, wenn es wenige Zeilen im gleichen Zusammenhang heißt, „inter Christianos" solle keine derart größte Feindschaft walten. Auch Unzucht solle aus dem „populus Christianus" entfernt werden, ebenso der Meineid. In diesem „christlichen Volk" werden nun alle zu einem Stand, nämlich zu Laien, wie sie in der „Admonitio" von 823 angesprochen werden [10]). Denkt man über das „christliche Volk" weiter, und man braucht gar nicht weit zu gehen, dann ist eben dieses Volk in der „ecclesia" versammelt, es ist als „populus Dei" eben diese Kirche und in ihr von der Hierarchie geführt. Jedoch keineswegs von der spiritualen Gewalt allein. Schon bei Ambrosius und Isidor tauchen die Formeln vom Herrscher „intra ecclesiam" auf, jetzt erscheint der König als Vertreter Christi (in vice Christi), ja sogar als „episcopus in secundo loco". Karl kann von sich sagen, daß er „in sinu regni" das Steuer der Kirche übernommen habe und in der Synode von Paris 829 heißt es bündig: „Principaliter itaque totius sanctae Dei ecclesiae corpus in duas eximias personas, in sacerdotalem videlicet et regalem...divisum esse novimus" [11]). Volk, verstanden als populus Christianus wird hier zur sakral verstandenen Gesellschaft, die über sich ein sakrales Königtum weiß, Sakralkönigtum in einer Sakralgemeinschaft: „Die weltliche Gesellschaft nun, in der sowohl das sacerdotium Verantwortung übernehmen kann, wie auch die weltliche Gewalt in Form des Königschutzes, der Defensorschaft, ein gubernaculum in der Kirche übernehmen kann, ist nicht nur eine natural oder gar indifferent gesehene Gemeinschaft, sondern ein originär, funktional und final definiertes Ganzes, nämlich der populus Christianus, populus Dei, der seit der Merovingerzeit immer wieder in dieser Bestimmtheit angesprochen wird" [12]). In einer so verstandenen Gemeinschaft mußten auch alle Leitideale der Herrschaft wie „pax, concordia, iustitia" ihre vor Christus im Gewissen bindende und herausfordernde Kraft gewinnen. Hatte es nicht im Vorwort zur Lex Salica geheißen, daß das erlauchte Volk der Franken „seiner Sitte gemäß nach Gerechtigkeit strebte und Frömmigkeit bewahrte"? Ein Anspruch, der jeweils einzulösen war [13]).

Skeptisch realistischer Pragmatismus wird die soziale Programmatik der Kapitularien wohltönende Utopie nennen, sie ist aber nicht mehr utopisch als vollmundige politische Wahlprogramme heute. Natürlich ist die Wirklichkeit anders als ihre Fiktion. Gerade die Kapitularien geben genug Zeugnisse her für soziale Spannungen und Verstöße gegen pax, concordia, caritas und iustitia, man braucht dazu gar nicht in die große Politik zu gehen. Da begegnen wir zunächst der Ausdehnung privater Grundherrschaft auf Kosten des „Staates". 806 muß Karl verbieten, daß Vasallen die vom König verliehenen Lehen zu ihrem Eigentum machen und sie als „beneficia" weiter verleihen oder Königslehen an andere als Eigentum geben und dann selbst für sich erwerben (in alodem). Die sichtbare Spitze jener Feudalisierung von Königsland in die Hand der Königsvasallen, die dem Machtausbau der „potentes" und

„nobiles“ Vorschub leistet und die Schicht der Mittleren (mediocres) und Kleinen (pauperes) innerhalb der Freien treffen muß [14]). Wie schutzlos gerade diese Schicht werden konnte, zeigen die Verordnungen, in denen von der Unterdrückung der pauperes die Rede ist: Sie werden ihres Eigentums beraubt, man zwingt sie zum Kriegsdienst, bis sie willens sind, ihre Güter an die geistlichen und weltlichen Herren zu tradieren [15]). Die Mächtigen werden mächtiger, die Kleinen werden ärmer und schutzloser. Damit haben wir bereits die kritische Lage innerhalb der Freien tangiert.

Die soziale Krise innerhalb der „liberi“ läßt sich an den Heeresaufgeboten ablesen: Nur Besitzer größerer Güter (3—5 mansus) sollen sich ausrüsten und „zum Feind gehen“ — offenbar bestand diese Regel vorher nicht — die andern (1/2—2 mansus) sollen sich zusammentun (auf 3 mansus) und einen von ihnen ausrüsten, der dann geht (807) [16]). Diese „anderen“ gemeinsam Ausrüstenden werden später (825) als „mediocres“ (Mittlere) bezeichnet [17]). Es gibt auch auch solche, die „so arm“ (sic pauper) sind, weil sie weder Land noch Unfreie haben (mancipia), von ihnen sollen je 5 einen sechsten Mann ausstatten. Diese „pauperes“ müssen später auch von dieser Verpflichtung befreit werden, sie erhalten Erstattungsaufschub [18]). Offenbar war die geforderte Summe nicht aufbringbar. Also dauernde wirtschaftliche Not. Von diesen „liberi pauperes“ — zuweilen auch in „pauperiores“ abgestuft, hören wir noch oft, immer im Zusammenhang mit irgendeiner Ausbeutung oder Schutzlosigkeit gegenüber Herrschaftsträgern. Die „oppressio liberorum hominum pauperum“ ereignet sich im Zusammenhang mit dem Waffendienst, sie werden von Richtern unterdrückt und zum Verlust ihrer „terra“ gezwungen, aber auch sonst werden sie von den „potentiores“ zum Verlust ihres Besitzes gebracht, ja sogar unter Vorspiegelung religiöser Motive — allerdings zusammen mit gutgläubigen „Reichen“, ausgeplündert [19]). Ein schonungsloses Bild. Mit „arm“ wird ein Defekt ausgesprochen, zunächst der wirtschaftliche Defekt, die Expropriation und Verknechtung, zugleich aber ist auch die politisch-rechtliche Situation des „liber pauper“ tangiert: Er wird abhängig, wenn er auch nicht arm im Sinne der Mittellosigkeit ist, er gerät in Gefahr, auch seine Selbstständigkeit, sprich Freiheit, zu verlieren. Ihm gegenüber stehen die „potentiores“, die „potentes“, die Inhaber der politischen und wirtschaftlichen Macht, sodaß der Gegensatz von „potens“ und „pauper“ sich bildet. Ein Begriffspaar, das bereits bei Isidor von Sevilla formuliert ist: „Potens“ als terminus technicus für den Überlegenen und „pauper“ für den wirtschaftlich und politisch Unterlegenen [20]). Die bedrückende und von Kirche und König offen beklagte Lage der Unterschicht der Freien sollte jedoch den heutigen Betrachter nicht dazu führen, nun mit dem Abstieg der „liberi pauperes“ eine allmähliche Nivellierung der „pauperes“ mit den unfreien Schichten anzunehmen. Man kann weder „pauper“ mit unfrei gleichsetzen, noch die von der Antike her überlieferte Einteilung in liber-servus durch den Gegensatz von „potens“ und „pauper“ ersetzt sehen. Denn „frei“ bedeutet noch immer eine Auszeichnung sonst könnte die „Freiheit“ nicht weiterhin so erstrebenswert sein, wie es die Quellen zeigen, und der Gegensatz: „liber-servus“ erscheint auch jetzt noch als grundlegende Klassifizierung, wenn es um die persönlichen Rechte etwa im Bereich von Familie und Erbrecht geht. „Quia non est amplius nisi liber et servus“ bescheidet das königliche Responsum in der Frage der Nachkommenschaft von Unfreien und Kolonen [21]). Wie die Zeit selbst die Gliederung der Gesellschaft vornimmt, sieht man aus der Definition der Reformsynode von Chalons (813): In der Kirche seien Menschen verschiedener Schichten (conditiones) „so die Adligen und Nichtadligen, Unfreie, Kolonen, Wanderarbeiter“ (inquilini) und die übrigen Bezeichnungen dieser Art [22]). Unter den Nichtadligen darf man die liberi rubrizieren.

Die Expansion der Gutsherrschaft spiegelt sich auch im Bestreben, bei Bedarf unabhängige Leute in die Unfreiheit zu überführen oder den Freienstand zu bestreiten [23]). Die „Formulae imperiales" enthalten sogar ein eigenes Muster gegen einen derartigen Freiheitsentzug.

Die königliche Seite sucht dem Unwesen zu steuern, nicht zuletzt wohl auch deshalb, weil sich Widerstand regt. Die zahlreichen Streitfälle um von den „potentes" beanspruchte oder von Hörigen bestrittene Unfreiheit, erweisen, daß das System nicht so starr und unbeweglich ist, wie es sich von weitem gesehen darstellt. Es gibt Unruhe, die sich in einer sozialen Sensibilität niederschlägt, die auch in der sozialen Reflexion zu beobachten ist. Die Tatsache, daß es Verschwörungen, eigenmächtige Korporationen (Gilden) gibt, künden ein Klima gesellschaftlicher Dynamik an, in dem es auch zu einer größeren Bewegung wie dem Aufstand der Stellinga in Sachsen (842) kommen kann. Hier fordern die Freileute (frilingi) und Halbfreien (Liten) die sozialen Zustände, die vor ihrer Bekehrung und damit der fränkischen Herrschaft bestanden. Die Stoßrichtung geht nicht zuletzt gegen den sich ausweitenden grundherrlichen Adel. Allerdings, gegen das gepanzerte Reiterheer hatte die „infinita multitudo" (Nithard) [24]) der Stellinga-Leute keine Chance.

3.1 Von Alkuin zu Rather von Verona und Atto von Vercelli: Soziale Reflexion in der karolingischen Theologie.

Herrschaft und Kirche haben, trotz und bei aller eigenen Integration in das System der feudalen Herrschaft, Schäden und Mißbrauch zu bekämpfen versucht. Die Zeugnisse für die Mißstände stammen ja gerade aus urkundlichen Quellen, in denen die Mißstände angeprangert werden. Die Klagen über die „oppressio pauperum" durchziehen wie ein basso continuo die offiziellen Aussagen der Zeit [25]). Hinter ihnen und in ihnen motiviert sicher eine bestimmte Auffassung von Herrschaft und Gesellschaft, die zwar selten, aber dann doch unverkennbar zu fassen ist. Wir konnten es bereits in den Ausführungen zum Treueverband, zur sakralen Gesellschaft beobachten. In den Akten zur Pariser Synode von 829, die ja ein hervorragendes Zeugnis für die Konzeption der beiden Gewalten im heiligen Körper der Kirche darstellt, kommt es auch zu einer Programmatik der sozialen Verpflichtung. Im Herrscherbild, das geprägt ist von „iustitia-equitas-pax-concordia", gegründet in der Anerkennung der natürlichen Gleichheit aller (natura aequales) erscheint auch verpflichtende Sorge für die „pauperes" und „indigentes". Regierung als „Sache Gottes" erfordert, daß der oberste Herr über die Richter — die ja immer wieder ob ihrer Ungerechtigkeit angeprangert werden — auch die Sache der kleinen Leute: „Ad se ingredi faciat". Er selbst soll sorgfältig prüfen, daß die von ihm Eingesetzten und in seinem Namen Handelnden nicht ungerecht walten und „nachlässig die Unterdrückung der „pauperes" dulden". Das in den Kapitularien immer wiederkehrende Stichwort von der „oppressio pauperum" wird in das synodale Programm übernommen. Das antike Ideal des jedermann und jederzeit zugänglichen Königs wird geschildert, die römische Maxime wird angeführt: die Untertanen zu schonen und die Übermütigen klein zu halten. Volk ist dabei, in der Verschlingung von weltlicher und kirchlicher Gemeinschaft, der „populus" und „plebs Dei" [26]).

Die Synode von Paris führt in den Kreis der karolingischen Theologie, und wenn wir hier nach einer Stimme aus der engeren Umgebung Karls selbst Ausschau halten, dann stoßen wir gleich auf den bedeutenden Anglosachsen Alkuin. Von seiner Stellung her Vertreter des sozialen Systems, erweist er in seinen Äußerungen fast schicksalhaft die Verflechtung und den

Widerstreit von Theorie und Praxis. Im Adoptionsstreit hält ihm der Bischof Elipandus von Toledo vor, daß er 20 000 Unfreie „habe". Alkuin streitet es nicht ab — Karl hat ihm ja einige Abteien verliehen (Ferrières. Lupus in Troyes, St. Martin in Tours) — er verweist aber auf den Unterschied von „habere saeculum" und „habere ex saeculo". Er besitze zwar „Welt" aber lebe nicht „aus der Welt". Er habe keinen zum Unfreien gemacht, damit distanziert er sich von den üblen Praktiken anderer Grundherren, und wünsche nichts mehr, als den anderen Christen als Knecht zu dienen [27]). Er bleibt also Grundherr, er geht nicht soweit wie der Heilige Richarius, dessen Vita er überarbeitet und dabei jene Szene nacherzählt, in der Richarius auf Missionsreise in England sich erinnert, daß er in Frankreich Leute als Unfreie zurückgelassen habe: „Ach unsere Leute haben wir in Unfreiheit zurückgelassen, während wir hierher gekommen sind, um andere zu befreien" [28]) und er gibt ihnen die Freiheit. Die Freilassung als gottesgefälliges Werk, das ist modifiziert die Grundsituation der Freilassungen in den Formulae und den Traditionen. Alkuin kann wohl in seiner Stellung als Klostervorsteher gar nicht wie Richarius handeln, er müßte schon einen sozialen Umsturz auslösen, oder er müßte auf die Welt (saeculum) eben verzichten. Aber sicher kommt es ihm, wie dem Richarius, wenn er über die Verhältnisse reflektiert, in den Sinn (in mentem), daß das System von Rechtsentzug und Privilegierung vor Gott doch nicht ganz stimmt, daß diese Art von Gleichung zwischen Gottesordnung und Menschenordnung nicht aufgeht. Er kann sich nur in die „demütige Liebe" des „servitium Christi" retten.

Im übrigen denkt Alkuin nüchtern in den Kategorien seines Standes. Auf eine Anfrage des Königs heißt es, das Volk sei göttlicher Anordnungen zufolge zu führen, es sei ihm nicht zu folgen: „und als Zeugen sollen eher ehrenvolle Leute gewählt werden". Man solle nicht auf das Wort hören: „Vox populi, vox Dei" da die aufrührerische Gesinnung der niederen Schichten (vulgus) immer der Tollheit sehr nahe sei [29]). Das ungebildete Volk, heißt es bei einer Unruhe in Tours, pflege immer ohne Überlegung die Dinge, die ihm nicht zustehen, anzufassen. Hier spricht das Vertrauen in die ständische Gliederung und in sittliche Ermahnung, die man dem Herrscher erteilt.

Bewahrung der bestehenden Ordnung, aber ihre Realisierung im neuen Geist Christi, das ist auch die Devise des bedeutenden, wenn auch umstrittenen Exegeten Claudius von Turin. In der Exegese von Gal. 3/28 trennt er die biologischen und rechtlichen Unterschiede von der „Qualität des Glaubens". Sklave und Freier werden auf der Ebene des Glaubens nicht durch ihren Stand (conditio) sondern eben durch den Glauben getrennt, hier können wechselseitig der Sklave oder der Freie besser sein. In der Taufe gehen die ganzen Unterschiede von Geschlecht und Abstammung, von Stand und Körper unter und alle werden in Christus eins. Das ist im Sinn der theologischen Tradition gesprochen und bedeutet, wie immer schon, zugleich eine Herausforderung an alle „superbia" der „potentes". Freilich die soziale Problematik der Ständegesellschaft wird nicht berührt, das geschieht auch nicht in der Exegese des Philemonbriefes. Hier wird die Frage auf einen Diebstahl des flüchtigen Onesimus gelenkt und damit das die Sklavengesellschaft begleitende Problem des „fugitivus" verdeckt [30]).

Deutlicher wird die Sprache in karolingischen Königsspiegeln. Zwar beschränkt sich Sedulius Scotus auf die Darstellung des Ideals des „frommen und weisen Königs" der sogar im Regiment in der Kirche „gleichsam als Gottes Vertreter" wirken kann, aber Smaragdus und Jonas von Orleans gehen über die reine Vorsicht des Bewahrens hinaus. In seiner „Via regia" schreibt Smaragdus ein Kapitel: „über das Gefangenhalten", gemeint ist die Freiheitsberaubung, das Verknechten. Er zitiert dabei Stellen aus dem AT, so Amos mit der Drohung gegen denjenigen, der den Gerechten und Armen um Geld verkauft (Amos 2, 6). Das ist unmißverständlich gegen den Sklavenhandel, den es ja immer noch gibt, gesagt: „Verhindere, mildester König, daß es in deinem Reich Raub an Freiheit (captivitas) gibt“ [31]). Noch weiter: Nach Isaias (58, 6) verlange gerechtes Handeln gegenüber Unfreien, daß sie freigelassen werden. Und: „Wegen seiner allzu großen Liebe (Gottes) soll ein jeder seine Unfreien zur Freiheit entlassen, indem er bedenkt, daß sie nicht die Natur ihm unterwirft, sondern die Schuld. Denn dem Stand (conditio) nach sind wir alle gleich geschaffen, aber durch die Sündenschuld sind die einen den andern unterworfen“. Das Letztere — wie wir sehen konnten — ein seit frühchristlicher Zeit feststellbarer Topos, daß aber jetzt das Argument der natürlichen Gleichheit in Verbindung mit der Prophetie und dem Liebesgebot des NT zu einer konkreten sozialen Forderung verdichtet wird, bleibt doch bemerkenswert. Zeigt sich hier nicht eine gewisse Sensibilität, die man in den Zusammenhang der sozialen Krise, der Klage über die „oppressio pauperum“ mit ihrer Verknechtung von Freien bringen kann? Die Herrschaft wird aufgerufen, „nachzudenken“, und zwar über die gemeinsamen Bedingungen der conditio humana. Man kann auch einen Hinweis auf die in den Quellen erkennbaren Tendenzen der Unfreienschicht sehen, um Freiheit zu ringen, wie auch auf die jetzt aufkommende Neigung kirchlicher Grundherren, Leute in die „Kirchenfreiheit“ aufzunehmen. Das Kapitel des Smaragdus wäre dann als Pendant zu diesem Phänomen einzuordnen. Er schließt an seinen Aufruf zur Freilassung noch eine Skizze des wohltätigen Herrschers an, in dem die Schutzfunktion des Herrschers gegenüber allen Bedürftigen betont ist. Das rundet das Bild ab: „Das Mitleid möge immer den Vorrang vor dem Richterspruch haben“. Man erinnert sich der „disciplina misericordissima“, die auf der Synode von Chalons (826) gefordert wird [32]).

Dem Kreis, an den diese Aufforderung geht — König und Reichsverwaltung — begegnen wir in Hinkmars „De ordine palatii“, verfaßt und erlebt in der „Tradition der Vorfahren“ (c. 3), vor allem in der Gestalt Adalhards, des Abtes von Corbie und Beraters von Karl, dessen Werk er wohl (c. 13ff) excerpiert. Eine detaillierte Schilderung der spiritualen und säkularen Verwaltung, der Hofämter, der Regierung im Reich zusammen mit den „seniores“ und „magnates“. Die Einheit von Kirche und Herrschaft wird hier noch einmal im Aufbau und den Funktionen des königlichen Palatium greifbar [33]).

Zur Pariser Synode zurück führt die Stimme ihres hauptverantwortlichen Redaktors, des Jonas von Orleans. Seine „De institutione regia“ die inhaltlich und in der Diktion weitgehend mit den Pariser Dekreten übereinstimmt, ruft wiederum den volksnahen Herrscher in das Gewissen seines königlichen Adressaten, betont die naturhafte Gleichheit als Regulativ politischen Denkens und Handelns (ut plebem Christi sibi natura aequalem recognoscant) und stellt den Dienst (ministerium) des Königs am Volk heraus. Als Gegenstück zum Fürstenspiegel verfaßt er vor allem seine „De institutione laicali“, eine Verhaltenslehre für den Laienstand, einen Laienspiegel. Es ist die erste Darstellung dieser Textsorte. Sie ist markiert dadurch, daß diese Laienethik prinzipiell auf eine Korrektur hinausläuft, Korrektur nicht der bestehenden Sozialstruktur, sondern eines Verhaltens, das sich nur zu gerne auf eine in der Struktur verankerte und mit ihr gegebene Gesetzlichkeit berufen möchte. So entsteht ein moralkritisches Gegenbild zu den bestehenden Verhältnissen [34]). Ausgang der Betrachtung ist der im Sündenfall verhaftete „alte Mensch“, in Christus erscheint „der neue Mensch“. Er birgt in sich die natürliche Gleichheit Aller, Jonas zitiert hierzu ausführlich Gregor den Großen. Nur gemäß einer gewissen „weltlichen Rangordnung“ ist der eine dem andern nachgeordnet, so etwa der Schwache, der den Schutz des Stärkeren bedarf, aber immer sollte die „natura aequalis“ anerkannt sein. Was leider von den Vorstehern, von den durch Macht, Ehre und Reichtum Privilegierten nicht praktiziert wird: „Und wenn sie es auch verbal tun, der Gesinnung nach (affectio) verweigern sie die Anerkennung“. „Warum aber sollen Herr und Knecht, Reich und Arm nicht der Natur nach gleich sein, die doch alle einen Gott, der kein Ansehen der Person kennt, im Himmel haben“ (II, c. 22). Die reiche und arme Frau gebären auf die gleiche Weise, keiner bringt etwas ins Leben, keiner nimmt etwas mit. — Diesem eindruckvollen Bild der „natürlichen Gleichheit“ läßt Jonas einen heftigen Angriff auf den übermütigen Zeitvertreib der potentes folgen, die Jagd und die damit verbundene Gier nach Hunden. Man beruft sich dabei auf das weltliche Recht, „aber kann weltliches Gesetz Christi Gesetz auslöschen?“ Kann man mit weltlichem Gesetz die vielfältigen Unrechte entschuldigen, die man kaum alle ausbreiten kann? Raub, Prügelstrafe, Kerker? Eine anschauliche Illustration der „oppressio pauperum“ über die rechtlich-wirtschaftliche Bedrückung hinaus, die Kehrseite der Feudalgesellschaft. Daß Jonas nicht alleine spricht, zeigt auch ein Passus bei Christian von Stablo, in dem er das „Wolfsgebahren derjenigen geißelt, die ebenfalls unter dem Vorwand der „lex mundana“ andere berauben, nicht nur Laien sondern auch Kleriker, die „reißende Wölfe“ sind[35]). Eine unübersehbare Kritik am Verhalten mancher kirchlicher Grundherren.

a) Rather von Verona

Die soziale Kritik kommt auch im „dunklen“ 10. Jahrhundert, das gar nicht so dunkel ist, nicht zur Ruhe. Es ist die Zeit der zerfallenden Karolingerherrschaft und der Bildung des west- und ostfränkischen Reiches (regnum Theutonicorum) unter den Kapetingern und Ottonen, des Teilkönigtums in Italien. Rather von Verona bedeutet sicher einen Höhepunkt sozialer Reflexion der spätkarolingischen Epoche. Gefangen in Pavia von Hugo dem italienischen Teilkönig aus Burgund schreibt er seine „Praeloquia“. Sie bieten, obwohl als pastoral-ethische Betrachtung in sechs Büchern konzipiert, eine Fülle von gesellschaftskritischen und sozialdeskriptiven Daten und Beobachtungen. Rather, der Flame aus dem Norden im konspirativ zerrissenen Oberitalien, eine der anziehendsten Figuren der Zeit mit seinen Selbstbekenntnissen (Dialogus confessionalis), dem ersten Versuch seit Augustin, seinen Briefen, seinem bewegten Leben zwischen den Fronten der Macht, er ist fähig und originell genug, um mehr zu bieten als nur allgemeine Hinweise.

Die „Praeloquia“, das Ratbuch für den Lebenskampf und die Medizin für die Wunden (Agonisticus sive medicinalis libellus), die der Gegner in diesem Kampf schlägt, bieten eine Gesellschaft— und Verhaltenslehre in umfassender Sicht, alle Stände, alle Lebenslagen einbeziehend. So wird auch die zeitliche Umwelt, in der sich spätantike Elemente mit den inzwischen gewachsenen Verhältnissen vereinen, lebendig. Rather hat alle im Blick: Jung und Alt, Mann und Frau, Sklaven und Freie, Reich und Arm, Priester und Laien. Dabei sieht er den Christen in verschiedenen sozialen Gruppierungen: Volk im ganzen (populus), Versammung (coetus), Vereinigung (concio), Unterschicht (plebs), Einwohner des Umlandes (circumforanei), Landleute (agrestes). An Stelle dieser Einteilung sucht er später eine andere Differenzierung, nun unter dem Stichwort „Kirche“: Kleriker und Mönche, Kirchenleute, Gehilfen des Bischofs. Dann Arbeitende (laboratores), diese in Unfreie und Freie untergeteilt. Schließlich die Schwertträger (milites)[36]). Eine Dreiteilung also, die im Blick auf die bald nach Rather aufkommende berühmte Dreiteilung in: oratores, bellatores, laboratores besonders wichtig erscheint. An ihr interessiert zunächst die deutliche Absicht, drei Großgruppen herauszustellen 1) Träger kirchlicher Offizien (Kleriker, Mönche, Kirchengefolgschaft), 2) die laboratores, zu ihnen rechnen bemerkenswerterweise Freie und Unfreie. Von einem Verschwinden der tradierten Einteilung in liberi-servi kann nun auch nach diesem Zeugnis also keine Rede sein. 3) Schließlich die milites. Zu ihnen muß man den Schwertadel rechnen, da ja die Schicht der „potentes, seniores“ nicht eigens aufgeführt ist. In einer der drei Gruppen müssen sie aber mitgedacht sein. Da sie nicht unter die „laboratores“ gehören, bleiben nur die „milites regni“ übrig. Nun bringt aber Rather im I. Buch, wo er die verschiedenen Berufe durchgeht, noch eine andere Einteilung der Gesellschaft, die nach Tätigkeiten und sozialen Schichten, und hier erscheint der „miles“ eigens neben dem „nobilis“ und dem „dives“, bzw. dem „dominus“, ein Zeichen dafür, daß Rather erst im Laufe seiner Arbeit zur Dreiteilung der Gesellschaft kommt und nun den Begriff „miles“ in einer umfassenden Bedeutung gebraucht. Er wird zum Kennzeichen einer elementaren Großgruppe neben den Offizien in der Kirche und der Handarbeit. Offenbar soll die in der Kirche versammelte Gesellschaft auf Typen reduziert und in ihnen gesehen werden, in denen sich soziale Grundfunktionen ausprägen, wie sie einer von Kirche, Schwertadel samt Gefolge und von Landwirtschaft und Grundherrschaft geprägten Umwelt entsprechen. Hierzu hilft, daß er von der kirchlichen Gemeinschaft als übergreifendem Ganzen ausgeht. Hier sollen „Adel“, „Reichtum“, „Herrschaft„ keine eigenen Kategorien darstellen, nur die tradierte Differenzierung von „liberi-servi“ erscheint als Kriterium und wird geduldet [37]). Jedenfalls bildet die soziale Erfassung der Kirche einen Anlaß der sozialen Trichotomie. Sie die kirchliche Gemeinschaft leiht eine Voraussetzung dafür, daß — von frei unfrei abgesehen — soziale Klassenunterschiede verblassen und in höhere Einheiten integriert und damit zugleich nivelliert werden. Hier ist, wenn auch nur indirekt und partikulär, etwas von der sozial nivellierenden Kraft der Kirche zu spüren.

Die bereits erwähnte Schilderung der Berufe im I. Buch zeigt, wie die urbane Zivilisation der späten Antike und germanisch-feudale Grundherrschaft ineinandergehen. Wie schon gesagt, erscheinen die „Krieger“, es folgen die Handwerker, Ärzte, Kaufleute, Rechtsanwälte, Richter, Gerichtszeugen, die Beamten (ministri publici), die Adligen (nobiles), Dienstleute (mercenarii, clientes), Ratgeber (consiliarii), Lehrer, Schüler; dazwischen bringt er allgemeine soziale Klassifizierungen: Reiche, Mittelstand (mediocres), Bettler, Herren, Unfreie. Eine bunte Welt, in der die ganze Vielfalt von Berufen, Schichten und Ständen erfaßt ist, die Rather in seiner Zeit vor sich hat [38]). Freilich, weder die „Freien“ noch die „Arbeitenden“ (laboratores) der später erscheinenden Dreigliederung werden im Detail geschildert, die sozialen Schemata werden nicht zur Deckung gebracht. — Jeder Beruf und Stand erhält seine Belehrung, teils im tradierten Topos verharrend, teils aber auch in zeittypischer Einfärbung. Der „miles“ soll, im Anschluß an Luk. III, 14, solange er nicht im Heerdienst seinen Sold erhält, durch Handarbeit seinen Unterhalt verdienen und Plündern meiden. Hier wird auf ein sicher drängendes Problem angespielt: den Unterhalt und die Beschäftigung von Dienstmannen (ministeriales) in Zeiten der Waffenruhe. — Die Ärzte sollen die Armen umsonst behandeln. Rather hat hier Gelegenheit, ausführlich den Widersinn einer mit Aberglauben verbundenen Quacksalberei darzutun (tit. 4, I) und eine Begründung wahrer Medizin zu versuchen. — Der Kaufmann erscheint wegen seines Profitstrebens, Zinsnehmens und Übervorteilens als ein sittlich gefährdeter und wenig angesehener Beruf, in der feudalen Agrargesellschaft führt er eine suspekte Randexistenz. — Die immer wieder als ungerecht gescholtenen Richter werden von Rather mit den Palastgrafen (comites palatii) gleichgesetzt. Sie erhalten eine vernichtende Zensur: „Fast nie konnte ich einen Richter beobachten, der nicht begehrlich (bestechlich) war“ (I, tit. 7). Verbreitet ist das Richten „in Ansehen der Person“. Privilegiertenjustiz, die Kleinen nehmen Schaden. Der gerechte Richter aber urteilt nach Gesetz und nach Sachverhalt. — Die „ministri publici“, Rather nennt sie Gastalden (langobardisch) oder „maiores“ (fränkisch), werden kurzerhand mit den Verbrechern identifiziert, die sie selbst zu verurteilen hätten: „Zu ihrem Amt fliehen, gleichsam wie zu einem Asyl, alle Arten von Vergehen, und während es dessen Pflicht wäre, alle Vergehen zu rächen, findet man keinen, den man nicht selbst anklagen und schuldig sprechen könnte“. Der Vertreter der Herrschaft raubt, betrügt und setzt mit Hilfe der Folter seine Forderungen durch. Rather ruft die Beamten zur Reue und zum Mitleid als Möglichkeit echter Umkehr auf. Wieder haben wir eine polemische Illustration der „oppressio pauperum“. — In den Dienstleuten (mercenarii, clientes) begegnen wir all denen, die sich in die Hand eines Herrn übergeben, der Grundform also der Vasallität. Rather ruft ihnen die Treue, die sie in die Hände des senior geleistet haben, in Erinnerung. Die Schuld an gestörten Kommendationsbedingungen liege nicht einseitig bei den „patroni“, sondern vielfach auch in der Nachlässigkeit und in der „superbia“ der Vasallen: „Maße dir nicht Freiheitsrechte an, die du um Gewinnes willen verkauft hast“. Auch dies ein Schlaglicht auf die Stimmungslage innerhalb der Vasalität, es sollte nicht mehr allzulange dauern, bis sich hier offener Widerstand regt.

Von besonderem Interesse sind natürlich die allgemeinen Reflexionen: Einmal die Skala vom „Reichen“ über denjenigen „mediocris fortunae“ zum Bettler, der „pauper“ ist als Eigenform ausgelassen. Der „dives“, für den Rather ja eine reiche Väterliteratur zur Verfügung hat, erscheint in den zwei Grundformen: des „superbus“ und „malus“, der nur an sich und die Erben denkt, und des „bonus“, der seinen Besitz im Sinne der Freigebigkeit betrachtet (usus liberalis), wir haben die alte Forderung nach der Sozialverantwortung des Reichtums (I, tit. 17). Rather beschwört das Bild der Mächtigen (potentes in saeculo), die den Bedürftigen und Fremden ein Heim schaffen. — Der „mediocris“, der Mann mit geringem Vermögen, von Rather auch als „arm“ bezeichnet, unterscheidet sich vom Reichen durch die Höhe des Besitzes, nicht jedoch durch die innere Einstellung. Er kann nicht übermütig sich gebären, aber er hängt oft hartnäckigst an seinem Erwerb. So kommt es, daß noch einmal die Gefahr des Besitzstrebens mit Hilfe von Chrysostomus beschworen wird. — Der Bettler (I, tit. 19) erhält die Mahnung, sich nicht zu überheben sondern zu arbeiten, sofern er kann. Sich zu enthalten, damit nicht zu viele Kinder kommen, kurz: das Beste aus seiner Lage herauszuholen.

Die Konfrontation von Herr und Unfreiem bringt die gewohnte Deutung: Der Herr soll sich nicht überheben und in seinen Maßnahmen nicht dem Zorn nachgeben. Der Unfreie soll einsehen, daß zur Steuerung der Willkür des Handelns (licentia male agendi servorum) Herrengewalt erforderlich ist: „Denn wenn alle ohne Furcht wären, wen gäbe es, der die andern vom Schlechten abhielte?“, ein Topos, der die ganze Fragwürdigkeit dieser Argumentation erneut zum Bewußtsein bringt. Wieder erscheint die Formel Isidors, daß geduldige Unterwerfung besser sei als hochfahrende Freiheit (Sent. III, 47). Entgegen dieser harmonisierenden Beschwichtigung erleben wir im massiven Angriff auf den Adel (I, tit. 10) die fragwürdige Kehrseite der Adelsmentalität. Der „patronus“ und „senior“ — in den Kapitularien erscheint der „senior“ als Gefolgsherr — wird an die natürliche Gleichheit der Menschen erinnert. Gregor I., Augustinus, Leo I., Boethius, Benedikt dienen als Zeugen. Gegen die stolze

Berufung auf das „hohe Blut“ steht die Tatsache der gleichen Materie (eadem massa) und der ungleich höhere Wert der guten Tat, des treuen Dienstes: „vornehmer ist der seinem Versprechen gemäß treu Dienende, als du, der du ihn lügnerisch täuschest“. Dann folgt in einer eindrucksvollen Reihe die desillusionisierende Kette der Abstammung: Über den Richter und den Krieger geht es zum Wahrsager, Vogelfänger, Maultreiber bis er beim Bauern (agricola) landet und hier die Option „frei-unfrei“ offen läßt. Adel ist nicht Folge der Natur, sondern menschlichen Willens. Gegen den Blutadel entsteht die Vorstellung des Adels durch Tugend[39]). Rather erinnert an die Tatsache, daß jetzt viele durch ihren Dienst oder ihr Können (ingenium) die Freiheit sich verdienten, eine Bemerkung, die auf die bereits erwähnten Freiheitstendenzen der Zeit verweist. Ja, Unfreie würden sogar dem Nachwuchs von Adligen vorgezogen[40]).

Die Kritik an den „nobiles“ erweist die Existenz dieser durch Geburt ausgezeichneten Schicht und fügt sie ein in das soziale Konzept Rathers. Wir haben den Kontrast von Schwachen, Armen, Schutzbedürftigen und den Inhabern von Macht, Reichtum und Privilegien. Sie sind überwiegend hochfahrend, gewalttätig, räuberisch, ungerecht, unersättlich, jeder auf seine Art. Ein Schwarz-Weißbild? Selbst wenn man die Überzeichnungen einklammert, bleibt noch genug „historische Wahrheit“ übrig. Auf diese Wahrheit und Wirklichkeit zielt die Reflexion Rathers. Sozialverhalten als „christianus“, darum geht es ihm, kann und darf sich nicht an eingewurzelten oder legitimierten Gewohnheiten orientieren und mit ihnen paktieren. Soziale Reflexion dieser Provenienz argumentiert nicht konform und sich anpassend, sondern sozial-kritisch. Das wird an all den Stellen deutlich, in denen Schwachstellen der sozialen Struktur berührt werden: Beim negotiator, iudex, den ministri publici, den domini, nobiles und divites. Die Absage an adliges Sippenbewußtsein — sie konnte nicht deutlicher ausfallen — drängt die Argumentation zur Frage, ob dieses System überhaupt bestehen soll. Aber soweit geht Rather nicht, so wenig er an die Institution der Unfreiheit rührt. Was zu ändern ist, das geht an die innere Einstellung, Rather bleibt hier ganz in der Tradition stehen. Alle bindet die Pflicht zur humilitas, der „mater virtutum (II, 9), zur Gerechtigkeit und Treue. Die Warnung geht auch an die Unfreien und Schwachen: „Es gibt viele pauperes, deren Hochmut die Überheblichkeit der Reichen übertrifft“. Rathers Reflektion operiert in der Spannung von Ja und Nein zum System, von Anpassung und Distanz, von christlichem Ideal und humanem Versagen. In dieser Spannung wird trotzdem eine Grundtendenz greifbar: Innerhalb der vor Gott gesetzten Scheidung (discretio) der Stände und Aufgaben bedeutet Verwirklichung der sozialen Ordnung nichts anderes, als am jeweiligen zugewiesenen Platz sein Werk zu tun. Ohne „superbia“ und „elatio“, aber mit Demut (humilitas), Gerechtigkeit, Liebe, Erbarmen. In diese Scheidung der Aufgaben gehört auch die „Arbeit“: „labor magis servituti quam libertati videtur congruere“ (I, 11) heißt es zum Dienstmann in bemerkenswerter Qualifikation des „labor“. Arbeit als Syndrom zur Unfreiheit markiert eine seit der Antike tradierte Einschätzung. Sie muß an dieser Steller nicht als konkrete Beschreibung der Wirklichkeit gelten, aber sie verrät doch eine soziale Mentalität.

In den weiteren Teilen der Praeloquia gibt Rather eine Verhaltenslehre für die Lebensstufen, für die Ehe, den König und die Geistlichkeit. Er löst sein Versprechen des Eingangs ein, weitgehend in der ihm überkommenen Sicht, aber doch auch fähig, eigene Positionen zu bringen und Formulierungen beizusteuern. Mann und Frau werden in männlich geprägter Sehweise beschrieben. Der Mann (vir) hat es mit Wortstamm Tugend (vir-virtus) zu tun, der

Name der Frau mit der Weichheit (mollities), die leicht zu weiblicher Schwäche führt (II, tit. 1/2), also soll der Mann die weibliche Weichheit vermeiden und in der Tugend fest bleiben. Die Frau als der gefährdetere Teil. Freilich vermeidet Rather die pauschale Bezeichnung der Frau als „Herd der Sünde“, auch ihr gesteht er prinzipiell Tapferkeit des Geistes zu. Schon in Gen. II, 23 werde sie „virago“ genannt, und sowohl AT wie NT bringen viele Exempel weiblicher Größe und sittlicher Kraft. Ein Urteil, das sich von zelotischen Negativcharakteristiken deutlich abhebt. In der Ehe betont er den unbedingten Vorrang der Fortpflanzung als leitendes Kriterium geschlechtlichen Verhaltens. Ehetrennung kann bei Ehebruch (fornicatio) erfolgen (II, 3), eine immerhin bemerkenswerte Position. Die Einehe verteidigt Rather ohne Kompromiß und nachgiebige Exegese, die ja bei der verbreiteten Sitte der Friedelehe nahelag [41]).

Die Darstellung Rathers wird von einer hohen Achtung vor der Bindung Mann-Frau in der Ehe getragen, ihrer biologischen Kraft. Es fällt das Wort von der „tanta vis huius coniunctionis“. Auch diese Perspektive sollte man nicht übersehen, vor allem, da auch die Relation Ehe-Jungfräulichkeit keineswegs im Sinne eines spiritual-aszetischen Gegensatzes herausgestellt wird. Die Jungfräulichkeit (II, 9) wird nicht einseitig etwa auf Kosten der Ehe profiliert, sie erscheint als Nachahmung Mariens, mehr nicht. Und hier wird auf die „humilitas“ als hervorragendste Haltung verwiesen (mater virtutum), die „pudicitia“ erscheint nachgeordnet. Rather wird seine Gründe haben, wenn er das Augustinuswort zitiert, daß ein „humile coniugium“ besser sei als eine „superba virginitas“. Wir haben die gleiche dialektische Konfrontation wie beim demütigen Herrn und überheblichen Knecht. Entscheidend bleibt die innere Einstellung. Das gilt auch für alle Altersstufen und Altersverhältnisse. Gehorsam und Achtung vor den Eltern bei den Jungen, freudiges Ja zum Alter bei den Greisen. Den jungen Leuten rät er, schon früh sich im Lebenskampf (militia vitae) zu üben (II, tit. 12) und den Schwierigkeiten nicht auszuweichen. Im Rat der Alten soll der junge Mann aufmerksam zuhören, nicht voreilig reden, fleißig lernen, um selbst später entscheiden zu können. Das Zureden Gleichaltriger wehrt man besser ab. Hier mag die Erfahrung Rathers im Konflikt der Generationen mitschwingen, die junge Generation will ja ihrer eigenen Meinung folgen.

Die Pflichten des Herrschen folgen aus den Kardinaltugenden. Ausführlich wird das Verhältnis zur kirchlichen Hierarchie besprochen, wobei unter dem Stichwort: „Die Bischöfe sind zu ehren“ der unbedingte Vorrang des geistlichen Amtes betont wird. Der König herrscht „nur“ über irgendwelche, der Bischof steht über dem König und allen andern: „nam tu (rex) super aliquos, illi super te et omnes“ (III, 6). Es folgt eine hymnische Aureole um die Stellung des Episkopates, die kaum zu überbieten ist: „Dii sunt, Domini sunt, Christi sunt, coeli sunt, angeli sunt, patriarche sunt“ heißt es zu Beginn dieser Laudatio [42]), die dann mit dem Verweis auf ihr Richteramt über Menschen und Engel zunächst abschließt. Ein hierarchisches Selbstbewußtsein, dem die Wirklichkeit der herrschenden Verfügung über die Kandidatur und die Bestellung neuer Bischöfe merkwürdig kontrastiert [43]). Man sieht, die Abhängigkeit von der weltlichen Herrschaft vermag es nicht, die Überzeugung von der spiritualen Überlegenheit zu beseitigen. Aus diesem Bewußtsein heraus kann Rather denn auch gegenüber dem Königtum kritisch werden, und dies sogar in einer auffallenden Pointe. Im Anschluß an das Wort Joh. 21, 17): „Weide meine Schafe“ heißt es: „Meine, sagt er, meine; meine durch Schöpfung, meine durch Erlösung, meine durch das Recht. Meine nicht Deine; meine, nicht die des Tiberius; meine, nicht die des Claudius; meine, nicht die des Constantinus; meine, nicht die Karls“ (III, tit. 12). Eine in dieser Griffigkeit seltene Formulierung. Sie provoziert im Grunde eine ganze Herrschertradition bis auf Karl den Großen selbst, dessen Namensnennung tief blicken läßt. Sie bedeutet eine klare Absage an den gerade von Karl erhobenen und praktizierten Anspruch auf Lenkung der Kirche „in sinu regni" [44]). Ein Urteil, das noch einmal die Fähigkeit Rathers erweist, sich gegenüber der Welt herrschaftlicher Strukturen, in die er selbst impliziert ist, abzugrenzen.

b) Atto von Vercelli

Eine vergleichbare soziale Grundstimmung wie bei Rather finden wir bei seinem Zeitgenossen Atto von Vercelli. Atto selbst Angehöriger der grundherrschaftlichen Aristokratie, wie auch sein Testament mit seinen überreichen Vergabungen erweist, Theologe und Exeget von einigem Rang — zumindest in seiner Umgebung — folgt in der Schriftdeutung den bewährten Interpretationsmustern: Die provozierende Sentenz Gal. 3, 28 vom Verschwinden der biologisch-sozialen Trennungen in der Gemeinschaft Christi wird differenziert auf die soziale Situation „in diesem Leben" (in hac vita) und die eschatologische Existenz auf Christi Königreich hin [45]). Gewiß, der Apostel gebe andernorts den verschiedenen menschlichen Situationen besondere Anweisung, aber das beziehe sich auf die geschichtlichen Bedingungen des Lebens hier und jetzt, die eben die Bedingungen „eines Lebens auf dem Wege" (in hac vita quasi in via) ausmachen. Und hier sind soziale Differenzierungen (discretiones) notwendig, damit nicht die Ordnung Caesars und Christi vermengt würden. Dagegen ist in Christus selbst keine Trennung nach sozialen Kriterien. Oder wie es in der Exegese zu 1 Cor. 7, 19ff heißt: Unfreiheit hindert nicht am Zugang zum himmlischen Königreich. Daher soll der Sklave nicht faul und widersetzlich werden, er kann im übrigen hoffen, von Gott in der Ewigkeit belohnt zu werden und vom leiblichen Herrn die Freiheit zu erlangen. 1 Kor. 7, 21 wird demnach, und das scheint bemerkenswert, für eine Deutung im Sinne sozialer Befreiung offen gehalten [46]). Das würde zu den bereits beobachteten Freilassungstendenzen der Zeit genau passen.

Allerdings, Freilassung ist Geschenk des „dominus carnalis", kein sozialer Anspruch, wie Atto sofort einschränkend betont. Denn Christus kam nicht „mutare conditiones sed mentes", er will keine soziale Umwälzung sondern den Wandel der inneren Einstellung. Freiheit entscheidet sich, vor Christus, in der Freiheit von der Sünde, daher ist der Unfreie durch seinen Glauben frei. Die Herren sollen sich nicht erheben, sie sollen die natürliche Gleichheit anerkennen, die Unfreien mögen sich nicht wegwerfen, „Ihr seid ja Brüder". Das ist die alte Botschaft, wie schwer sie selbst im Raum der Kirche zu verwirklichen ist, bezeugt Atto in seiner Schrift: „De pressuris ecclesiasticis". Da erleben wir im Rahmen seiner Attake gegen simonistischen Amtsmißbrauch auch die Schattenseite der Feudalkirche, ihrer Abhängigkeit vom Interesse der Herrschenden. Da entscheidet bei der Wahl zum Bischof nicht zuerst Würde und Verdienst eines „schon lange in der Kirche kämpfenden Priesters", sondern verwandtschaftliche Zuneigung, Kumpanei (amicorum dilectio), vielleicht sogar die Zuhilfe des Gefolges. Aber: „die Wahl der Priester soll nicht nach dem Geblüt, sondern nach Verdienst und Eignung erfolgen". Tatsächlich jedoch entscheidet offenbar oft der Wille eines Fürsten, sodaß der ungleich weniger würdige Sohn irgend eines Mächtigen vorgezogen wird. Ja sogar Halbwüchsige (parvuli) können Bischof werden, weder körperlich noch geistig reif. Sie werden Lehrer, obwohl sie selbst nicht einmal die Vorschule menschlicher Bildung hinter sich gebracht haben, Richter über Seelen sollen sie sein, obwohl sie selbst kaum verstehen, was überhaupt Seele ist[47]). Amt in christlicher Gemeinde, Amtsverantwortung vor Christus pervertiert in Ämterpatronage in der Hand mächtiger Familien.

Verhalten der an der Macht Teilhabenden, Leben und Treiben der Aristokratie im Kampf um die Herrschaft, ein Innenbild der um die Gewalt ringenden Schichten erfahren wir endlich in dem merkwürdigen „Polypticum sive Perpendiculum“[48]). Hermetisch verschlüsselt — wohl um seine massive Kritik zu schützen — schildert Atto hier den wogenden Streit und die Vorherrschaft im Ausgang der karolingischen Herrschaft, bis zum Eingreifen Ottos I. Eine wirre Welt: Die Prätendenten (Hugo und Rudolf von Burgund) mit ihren Anhängern und großen und kleinen Vasallen, sie selbst wieder Herren über ihre Waffenknechte (milites) und das niedere Volk, etwa der geplagten Landleute (rustici). Sie treiben ihre eigene Politik und wechseln nach Bedarf die Fronten, ein ständiges Hin und Her des Kalkuls, der Verschwörungen, des Hinterhalts, der Treulosigkeit. Dazwischen der einzige Wille, Macht zu erwerben und zu behaupten. Das Geflecht feudaler Herrschaft und entsprechender Abhängigkeit, alles vollzieht sich innerhalb der Schicht der „domini“ und der „potentes“, mit ihren Rangunterschieden von Großen (praestantiores) und Kleinen (minores). Atto zeichnet ein düsteres Bild von Gewalt, Brutalität, von Bestechung mit „Schüsseln und blinkenden Tellern“, von Armbändern und „arabischen Gürteln“[49]), von Rücksichtslosigkeit gegenüber den Schwachstellen des eigenen Standes, den Witwen und ohnmächtigen Nachkommen eines Unterlegenen. Kurz, wir haben die Welt, in die dann Otto I. ordnend eingreift.

Die „Kleinen“ (minores), das sind zuerst die niederen Vasallen und kleinen Herren, können dabei nur am Rande mitwirken, die Großen machen letztlich die Dinge unter sich aus. Sie sind zwar „an Stand den übrigen gleich, an Macht jedoch stärker“ (pares caeteris ordine et tanta dignitate praepolleat)[50]). Der Unterschied von Großen und „Kleinen“, die Tatsache, daß die „Kleinen“ sich verbünden, beides ist bemerkenswert, es verweist auf eine Entwicklung, die dann im 11. Jahrhundert voll einsetzt und zu offenen Konflikten führt. — Das niedere Volk, die „plebs“ (plebeia manus) bleibt in diesem Streit ausgegliedert, es ist ausgeliefert, ohne Führer wehrlos. Der Bauer (rusticus) tritt auf, der um den Ertrag seiner Arbeit gebracht wird, in einer Metapher erscheinen aber auch die „unnützen Gutsverwalter“ die ihre Unfreiheit abschütteln[51]). Rettung bleibt nur in einer gerecht erworbenen und behaupteten Herrschaft. Aber auch hier kann „ratio“ und menschlicher Ratschlag (humana formula) nicht den Ausschlag geben, auch nicht der Ruf nach dem Monarchen: „Wer vermag die Welt durch heilende Tat zu schützen?“. Antwort: Kaum ein Herrscher oder eine Teilgewalt. Nur der vermag es, der die menschliche Natur, wie der Mediziner, zu innerst kennt, Gott[52]). Atto erhofft sich von menschlicher Überlegung und Analyse augenscheinlich nur wenig. Immerhin ein Zeichen, daß es derartige Überlegungen zur Rettung des Gemeinwesens gibt und daß sie offenbar auf die Wiederherstellung einer starken und gerecht wirkenden Monarchie hinauslaufen. Das ist realistisch gedacht, und sollte sich in der Herrschaft Ottos I. und der mit ihm einsetzenden neuen Epoche des ostfränkischen Kaisertums einigermaßen erfüllen.

3.2 Dhuoda. Adelsethik aus der Sicht einer Frau

Vom Adel Oberitaliens im 10. Jahrhundet war die Rede. Wenn wir noch einmal in das 9. Jahrhundert zurückgehen, stoßen wir auf ein kostbares Zeugnis sozialethischer Reflexion. Es stammt aus der Feder einer ganz eigenständigen und klug beobachtenden Frau. Sie läßt uns die Kehrseite hochadliger Existenz im Gewirr der Machtkämpfe unter Ludwig dem Frommen erkennen, wir können etwas von der Tragik im Innenleben einer Familie des Hochadels erahnen. Dhuoda, nach Wollasch eine Schwäbin, Frau Bernhards von Septimanien, eines Karolingers, schreibt im Augenblick, da ihr Sohn bereits als eine Art Geisel Karl dem Kahlen „kommendiert" ist und ihr jüngstes Kind vom Vater — wohl zum Schutz — zu sich genommen wird, ein Handbüchlein [53]). Der ältere Sohn soll es lesen und darüber seinen jüngeren Bruder ermahnen. Wir stehen im Zentrum der Macht, Dhuoda ist vom Gemahl nach Uzès einquartiert (sub iussione senioris mei), sie ist allein, der Mann steht irgendwo im Westen Frankreichs, er gehört zur Partei Pippins II., versucht sich aber auch mit Karl zu arrangieren, daher die „commendatio" des Sohnes an Karl. Aber 844 wird er hingerichtet, 848 erleidet der Sohn, Wilhelm, an den das Manuale gerichtet ist, das gleiche Schicksal. Die grausige Innenseite der Macht.

Im Augenblick, da Dhuoda ihr Manuale beendet (2, II, 843), weiß sie von diesem bitteren Ausgang noch nichts, die ethische Idylle ihrer Handreichung an den Sohn steht noch in schroffem Gegensatz zur politischen Zukunft. Dennoch lassen sich die Gefahren, in denen man steht, spüren. Die „felicitas humanae conditionis" ist brüchig genug (VI, 1, 68), unter den Ahnen, die sie dem Sohn in Erinnerung bringt (V, 1) finden sich einige Opfer Lothars: Eine Gariberga wird ertränkt, ein Gotzhelm enthauptet, ein Aribert geblendet. Nicht umsonst ihre inständige Mahnung, Treue zu wahren, wie es in seinem Geschlecht tradiert sei, und nicht der „infidelitas" zu verfallen (III, 4, 24ff), dem schlimmsten Vergehen einer Herrschaft und Gesellschaft, die so elementar auf „fidelitas", auf Gefolgschaft, auf die Spielregeln des Personenverbandes aufgebaut ist. Und Dhuodas Lehre ist eine exemplarische Manifestation des Selbstverständnisses gerade der Schicht, die sich an der Spitze der herrschaftlichen Pyramide befindet, des Hochadels und der königlichen Sippe selbst, der sie durch ihren Gemahl Bernhard angehört.

Sie selbst ist sich ihrer hochadligen Herkunft bewußt, die hohe Abkunft des Sohnes über den Vater spricht sie wiederholt an (III, 4). Gewiß „innerhalb der menschlichen Art (in specie humanitatis) ragt königliche und kaiserliche Gestalt und Macht in diesem Leben hervor", aber „es bleibt auch eine sichere und bestimmte Einrichtung (conditio), daß nur der Abkomme eines (entsprechenden) Vaters zu einer anderen und höchsten Person, die den Gipfel der Herrschaft innehat, gelangen kann" (III, 2). Vor der Ehrfurcht gegenüber dem König rangiert daher für Dhuoda die Treue und der Gehorsam gegenüber dem Vater. Der Kreis der höchsten Herrschaftsträger um den König bleibt unter sich, das lehrt auch die Geschichte der Zeit. Gegenüber dem Träger der königlichen Gewalt und des königlichen Namens bewahrt man ein unverkennbares Selbstbewußtsein. Diese innere Bindung und Abgrenzung der höchsten und hohen aristokratischen Schicht lenkt und garantiert über Jahrhunderte das feudale System.

Die soziale und politische Reverenz gegenüber dem Vater ist eingebettet in die religiös initiierte und fundierte Pflicht gegenüber Vater und Mutter (III, 1). Ihr fügt sich von selbst der Katalog des Verhaltens gegenüber dem König an: „Sei aufrichtig, wachsam, nützlich und stets bereit" (III, 4, 37). Dazu gehört die Wahl der guten Ratgeber, „In früheren Jahrhunderten gab es viele würdige, nützliche und aufrichtige, heute sind sie gewiß in vielem ihnen sehr unähnlich" (III, 6, 8). Hier spricht die unmittelbare Erfahrung Dhuodas. Lebenswichtig für einen jungen Aristokraten ist die Eingliederung in die eigene Sippe, die am königlichen und kaiserlichen Hof vertreten ist, und „Fürchte, liebe, verehre und habe sie gern". Daß die Furcht zuerst genannt wird, läßt einiges erahnen. Der Herrscherfamilie gegenüber gilt vor allem die

Treue, dem Volk gegenüber gilt Friedensliebe, kraftvolle Regierung und Schutz nach außen. Die Kirche soll im Glauben geeint werden (III, 8).

Für den weiteren Kreis der „optimates" lauten die Ratschläge Dhuodas entsprechend. Sie entwickelt eine kleine Lehre diplomatischen und höfischen Verhaltens. Wichtig ist die sorgfältige Auswahl, der Erwerb zuverlässiger Freunde unter den Verwandten, das Vermeiden jeglichen Vorwurfs der Untreue. Unter diesem Vorwurf wird ja ihr Mann später angeklagt werden und sterben. Das Verhältnis zu den „minores" den niederen Vasallen und Untergebenen wird eigens besprochen, hier gerät ja der Verhaltenskatalog in eine andere und neue Dimension. Dhuoda visiert diese wichtige Thematik zunächst pädagogisch an, auch die Niederen können ein gutes Beispiel geben, daher solle man sich ihnen „mit kleinen und großen Gefälligkeiten" verbinden (III, 10). Vor allem aber stellt sich die Frage der Hilfe für die Schwächeren. Hier stellt sich selbstredend die Mahnung der Schrift ein. Dhuoda erinnert an die Verantwortung der Stärkeren (Gal. 6, 2), die Pflicht der Hilfe durch die „potentes et fortiores" (Röm. 15, 1). Weiter geht sie nicht, das heißt, die in der Exegese seit der Väterzeit erörterte Frage der Gleichheit aller, die Problematik der Unfreiheit oder erst recht Gal. 2, 28 all diese Texte, in denen Fragen an die gesellschaftliche Struktur auftauchen, bleiben unzitiert und nicht gefragt. Für die Rezeptionsgeschichte der Vätertheologie und Exegese ein symptomatischer Vorgang. Die soziale Botschaft der Schrift erscheint, wo es um die sittliche Pflicht des Einzelnen geht, um seine Fürsorge, vor allem auch gegenüber den Armen; ein Befragen der sozialen Verhältnisse, des Systems erfolgt nicht. Dhuoda bleibt, bei aller hohen sittlichen Verantwortung in der Perspektive ihres Standes, sie sieht die Dinge im Sinn des Lenkens von oben. Und hier haben wir die Weisung des Schöpfers selbst: Er stürzt die „potentes" und erhöht die „humiles" (Luk. I, 52). Das ist nun aber nicht gesagt als Argument für einen kritischen Ansatz gegenüber dem System, sondern für die beispielhafte Autorität Gottes, der zugleich groß, stark und klein unter den Kleinen ist (III, 10).

Anmerkungen Kapitel III: Soziale Reflexion der karolingischen Epoche

[1]) Vgl. R. Sprandel, Verfassung und Gesellschaft im Mittelalter, 30f zur „herrschenden Lehre". Die kontroverse Beurteilung der Freiheit (liberi) wird gar nicht mehr diskutiert. Vgl. S. 44f. Vgl. oben: Kap. I, Anm. 1.

[2]) Vgl. die lupenreine Herleitung des qualitativen Sprungs zum Feudalismus im Frühmittelalter: „direkt aus der zerfallenden Urgesellschaft", H. J. Bartmuss, Deutsche Geschichte, Berlin, 1965, I, 109. Und: Deutsche Geschichte, Berlin 1982, 221ff. Die urkommunistische Gesellschaft mit Gemeineigentum an Produktionsmitteln, mit Gleichheit, habe über zwei Jahrtausende der Entstehung des Privateigentums, der Ungleichheit, der Ausbeutung widerstanden. Die freien Bauern werden jetzt in Abhängigkeit der Grundherren gebracht. Die Entstehung des Feudalismus habe so ihre Wurzeln in der zerfallenden Urgesellschaft, in Elementen der Spätantike.

[3]) Vgl. die Darstellung K. Bosls, Die Grundlagen der modernen Gesellschaft im Mittelalter, I, 79f als Abschluß einer langen Kontroverse über die liberi. Diese könnten „Königsfreie", d. h. Leute auf Königsland sein und daher „frei", oder als Zugehörige „zu dieser Schicht" im Sinne eines „allgemeinen Geltungsanspruches" verstanden werden.

[4]) Das immer wiederkehrende Auftauchen von „liberi" in den Volksrechten, den Urkunden, den Traditionen zwingt zur Annahme einer „nennenswerten Zahl". Vor allem auch die Tatsache, daß das Heer aus Freien rekrutiert ist. Sie ob ihrer Abhängigkeit — etwa im Rahmen klösterlicher Grundherrschaft — **generell** als „freie Unfreiheit" zu bestimmen, wie Bosl meint (Gebhard, Handbuch der dt. Geschichte, 1975, VII, 9, b), verdeckt und übersieht eben das, was ihre „libertas" ausmacht und was sich in den Freilassungsformularen und in der sozialen Reflexion niederschlägt: die persönliche Freiheit. Daß diese „Freiheit" Gradunterschiede hat und haben kann, beseitigt aber nicht ihre Existenz. Sie nur als anachronistische Leerformel anzusehen, mutet den Schreibern ein hohes Maß an Unfähigkeit zu, ihre soziale Umgebung verbal zu erfassen.

[5]) MGH Cap. I, n. 45, S. 127, 130.

[6]) MGH Cap. I, n. 25, Capitulare missorum. Hier wird der ganze Bereich der zum Eid Verpflichteten aufgeführt. — Zur Eidesleistung: Th. Mayer, Staatsauffassung in der Karolingerzeit, in: Das Königtum, Vorträge u. Forsch. III, 1963, 177ff.

[7]) MGH Cap. I, n. 25. — Servi casati und mancipia, die in der Divisio regnorum, 806, Cap. I, 25, n. ll genannt werden, sind bezeichnenderweise unerwähnt und nicht erfaßt.

[8]) H. O. Plaßmann, Princeps und populus, 1954 hat vor allem die Einschränkung von „populus" vertreten.

[9]) MGH Cap. I, 150, n. 2: „pax et iustitia in omni generalitate populi nostri conservetur". — n. 8 zur „communis pax populi". — n. 15: „quae ad pacem et iustitiam totius populi pertinent". — n. 14: „de communi societate et statu". — n. 15: „ad honorem regni et communem utilitatem".

[10]) MGH Cap. I, S. 53: „abundantem in nos nostrumque populum Christi regis clementiam". Ebenda die Sorge der Priester für „populum Dei". — Cap. I, 33, n. 32 zu den „homicidia pro quibus multitudo perit populi christiani", — „inimicitia maxima inter christianos non fiat". n. 33 zur fornicatio, n. 36 zu periurium. — Cap. I, n. 150 in der Admonitio von 823 werden nach den Standesermahnungen an die Verantwortlichen in n. 9 „omnes laicos" ermahnt.

[11]) Hierzu meine Darstellung mit Belegen in Regimen christianum, S. 71f zu Ambrosius, Isidor, S. 77 und 80 zu Cathwulf; S. 80 zur Synode von Paris.

[12]) Regimen christianum S. 81.

[13]) MGH Leg. Nat. Germ. IV, II, 2ff.

[14]) MGH Cap. I, n. 46, 6: „Auditum habemus, qualiter et comites et alii homines, qui nostra beneficia habere videntur conparant sibi proprietates de ipso nostro beneficio et faciant servire ad ipsas proprietates servientes nostros. ferner n. 7.

[15]) Cap. I, n. 73, 2: „Quod pauperes se reclament expoliatos esse de eorum proprietate". — n. 3: „Dicunt etiam quod quicumque proprium suum episcopo, abbati vel comiti aut iudici vel centenario dare noluerit, occasiones quaerunt super illum". Sie verurteilen, lassen den Widerspenstigen in hostem ire: „usque dum pauper factus nolens volens suum proprium tradat aut vendat".

[16]) Cap. I, 48

[17]) Cap. I, 165: Capitulare Olonense: „De mediocribus quippe liberis". Sie sollen sich in die Last teilen.

[18]) Cap. I, n. 48 und 165: „conserventur quousque valeant recuperare".

[19]) Cap. I, n. 34, 12: „De obpressionibus liberorum hominum pauperum qui in exercitu ire debent et a iudicibus sunt obpressi". — MGH Conc. II, 1, n. 38: Expropriation der pauperes „qui liberi esse noscuntur et sub potestate potentiorum sunt constituti". — Religiös motivierte Erpressung: Cap. I, n. 72, 5: „suadendo de coelestis regni beatitudine, comminando de aeterno supplicio inferni, et sub nomine Dei aut cuiuslibet sancti tam divitem quam pauperem, qui simplicioris natura sunt et minus docti". — Zur Oppression ferner Cap. I, 44, n. 16.

[20]) Isidor, Sententiarum III, 45. PL 93, 713f. „quando a potentibus pauperes opprimuntur".

[21]) Cap. I, n. 58, 1.

[22]) MGH Conc. II, 1, n. 51: „diversarum conditionum ut sint nobiles et ignobiles servi coloni, inquilini et caetera huiuscemodi nomina". Interessant ist, daß die Nobilität als Kriterium der Differenzierung innerhalb der Freien genommen wird. Zu „inquilini" vgl. Isidor, Etym. IX, c. 4, n. 37, 38: „non enim habent propriam sedem, sed in terra aliena inhabitant": „emigrant et non perpetuo permanent".

[23]) MGH Form., Form. imp. n. 5 "de his quibus proprium aut libertas iniuste et per potentes ablata est". — Belege auch bei S. Epperlein, Herrschaft und Volk, 108ff.

[24]) Nithard, Hist. libri IV, 2.

[25]) Vgl. Cap. II, n. 212, 213 (850) Ludwig II. gegen die Übergriffe der „potentes et honorati sive ecclesiastici ordinis sive secularis" auf Heerfahrten und Hoffahrten. Für den Schutz des „minor populus". Gegen die Benachteiligung der „miseri id est tales Christi pauperes". — Cap. II, n. 201 Lothar I. gegen die „oppressio pauperum liberorum".

[26]) MGH Conc. II, 2, n. 50, c. 56

[27]) Alkuin Epist. MGH Ep. IV n. 200, S. 332: Improperans et mihi praefatus pater divitiarum mulitudinem, servorum usque ad viginti milia numerositatem, ignorans quo animo quis habet saeculum". — „Hominem numquam ad meum comparavi servitium".

[28]) Vita Richarii, Rer. Mer. IV, 393 variiert die ältere Fassung (Mitte 8. Jh.?) MGH Rer. Mer. VII., 448. Die Freilassung ist verbunden mit der Erkenntnis des baldigen Todes der „servi". Richarius will nach Alkuin „ne in proprios durior fore videretur" als gegenüber Fremden.

[29]) Alkuin Epist. MGH Ep. IV n. 132 und n. 249 (zu Unruhen in Tours) — „tumultuositas vulgi semper insanie proxima".

[30]) Claudius, Enarratio in Epist. D. Pauli ad. Gal. PL 104, c. 877 — c. 911ff. Expositio in Philemon.

[31]) Sedulius, De rectoribus christ. PL 103 c. 4, c. 298ff. — Smaragdus, Via regia, c. 30, PL 102, c. 968: Prohibendum ne captivitas fiat. — Die Wahl des Terminus „captivitas" anstatt „servitus" ist auffallend. Vorsicht? Im Text ist nur von „servi" nicht „captivi" die Rede.

[32]) MGH Cap. I n. 154, S. 313.

[33]) Hinkmar, De ordine palatii, MGH Leg. II, Cap. II, 518ff.

[34]) Jonas, De institutione regia, PL 106, 279ff. — Bemerkenswert, daß auch in einem Capitulare (MGH Cap. I, n. 137 von 818, S. 274) für den Herrscher die „conditio aequalis" zu den andern Sterblichen betont wird. — Jonas, De institutione laicali, PL 106, 121ff. Für den Text: I, c. 1, 2. — und II, c. 22/23, c. 213ff. — Das Zitat Gregor I. bezieht sich auf Moralia XXI, c. 15, PL 76, 203f.

[35]) Christian von Stablo, Expositio in Matth. c. 14, PL 106, c. 1321. — Auch hier der Hinweis auf die „una progenies". — „Non erit in alia vita discretio domini et servi".

[36]) Rather, Praeloquia, PL 136: Praefatio 147ff. tit. I. c. 149. — Ferner III, c. 12, 236 und variiert IV, c. 1, 250: „Ecclesie filii aut de sorte sunt Domini et appellantur clerici et monachi; aut sunt Ecclesiae famuli, Episcopi vero confamuli; aut laboratores, servi et liberi, aut milites regni". — Oexle, Die funktionale Dreiteilung der „Gesellschaft" Anm. 233 lehnt Dreiteilung ab. Er beseitigt damit ein wichtiges Zeugnis für die Entfaltung der Dreiteilung vor Adalbero von Laon. — Tatsächlich jedoch wird in Überschrift zu Buch III, a. a. O. 218 von „trifaria divisio" gesprochen, was auch Rathers Text entspricht.

[37]) In den „liberi" (vgl. Anm. 36) als laboratores wären dann die nobiles nicht erfaßt. Sie gehören zu den milites.

[38]) „Mediocres" erscheinen auch in den Kapitularien für kleinere Hufenbauern. Sie können nach Rather I, 18 auch „omnimodis pauper" sein.

[39]) Praeloquia I, 10, 168: „an quod verum est, hanc sibi virtute nobilitatem cum Dei gratia paravit, ut qui familia erat ignotus, claresceret moribus".

[40]) Praeloquia I, 10, 168: „servorum dominicae persaepe etiam praeferri propaginem".

[41]) Vgl. Praeloquia II, 3, n. 8, 195f. Gegen den Versuch, Gen. II, 24 (duo in carne una) auf den Sohn zu beziehen.

[42]) Praeloquia III, 6, 227.

[43]) Praeloquia IV, 1, 249: „episcopi vero a regibus etsi eligi vel decerni, non valent tamen ordinari".

[44]) Vgl. Regimen christianum, S. 79.

[45]) Atto, In Epist. ad. Gal. PL 134, 523.

[46]) Atto, In Epist. I, ad Cor., PL 134, 354. — Vgl. dazu oben zu Theodoret und Stimmen östl. Theologie, S. 37 f. Vgl. auch Atto, Expositio ad Phil., PL 134, 583.

[47]) Atto, De pressuris ecclesiasticis, II, PL 134, 74. — Dazu auch: Kölmel, L'epoca imperiale in: Chiese nelle società, 54 f.

[48]) Atto, Polypticum, PL 134, 881ff. — Und G. Goetz in AAL 37, 2, 1922. — Übersetzung bei Jul. Schultz, Atto v. Vercelli, Diss. Göttingen 1885, Anh. II, 73ff.

[49]) PL 134, 883, 886. Übersetzung Schultz, 79, 86.

[50]) PL 134, 886, Schultz 87.

[51]) PL 134, 890, zu „rusticus", 885 zu „villicus".

[52]) PL 134, 893. Atto erinnert an den „medicus" der „intente scrutur physicam rationem", schränkt aber ein: „Et si fateatur explici quodve per humanam formulam, tamen almus Spiritus manet in ea, quae ministrat inde".

[53]) Dhuoda, Manuale, ed. P. Riché, Sources chrét. 225. — J. Wollasch, Eine adlige Familie des frühen Mittelalters, Arch. Kulturgesch. 39, 1957, 150—188.

IV. KRISE UND ORDNUNG

4. Gliederung der Gesellschaft: „Trifaria divisio filiorum Ecclesiae" (Rather von Verona)

Die Repräsentanten der états généraux, die am 5. Mai 1789 in Versailles aufzogen: im klerikalen Habit, in Seide und mit den Federhüten des Adels, im einfachen Schwarz des tiers état, manifestieren noch einmal jene alte Dreiteilung der Gesellschaft, die sich im 9./10. Jh. herausbildet, „oratores, bellatores, laboratores". Strukturalisten wie Dumézil sehen darin, im Sinne der longue durée ein uraltes indogermanisches Denkschema und verkünden es einem staunenden Publikum. Aber was sollen Theologen des 10. Jh. mit weit entfernten indogermanischen Denkschemata zu tun haben, eine Kombination, die nur im Rahmen einer vorgefaßten Schematik möglich ist [1]). Auf sicheren Boden gelangt man, wenn man nach Einteilungsversuchen in der zeitlichen Umgebung der sozialen Trichotomie Ausschau hält. Da bietet sich zunächst Platon an, dessen Timaios mit der Kommentierung durch Chalcidius bekannt ist und dessen Philosophie gerade im 9. Jh. (Scotus Eriugena) eine Renaissance erlebt [2]). Auf theologischer Seite geben Pseudo-Dionys und Gregor I. Einteilungen, Adalbero wird sich später gerade auf sie berufen. Ps.-Dionys teilt das Kirchenvolk in Büßer, heilig Lebende (sanctae plebis ordo) Mönche; Gregor teilt ein in „praedicantes-continentes-boni coniuges". Bezeichnend ist, daß die Teilung nicht bei der weltlichen Gemeinde, sondern beim Gottesvolk der Kirche ansetzt. In einem unter dem Namen Bedas tradierten Text „de quatuor ordinibus", der möglicherweise in das 8. Jh. gehört, werden vier „ordines hominum" geschieden: „oratores-defensores-mercatores-laboratores". Jeder ordo erhält seine Aufgabe: Die „oratores" sollen beten, Beispiel geben, predigen. Die „defensores" sollen die drei andern ordines verteidigen, die „mercatores" sollen vom Überfluß des Ostens den Westen und von dem des Südens den Mangel des Nordens ausgleichen. Die „laboratores" sollen die andern ernähren. Jeder der Stände wird wegen Verletzung seiner Pflichten heftig angegriffen [3]).

Sollte für die Vita S. Dagoberti, die nach Krusch zwischen dem späten 9. und dem 12. Jh. entstanden sein kann, der ältere Ansatz zutreffen, dann hätten wir hier ein entsprechend frühes Zeugnis. Denn hier wird das fränkische Volk, das aus einem Un-Volk zum Gottesvolk geworden ist, in seinen drei ordines vorgeführt, dem „sacerdotalis ordo-militans ordo-agricolarum ordo". Der zeitliche Ansatz bleibt jedoch ungewiß [4]). Einen gesicherten Ansatz dagegen haben wir bei den folgenden Quellen: In seiner Version des Boethius nennt Alfred der Große die „gebedmen-fyrdmen-weorcmen" als Werkzeuge seiner Herrschaft. Sie helfen ihm, wie er ihnen hilft. Kurze Zeit darauf bringt Rather von Verona an zwei Stellen seiner Praeloquia (III, 12 und IV, 1) die Dreiteilung. Die Stellen lauten: „omnes inquam Ecclesiae filii de sorte sunt Domini et appellantur clerici et monachi; aut sunt Ecclesiae famuli, episcopi vero confamuli; aut laboratores servi et liberi, aut milites regni" (III, 12). In der Vorrede heißt es hierzu: XII „Trifaria divisio filiorum Ecclesiae". In IV, 1 wird darauf Bezug genommen: „Dixi Ecclesiae filios aut esse clericos et monachos, aut famulos, aut laboratores servos et liberos, aut milites regni". Verbal sind es zunächst vier Gruppen (clerici/monachi-Eccelsiae famuli-laboratores- milites regni), sachlich jedoch nur drei, da die ersten beiden Gruppen (Geistliche/Mönche und Ecclesiae famuli) klar zusammengehören als kirchliche Offizien. Diese Zusammengehörigkeit erscheint gleichzeitig in Cremona, wo Bischof, Kanoniker, Klerus und famuli zusammengefaßt den „cives" (milites, mercatores, artes) gegenübergestellt werden [5]). „Ecclesiae famuli", noch näher als „confamuli" des Bischofs umschrieben, waren Kirchenleute, als solche sicher Abhängige, wenn auch in „einem höheren technischen Sinn", die als Laien in der Verwaltung der Diözesen und des kirchlichen Besitzes tätig sind. Es hätte auch gar keinen Sinn, die relativ kleine Gruppe der „Ecclesiae famuli" nun als eine eigene **Großgruppe** neben die großen und grundlegenden ordines von Geistlichen, Bewaffneten und Arbeitenden zu stellen und zu isolieren. Geistliche (Priester und Mönche), Waffenträger, und (Hand-) Arbeitende bilden somit nach Rather die drei großen ordines in der Kirche. Nicht umsonst wird im Praeloquium zu Buch III von der „trifaria divisio" gesprochen, wird also die spätere Aufzählung im Text als ein Schema mit drei Gliedern aufgefaßt. Ein klarer Beweis für den inhaltlichen Sinn des Textes. Für die Chronologie bedeutet das, daß sich bereits Ende des 9. Jahrhunderts in England (Alfred) und dann im dritten Jahrzehnt des 10. Jh. in Italien die Dreiteilung herausgebildet hat.

Ende des 10. Jh. und in den ersten Dezennien des 11. Jh. häufen sich dann die Zeugnisse. Abbo von Fleury bringt in seinem „Liber apologeticus" für die „universalis ecclesia" einmal, wie Gregor I., die drei „ordines" der Verheirateten, Enthaltsamen (Witwen), und der Jungfrauen und Nonnen. Sie gelten für beide Geschlechter und sind in sich gestuft als „gut, besser und beste". Dann unterscheidet er — nur für Männer gültig: Unter den Laien die „agricolae" und „agonistae"; ihnen folgt der „ordo" der Kleriker (Diakone, Presbyter, Bischöfe). Die „Ecclesiae famuli" sind auf der einen Seite kirchlicher Dienste nicht mehr aufgezählt, im übrigen haben wir das Schema, wie es bei Rather formuliert ist. Kurz darauf findet sich in einer Epistel Aelfrics, seit 1005 Abt von Eynsham, die Dreierordnung: „laboratores, bellatores, oratores". Sie gilt wiederum „in ecclesia" und meint die jeweiligen Funktion des Lebensunterhaltes durch die „laboratores", der Verteidigung durch die „bellatores" und der priesterlichen Aufgaben durch die „oratores" [6]). Schließlich erfolgt um 1025 zunächst durch Adalbero von Laon und wenig später um 1036 durch Gerhard von Cambrai eine ausführlichere inhaltliche Begründung der Dreiteilung. In seinem satirischen „Carmen ad Robertum" sieht Adalbero die Kirche (domus Dei) dreigeteilt: „Nunc orant, alii pugnant, aliique laborant", jedes „offitium" bildet eine subsidiäre Einheit. Gerhard bringt eine wichtige neue Variante, indem er die Dreiteilung nicht als Ordnung der Kirche sieht, sondern des menschlichen Geschlechtes selbst und zwar urständisch, von Anfang an von Gott eingerichtet: „Genus humanum ab initio trifariam divisum esse monstravit, in oratoribus, agricultoribus, pugnatoribus". Das Attribut „trifaria" findet sich bereits bei Rather [7]). Auch hier wird die gegenseitige subsidiäre Funktion, im Bild (documentum) der beiden Hände angezeigt, gesehen.

Das Werden der Dreiteilung zeigt, daß sie eingebettet ist in das Bemühen, eine umfassende soziale Ganzheit in ihrer Gliederung darzustellen und damit zugleich Sinn und Tätigkeit der Glieder, den inneren Funktions- und Lebensbezug deutlich werden zu lassen. Diese Ganzheit ist zunächst und dominant die „Kirche", das „Gotteshaus", erst bei Gerhard von Cambrai wird die Trichotomie als Grundordnung der Menschheit ausgegeben. Dabei darf man sich daran erinnern, daß schon bei Isidor von Sevilla die „humana societas" nach ihren Kriterien der

Gliederung befragt wird (Etym. IX, 1). Daß beide Konzeptionen der Ganzheit — ecclesia-genus humanum — für die Dreiteilung möglich sind, erweist, daß es sich nicht ausschließlich um ein kirchliches Konzept handelt, Alfred — aber nur er — wendet die Dreiteilung ja für sein „regnum" an. Dennoch, daß die Dreiteilung sich überwiegend im Blick auf die kirchliche Gemeinschaft entwickelt, hat seinen Grund im besonderen sozialen Ansatz der These. Dieser Ansatz zielt auf die Grundordnung der damaligen Gesellschaft, auf „Kirchenleute" und „Weltleute" und darin auf ein umfassend Ganzes, in dem der so wichtige „ordo clericorum" einschließlich der Hierarchie als wesentliches und bestimmendes Glied erfaßt ist ebenso wie der „ordo laicorum". Eine Sicht, die schon bei Rather und vor allem bei Abbo ganz klar herauskommt. Dieses Ganze mit Klerikern und Laien kann aber für den Betrachter jener Zeit nicht allgemein „Gesellschaft", erst recht nicht die saekularisierte Gesellschaft von heute sein, sondern muß die Kirche einschließen Nur in ihr haben wir die beiden „ordines". Erst wenn aus dem „ordo clericorum", aus den Klerikern allgemein „Beter" (orantes) werden, ist es für den Betrachter möglich, das anvisierte Ganze als „Genus humanum" zu apostrophieren, und genau das ist bei Gerhard der Fall. Wir haben hier zugleich ein Lehrstück dafür, wie die soziale Reflexion „Gesellschaft" sieht. Wenn die Dreiteilung aber im Blick auf die Kirche die Gesellschaft der Zeit erfassen will, so liegt sie damit gar nicht so schief, ist doch die Umgebung der Rather, Abbo, Adalbero und Aelfric in der Kirche geeint und daher kann die Aussage über die soziale Struktur der Kirche zugleich auch für die Gesellschaft gelten, die unsere Autoren vor sich haben.

In dem auf die kirchlich-weltliche Gemeinschaft zielenden Ansatz der Dreiteilung liegt auch der Grund für die Besonderheit des Inhalts. Man will Funktions- und Lebenselemente der in Kirche und Reich geeinten Gesellschaft beschreiben und findet dafür das strukturelle Kürzel von Gebet, Waffendienst und Arbeit. Tatsächlich sind damit wesentliche und weite Bereiche der funktionellen Aggregate abgedeckt. In den Betern kann man zugleich die Bildung unterbringen, die jetzt noch von den Klerikern getragen wird. Der Waffendienst umfaßt zugleich die Herrschaft des Königs, dessen Gewalt nicht zufällig im Bild des „weltlichen Schwertes" (gladius temporalis) gesehen wird. Wir haben ja die auf den Schwertschutz reduzierte Gewalt des Königs [8]). Der Bezug zum König erscheint ja auch sowohl bei Alfred dem Großen wie bei Rathers „milites regni" [9]). Die Arbeit endlich umfaßt alle Handarbeit, einschließlich des Handwerkes der Landwirtschaft, sie kann auch für den Handel gelten. Die kirchlich verfaßte feudal-agrarische Welt des 10./11. Jh. ist so in ihren wesentlichen Gliedern und Funktionen erfaßt. Daß man sie auf eine derart einfache Form bringen kann, zeigt zugleich die relativ „einfache" Struktur dieser in Kirche, Personenverbandstaat und Grundherrschaft existenten Zeit und Gesellschaft an. Gewiß Differenzierungen kommen dabei nicht zum Ausdruck: So sind nicht die „potentes" und „nobiles" eigens genannt, als Herrschaftsträger sicher ein wesentlicher Teil des Ganzen. Aber man darf sie durch die „milites" und „bellatores" abgedeckt sehen, sie sind ja die Waffenträger par excellence, in ihrer Hand, der König an ihrer Spitze, liegt der Schwertschutz. Wenn die Waffenträger nicht nur die Gruppe von bewaffneten Dienstleuten (ministeriales) meinen sollen, sondern alle für den Schwertschutz Verantwortlichen umfassen sollen — und das sollen sie ja — dann muß die Spitze der Waffenträger eingeschlossen sein, ohne deren Befehl und Lenkung die nachgeordneten Gefolgsleute ja gar nicht operieren können und zu Freibeutern würden. Adalbero setzt denn auch die bellatores schlicht mit den Adligen (nobilis) gleich, auch Gerhard sieht von vornherein in ihnen jene, die von den Erträgen der Güter leben [10]). Schwieriger wird es bei der fehlenden Differenzierung auf der Seite der „laboratores". Wo bleiben die Tätigkeiten, wie die der Ärzte, der Juristen, Notare, Anwälte, kurz die Berufsskala, die so eindringlich bei Rather selbst erörtert wird? Bei ihm kann man sie mit Not noch bei den „liberi" innerhalb der „laboratores" unterbringen. Aber wenn Abbo neben der „agricultura" von den „diversae artes" der Bauern als einem „opus rusticum" spricht [10a]) und Gerhard in ihnen einfach die sieht, die für den Lebensunterhalt aufkommen, — Gerhard spricht direkt von den „agricultores — dann sind städtische Berufe und Handwerk ausgeschlossen. Adalbero setzt die „laboratores" gar mit den Unfreien (servi) gleich [11]). Hier wird die Schwäche und das Ungenügen der Dreiteilung offenkundig. Bei einer sich weiter differenzierenden, vermehrt urbanen Gesellschaft, mußte früher oder später an die Stelle der vorwiegend bäuerlich verstandenen Handarbeit eine andere begriffliche Kategorie einsetzen.

Die Dreiteilung will mit der Gliederung die wesentlichen sozialen Funktionen und deren Zusammenwirken in der Kirche und darüber hinaus in der Gesellschaft darstellen. Geistlich-kirchliches „officium" und die Aufgabe der bewaffneten Herrschaftsträger sind in der karolingischen Staatslehre ausführlich besprochen. Die Defensorschaft, Schwertschutz der Kirche, der Armen und Schwachen, der Ungeschützten zählen zu den vornehmsten Aufgaben der Mächtigen, wenn sie auch immer wieder verletzt werden, wie die fortwährenden Klagen über die Übergriffe gegen die Kirche und die Unterdrückung der Schwachen erweisen.

Besondere Aufmerksamkeit verdient das Auftreten der „laboratores". Bei Alfred sind sie wie die andern Stände Hilfe für den Herrscher, Rather betont das Recht der Landleute (incolae pagi) auf die Einkünfte und Erträge aus ihrem Land, während Abbo feststellt, daß aus ihrer Arbeit „die Gesamtheit der ganzen Kirche" unterhalten wird. Damit ist die Funktion des dritten Standes umschrieben: Er schafft die äußeren Bedingungen des Lebens, sichert durch sein Wirken Nahrung, Wohnung, Kleidung. Aelfric, Adalbero und Gerhard werden diese Deutung fortführen, wobei Adalbero eine berühmt gewordene Schilderung seiner „laboratores-servi" einflicht: „Diese geschundene Art von Leuten (genus afflictum) besitzt nichts außer ihrer Arbeit. Wer kann mit dem Rechenstab zählend in Worten das Mühen, das ständige Laufen und die großen mühevollen Arbeiten der Unfreien zusammenbringen? Dem Vermögen, der Kleidung, der Nahrung dienen die Unfreien, allen. Denn kein freier Mann kann ohne die Unfreien leben". Die Beschreibung der Funktion der Arbeit mündet in eine unbarmherzige Schilderung der Situation der unfreien „laboratores", endlich eine ungeschminkte und ungeschönte Darstellung sozialer Wirklichkeit. Adalbero zieht daraus keine Schlüsse zur Änderung des Systems, eine Kritik wird nur teilweise spürbar, wenn es heißt, daß die Herren von den Unfreien ernährt werden, obwohl sie vorgeben, ihre Untergebenen zu versorgen. „Für das Seufzen und die Tränen der servi gibt es kein Ende".

Wenn man fragt, weshalb in die Standesbeschreibung neben den führenden Schichten der oratores und bellatores nun auch die laboratores als Element der kirchlichen und weltlichen Gesellschaft aufgenommen werden, so kann dafür keinesfalls der soziale Prozeß um die Jahrtausendwende oder allein eine bestimmte regionale Situation in Nordfrankreich — England um diese Zeit entscheidend sein [12]). Denn einmal liegen die ersten sicheren Zeugnisse (Alfred, Rather) fast hundert Jahre früher und sind zudem weit voneinander entfernt in England und Oberitalien formuliert. Man muß sich noch einmal klar machen, was in der Dreiteilung thematisiert wird. Das ist die Ganzheit von Kirche und Gesellschaft: Das „regnum", dann „omnes ecclesiae filii", später das „genus humanum". Dieses Ganze wird aber unübersehbar gerade in der karolingischen Lehre von Kirche und Herrschaft anvisiert. Vor allem im Pflichtenkatalog des Königs, und sollte es ein Zufall sein, daß sowohl bei Alfred wie bei Rather die Dreiteilung im Zusammenhang mit einer Aussage über den Herrscher erfolgt? Bei Alfred vom König her selbst gesprochen, bei Rather in seinem Herrscherspiegel (Praeloquia III, IV). Wenn aber schon das Ganze von Kirche und Reich angesprochen ist, können die Schichten nicht fehlen, die als einzige „Arbeit als Beruf" ausüben, während die oratores und bellatores von beruflicher Arbeit freigestellt sein sollen und sind [13]). Man kann sich auch an das bisher zur sozialen Reflexion der karolingischen Epoche Gesagte erinnern: Hier gewinnt in der Differenzierung der Stände der Stand der „labores" an verschiedenen Ansätzen und Formen Profil. Die niederen Schichten sind es, die in der Betonung der „aequalitas" der Natur, der natürlichen Gleichheit aller, entgegen der „superbia" der „potentes" gemeint sind. Rather stellt, längst vor Adalbero fest, daß die Menschen: „non natura, sed voluntate, homines a se invicem distare" (Praeloquia I, 10), daß sie von Natur gleich durch Willenssatzung von einander abgehoben werden. Alte Tradition seit Laktanz. Das ist gegen die Adligen gesagt. Wenn Jonas von Orleans betont, daß der König und alle Stände ihr „ministerium" zu leisten hätten, so sind darin auch die „laboratores" eingeschlossen [14]). Die ständige Kritik an der „oppressio pauperum", die Abhebung der „minores, mediocres, minus potentes" im Heeraufgebot, läßt von selbst die ungeschützten Gruppen Profil gewinnen. In die gleiche Richtung weisen die Klagen über die Unterdrückung der „pauperes liberi". Die „soziale Sensibilität", von der gesprochen wurde, tendiert gerade auf die im System sozialer Privilegien Benachteiligten. Bei den Unfreien, den „servi", die in der Gruppe der „laboratores" bei Rather explizit neben den Freien genannt sind, bei Adalbero den dritten Stand der „Dei domus" ausmachen, ist die Bewegung zur Freilassung unübersehbar.

Alles in allem ein Terrain, eine soziale Bewußtseinsformierung, in der eben die arbeitende Klasse einfach erscheinen muß, wenn schon das Ganze der Gesellschaft angesprochen wird und zugleich differenziert werden soll. Die Dreiteilung setzt voraus, daß das Ganze sich in seinen wesentlichen Gliedern differenziert darstellt, und daher beschreibt sie eben auch die soziale Wirklichkeit. Gewiß mit ihren Schwächen und ihrem Beschreibungsdefizit, vor allem in der Gruppe der „laboratores". Hier wird sich erweisen, inwieweit die Trichotomie aufrecht erhalten werden kann und welche Modifikationen erforderlich sind, um nicht zum offenen Anachronismus zu werden. Eben wenn die gesellschaftliche Veränderung, wenn die Wandlung sozialer Kategorien und der mit ihr synchron verlaufenden Reflexion eine genaue Erfassung der Gesellschaft erfordern [15]).

Die Dreiteilung kündet auf ihre Weise diesen Wandel an, gerade indem jetzt neben die herrschenden und lenkenden Schichten in Kirche und Welt, ein dritter „ordo" auftritt, den es spekulativ zu erfassen gilt.

4.1 **Die Krise im 11. Jahrhundert**

Die Dreiteilung mit ihrer Dominanz der bäuerlichen Arbeit im dritten Stand der „laboratores" ist nur möglich in einer vorherrschend feudal-gutsherrschaftlichen-agrarischen Gesellschaft und eben Ausdruck dieser Welt. Sie wird als griffige Kurzformel weiterwirken. Im Augenblick, da die Vielfalt urbaner Tätigkeiten sich wieder mit Stadt und Bürgertum entfaltet, wird sie modifiziert werden, eben auf das Bürgertum hin, und zugleich werden eben diese Tätigkeiten nach einer entsprechenden differenzierten Beschreibung suchen, für die aus der spätantiken Tradition ja die Muster und Termini vorliegen. Sie waren im übrigen, wie Rathers Berufskatalog erweist, vor allem im romanischen Bereich nie dem Blick entschwunden. Der Prediger und Beichtvater wird versuchen, die Gläubigen in ihrer spezifischen Situation zu treffen, Ständelehre und Standesdichtung werden den gleichen Weg gehen. Wenn die Dreiteilung ein Zeichen gesellschaftlichen Wandels darstellt und sie tut das, wie wir sehen, dann wird dieser Wandel im 11. Jahrhundert sich intensivieren und seinen Niederschlag in sozialen Vorstellungen gewinnen.

Mit dem 11. Jh. geraten wir in die tiefe Krise des Abendlandes. Sie manifestiert sich in den ersten haeretischen Bewegungen, in der Kirchenreform mit ihrem Angriff auf Feudalkirche und die Zweieinheit von sacerdotium und regnum; in ihrer Verbindung mit der sozialrevolutionären Pataria, in der Unruhe des niederen Adels (Valvassoren) in Oberitalien, in den Wanderpredigern und ihrem großen Gefolge, schließlich in dem Kreuzzug. Nach dem Investiturstreit und dem ersten Kreuzzug ist die Welt nicht mehr, wie sie zuvor war. Das sakrale Kaisertum muß auf seinen lange praktizierten Anspruch „die heiligen Kirchen Gottes" zu lenken (Deutscher Krönungsordo) [16]), verzichten, es wird auf seine weltlichen Aufgaben und den materiellen Kirchenschutz verwiesen. Der enge Ring um Westeuropa im Mittelmeer ist aufgebrochen und neue Möglichkeiten geistiger und sozialer Kommunikation eröffnen sich. Dazu vollzieht sich in Westeuropa selbst die deutliche Vermehrung der Population. Sie ist die biologische Voraussetzung für den Bedarf an Land und die Ausweitung der Siedlungen wie das Zuwandern in die Städte.

Wenn soziale Vorstellungen virulent werden und zur Artikulation drängen sollen, dann ist dazu ein geistiges Umfeld erforderlich, in dem sich Interesse und die Fähigkeit regen, das Gegebene nicht einfach hinzunehmen, sondern es zu prüfen, zu analysieren und möglicherweise in Frage zu stellen. Genau das ereignet sich im 11. Jahrhundert. Gewiß nicht plötzlich und sogleich perfekt, aber doch in zahlreichen Ansätzen, die schließlich zu einer großen geistigen Bewegung führen, zur Scholastik und zur Erneuerung der Rechtswissenschaft. Die Scholastik hat ihre Vorstufen in den philosophischen Schulen, die wir in der Gestalt Drogos bei Anselm von Besate, in den Dialektikern und Wanderlehrern wie Manegold von Lautenbach kennen lernen. In Gerbert von Reims, Fulbert von Chartres und seiner Schule, in Berengar von Tours haben wir bereits Denker, die weit über ihren engen Kreis hinaus wirken. Charakteristisch für diese Dialektik ist es, daß sie — häufig im Zusammenspiel von Rhetorik und Dialektik, von antiker „Wortkunst" und neuer „Denkkunst" — Widersprüche (discrepantiae), gerade auch in Glaubensfragen aufsucht und zu lösen versucht. Sie schafft das geistige Klima, in dem nun auch die politischen und sozialen Ordnungen eigens und intensiv befragt werden können, ein Prozeß der im Bereich der politischen Theorie zur „reflexen Höchstgewalt" führt und der früher oder später auch die soziale Reflexion vorantreiben wird [17]). Vorläufig, im 11. Jahrhundert setzt der Prozeß einer intensivierten sozialen Reflexion nur zögernd und auf seine Weise ein, er wird aber mit der Aristotelesrezeption und der sich entfaltenden Scholastik zu einer eigenen Sozialphilosophie führen. Der Investiturstreit selbst, in dem ja das Verständnis der Kirche kontrovers wird, treibt diesen Trend zur Reflexion, zur reflektierten Erfassung der Gewalten, der Kirche und darüber hinaus der Gesellschaft von selbst voran.

4.2 Radikale Stimmen: Vom Bauer Leuthard zur Pataria.

Um die Kirche, ihr Verhältnis zur Königsherrschaft geht es im großen Streit des 11. Jahrhunderts. Soziale Reflexion, die im Zusammenhang mit dieser Kontroverse in Gang kommt und sich artikuliert, wird daher von den Themen im Umkreis von Reform und Investiturstreit geprägt sein. Und hier mengen sich in die rein spiritualen Anliegen auch wirtschaftlich-politische Interessen. Wenn im Vorfeld der Reform in der Synode von Pavia 1022 die Priesterehe verurteilt und dabei einleitend der Verlust des Kirchengutes durch die „rectores" der Kirche beklagt wird, dann kommen wirtschaftliche Interessen zum Vorschein [18]). Verlust entsteht der Paveser Synode zufolge vor allem durch die Priesterehe, den Priesterkindern wird Kirchengut zugeschanzt: „infames patres infamibus filiis (bona ecclesiae) adquirunt". Kirchenhörige Kleriker wollen durch Heirat mit freien Frauen zu freien Kindern kommen, die sie dann in den Waffendienst der Adligen übergehen lassen, Kirchenmägde werden verschmäht. Eine interessante Aussage, Waffendienst bedeutet sozialen Aufstieg. Die Synode von Pavia verurteilt, daß Kirchenvorsteher „Unfreie freilassen" (servos libertant) und dadurch die Kirche arm machen, ein Argument, das auf wirtschaftliche Folgen von Freilassungen verweist, zugleich aber deutlich macht, daß gerade in der kirchlichen Gutsherrschaft die Tendenz zur Freilassung sich regen kann. Benedikt VIII. und Heinrich II., die der Synode praesidieren, der Kaiser als Schutzherr und Freund der Reform, verbinden in ihren Vorstellungen der Reform aszetische und wirtschaftlich soziale Forderungen: Eheloses Priestertum, das gegenüber dem im Volk wenig geachteten verheirateten Kleriker wieder Ansehen gewinnt und Wahrung der bestehenden sozialen Abstufungen und Grenzen.

Besondere Brisanz gewinnen die reformerischen Tendenzen dort, wo sie auf die etablierte feudale Hierarchie selbst stoßen. Adalberos „Carmen ad Rotbertum" liefert dafür ein Exempel. Gleich zu Beginn attakiert er unter dem Stichwort der „Crotoniates" die Reformmönche, das zielt, wie sich später ergibt, vor allem auf Cluny [19]). Man wolle die Ordnung ändern „ut placet imperio sic se transformet et ordo". Der träge und unförmige Bauer solle eine mit tausend Steinen geschmückte Krone (Mitra?), die Wächter des Gesetzes Kutten tragen, die Bischöfe hinterm Pflug gehen und Kirchenlieder singen. Offenbar wird hier die geforderte einfache Lebensweise der Reformer ironisiert, dazu das Aufbrechen sozialer Schranken beim Aufstieg in die geistliche und weltliche Hierarchie. Eine Anspielung, die man gerne vom Autor konkretisiert hätte. — Andererseits unterstellt Adalbero dem Abt von Cluny dem „rex Oydelo Cluniacensis (114)", er mache die Mönche zu „milites" und gebe Befehl zu heiraten und zu kämpfen. Ein Hieb gegen die souveräne Immunität des Klosters und eine beginnende Verweltlichung. Reichtum nach anfänglicher Armut und Einlassen mit der Welt, das Schicksal so vieler Ordensreformen. Adalbero, der Vertreter des alten hochadligen Reichsepiskopates setzt auf die in seiner Sicht bewährte Ordnung die in den drei Ständen und ihrer Funktionsteilung zum Ausdruck kommt. Aber der König, mit dem Adalbero spricht, zweifelt: „Wenn die Loire in Calabrien, der Tiber in Spanien flössen, wenn der Aetna Rosen und der Sumpf Lilien sprießen lassen, dann werde die große Ordnung des Friedens verwirklicht" (426ff).

Der „Wandel der Ordnung", dieses Wort Adalberos über die Reformer wird später variiert von den Anhängern Heinrichs IV. den Gregorianern entgegenhalten. Man ist sich bewußt, daß mehr als rein institutionelle Kontroverspunkte auf dem Spiel standen und tatsächlich war mit dem Vorwurf ein Nerv der Krise getroffen. Nimmt man ihre Äußerungen zusammen, so wird gerade bei radikalen Gruppen, die nicht an orthodoxe Rücksichten gebunden sind, diese systemändernde Tendenz greifbar. Radikale Außenseiter können ja zuweilen gerade in ihrer Entschiedenheit den umlaufenden Tendenzen deutlicher „einen Namen" geben, sie „beim Namen nennen" als andere. Daß jetzt solche unorthodoxe Gruppen auftreten, nachdem in den Jahrhunderten zuvor nur von einzelnen Haeretikern die Rede war, zuletzt um 1000 von dem Ravennater Gelehrten Vilgard, ist ein Phänomen für sich und erweist die Anfälligkeit von Teilen der Gesellschaft. Kurz nach Vilgard wird von einem „homo plebeius" aus der Gegend von Châlons-sur-Marne berichtet, Leuthard, der nach einer Konversion „keine geringe Menge des einfachen Volkes" mit sich zieht. Zwanzig Jahre später treffen wir eine bürgerlich-gelehrte Vereinigung in Orléans, die auf eine zugewanderte Frau aus Italien zurückgeführt wird, bald darauf eine Gruppe in Montfort (Piemont, mit einer Gräfin an der Spitze und einem Sprecher) schließlich eine Gemeinde, in Lüttich-Arras, deren Gründer (Gundulf) wieder aus Italien kam. Italien offenbar als Ausgang, ob östliche gnostisch-manichäische und bogomilische Einflüsse bestehen, muß Annahme bleiben[20]). Die Bekenntnisse sind verschieden, eine gewiße Gemeinsamkeit besteht in der Ablehnung der Ehe (Leuthard, Montfort, Lüttich) als geschlechtliche Unreinheit, oder Ablehnung zugunsten geschlechtlicher Libertinität (Orléans). Gemeinsam ist die Abkehr von der Glaubensautorität der Kirche, eine Absage an die Sakramente (Montfort, Orléans, Lüttich) und damit auch des Amtspriestertums. In verschiedener Intensität werden auch soziale Vorstellungen greifbar. Leuthard propagiert die Abschaffung der Zehnten, hier sprach der Abhängige des gutsherrschaftlichen Systems. Die Leute um Gundulf in Lüttich verkünden ein urchristlich anmutendes Programm „die Welt verlassen, das Fleisch in seinen Begierden zähmen, von seiner Hände Arbeit leben, niemand schaden, allen unsern Brüdern in der Gemeinsamkeit Liebe zu erweisen" [21]). Das ist ihre „Gerechtigkeit", sie macht die Taufe überflüssig. Die Leute von Montfort essen kein Fleisch und haben kein Eigentum. In jeder dieser Aussagen steckt eine Alternative zur herrschenden Ordnung: Die Abschaffung der Zehnten beseitigt die zu Leistungen verpflichtende Abhängigkeit, das Fordern der Handarbeit für die Glieder der Gemeinde läßt keine von der Arbeit befreite Stände (oratores, milites) zu und schafft das System funktionaler Privilegierungen ab. Der Verzicht auf Eigentum, nun außerhalb einer klösterlichen Gemeinschaft, fordert die auf Eigentum gegründete soziale Ordnung heraus.

Den haeretischen Gruppen, von Leuthard abgesehen, ist die bewußte Existenz als entschiedene Minderheit gemeinsam. Hier läßt sich im kleinen Kreis ein Leben leben, das in der Großkirche nicht denkbar ist, hier können radikale Positionen zur geforderten Regel werden. Nur Leuthard sucht gleich die Öffentlichkeit, die Menge des einfachen Volkes. Er kommt selbst von unten, sein Wirken ist am stärksten, mit dem Angriff auf die Zehnten, politisch geprägt. Die andern Gruppen halten sich zurück, man tarnt sich und muß sich tarnen, die grausame Reaktion und blutige Verfolgung zeigen, wie Herrschaft und Gesellschaft antworten. Die Vorstellungen einer neuen Gemeinschaft, in Orléans bürgerlich-aufklärerisch, „epikuräisch" (Glaber), in Montfort und Lüttich aszetisch und körperfeindlich geprägt, meinen in jedem Fall ein Gegenbild zur streng hierarchisch geordneten, mit der politischen und sozialen Umgebung verflochtenen römisch-orthodoxen Großkirche. Bezeichnend bleibt, daß die neuen Lehrer und „Autoritäten" Frauen sein können, oder wie Montfort erweist, eine führende Rolle spielen, das dem Amtspriester vorbehaltene Privileg gilt nicht, das männliche Reservat der Lehre wird zugunsten der Frau beseitigt. In Orléans treffen wir neben dem Priester Lisoius den Vorsteher der bekannten Schule von Orléans Heribert Puellaris; Lüttich scheint ein Wanderlehrer (Gundulf) erreicht zu haben. Eine bunte Palette, sie zeigt an, daß neben der institutionalisierten Lehre sich Felder freier Meinungsgruppierungen bilden. Ihren Ursprung und ihre Ansprechbasis haben sie in den verschiedenen Schichten: Adel in Montfort, Schule und Bildungsbürgertum in Orléans, einfache Leute bei Leuthard und in Lüttich. Hier können sie mangels Lateinkenntnissen der synodalen Gerichtsverhandlung „nicht genügend" folgen. Die geistige Unruhe macht vor keiner Schicht halt, daß sie gerade auch den „vulgus" ergreift, kann als Vorzeichen für die weitere Entwicklung gelten.

In ihr begegnen wir bald nach der Jahrhundertmitte jener Bewegung in Mailand, die das Anliegen der Reform in eine bewaffnete Revolte und zu einem blutigen Ende führt. Die Anreger und Führer der Pataria: Anselm von Lucca (Alexander II.), der Magister und Diakon, Ariald, der „notarius" Landulf und schließlich der „miles" Erlembald, sie entfalten keine soziale Theorie, ihre Sache ist der Kampf gegen Priesterehe und Simonie und den „verweltlichten" Mailänder Klerus. Dennoch spielen in die Bewegung so viele soziale Implikationen mit ein, daß es merkwürdig wäre, wenn Theorie und Praxis der Pataria nichts über die in ihr wirksamen sozialen Vorstellungen aussagen könnten [22]). Schon der äußere Verlauf zeigt einiges an. Aus einer theologischen Besinnung erwachsend, — von Ariald heißt es, er sei über dem literarischen Studium (literarum studio) zum, „strengsten Erklärer des göttlichen Gesetzes" geworden — dann im Kreis der Studenten vorgetragen und hier zum Schwurverband verfestigt, wendet sich die Verkündigung an Bauern und Landpriester im Contado und an viele, die Not litten und die „harte Armut" plagte. Eine theologisch gebildete Gruppe, sozial der Herkunft und der Tätigkeit nach privilegiert, findet in den unteren Schichten eine wichtige Ansprechbasis: „maxime pauperes" sagt Bonizo [23]). Im Adel wendet man sich nach teilweiser Sympathie, die einzelne bis zur offenen Umkehr führt und zum Verzicht auf Kircheneinnahmen bringt, schließlich mit den reichen Bürgern gegen die Pataria und bringt Erlembald zu Fall. Der Mittelstand des Bürgertums, die „minores" fürchten aus dem Ausfall der smonistischen kirchlichen Pfründen (beneficia) um ihre Existenz. So gerät doch das aktiv handelnde und ideologische Schwergewicht, trotz aller parteilichen Schwankungen in den 18 Jahren (1057—1075), auf die Schichten, die durch den Kampf gegen Simonie und Priesterehe nichts zu verlieren sondern eher zu gewinnen hatten. Zu gewinnen. Mögen die Chronisten Arnulf und Landulf noch so deftig manche Akzente setzen, aus der Vita Arialds erfahren wir, daß er das Leben der Mailänder Priester in krassen Farben schildert und dadurch bei den Minderbemittelten eher soziale Empörung als Zufriedenheit auslöst: „Seht dagegen (gegen Bergpredigt) eure Priester, sie können reicher an irdischen Dingen werden, hervorragend beim Bau ihrer „Türme" und prächtigen Häuser, ausgezeichnet in Ehrenämtern, prächtiger in ihren weichen und ausgesuchten Kleidern, sie gelten als die Glücklicheren. Und sie, wie ihr seht, führen dazu, wie die Laien, öffentlich ihre Gattinen vor". Landulf soll sogar zur Plünderung von Priesterhäusern aufgefordert haben, indem er sie zum Gemeineigentum erklärt [24]). Jedenfalls greift die Hoffnung um, mit der Reform des Klerus auch die eigene Lage zu bessern: „viele, von denen auf härteste Weise ihre Schuld eingefordert wurde, die bittere Armut bedrückte und die jede Gelegenheit suchten, um ihre elenden Kinder und ihre so oft geplagten Frauen zu neuem Leben zu bringen und zu unterhalten, hörten ihnen mit ungeheurem Beifall zu" [25]).

Tatsächlich mußte der Zölibat der bisher verheirateten Priester einen Umsturz im privaten und öffentlichen Bereich einleiten. Was geschieht mit den Priesterfrauen und Kindern, wenn die Familien aufgelöst werden sollen? Welche Folgen ergeben sich für die Nutznießer der zahlreichen „beneficia", wenn Kirchenämter, die selbst mit Einnahmen verbunden sind und einen Lebensunterhalt gewähren, nicht mehr gegen Bezahlung vergeben werden sollen? Die Kirche ist ein Wirtschaftsfaktor, von dem viele leben.

Eheloser Klerus, in der schroffen und tumultuösen Form, wie es in Mailand gefordert wird, wandelt die soziale Struktur der großen Gemeinde. Indem das Geld, die Bezahlung aus der Funktionsvergabe im kirchlichen Raum verschwindet, wird sich zwangsläufig auch der Lebensstil der Inhaber der „beneficia" zu größerer Einfachheit wandeln, werden Gruppen in die Ämter kommen, die bisher ausgeschlossen waren. Und hier greift nun das religiöse Engagement der Pataria. Die Führer der Pataria wollen eine Erneuerung des Klerus durch Verzicht auf die Ehe, auf wohlhabendes Leben in den schönen Häusern und „Türmen". Ariald fordert für seinen Kreis die „vita communis", das Ideal des reformerischen Klerus. Er ist sich klar, daß diese sozialen Ziele nur eine Minorität erreichen kann, auf einem schmalen Weg. In der ihm und Landulf zugeschriebenen Einlassung bei der Diskussion mit dem Mailänder Klerus ist die Rede von der „via regia", der Königsstraße, die keine Konzession nach rechts oder links zuläßt, die Zeit früherer Kompromisse ist vorbei [26]). Das bedeutet gegenüber dem weltlichen Leben der Mailänder Kleriker einfaches Dasein, das in der Nachfolge Christi gemäß der Seligpreisung der Armen in der Bergpredigt steht (Vita Arialdi c. 1). Die Verteidiger der Priesterehe betonen die Naturordnung: „Die Natur der Löwen kann jeder Mensch zähmen, die des Menschen kann nur Gott, nicht der Mensch ändern" [27]). Der Königsweg der auf diese Natur verzichtenden Minorität verläuft entlang der Vorstellung, daß von hier aus Mailand anders wird, ohne eine geistliche Führerschaft, die durch Ämterkauf, Unreinheit, Luxus geprägt ist, mit dem neuen Klerus an der Spitze, dem das „nicht das Seine suchen" erste Regel bedeutet. Geistlich-geistige Erneuerung, die von da auf die Gemeinde weiterströmt, wie es der zur Pataria konvertierende Münzmeister Nazarius betont, die bisherige Geistlichkeit kann kein Beispiel priesterlicher Existenz geben. Eine soziale Reform, die ihren Ursprung in einer religiösen Erneuerung hat, getragen von einem kleinen Kreis, dessen Glieder sozial den privilegierten Ständen angehören — nur bei Ariald gibt es Zweifel —, die an sich wie ihre Anhänger ihre Bekehrung erleben, wie Erlembald, der Bruder Landulfs, beide hochadliger Abstammung, wie Nazarius, wie der miles Azo, der auf simonistische Vergabe einer ihm gehörenden Kirche verzichtet.

Die Pataria erlebt trotz ihrer radikalen Position nicht das Schicksal anderer Extremisten, sie wird nicht in die haeretische Ecke gedrängt, aus der man nur durch Unterwerfung entkommt. Das ist erstaunlich, obwohl manches auf haeretische Positionen hinführt, aber es ist praktische, nicht theologische Haeresie. Aussagen gegen die Nikolaiten und Simonisten, ihre Opfer seien wie Hundekot (canina stercora) und zu meiden, kann man als novatianische Haeresie einstufen, das eingeforderte Urteil der Gemeinden über ihre Priester verletzt den Grundsatz der nur von der Hierarchie selbst herzustellenden Kirchenordnung [28]). Er bringt auf dem Umweg über die Reform wieder ein Laienrecht in die Kirche, nur jetzt in der Hand der Gemeinde, das unter dem Stichwort der Freiheit der Kirche dem königlichen Laien abgesprochen war. So kommt es zu einer der zahlreichen Antinomien der Reform, daß sie mit Vorstellungen und Kräften arbeitet, die in ihrer Konsequenz keineswegs in das Konzept einer nur vom Klerus geführten Kirche passen. Man denke zusätzlich an den Kampfruf der Reformer von der kanonischen Wahl, die ja Wahl durch „clerus et populus" ist. Sie erleidet im Investiturstreit eine entscheidende Niederlage, sie wird zur Leerformel [29]).

Daß die Pataria nicht das Verdikt der Haeresie erleidet, ergibt sich aus ihrer Herkunft und ihrer Position im Kampf gegen Simonie und Priesterehe, über gelegentliche polemische Extremismen entwickelt sie keine neue und extremistische Theologie. Zudem sind durch Anselm von Lucca, den späteren Papst Alexander II., und seinen Nachfolger Gregor VII. enge Verbindungen zur Kurie hergestellt. Gregor wird Erlembald, noch in der letzten Phase des Bürgerkrieges in Mailand auffordern, gemäß dem Pauluswort (1 Kor. 16, 13; Eph. 6, 10) „männlich zu handeln". (Reg. I, 25): „Du aber, ganz auf Gott und deine Heilige Mutter, die römische Kirche vertrauend, handle männlich, gestärkt im Herrn und in der Kraft seines Beistandes. Du weißt, je mehr jetzt der Sturm der Verwirrung tobt, umso mehr wird mit Gottes Hilfe später ein heiterer Himmel uns zulachen".

Die Pataria als Speerspitze der Reform in Italien, läßt einen Schluß auch auf soziale Vorstellungen für die Gesamtkirche zu. Ariald ruft im Anschluß an die Dreiteilung des Kirchenvolkes bei Gregor I. alle „ordines" zur Mitarbeit und Mithilfe auf. Predigt und Agitation der Führer wendet sich von vornherein an das Volk, das die Kirchen und Plätze füllt. Alle sollen animiert werden und werden auch so oder so animiert. Die Sache der Reform wird aus Synoden und Kanzleien, aus den Klöstern hinausgetragen in die Kirchen und auf die Straßen [30]).

Der Vita zufolge spricht Ariald mit den „coniugati" die an, von deren Handarbeit man lebt, es sind genau die „laboratores" der Dreiteilung, die milites/nobiles werden unter den Verheirateten nicht eigens genannt. Der Akzent der Ansprache geht auf die Arbeitenden. Ein erneuter Erweis für das Gewicht, das der arbeitenden Klasse in der Sicht des Patariaführers, bzw. seines Biographen zukommt [31]). Sie sind die „idiotae", die nicht die Schrift kennen (ignari Scripturae), so sollen sie durch gegenseitiges Gespräch sich über die Verwerflichkeit der Simonie und Priesterehe klar werden.

Die Gesamtheit, das Christenvolk als Ansprechbasis findet sich auch bei Gregor VII. dem päpstlichen Protektor der Pataria. Damit sei keine Abhängigkeit hergestellt, es genügt, auf die gleichlaufende, konvergente Perspektive der pastoralen Ansprache aufmerksam zu werden. Gregors Vorgehen ist ungewöhnlich, so ungewöhnlich wie sein Vorgehen gegen Heinrich, mag er auch noch so sehr und oft betonen, er wolle keine neuen Dinge einführen. Wiederholt und an entscheidenden Stellen spricht er das Herrschervolk nun in Gestalt der Getreuen Petri, der Gläubigen an, beides geht in eins. Ein Symptom der sakralen Gesellschaft. Er ruft auf, sich auf die Seite Petri zu stellen, sich von Heinrich zu trennen, wirbt um Verständnis für die Verurteilung des Königs. Wenn Worte nicht leere Hülsen sein sollen, heißt das, daß das Volk handeln soll, politisch also sein Verhältnis zum König aufgeben soll. Die Unbewaffneten unter den Laien können dabei nicht politisch aktiv werden, aber die „nobiles" und „milites" stehen schon mehr im Wort und die herrschende Schicht in der Opposition wird ja auch mit der Aufstellung des Gegenkönigs aktiv. Die unbewaffneten und von der politischen Entscheidung ausgeschlossenen Laien bleiben auf ihre innere Entscheidung, auf den inneren Widerstand und die Distanz zum exkommunizierten König beschränkt. Jedenfalls, die kirchliche Gemeinschaft soll aktiviert werden, in einer Weise, die auch das Kirchenbild Gregors erkennen läßt. So entschieden er den Primat, den spiritualen Vorrang der Hierarchie vertritt, hierarchisch-monarchisch denkt, er stellt sich die Kirche auch als handelnde, wirkende, oder besser mithandelnde, mitwirkende Gemeinschaft vor. Er will ja, wie es in einem späten Pastoralbrief an die Deutschen heißt (Reg. IX, 21), die Kirche wiederherstellen, Gott verherrlichen und mit allen, auch den Gegnern, zum ewigen Leben kommen. Er fühlt sich als „pauper Christi" verfolgt, aber vom Erreichen des Ziels kann auch mögliche Gewalt Einzelner nicht abhalten [32]). Er kann sogar Laienfürsten auffordern, gegen simonistische Bischöfe vorzugehen, auch wenn es heißt, das sei nicht ihres „officium" (Reg. II, 45). Das sagt derselbe Papst, der sich sonst jeden Eingriff verbittet und die Eigenentscheidung der Hierarchie, die „libertas ecclesiae" (Reg. III, 10) durchsetzt. Alles, um das späte Bekenntnis von Reg. IX, 21 zu wiederholen „et nos cum fratribus nostris, etiam cum his qui nos persecuntur, ad vitam eternam pervenire mereamur". Auch die Verfolger, also die Heinricianer mit ihrem König, sind im letzten doch „Brüder". Ein Anspruch, der in voller Verantwortung gesagt, auch in gleichem Ernst gemessen werden will und soll.

Was der Heilige, dessen Werk und Persönlichkeit zugleich so viele Fragen aufgibt, hier in Gang bringen will, findet sich als soziales Denkmotiv auch in der Publizistik, freilich modifiziert und in anderm Kontext. Gemeint ist eine politisch-soziale Sicht, die im Verhältnis und in der Kontroverse der institutionalisierten Gewalten das „Volk" ins Spiel bringt. Manegold von Lautenbach, ein Vertreter der „moderni", Dialektiker und Wanderlehrer, engagierter Gregorianer dazu, vollzieht einen entscheidenden „spekulativen Einbruch", indem er die These aufstellt, daß der König kein „nomen naturae" sei, also keine ontisch-naturale Gegebenheit aussage, sondern nur ein „vocabulum officii" darstelle, ein Amt also, aus dem man bei Unwürdigkeit entfernt werden kann [33]). Das Volk „erhebt über sich" den Herrscher, es kann ihn beseitigen, wenn er zum Tyrann wird. Die christliche Religion wahrt den Brauch (disciplina), den schon die alten Römer gegenüber Tarquinius Superbus in Gang setzten: „Aliud est regnare, aliud in regno tyrannidem exercere". Hier ist ein Denken am Werk, das gewohnt ist, Dinge und Situationen auf ihren Wahrheitsgehalt und ihre Widersprüche dialektisch zu befragen, das darin fähig wird, tradierte Kategorien zu übergehen. Die große Kontroverse, in der die Grundlagen der bisherigen Eintracht von sacerdotium und regnum infrage gestellt werden, hilft dazu, eine derartige Reflexion freizusetzen. Wenn der König seine Pflicht des Schutzes verletzt, dann ist der Pakt (pactum) zwischen Volk und Herrscher, kraft dessen er eingesetzt wurde, verletzt, das Volk ist seines Gehorsams und seiner Treue ledig. Manegold vermeidet es sorgfältig, das Volk nun selbst tätig werden zu lassen und zur Rebellion aufzurufen, obwohl die Argumentation, wie das Beispiel der alten Römer zeigt, nahe hin gerät. Die Verteilung des Handelns bleibt in der Situation, wie sie Gregor herbeiführt: Er exkommuniziert Heinrich, nimmt ihm Gewalt und Würde und spricht das Volk von seiner Treuepflicht frei. Das Volk, sofern es nicht an der Herrschaft teilnimmt und über Waffen verfügt, kann nicht „äußerlich" handeln, es wird jedoch ethisch, innerlich aktiv, indem es sich vom Herrscher lossagt. Das Band von Gehorsam und Treue ist zerrissen, das „pactum" gebrochen und erledigt. Neben der Absicherung durch die Autoritäten der Tradition kommt Manegold zu seiner These durch den Rückgriff auf die Vernunft. Sie überläßt, wie er sagt, das Handeln nicht dem Zufall, sondern nimmt prüfend die Erscheinungen vor und befragt sie nach ihren Ursachen, nach dem, „warum etwas geschieht". Das ist nun der Geist des neuen Denkens, das im Vorfeld der Scholastik „quaerens intellectum" nach rationaler Einsicht strebt und im Zugehen auf den Grund des Geschehens fähig wird, auch im Raum der etablierten und sakral abgeschirmten Königsherrschaft vorgegebene Denkstrukturen und Verhaltensmuster des auf die führende Aristokratie zugeschnittenen Systems beiseite zu lassen [34]). König ist der Name für ein „officium", dessen Träger bei Pflichtverletzung ausgewechselt werden kann. Die Zustimmung und innere Teilnahme des Volkes an dieser Möglichkeit kann früher oder später zu einer aktiven Rolle sich wandeln. Die Gesellschaft ist motiviert — Manegold steht nicht allein. Im Rhythmus über die Stände (De omnibus ordinibus) des Petrus Damiani findet sich, unvermittelt als Einleitung zu den Standespflichten der Laien die Aussage (V. 15): „Die Gewalt ruht im Volke/ vom höchsten Herrn (Gott) verliehen/ ihm sollen in Treue dienen/ die die Eide leisteten." Primärer Gewaltenträger ist das Volk, der König wird gar nicht genannt, er und seine Herrschaft werden auch im folgenden nicht eigens beschrieben. Politische herrschaftliche Ordnung ergibt sich aus der Verbindung von Gott und Volk. Eine deutliche und ungewöhnliche Korrektur an einer einseitigen feudal-monarchischen Auffassung und Herleitung der Gewalt. Ungenannt wird die Formel „Dei gratia" übergangen. Das tradierte Motiv der Lex regia (Inst. I, 2, 6) von der Übergabe der Gewalt durch das Volk an den Fürsten (populus ei et in eum omne suum imperium et potestatem concessit) wird hier verschärft und theologisch vertieft. Entsprechend ist die folgende Ständepredigt denn auch ganz auf das Wohl der Gemeinschaft ausgerichtet. Der König wird nicht angesprochen, die herrschaftliche Verwaltung und Präsens erscheint nur in Relation zur sozialen und politischen Ordnung, die von den Herrschaftsträgern in Gerechtigkeit und Aufrichtigkeit gewahrt werden soll. Untere Organe, wie die Gastalden (Vorsteher) erscheinen als „gastaldiones populi": V. 20)[34a]).

4.3 Einheit und Vielfalt: Die große Synthese der „universitas fidelium" bei Hugo von St. Viktor — Ständepredigt

Volk erwirkt mit die reine Kirche, die reine Kirche als Sache des Volkes. Volk erzwingt den gerechten Herrscher, der „rex iustus" als Sache des Volkes, in derlei Perspektiven, die im Kampf gegen Heinrich IV. den gekrönten und gesalbten Herrscher zur Artikulation drängen, gibt es freilich unüberschreitbare Grenzen und Vorbehalte. Gegenüber dem Herrscher läßt die aristokratische Vorherrschaft keine aktive Rolle des in der Mehrzahl unfreien Volkes zu. In der Kirche erhebt sich die durch göttliches Recht bestimmte Grenze zum Amtspriestertum. Der Laie ist auf seine untergeordnete Stellung in der Kirche und auf seine ihm eigene Funktion in der Welt verwiesen. Die sich entfaltende Ekklesiologie wird diese Funktionszuweisung in ein geschlossenes und imponierendes System bringen. Vor allem Hugo von St. Viktor versucht und bietet eine universale Synthese. In Teil II von „De sacramentis" schildert er die „Einheit der Kirche". Sie ist gegeben in der Einheit des „corpus Christi". In diesem Körper wirkt jedes Glied für sich und darin zugleich für den ganzen Körper (De sacr. II, 2). Kirche ist aber nicht nur „corpus Christi" sie ist, wie es im gleichen Kontext heißt, „universitas fidelium" (Christianorum), eine gesellschaftliche Ganzheit also. Diese „universitas" hat zwei „ordines", Priester und Laien. Die Dreiteilung des Hauses Gottes, bzw. des „genus humanum" im Stil eines Rather, Adalbero oder Gerhard von Cambrai kommt Hugo nicht in den Sinn, der Stand der Laien sagt ihm genügend aus. Beide „ordines" bilden gleichsam die zwei Seiten des Körpers (quasi duo latera), die Kleriker als vorgeordneter, spiritualer Stand die Rechte, die Laien die Linke. Die Laien, der „laos" besorgen das zum irdischen Leben Notwendige, sie sind verpflichtet, die „terrena vita" zu ermöglichen, die Kleriker sorgen für die „spiritualis vita". Zur Sicherung der „terrena vita" haben Kleriker und Laien ihre vorgeordneten Institutionen, sie sind für Gerechtigkeit und Wohlfahrt (utilitas) in der Pflicht: Geistliche und weltliche Gewalt. Die weltliche Gewalt wird dabei durch die geistliche Gewalt eingesetzt und gerichtet, wie es in der berühmten, von Bonifaz VIII. in die Begründung seiner Definition der allein selig machenden Kirche aufgenommenen — gering verkürzten — Sentenz heißt: „Nam spiritualis potestas terrenam potestatem et instituere habet, ut sit, et iudicare habet, si bona non fuerit" [35]). So sind die Laien, auch in ihrer Führung auf das Leben „in der Welt" verwiesen und beschränkt. Es gibt keine verantwortlich ordnende Funktionen für sie im Raum der Kirche. Die karolingische Konzeption des corpus Christi, das in die beiden „eximiae personae", Priester und König, geteilt ist und in dem der Hierarch und Herrscher ihr Amt ausüben, die Praxis der geistlich-weltlichen Administration im Palatium des Königs, wie es Hinkmar von Reims überliefert oder wie es das ottonische System ausübt, all das hat in dieser Sicht keinen Platz mehr. Die Trennung der Bereiche, die sich im Investiturstreit ausbildet und zum Wormser Konkordat führt, bestimmt die Ordnung des „populus Dei". Das mußte auch auf die Stellung des Kirchenvolkes sich auswirken. Ist es nicht bezeichnend, daß gerade jetzt die alte Wahl des Bischofs durch „clerus et populus", obwohl von der Reform im Sinne „kanonischer Wahl" als Argument gegen die Investiturpraxis verwendet, ihren entscheidenden Einbruch erleidet? Der Laie ist auf die Welt und seine weltlichen Geschäfte verwiesen, hier soll er seine christliche Existenz erfüllen. Ein Vorgang, der tiefgreifende Folgen für die christlich orientierte Gesellschaft haben sollte.

Die Aufgaben des Laien in dieser christlichen Gesellschaft werden von den Autoren der Anweisung zur „vita christiana" umschrieben. Bonizo der engagierte Gregorianer (Liber ad amicum) beschreibt in „De vita christiana" zuerst die Taufe als Grund des von der Erbsünde befreiten Lebens, dann die Stände: Hierarchie, Priester, Mönche; die Laien folgen in einem eigenen Abschnitt (VII) beginnend mit den Königen, den alten Reichen des Ostens, dem römischen Reich, das er als providentiell gesetzte Ordnungsmacht erklärt: „Untergehen sollen, die versuchen, das römische Reich zu vernichten". Überhaupt stellt Bonizo in der Auswahl seiner Zitate — der Traktat ist ja eine Zitatsammlung mit gelegentlichen eigenen Einlassungen — solche heraus, in denen die gottgewollte Funktion der Königsherrschaft und ihrer „fideles" herauskommt [36]). Er beklagt allerdings, daß entgegen der altrömischen Rechtstradition nun ungebildete und barbarische Richter Recht sprechen, bestechliche dazu, da sie keine staatlichen Stipendien mehr erhielten: „Ein ungebildeter und barbarischer Graf kann nicht wahr von falsch unterscheiden und geht so irr". Eine interessante, aus nationalrömischem Bewußtsein geprägte Erläuterung zu der oft gehörten Klage über die Bestechlichkeit der Richter. Daß sie aus dem Munde eines Gregorianers kommt, ist erstaunlich. — Dann folgen die „milites", die Verheirateten und die Frauen. Die Waffenträger werden an ihre Pflicht des Schutzes gegenüber dem Herrn und dem Staat, gegenüber Witwen und Waisen und entgegen den Haeretikern erinnert. Vor allem sollen sie die Gefolgschaftstreue nicht verletzen. Gab es Grund dazu? Sicher, wenn man an die Unruhe unter den niederen Adligen (Valvassoren) zur Zeit Konrads II. und beginnendes Andrängen der Ministerialen denkt.

Die eheliche Bindung sieht den Mann als den Inhaber der Gewalt über die Frau. Sie soll nach römischem Recht weder herrschen noch richten (VII, 29). „Wir lesen, daß die Frauen nirgends geherrscht haben, ohne erstaunlichen Schaden für die Untertanen". Eine für die Einschätzung der Frau nicht ungewöhnliche Argumentation. Bonizo folgt den Denkstrukturen einer vom Mann bestimmten Gesellschaft. Er bleibt auch seiner Umgebung verhaftet, wenn er erklärt, daß eine legitime Ehe zwischen „Ungleichen" nicht zustande komme, dazu rechnet er auch die Verbindung zwischen Freien und Unfreien, die er in eine Reihe mit der Verbindung von Geisteskranken (furiosi), bei Frauenraub, bei Religionsverschiedenheit und Verwandtschaft stellt [37]). Die Gleichsetzung der Unfrei-Freienehe mit „furiose" und Raubehen gibt diesem Ehehindernis den Charakter eines unüberwindlichen Mangels und bestätigt zudem, daß der

Gegensatz frei-unfrei keineswegs sozial irrelevant geworden ist, wie manche heutige Beurteiler glauben machen wollen.

Die Stimme eines weiteren Autors führt uns bereits in das 12. Jh., Honorius Augustodunensis. Herkunft aus Bayern oder Burgund, sie könnte vielleicht Nuancen der sozialen Verhältnisse anzeigen, da jedoch eine sichere Entscheidung fehlt, wird man auf die sicheren Daten zu achten haben. In relativ zahlreichen Äußerungen entsteht bei ihm ein bemerkenswertes Bild des Einzelnen und der Gesellschaft.

Der Mensch, die Welt im Kleinen (Mikrokosmos), wie es im Sinn der tradierten Kosmologie heißt, er, dessentwegen alles geschaffen ist und der „als Gleichnis Gottes" nun Gottes Herrschaft im Himmel als Herrschaft über die Erde gleichnishaft darstellt (Elucidarium 11/12) [38]), er existiert konkret entweder als Bürger des Gottesvolkes, der Kirche, Jerusalems oder als Bürger der „Menge der Bösen", die in Kain ihren Urvater und in Babylon ihr Symbol hat. Honorius wiederholt die augustinische Konzeption. Jede Gemeinschaft hat ihre Vorsteher (senatores), ihre Waffenträger (milites), ihr Volk, ihr Lebensgesetz: die Märtyrer als „milites", die Gottesfreunde als Volk. Patriarchen, Propheten, Apostel, Bischöfe, die lenkenden Liebhaber des betrachtenden Lebens, als Vorsteher. Gottesverehrung als Kult, Nächstenliebe als Gesetz, Friede und Eintracht als Ziel (studium). „König dieses Staates ist der Friedensfürst". Dagegen **Babylon**: Seine Religion ist die Idolatrie, sein Gesetz sind der Bauch und das Wohlleben, sein Streben geht auf bürgerliche Zwietracht. Ihre Vorsteher sind die Tyrannen, die Haeretiker, die Führer der Verbrechen, seine „milites" sind die Verfolger, sein Volk bilden alle, die nicht nach Gottes Gebot leben [39]). Beide Gemeinschaften leben nicht getrennt voneinander, sie sind gemischt und können auch jetzt kaum von einander unterschieden werden, „da sie mit uns zur Kirche gehen, die Sakramente empfangen, fasten, predigen und die übrigen Werke der Heiligung zu vollbringen scheinen, für die Christi Gefolgsleute den ewigen Lohn erhalten" (Speculum Ecclesiae). Sicheres Kriterium ist allein die Liebe. Die letzte Bemerkung läßt eine rigorose und ungeschminkte Kritik des kirchlich-gesellschaftlichen Umfeldes erwarten. Sie kommt auch, wenn Honorius die babylonische Gemeinschaft innerhalb der Klöster anspricht, ihr Genußleben, ihren Zynismus, ihren Haß gegenüber liebevollen Ermahnungen. Bei den Laien äußert sich das babylonische Wesen in Diebstahl, Raub, Zügellosigkeit, Unfrieden, Haß gegen jede Belehrung, Hinterlist. Dagegen zeichnen Kirchenbesuch, christliches Leben, soziales Handeln (pauperes recreat), Friedlichkeit, Gattenliebe (causa prolis) und gute Erziehung den Bürger Jerusalems aus. Zielbild christlicher Liebesgemeinschaft gegen die Realität des verantwortungslosen Egoismus. Daß Honorius fähig ist, auch die eigenen Reihen, Prediger und vor allem Ordensleute, in die Kritik einzubeziehen, kann man als notwendige Ergänzung zum Hochbild auffassen, das Hugo von St. Viktor von der Kirche entwirft.

Gefüge und zugleich Funktionen innerhalb der Kirche, die ja weithin sich mit der weltlichen Gemeinschaft deckt, zeichnet Honorius an zwei Stellen. In der „Gemma animae" beschreibt er figurativ am Bau der Kirche die einzelnen Stände, im „Sermo generalis" spricht er die Stände an. Die den Sturm abweisenden und das Licht einlassenden Fenster sind die Doktoren. Sie wehren die Irrlehren ab und bringen das Licht der Lehre. Säulen sind die Bischöfe, Ziegel deuten auf die „milites", die den Schutz der Kirche übernehmen [40]). Der Boden der Kirche, das ist das niedere Volk (vulgus) „durch dessen Arbeit die Kirche unterhalten wird". Kürzer und zugleich inhaltsreicher kann man die Funktion der niederen Schichten kaum umschreiben. Die

Ambivalenz der Figur: „Boden" deutet zugleich auf die Situation der Unterordnung und der lebenserhaltenden Bedeutung der „Arbeit". In der Situation des Bodens ist zugleich die Last der Unterordnung illustriert: Man geht auf ihm herum und zugleich ist, wie schon in der Dreiteilung der Stände, die übrigens in der Kombination: doctores-episcopi-milites-vulgus durchscheint, eben die Arbeit dem „vulgus" vorbehalten.

An Stände im einzelnen geht der „Sermo generalis". Grundlegend erscheint zunächst in der allgemeinen Adresse der Unterschied von Reich und Arm und Unfrei, was aber in den Einzelermahnungen nicht aufrecht erhalten wird, denn hier treten auf: Richter, als Inhaber der „potentia", Reiche, Arme, Waffenträger, Kaufleute, Bauern, Verheiratete. Schließlich findet sich eine wirtschaftliche Stufung nach reich, mittelständisch (mediocris) und „anderen", Leuten eben, die einen Armen unterstützen können. Das kann übrigens auch der „agricola", er zählt also nicht obligat zu den „pauperes". Wo dabei die „servi" der allgemeinen Adresse zu Beginn zu suchen sind, wird nicht klar, jedenfalls scheint dem Honorius diese Klassifizierung nicht mehr so wichtig wie noch im 10. Jh. dem Rather von Verona [41]), sie ist aber auch nicht so unwichtig, daß sie nicht mehr erscheinen kann. Daß die Richter, unter denen wir uns die Inhaber von Zwing und Bann, also die Herrschaftsträger mitzudenken haben, so nachdrücklich auf ihren Dienst an der Gerechtigkeit verwiesen werden — wie schon so oft — läßt für die Rechtspflege nichts Gutes ahnen. Hier liegt ein echtes politisches, soziales Problem vor: die Unterdrückung durch institutionalisiertes Unrecht. Reiche, Arme, Waffenträger (milites) erhalten die tradierten Ermahnungen: Sozialpflicht des Reichtums, Geduld in der Armut, Schutzpflicht der Bewaffneten. In der Nennung der Kaufleute, die zudem als Träger des Fernhandels auftreten — ihre vielfältigen Bedrohungen auf der Reise werden erwähnt —kann man ein Zeichen des sich neu entfaltenden Handels erblicken. Honorius meint sogar, daß alle Nationen den Händlern für ihre Arbeit zum Gebet verpflichtet seien. Schließlich die „agricolae". Sie sind die „Füße" der Kirche, die sie körperlich am Leben erhalten. Sie erhalten Ratschläge, in denen typische „Bauernsünden" verwertet sind: Die Ackergrenzen nicht zu verschieben, sei es durch Pflügen, sei es durch Setzen der Grenzen; Heu und Holz nur zur richtigen Zeit zu holen und vor allem pünktlich die Abgaben (decimae) zu leisten, unaufhörende Klage und Mahnung kirchlicher Autoren [42]).

Ein ähnlich ungeschöntes Bild der in enger „Mischung" von Gottesvolk und Gottlosen lebenden Gemeinschaft der Kirche wie bei Honorius wird man bei Alanus von Lille im Ausgang des 12. Jahrhunderts vergeblich suchen, obwohl sein Gedicht „Anticlaudianus" und „De planctu naturae" schon Gelegenheit geboten hätten, gerade die Schwachstellen des gesellschaftlichen Gefüges aufzudecken, geht er doch in beiden Werken der Degeneration und Verkehrung der ursprünglichen Würde der Natur nach (De planctu naturae) und schildert er den „divinus homo" der durch den Verlust der Scham etwa zum „non humanus homo" wird (Anticlaudianus) [43]). Aber Alanus bleibt in der Ebene der ethisch-metaphysischen Allegorie, nur vereinzelt stößt man auf soziale Durchblicke, so wenn er die Gaben der Nobilitas umschreibt: Geschlecht, freigeborene Eltern, freie Freiheit (libertas libera), vornehme Abkunft [44]). Mehr bietet seine „Predigtkunst". Die Gesellschaft sieht er hier in drei Schichten: Befehlende (Fürsten), Wirkende (milites), Gehorchende (plebei homines), sie machen in der „terra materialis" deren Bewohner aus. Dreiteilung nun anders, unter Ausklammerung der Kleriker auf die „körperliche Welt" beschränkt. Ohne sie zu nennen die Welt der Laien (c. 42). Daß Gehorsam als Kriterium für die breite Masse der „plebejer" erscheint, hat sein terminologisches Gegenbild, wenn für die Unordnung die Begriffe aus der Masse geholt werden: „Wütende Schar, uneiniger Stamm, zwiespältige Versammlung, ungleiche Plebs, ungestaltetes Volk“ mit diesen Termini wird die Schar der Alecto beschrieben, die als Führerin der Laster die Natur und ihr Geschöpf, den Menschen, angreift [45]), die Schicht der Führenden liefert hier kein Vokabular. Bemerkenswert sind die Überlegungen zur Psychologie des Predigens [46]). Jeder Stand soll berufs- und ständetypisch angeredet werden. Neben den Reichen und Armen erscheinen, wie gehabt, die Waffenträger, Fürsten, Ordensleute, Priester, Verheiratete, Jungfrauen. Dazu in auffallender Häufung, beim Gelehrten Alanus nicht verwunderlich, nun aber auch die Träger und Verkündiger des Wortes: Oratores, doctores, praelati. Wandel der sozialen Perspektive und zugleich Wandel sozialer Einschätzung zeigt die Gruppe der „oratores“. Sie sind nicht mehr die „Beter“ der Dreiteilung des 10./11. Jh., Alanus spricht sie als Redner und Advokaten an, sie sollen die Wahrheit besitzen, fähig zur Unterscheidung (discretio) sein, Geldgier verachten, der Gerechtigkeit folgen. Der Terminus „orator“ kehrt zu seiner ursprünglichen forensischen Bedeutung zurück. Erst spät kommt dann auch der „Beter“ nun als „spiritualis orator“. Offenbar stehen wir vor einem zweifachen Wandel: Der „orator“ als „Beter“ ist nicht mehr fähig, übergreifende Rubrik in der dreigeteilten Klassifizierung des genus humanum zu sein. Die „Beter“ erscheinen bei Alanus nun differenziert in „claustrales, sacerdotes“ neben den andern Ständen und Berufen.

Zum andern erinnert das Hervortreten des „orator“ als Redner an die sich entfaltende Bedeutung der Rhetorik und an die Stellung der Vertreter der Kommunen und fürstlichen Herren. Später wird „orator“ zur Standesbezeichnung des Diplomaten. Die Gleichsetzung des „orator“ mit „advocatus“ verweist auf die Rolle der Juristik im öffentlichen Leben, die eng an die Entwicklung der Rechtswissenschaft gebunden ist. In diesen Zusammenhang gehört auch eine Bemerkung an andrer Stelle, daß in den fürstlichen Palästen nur die „pecuniosi“ geehrt seien, die Gelehrten dagegen verachtet und die Gebildeten (litterati) würden vom Hof ausgeschlossen [47]). Gesagt ist dies im Kontext einer heftigen Klage über die Käuflichkeit der zeitgenössischen Theologie, die auch die früher geachteten Professoren in Mißkredit bringe. Man sieht es vor sich: Eine neue Welt zieht herauf, der bezahlte Lehrer und Ratgeber, die Zeit der früheren magistri und doctores, die im Rahmen der Kloster-und Kathedralschulen lehren oder in der „familia“ des „palatium“ leben, ist vorbei. Eine Epoche der beamteten staatlichen Verwaltung und der Bildung mit besoldeten Ämtern an den sich bildenden Universitäten hebt an.

Der Klage über die Mißachtung der magistri, doctores und litterati schließt sich im Kapitel über die „milites“ ein vernichtendes Urteil über die gesunkene Moral der Ritter an (Ars. praed. c. 40). Diese vergäßen ihre ureigene Pflicht des Schutzes von Vaterland und Kirche und seien zu Räubern geworden. Sie leisten nicht mehr ihren Waffendienst sondern ergeben sich dem Plündern, „unter dem Vorwand der Ritterschaft nehmen sie die Grausamkeit von Räubern an. Sie kämpfen nicht gegen die Feinde sondern wüten gegen die Armen. Und die sie mit dem Schild der Ritterschaft schützen sollen, verfolgen sie mit dem Schwert des Wütens“. Die Ministerialen, einst aus unfreiem Stand aufsteigend, nach teilweise rebellierendem Drängen zu Ansehen und allmählicher Eingliederung in die feudale Aristokratie gelangt, haben sich selbst zu gewalttätigen Herren entwickelt. Vor dem Abstieg in das Raubrittertum eine Art Vorstufe gewalttätiger Existenz. Ein Bild, das in die Geschichte des Verfalls ritterlicher Ideale und ritterlicher Lebensform und zugleich in das Aufkommen der unter adliger Führung stehenden Söldnerbanden paßt.

Die Ständepredigt will, von der Beseitigung mancher Mißstände abgesehen, nicht zu einer Änderung sozialer Verhältnisse aufrufen. Ihr Ziel ist wesentlich die Pastoral, die Sicherung christlichen Friedens, die Verwirklichung der Botschaft des Evangeliums. Alanus liefert hierfür im Eingang der Predigtkunst ein eindrucksvolles Beispiel. Die Überlegungen zur Gottes- und Nächstenliebe, zeigen ein Nachdenken, das nun nicht mehr die „humilitas" zur Mutter der Tugenden macht, sondern die Gottesliebe. Ihr schließt sich von selbst die Nächstenliebe an. Diese wird von Alanus nicht nur als Gebot der Offenbarung ausgegeben, sondern wird auch aus der Natur heraus begründet: „Befrage die Natur, sie wird dich lehren, deinen Nächsten wie dich selbst zu lieben. Sie hat ja alles gemeinsam geschaffen, gab allen den gleichen Ursprung. Wenn du daher dem andern verweigerst, was du für dich selbst zu erreichen wünschest, dann verletzest du die Natur, dann höhlst du das allen gemeinsame Recht aus" [48]). Naturrechtliche Begründung der Nächstenliebe. Hier wird die tradierte naturale Begründung der gegenseitigen Achtung - in der ursprünglichen Gleichheit der Natur — zu einer naturrechtlichen Deutung der Nächstenliebe erweitert. Mag man darin eine „Naturalisierung" der Nächstenliebe oder eine „Spiritualisierung" der natural-humanen Bindungen sehen, auf alle Fälle gewinnt die natürliche menschliche Gemeinschaft einen hohen Stellenwert [49]). Das entspricht ganz dem Primat der schöpferischen Natur, den Alanus vor allem in „De planctu naturae" und im „Anticlaudianus" in prächtigen Bildern beschreibt.

Die hohe Wertung der Natur führt freilich nicht zu einer konsequenten Ausarbeitung der naturgegebenen Situation des Menschen. Wenn Alanus meint, daß der zeitliche Frieden, im Gegensatz zum inneren Frieden, nicht anzustreben sei (Ars. praed. c. 22), da er nur äußeren Wohlstand und flüchtige Freuden bringe und für diese Art Frieden „Fürsten, Mittelständische (mediocres) und Arme" als Experten nennt, dann ist einfach irdische Wohlfahrt zu niedrig und einseitig und undifferenziert gewertet. Alanus argumentiert hier in spiritualer Schablone. Als ob nicht die „pax temporalis" auch einen elementaren Wert darstellen kann, gewiß vernünftig in der Zielrichtung und in Verbindung zum inneren Frieden (pax pectoris), aber doch als Eigenwert. Sollen der „mediocris" und der „pauper" nicht nach der „temporalium prosperitas" streben dürfen? [50]). Hier wäre der Blick auf den Sinn zeitlichen Friedens zu erweitern. Alanus nuanciert nicht, er ist nicht imstande, die innere Qualität einer vernünftigen und der conditio humana angemessenen zeitlichen und friedlichen Wohlfahrt herauszuarbeiten und von einem absolut gesetzten irdischen Glückstreben abzugrenzen. Aber eine solche Differenzierung hätte eben wieder die wirkungsvolle gedachte, rhetorische Schematisierung: „pax temporalis-pectoris-aeternitatis" unmöglich gemacht.

Was Bonizo, Honorius, Alanus an sozialer Spekulation bieten, mag gering erscheinen, dennoch wird das Umfeld spürbar und dringt etwas von den gesellschaftlichen Wandlungen samt ihrer Resonanz durch. Wir sehen ja gerade im 12. Jh. vor uns den Aufstieg der „milites/ministeriales", die Entwicklung der städtischen Bürgergemeinden, die neue Freiheit der Bauern in der Rodungsfreiheit und die Ausbildung einer gebildeten Laienschicht an den Schulen und im politischen Bereich. Die Rolle der „milites" kann man greifen an der Bedeutung die sie, einsetzend bei Rather im 10. Jh., in den Auslassungen von Bonizo bis Alanus gewinnen. Von ihnen wird später noch eingehender die Rede sein. Die „mercatores" bei Honorius führen in den Umkreis der Stadt, an deren Entstehung ja gerade Handel und Händler einen entscheidenden Anteil haben. Die anklagenden Bemerkungen des Alanus zu den magistri, doctores, litterati, zur käuflichen Theologie weisen auf den folgenreichen Wandel in der Organisation und Praxis von Schule, Wissenschaft und Bildung mit ihrer Herausbildung des bezahlten Lehrers, Gebildeten und beamteten Verwalters. Was dabei die pastorale Spekulation nicht bringt, das unmittelbare Geschehen und die sie begleitenden Vorstellungen, können wir näher kennen lernen, wenn wir versuchen, die Beteiligten selbst zu befragen. An zwei Bereichen, freilich mit unterschiedlicher Intensität und Informationsbreite können wir das unternehmen: in der kommunalen Bewegung und bei den „milites", den Rittern.

4.4 **„Communiam, Communiam" — „Communio autem, novum ac pessimum nomen". (Guibert von Nogent)**

„Kommune, Kommune" — „Kommune aber, dieses neue und überaus schändliche Wort". (Guibert von Nogent). Guibert, der Aristokrat und Abt [51]), berichtet und kommentiert in seiner Autobiographie so den kommunalen Aufruhr in Laon (1115). Vergleichbare Unruhen hatte es schon gegeben in Köln (1074), Cambrai (seit 1077), 1099 in Beauvais, 1108/9 in Noyon. 1066 hatte man in Huy bereits ein Freiheitsprivileg vom Bischof von Lüttich erreicht und, wenn man noch weiter zurückgehen will, bildeten bereits 1031 die Bürger von Cremona eine „coniuratio" einen Schwurbund gegen den Bischof. Die Mailänder Pataria kann man hier erwähnen, obwohl ihre dominant kirchliche Intention gegen Simonie und Nikolaitismus die rein kommunalen Belange nur indirekt deutlich werden läßt.

Es war eine Bewegung, sie führt, örtlich und zeitlich verschieden, dort zu bürgerlichen „Rechten und Freiheiten", wo bisher vor allem ein bischöflicher Stadtherr fungiert. Neue Gründungen, wie Freiburg, können von vornherein eine „coniuratio" — jetzt zwischen dem Herrn und den Bürgern — bilden (1120) [52]). In Laon, wovon wir ausgegangen sind, liegt der Anlaß zu Klage und Aufruhr in der Willkür des Bischofs und der „primores" (Guibert, Vita III, 7), in Cremona war es um Beteiligung an Einkünften gegangen; in Köln entzündete sich die Empörung an der eigenmächtigen Beschlagnahme eines Schiffes. Politische Motive können, wie in Mainz und Worms, während des Investiturstreites zum Kampf gegen den Stadtbischof führen. Im Ganzen bildet die etablierte Herrschaft eines Stadtherrn und seines Anhangs, einschließlich mit ihm verbundener Aristokraten, seine unkontrollierte Macht und Machtausübung den Anstoß zur Rebellion und Widerstand. Auf seiten der „burgenses" wirkt der Wunsch nach Mitsprache, nach Befreiung von Lasten und darüber hinaus nach eigenständigen Befugnissen. Sicher hat man die Vorstellung von einer Veränderung der politisch-rechtlichen und damit auch der gesellschaftlichen Bedingungen einer „urbs" (Guibert) oder „civitas". Stichwort und Wortsymbol wird die „communio". In Laon wird ihr Ziel definiert als Ablösung einer Unfreienleistung (solitum servitutis debitum) durch eine einmalige Jahreszahlung. Dafür sollten alle übrigen Leistungen, die „den Unfreien gewöhnlich auferlegt sind" erledigt sein [53]). Die Forderung der Ablösung von Leistungen der „servitus" verraten eine neue Dimension in den Vorstellungen und im Programm der communio: Die Beseitigung von Pflichten, die entweder aus der Zugehörigkeit zur Schicht der Unfreien stammen oder die die Bürger mit Unfreien gleichstellen. Die Reaktion der Herrschaftsseite bestätigt diese Tendenz. In der Totenrede des Erzbischofs von Reims nach den Unruhen ist die Rede von den abscheulichen „Communiis", in denen sich gegen alles Recht „Unfreie dem Recht ihrer Herren entzögen". Übrigens würden schon längst die verurteilt, die den Sklaven unter dem Vorwand der Religion den Ungehorsam predigten. Das Argument begegnete bereits in der Väterzeit bei Theodoret [54]). Auch würden nur aus der Unfreiheit Entlassene zu einem geistlichen Amt kommen. Das Erreichen von Freiheit oder vielleicht besser von „mehr Freiheit“ weist auf jene Vorstellung und Tendenz, die den Bezirk der Stadt als geschützten Raum von bestehender oder zu erwerbender Freiheit sehen will. Jedenfalls soll dauernde, permanente Unfreiheit kein Zeichen der Bürgerschaft sein. Diese Überlegung steht hinter jenen sich wiederholenden Bestimmungen, daß ein Unfreier zwar von seinem Herrn zurückgefordert werden kann jedoch nach Jahresfrist diese Möglichkeit erlischt, der Unfreie also in der Stadt seine Rechte erwerben kann, er ist nicht mehr unfrei. Stadtluft macht frei [55]). Wenn die Vorstellung, daß ein Bürger nicht dauernd unfrei sein soll, zuerst in den Gründungsstädten zur Realisierung gelangt, so wird sie doch schließlich maßgeblich für die Bürgergemeinde überhaupt.

Im Wunsch nach Freiheit manifestiert sich eine eigene Auffassung vom Recht der Person. Sie wird auch deutlich dort, wo etwa die Ehe von Hörigen dem Zugriff des Vogtes entzogen werden soll. In Worms ruft der „jammernswerte Schrei des Volkes“ nach einem derartigen Rechtsschutz (1114). Eine höhere Stufe personalen Rechts artikuliert sich auch in der Überlegung, daß Rechtsungleichheit zwischen Mann und Frau eingeebnet werden soll (parificatur: Freiburg) [56]). Dies gilt, selbst wenn man einrechnet, daß offen bleiben muß, was mit dem „Gleichmachen“ exakt gemeint ist. Sicher ist die Wertung der Person eingebettet in die Vorstellung vom Friedensschutz, den die Gemeinde gewähren soll: „Allen denen, die zu meinem Markt kommen, gewähre ich Frieden und Schutz innerhalb meines Marktes“ erklärt der herzogliche Stadtherr in der „coniuratio“ mit den Kaufleuten zu Freiburg. Jedermann, Auswärtiger oder Einheimischer, soll „jederzeit Frieden haben“, heißt es im Straßburger Recht [57]). Eine Vorstellung vom Gemeindefrieden, für die man als Vergleich (und Vorbild?) den Gottesfrieden (Treuga Dei) heranziehen kann.

Friedensschutz, so gesehen, bedeutet Rechtsschutz vor Verfolgung, Rechtswahrung, die Garantie, Handel treiben zu können. Frieden, Freiheit, höhere Wertung personaler Rechte, alles zusammen mündet in ein Bündel von Vorstellungen und Zielen, die nur die Gemeinde der Bürger als einen Raum von Eigenständigkeit, Entwicklung von Rechten, von Verantwortung und wirtschaftlichem Wohlergehen erscheinen lassen. Privilegien freilich, die, wie die Geschichte der Stadt zeigen wird, in vollem Maße auch nur wieder einer herausgehobenen Schicht ungeschmälert zu teil wird, dem städtischen Patriziat. Die übrigen Gruppen werden in erbitterten Kämpfen um ihre Teilhabe an Macht und Reichtum ringen müssen. Die Auseinandersetzungen zwischen den Geschlechtern und den Zünften, zwischen popolo grasso und popolo minuto werden die nächsten Jahrhunderte der bürgerlichen Gemeinde prägen. Eine Vorahnung liefert bereits die Pataria in Mailand mit der Konfrontation von Hochadel (capitanei), reichen Händlern und dem vulgus und der nun noch zu besprechende Streit in Rom um die Person und Sache des Arnold von Brescia.

Die kurze dramatische und tragische Szene um den Gelehrten und Prediger aus Brescia ist für unser Thema der sozialen Reflexion deshalb so anziehend, weil uns in ihm zum ersten Mal ein Vertreter der neuen großen Schulen und zudem ein Schüler eines der bedeutendsten Sprecher dieser neuen Schulen, des Abaelard, entgegentritt. In dem Wenigen, was uns in Arnold entgegenkommt — wir haben ja keine Schriften von ihm — können wir aber doch im Hintergrund eben ein Stück des neuen Denkens und Argumentierens vermuten, das sich nun in Rom in konkrete soziale und politische Theorie umsetzt. Abaelard, der Lehrer, will dem rationalen Argument, der dialektischen Klärung des „Sic et Non“ den Weg freimachen, er steht in großer Freiheit der antiken Tradition gegenüber, deren Anregungen er aufnehmen will, vor allem auch in seiner Kosmologie. Er ist auch kühn genug, um in seiner Apologetik, in seinem „Dialog zwischen einem Heiden, Juden und Christen", auf gemeinsame Grundlagen des Gottesglaubens vorzudringen, den sensus „communis fidei" freizulegen [58]). Berufung auf die „ratio" bedeutet ein Argumentieren auf einer allen zugänglichen und verfügbaren Basis, es ist, wenn man will, ein Argumentieren von der Basis, von unten her. Dies im Unterschied zur Berufung auf die Autorität, von oben her. Wenn man ein Bild aus dem sozial-politischen Raum herholt, ein demokratisches Denken, das unmittelbar auf die Dinge zugeht und von jedem Vernünftigen, ohne Rücksicht auf seine autoritative Position und unabhängig von ihr in eigener Verantwortung gehandhabt werden kann.

Auf ein derartiges, nicht autoritätshöriges Denken und Handeln stoßen wir bei Arnold, dem Kleriker aus Brescia, Magister in Paris und Agitator in Rom. Er vertritt zwar nicht haeretische Positionen des Glaubens, dafür wirken seine Angriffe auf den Zustand der Hierarchie umso radikaler. Aus seinem kritischen Ansatz geht er dabei unmittelbar auf sein Ziel zu. Der kritische Ansatz: Aus ihm heraus ist er fähig, als erster öffentlich die Konstantinische Schenkung als Täuschung abzulehnen, und die Geld- und Machtgier der Kurie anzugreifen. „Der Profit (precium) habe in Rom den Platz des Rechtes eingenommen", vom Haupt fließe das Übel zu den Gliedern, „was keinen Gewinn bringe, werde verachtet" heißt es im „Carmen Frederici" [59]). In jedem Stand seien die Menschen nun verdorben. Autoritative Bedenken hindern ihn in seinen Angriffen nicht; ein Nachfolger der Apostel, der nicht apostolisch lebe, verdiene weder Gehorsam noch Respekt (Johann von Salisbury). So kann er ohne vorsichtiges Abwägen hindernder Argumente der Kirchendisziplin unmittelbar auf sein Ziel zugehen: Eine Erneuerung der Kirche und Gesellschaft aus dem Geist der Hl. Schrift. Er ist in ihr, nach Ausweis der Quellen, sehr bewandert ein „vir multe litterature". Konkret ergibt sich dieses Ziel nach Ansätzen in Brescia und Mailand, nach der Lehrtätigkeit in Paris nun in der Verbindung mit der kommunalen Bewegung in Rom. So gerät in Arnold die Sache der „communio" in die weite Programmatik der Reform und mit ihr zugleich in das Spannungsfeld der kirchlichen Krise, wie sie sich in den zahlreichen Haeresien des Jahrhunderts, wie Peter von Bruis, Heinrich von Lausanne, den Katharern und Waldensern um nur die wichtigsten zu nennen, entlädt.

Seine Vorstellung der Reform kann man schon an seiner Lebensweise ablesen. Er lebt arm, bedürfnislos, streng gegen sich selbst, seine Schüler in Paris betteln, Johannes von Salisbury zufolge, für ihn und für sich, es sind alle „pauperes" keine Angehörigen der Oberschicht. Seine „continentia", bildet das Gegenstück zur Raffgier (avaritia) der Hierarchie. Er fordert, ganz auf der Linie der gregorianischen Reform, Verzicht auf Simonie; „continentia" besagt auch den Verzicht auf alles Geld im Raum des „divinum", auf Aemterverkauf, auf weltliche Herrschaft, vor allem in Rom selbst. Damit ist das Stichwort für die Agitation hier in der „Hauptstadt der Welt" gegeben, in der man den Senat wiederherstellte und die „renovatio Romae" aufs Papier schrieb. Zu seinem Programm, das der wortgewaltige Mann auf seinen Reden vorträgt, gehört nach Otto von Freising (Gesta Frederici II, 30) die Lehre, daß weder Priester mit Besitz, noch Bischöfe mit Regalien, noch Mönche mit Eigentum das Heil erringen könnten. Das alles gehöre dem Kaiser, er teile den Gebrauch den Laien zu. In der Konzeption Arnolds ist der Klerus arm, die „terrena" einschließlich der Grundherrschaften und des Besitzes stehen den Laien zur Verfügung. Daß damit restloser Eigentumsverzicht gemeint sei, wie es später Franziskus proklamiert, wird man nicht sagen können, dazu sind die Nachrichten zu dürftig, übrigens werden bei den Bischöfen nur die Hoheitsrechte (regalia) beanstandet und nach einer anderen Quelle soll er die zehntunwilligen Laien getadelt haben, was wieder kirchlichen Grundbesitz nicht ausschließt [60]). In diesem Kirchenbild gilt auch nicht unbedingt das Vorrecht der Priester über die Sakramente, anstelle der Ohrenbeichte denkt Arnold an die Gemeindebeichte (Jak. 5, 16), stärkere Beteiligung der Brüdergemeinde also. Über Kindertaufe und Eucharistie, ein problembeladenes Thema, werden ihm abweichende Ansichten nachgesagt. Im Ganzen eine Konzeption der Kirche, die zwar nicht die Strukturen selbst angreift, aber die innerkirchliche Praxis und das Verhältnis zur Welt daran mißt, „was dem Gesetz der Christen am ehesten entspricht" (Johann von Salisbury) und dabei das geschichtlich Zugewachsene, den Ballast der Feudalkirche abwerfen muß. Der ständige Konflikt mit dem Klerus und mit der Hierarchie ist damit vorprogrammiert.

Über die Kirche hinaus zielen die Überlegungen Arnolds offensichtlich auch auf Herrschaft und Gesellschaft. Sie intensivieren und konkretisieren sich in Rom, wo der Bund mit der auf Erneuerung altrömischer Größe fixierten kommunalen Bewegung erfolgt. Rom erscheint bei Arnold als „Sitz des Reiches, Quelle der Freiheit, Herrin der Welt". Er denkt an die Wiederherstellung altrömischer Ordnung und Zucht, an Senat und Ritterstand, dies offensichtlich gegen die Herrschaft der großen Geschlechter und gegen das päpstlich-weltliche Regiment. Er wird dabei gerade von den niederen Volksschichten unterstützt, die sicher soziale Erwartungen hegen konnten und wenn es nur durch eine Ablösung der Adelsherrschaft und eine Beteiligung an der Macht geschah. An eine grundlegende Änderung der sozialen Verhältnisse dachte Arnold, dem man ja adlige Abkunft nachsagte, nicht, es gibt dafür keine Belege [61]). Was die Überlegungen, das rastlose Planen und Agitieren Arnolds umtreibt, ist die Vorstellung einer Gesellschaft, die das Gebot der Gottes- und Nächstenliebe als Grundlage hat, in der nicht der Profit regiert, in der alles Geistliche streng in seiner Aufgabe der Verwaltung der „divina" bleibt und die Schrift befolgt wird: „Zins, alles Ausbeuten, ehrlose Gewinne, Kriege, Rivalität, Schlemmerei, Hinterhalt, liederliche liaisons, alles fleischliche Begehren, verkündet er, wie die Schrift es lehrt, seien dem Leben schädlich" [62]). Eine Utopie rigoroser Enthaltsamkeit und Lebensführung, Wahres mit Falschem mischend, wie die Beobachter der Zeit anmerken, aber mit großer Wirkung auf die Zuhörer: „Vielen gefiel es allein wegen seiner Neuheit", in ganz Europa sprach man von seiner Lehre". Daß das „dogma" des neuerungssüchtigen Mannes (novitatis cupidus) so gefiel, erweist, daß Arnold die Schäden in Kirche und Gesellschaft traf [63]). Die Sache der kommunalen Bewegung in Rom, hier altrömisch aufgeputzt, traf sich in Arnold von Brescia mit den neuen Denkimpulsen aus Paris und der innerkirchlichen Kritik an der verweltlichten Hierarchie. Ein Thema, das nie mehr verstummen sollte.

4.5 Der Ritter — Wunschbild im Widerstreit

Der ritterliche Stand (equestris ordo), dessen Wiederherstellung Arnold im Rahmen der „renovatio urbis Romae" fordert, führt auf jene gesellschaftliche Gruppe, die neben der bürgerlichen Gemeinde am augenfälligsten die neue soziale Gruppierung darstellt. Als erste Laienkultur seit der Antike apostrophiert, treffen sich im Rittertum, im Stand der „milites, ministeriales", der „Militia", dem „ordo militaris" verschiedene soziale Strömungen, die man sowohl sozialgeschichtlich wie ideengeschichtlich fassen kann. Unabhängig davon, ob man nun im Rittertum einen Stand oder Nicht-Stand, eine soziale Klasse oder nur unbestimmt fluktuierende Gruppe, eine ideelle Fiktion und Gebilde sehen will, alles Umschreibungen, zu denen uns der jeweilige Autor führen möchte, sicher bleibt, daß die „milites" zunächst einmal als der historisch erwiesene Kern des Rittertums, eine sozial faßbare und für den Zeitgenossen ansprechbare Gruppe — man denke an die Standeslehre von Rather bis zu Alanus — ausmacht, die ihre gemeinsamen Merkmale aufweist: Beruf- Krieg- und Waffendienst, soziale Klassifizierung, freie Adlige und Vasallen, zu denen unfreie Waffenreiter kommen, ständisches Bewußtsein und Verhaltensnormen — Kriegerethik, die sich in wechselnder Intensität und zeitlich verschoben dann mit feiner Sitte (hövescheit) und Frauendienst verbinden kann [64]). Gerade die zuletzt genannte Komponente ist für den Ritter charakteristisch, denn keine andere Gruppe der Laien ist in dieser Zeit so ausgeprägt von sozialer Fiktion getragen, durch theoretische und poetisch artikulierte Wertvorstellungen motiviert und geprägt wie das vielgestaltige Gebilde Rittertum. „Ritterethik, ritterliches Tugendsystem, Ritterlehren" —das Bürgertum als zweite maßgebliche neue Schicht wird lange warten müssen, bis es den Stoff für vergleichbare Überlegungen und poetische Gestaltung abgibt. Daher kann man sich im Rahmen unserer Thematik dem Phänomen „Ritter" mit einiger Erwartung nähern. Man wird fragen: Welchen Ort und welche Funktion weist man den Rittern zu, wie sehen sich diese selbst? Hat die Entwicklung vom Reiter zum Ritter auch in der sozialen Reflexion ihre Spuren hinterlassen?

Mit der Konfrontierung von Reiter und Ritter sind bereits verschiedene Aspekte und Stufen im Werdegang des Rittertums angedeutet. Da haben wir im 10./11. Jahrhundert den „miles" als freien Adligen und Vasallen, aber dann auch als unfreien Dienstmann, für den im Wormser Recht (1023/25) der Terminus „ministerialis" (Dienstmann) erscheint. Diese „ministeriales" bilden bald eine klar erkennbare Gruppe, wie die Rechte von Worms, Limburg und Bamberg (um 1060) erweisen. Die „militia" ist in sich ständisch gestuft, es gibt Mächtigere (potiores) im „ordo militaris" (Richer) und „milites ordinis secundi et tertii" [65]). Ende des 11. Jahrhunderts folgen der „miles Christi" des Kreuzzuges und bald darauf die ersten geistlichen Ritterorden. Das 12. Jahrhundert sieht die Entfaltung fürstlicher Hofhaltung und mit ihr den „miles" und „ministerialis" als höfischen Ritter. Zugleich gelingt dem ministerialis der Aufstieg in den Adel, mit dem er sich, an dessen unterer Grenze, im Niederadel verschmilzt. Nicht zu vergessen in dieser Aufzählung ist der zur Geschichte gewordene Ritter, in der Antike oder im Kreis Karls des Großen.

Soziale Reflexion und poetische Fiktion ergeben ebenfalls verschiedene Aspekte, in denen man die Entfaltung des „miles" zum „chevalier" und zum Ritter der höfischen Gesellschaft deutlich verfolgen kann. Da begegnet uns der Krieger und Held, der christliche Ritter, dann die idealisierte Figur des Ritters der Antike und der karolingischen Epoche und schließlich der Ritter der aventiure und minne in der höfischen Epik. Jede dieser Ausprägungen vermittelt eine Komponente im Gesamtbild und vermag etwas über die soziale Dimension des Rittertums auszusagen. Freilich, über die feineren sozialen Unterschiede innerhalb des „ordo militaris" (freie, adlige, unfreie milites; Dienstrecht, Lehenrecht) erfahren wir aus den theoretischen und fiktiven Texten wenig. Nur selten gibt es eine explizite Überlegung zu den sozialen Differenzierungen innerhalb des Rittertums [66]).

Bernhard von Clairvaux stellt in seiner Schrift für die Templer zu Beginn die „militia secularis" vor [67]), es ist nützlich, ihn mit Rather zu vergleichen. Rather genügte es, seinen

Krieger vor Raub, Mord und Sakrileg zu warnen, ihn notfalls zur Handarbeit aufzufordern (!), wenn er keinen Sold (stipendium) bekommt. Er hat vor sich den „miles" einer der Adelswillkür preisgegebenen Zeit, der zerfallenden Karolingerherrschaft, wie wir sie schon aus Atto kennenlernten. Der Soldat im Dienst irgendwelcher Mächtiger steht offenbar häufig ohne Unterhalt da und neigt zur gewalttätigen Eigenversorgung. 200 Jahre später, bei Bernhard, begegnen wir wieder dem „miles", jetzt bezeichnenderweise in einer „militia" gesehen, die Kriegerschaft hat sich als eine eigene Gruppe herausgebildet. Das entspräche der Entwicklung der Ministerialen und ihrer allmählichen Verschmelzung mit den in Lehensrecht stehenden Vasallen; „militia" wäre dann mit Ritterschaft zu übersetzen. Dem entspricht die soziale Gestik. Die wirtschaftlichen Ungewißheiten sind zwar geblieben, auch die Neigung zur Gewalt (crimen), aber der äußere Aufzug hat sich gewandelt. Seidendecken auf den Pferden, das Zaumzeug mit Gold und Steinen verziert, farbige, wohl wappenverzierte Schilde und Sättel. Weibischer Schmuck. Anstelle harter Zucht und Lebensweise nun weiblich gepflegtes Haar, lange kostbare Gewänder, die zarten und verwöhnten Hände in weiten Ärmeln versteckt. Der Aristokrat Bernhard kennt sich in dieser Welt aus. Offenbar hat sich der Lebensstil der Krieger gesteigert und verfeinert, an den Fürstenhöfen herrscht Wohlstand und werden die Vorbilder für das ritterliche Dekor gesetzt. Zur äußeren Erscheinung gesellt sich für Bernhard ein Verfall des kriegerischen Ethos: leichtsinnig, frivol, ganz irrational und ruhmsüchtig werde Krieg geführt [68]).

Dem weltlichen Rittertum setzt Bernhard nun die „nova militia" der Templer entgegen, in ihr verkörpert sich der „miles Christi". Gegenüber Rather ein zweiter Wandel. Nicht als ob bei ihm die Einbindung des Kriegers in die Pflicht (officium) des Christen fehlte. Er betont, daß der „miles" seine „militia" immer im Blick auf die Ewigkeit ausüben solle und von hier aus kann man sagen, daß die Idee einer christlichen Ritterschaft schon in der Tradition der kirchlichen Standeslehre vorgeformt ist. Was aber zu dieser Tradition hinzuwächst, das ist nun die Verbindung der soldatischen Pflichten mit der in der Reform sich entfaltenden Vorstellung des „miles Christi". Für Gregor VII. ist der Patariaführer Erlembald ein aktivster Krieger Christi, Bonizo erweitert die Ratschläge Rathers entschieden auf die christlichen Pflichten und die Treupflicht gegenüber den Herren: Einsatz für den Staat und den Herrn, Kampf gegen Haeretiker, Schutz der Witwen und Waisen. Vorbild der gläubige Centurio in der Nähe Christi, der schon die Geisttaufe empfing [69]). In dieser Perspektive gerät auch das Kämpfen selbst in eine neue Wertungsskala. Während der Gottesfrieden einen entscheidenden Einbruch in das Fehderecht vollzieht und einen wenigstens befristeten Friedensraum zu schaffen versucht, entsteht zugleich die Frage nach der Sicherung des Gottesfriedens gegen Friedensbrecher. Die Antwort lautet, daß die Rächer des Gottesfriedens als Verteidiger der Sache Gottes gelten sollen. Erlaubte Gewalt gegen gesetzlose Gewalt. Rechtlich identisch ist damit die Erklärung, daß Kampf gegen die Feinde des Glaubens und der Kirche erlaubt, ja geboten sei. Die Kreuzzüge gründen auf dieser Überzeugung, Urban II. überträgt das Ringen gegen die Fehde im Gottesfrieden nun in die Optik und Argumentation des Kreuzzuges: „Wendet die Waffen, mit denen ihr in sträflicher Weise Bruderblut vergießt, gegen die Feinde des christlichen Namens und Glaubens" [70]).

Bernhard verschärft diese Argumentation. Der „miles Christi", der Kreuzritter wird zum „Rächer Christi", zum Diener Gottes und in Abwandlung des dem Herrscher geltenden Wortes „zur Strafe für die Übeltäter und zum Lob der Guten": „Im Tod des Heiden erwirbt der Christ Ruhm, da Christus verherrlicht wird". Begeistert schildert er das zuchtvolle Leben der Templer, keine Schauspieler, Zauberer und Erzähler, keine skurrilen Lieder und öffentlichen Spiele, wie bei den weltlichen Rittern. Die „Ritter Christi" (Christi equites) pflegen nicht ihre Haare, staubbedeckt, struppig und in dunkler unscheinbarer Rüstung stehn sie da. Die Anspielungen auf das feine höfische Treiben, auf die Ritterlyrik und Epik sind unverkennbar [71]). Der heroisch-männliche Ritter Christi steht gegen den aufgeputzten weltlichen Ritter. Man kann dieser Sicht jene Konzeption anfügen, die Honorius vorträgt „Ihr Ritter, ihr seid der Arm der Kirche, da ihr sie gegenüber ihren Feinden verteidigen sollt. Den Unterdrückten sollt ihr helfen, Euch von Raub und Unzucht fernhalten, die der Kirche auf üble Weise schaden, sollt ihr unterdrücken, den Aufrührern gegen den Klerus widerstehen". Die Aufgabe des Kriegers ist nun ganz auf seine Funktion in der Kirche fixiert und in Erfüllung des Heilsgebotes gesehen (Sermo generalis).

Konträr zu diesem Bild entfaltet Johannes von Salisbury seine Überlegungen zur „militia" im Polycraticus (VI) [72]) im Rahmen seiner großangelegten Darstellung des „Staates". Ihn sieht er als ein organisches Gebilde mit dem Fürsten als Haupt des Körpers und dem Priester als dessen Seele und leitendes Prinzip. Die „milites" bilden zusammen mit den Rechtswahrern die Hände, sie bewaffnet, die andern unbewaffnet. Ihre Aufgabe ergibt sich aus dieser Gliedfunktion; erst, wenn die organischen Bedingungen dieser Funktion geklärt sind — Eignung, Haltung, eidliche Verpflichtung (c. 2—7) — folgen die Pflichten gegenüber der Kirche. Während Honorius nur das „Volk Gottes", die Kirche im Blick hat und so die primär weltliche Position des „miles" übergeht und verschweigt, entfaltet sich bei Johannes eine umfassende Konzeption, die in der Zeit ihresgleichen sucht, die das Rittertum in das Ganze der sozialen Relation einbringt. Auf diese Weise wird seine Darstellung zur ersten weit ausholenden sozialen Theorie der „militia", zu einem wesentlichen Beitrag zur Idee christlicher Ritterschaft und darüber hinaus zu einer Theorie des Heeres und des Kriegers überhaupt, wie ja vieles, was zum „Ritter" gesagt wird, über dieses ständische Phänomen in den weiten Bereich der Heeresverfassung der Zeit übergreift [73]).

Vorrangige Quelle ist Vegetius (De re militaria), auch sonst zitiert Johannes häufig und ausgiebig antike Zeugnisse, dies nun ganz im antikisierenden Trend der Schulen von Chartres und Orléans. Das antike Heer und seine Soldaten als Vorbild. Ein wichtiger Beleg für die Rolle des römisch-antiken Vorbilds in der Ausbildung ritterlicher Vorstellungen. Johannes findet im antiken Heer die Bestätigung seiner elementaren Forderungen an den „miles": Erfahrung und Übung, nicht die „rauhe und uenerfahrbarene Menge" entscheidet, nicht an Wohlleben gewöhntes Volk; die „plebs rustica" kann, wieder nach Vegetius, geeigneter sein. Sie kann schwere Arbeit verrichten, Gräben ausheben, Eisen tragen, offensichtlich wird hier der unfreie Kriegsknecht angesprochen; der freie adlige Vasall, der bereits gehobene Ministeriale verrichtet derartige Arbeit nicht. Sänger, Würfelspieler Abrichter von Vögeln — all das führt in die adlige Welt — eignen sich zu dieser Mühsal nicht. Auch nicht die Großredner an den Tafeln, die dort die ersten Plätze einnehmen, die „milites gloriosi", die aus einem bißchen abgesprungener Farbe am Schild am liebsten ein Jahrhundertereignis machen würden (in saeculum saeculi, VI, 3). Arbeit und Übung meiden sie, Schwierigkeiten lasten sie auf die Untergeordneten — unzweideutig sind hier die vornehmen Ritter angesprochen — dafür putzen sie sich heraus, als ob sie Mars selbst wären.

Entscheidend ist die in langer Übung erworbene Erfahrung, wie es zahlreiche antike Beispiele lehren (c. 4/5). Johannes betont, daß er mit seiner Kritik nicht die „militia" als solche angreifen wolle und die „Laster der Personen dem Stand anlasten" wolle. Der Beruf ist ehrenwert, zwei Bedingungen zeichnen ihn aus: Wahl und eidliche Verpflichtung (electio, sacramentum). Wie der Bischof den Priester zum Altar ruft, so der Heerführer den Krieger zum Schutz des Staates. Eine neue Optik des Kriegers, dessen Vorrecht der Waffe lange Zeit Sache der „potentes" und „liberi" war und nun von diesen mit den inzwischen bereits erblich gewordenen Ministerialen geteilt wurde. Er wird nach Eignung erwählt und soll den Schwerteid leisten. „Die nicht ausgewählt sind noch vereidigt, sind in Wahrheit, auch wenn sie unter dem Namen Ritter (milites) eingestuft werden, in Wahrheit nicht mehr Ritter, als die Priester und Kleriker, die nicht durch die Kirche berufen sind" (c. 8). Rittertum als echter Beruf, als Berufung (vocatio). Ihn zeichnen Ehrenhaftigkeit und Anstand (honestas, verecundia) aus. Leider sei die mit der rechten Auswahl verbundene kriegerische Haltung jetzt ungewohnt, Wohlleben der Männer, Trägheit der Jugend, Gleichgültigkeit der Führer seien der Grund. Die Jugend schlafe am Tag, ludere herum, suche den ganzen Tag Vergnügen; „citharam, lyram et tympanum et vocem organi" liebt sie bei ihren Mählern mehr als das Kriegshorn im Lager (VI, 6). Ist hier nicht die höfische Welt angesprochen, die das soziale Ambiente der Minnelyrik und Epik bildet?

Strenge Auswahl und der Schwerteid setzen hier unüberschreitbare Schranken. Das „sacramentum" ist für Johannes in der Antike vorgebildet, ohne Eid kein „Rittergürtel" (militiae cingulm). Die christlichen Kaiser haben diesen Kriegereid (militiae sacramentum) bestätigt. Er verpflichtet zu Gehorsam und Einsatz des Lebens für den Staat und Gott. Damit ist die Überleitung zum Dienst in der Kirche gegeben. Die „militia ordinata" (VI, v. 8) soll die Kirche schützen, den Unglauben bekämpfen, die Priester verehren, Unrecht von den Armen wehren, das Land schützen, notfalls bis zum Tod. Wenn der „miles" seinen Glauben wahrt, kann er auch, wie die Geschichte Diocletians zeige, einem ungläubigen Herrn dienen. Rittertum und christliches Rittertum, wenn wir die Konzeption des Johannes nun auf die Zeit selbst übertragen, vereint dann weltlichen und kirchlichen Dienst, Treue zum Herrn und zur „respublica", es vereint in sich und bildet ab die Einheit der in der Kirche und im Staat geordneten Gesellschaft.

Durch electio und sacramentum streng gebunden hat er seine Privilegien, die stipendia, und nach dem Ausscheiden aus dem Dienst seine Güter und Versorgung. Bei Versagen, Ungehorsam verliert der Ritter seinen Gürtel, eindringlichst beschwört Johannes die straffe Disziplin, wieder sind die Römer Vorbild (VI, c. 14ff) und wieder folgt eine heftige Attake gegen die eigene „militia". Sie schnarcht, gefällt sich im Anspruch auf Ansehen, ohne den wahren Rang innerhalb der „honores" zu kennen, die Ritter streichen um die Häuser des Adels, plündern die Tafeln, bieten Salbfläschchen an und töten in ellenlangen Versen, freilich ohne Blutvergießen, Sarazenen und Parther. Das geht deutlich auf die Rittergeschichten. Die „virtus maiorum" „ist in unserer Zeit fast zu nichts geworden" (VI, c. 16).

Angriff, Kritik der zeitgenössischen Ritterschaft, ritterliches Wunschbild innerhalb der Konzeption des organisch Ganzen führen die Ritterlehre des Johannes weit über eine begrenzte Standeslehre hinaus, wie man sie aus den poetischen Texten eruieren kann. Seine Auslassungen über Eignung, Anforderung, Auswahl und den Eid bedeuten, wenn man die Dinge weiter denkt, indem man den Text „beim Wort nimmt", eine Wandlung der feudalen Gesellschaft. Denn wenn nicht mehr geburtsständische Privilegien den Einzelnen automatisch, auch ohne Eigung, Wahl und Eid zur „militia" berechtigen, dann ist das adlige Vorrecht auf den Schwertdienst negiert und eine wesentliche Bedingung der feudalen Gesellschaft infrage gestellt. Gegen dieses Vorrecht, auch wenn Johannes es nicht explizit nennt, muß sich aber der Grundsatz der „electio" durch den Führer wenden: „Wer sich ohne Berufung (non electus) selbst in die militia einreiht, wendet das Schwert gegen sich selbst, das er aus eigener Verwegenheit usurpiert" (VI, c, 8). Berufen kann aber nur werden, wir hörten es schon, wer geeignet ist, Erfahrung besitzt, Mühen aushält und — Vegetius zufolge — die „tolerantia laborum" auf sich nimmt. Solche Arbeiten sind: „Eisen tragen, Gräben ausheben, Lasten schleppen, wie es in Landarbeit gewohnt ist" (VI, 2) Arbeit als schwere Handarbeit, ist das aber nicht eine Tätigkeit, die im adlig-ritterlichen Tugendkatalog fehlt und den unteren Schichten vorbehalten ist? Johannes nimmt aber nun gerade „labor" in seine Definition des „miles" auf: „Miles namque sicut laboris ita et honoris nomen est" (VI, 8). Der Begriff des „honor", der wie kein anderer von der herrschenden Schicht bis zu König und Reich (honor regni) in Anspruch genommen war, gerät nun bei der Beschreibung des Ritterstandes mit dem sozial geringer eingestuften Begriff des „labor" als Handarbeit in definitorischen Zusammenhang. Gewiß nicht ausschließlich, denn „labor" meint in der Definition zwar auch „Mühe", aber mit der „Mühe" ist eben auch und zwar zuerst Handarbeit gemeint [74]).

Von hier aus erhält der von Vegetius übernommene Satz seine Schärfe, daß eine bäuerliche Plebs für die „militia" geeigneter sei als „wohllebende" „milites", denn sie ist robust und zu allen schweren „labores" bereit.

Die „geordnete Ritterschaft" des Johannes, schlicht im Äußeren, diszipliniert und trainiert, ist alles andere als das kritisierte Rittertum seiner Umgebung mit seinem pomadisierten, aufgeputzt großsprecherischen Gehabe, das mit die Modelle für seine Karikatur abgibt: Milites gloriosi, die mit großen Worten gegen die Heiden kämpfen, Schwierigkeiten ihren untergebenen Mannen aufbürden und die reichen Tafeln des Adels dem harten Lagerleben vorziehen.

Kritik, Ironie und Sarkasmus des Johannes haben ihr Pendant und zugleich ihre Bestätigung in andern Stimmen: Im Angriff des Alanus gegen die Ritter, die ihre Pflicht gegen Vaterland und Kirche verletzen, zu Räuberführern wurden, die Armen unterdrücken und „nicht mehr ihre Ritterschaft, sondern Raub ausüben". Die Ritter stehen da nicht allein, nach Walter Maps bitterer Satire gibt der Hof mit seinen Abgesandten bis hinunter zu den untersten Rechtswaltern (subvicecomites, bedelli) ein schlechtes Beispiel: Zu Beginn ihrer Laufbahn der feierliche Schwur, Gott und dem Staat treu zu dienen; später folgt dann das Abhäuten der wehrlosen Lämmer [75]). Peter von Blois wiederholt in einem Brief den Angriff des Johannes und verschärft ihn: (Epist. 94). Wieder die Berufung auf Vegetius und die Antike, wieder bevorzugt die Römer als Beispiel. Der „ordo militum" bestehe darin, eben den Stand nicht zu wahren (ordinem non tenere) [76]). Während früher sich die Ritter im Ernst verpflichteten, den Staat bis zum Einsatz des Lebens zu schützen, wird heute die Ritterweihe zur Farce. Die Junker gehen zwar zum Altar, nehmen dort ihr Schwert in Empfang, erklären sich als Söhne der Kirche, verpflichten sich zur Reverenz gegenüber den Priestern, zum Schutz der Armen, zur Verfolgung der Übeltäter, zur Befreiung des Vaterlandes — Peter nennt den ganzen Pflichtenkatalog des christlichen Ritters — aber kaum sind sie mit dem Rittergürtel geschmückt, da rebellieren sie gegen die Gesalbten Christi, plündern die ihnen unterworfenen „Christi pauperes" und unterdrücken die Schutzlosen. Eine makabere Desillusion hohen Rittertums, die rhetorisch gesteigert sein mag, die dennoch als soziale Kritik anzunehmen ist. Wieder wird das römische Heer als Beispiel vorgeführt, die Zucht und stete Bereitschaft,

Caesar und Pompeius als Vorbilder militärischer Führung. Dagegen die Faulheit und Laszivität der Umwelt, wie sie Peter sieht. Wenn jetzt die Ritter auf Heerfahrt gehen, dann sind ihre Packtiere nicht mit Eisen und Waffen beladen, sondern mit Wein, Käse, Schläuchen und Bratspießen belastet: „Kriege und Reitergefechte lassen sie sich auf ihre Satteldecken und Schilde malen, damit sie sich an einer eingebildeten Illusion, an Kämpfen ergötzen, die sie tatsächlich weder zu bestehen noch zu sehen wagen". Christliche Ritterschaft im Widerstreit der grausamen Realitäten. — Eine letzte Stimme, anders akzentuiert und gewichtet, aber doch die Situation erhellend. Diesmal aus Deutschland.

Gerhoh von Reichersberg widmet sein „Opusculum de edificio Dei" vorrangig der Entfremdung von Kirchengut in die Hände der „milites" die sich den Rock Christi teilen. „Miles" bedeutet hier den Lehensträger kirchlicher Benefizien, für die er das „hominium" leistet und sich zum Kirchenschutz verpflichtet [77]). Was aber wird aus Treueid und Defensorschaft? Kirchengut, für die Armen bestimmt, wird unter dem Argument des Lehenrechtes den Rittern übergeben. Die Bischöfe helfen dazu und wagen sich nicht gegen die Ansprüche der milites zu behaupten (c. 17). „Die Gerechtigkeit der Ritter ist zu sehr angewachsen, die Gerechtigkeit Christi scheint aber unserer Zeit ungewohnt zu sein" (c. 14). Was früher geschenkt wurde, wird jetzt von weltlicher Seite unter Duldung der Hierarchie ausgebeutet. Gerhoh zielt hier auf die laufende Entfremdung von Kirchengut in die Hände der Vögte und Lehensleute. Er wehrt sich besonders auch gegen das Überhandnehmen der Ministerialen, die sogar kirchliche Verwaltungsämter in den Grundherrschaften übernehmen (c. 33/34). Besonders verwerflich brandmarkt er, daß mit der Übergabe von Land auch Kirchenleute, die zu besserem Recht leben, übergeben würden und nun in größerer Unfreiheit „leben müßten, wie wenn sie Eigenleute der Ritter wären". Das bezieht sich auf die kirchliche Zensualität, die ja größere Freiheit gewährt und nun verloren gehe. Was nützt es jetzt den einst der Kirche geschenkten Kirchenleuten, wenn sie jetzt von der Kirche nicht „gegen die Raubvögel" geschützt werden? Die Ritter fallen wie „Raubvögel" über die Kirchenleute.

Das alles ist, wie bei Johannes, Peter von Blois, theologische Kritik. Gehen wir weiter zu den poetisch-fiktionalen Texten, an denen Adel und Ministerialen ja wesentlichen Anteil haben, sodaß man von Selbstaussage sprechen kann, dann bleibt natürlich die Kritik im Hintergrund bestehen, sie ist als „Korrektur der Realität" stets mitzudenken und bewahrt vor einer Bewertung der Wirklichkeit im Sinne der Poesie, wie sie im romantischen Ritterbild vollzogen wurde. Trotzdem sollte man dem Wunschbild poetischer Aussagen nicht die Absicht absprechen, damit ernstlich auch auf das Leben selbst einzuwirken, dazu ist der Zusammenhang der poetischen Ethik mit der Moraltheologie viel zu intensiv. Ehrismann prägte das Wort vom „ritterlichen Tugendsystem" und deutete es im kausalen Zusammenhang mit der tradierten Morallehre: Es ruht auf den vier Kardinaltugenden dem honestum und den gütern, dem utile, das sittliche Leben bewegt sich in den drei Wertgebieten des „summum bonum, honestum, utile" oder wie es Walter von der Vogelweide überträgt „ere, varnde guot, gotes hulde" (84, 16). In der Ritterethik erhalte diese Tradition durch die Standesanschauungen ihre „ritterlich-höfische Färbung". Über diese These ist auf den Einspruch von E. R. Curtius viel diskutiert worden, ihr Grundanliegen, die Ritterethik im Zusammenhang der tradierten Morallehre zu sehen, bleibt jedoch bestehen und ist nicht widerlegt [78]).

Ritterliche Ethik will nicht nur den Einzelnen für sich, sondern ebenso in seiner Haltung zur standesgemäßen Umgebung formen. Sie hat darin eindeutig ihre gesellschaftliche Tendenz, wie man überhaupt Ritterdichtung als „Gesellschaftsdichtung" umschreiben kann. Ein Wesenszug dieser Tendenz ist es, auf verschiedene Weise, neue Formen des Umgangs zu entfalten. Im 12. Jahrhundert werden so viele neue „Räume" erschlossen, geographisch wie geistig, auf Kreuzzug und Kolonisation, in Bildung und Wissenschaft, in der Kirche, wo sich Gruppenhaeresien zu Gegenkirchen ausweiten können, sodaß das fast plötzliche Auftauchen neuer gesellschaftlicher Lebensweise in diesen allgemeinen Trend eingefügt ist und in ihm mitverstanden werden kann. Solche Möglichkeiten bieten das höfische Leben mit seinen Spielregeln (courtoisie, hövescheit), mit seinem Minnekult (amor courtois). Die Minne verschafft der Frau eine neuartige Rolle und ist geprägt von der Beziehung des Ritters (chevalier) zur domna (frouwe), Herrin. Schließlich entwickelt sich in der aventiure, in der Heerfahrt als Lebensform, ein soziales Vorbild, das die Lebensweise des „Berufsritters" in die Gestalt des Helden sublimieren kann. Das höfische Leben, das sich zuerst in Südfrankreich ausbildet, schafft und will eine Form des Zusammenseins von Herr, Herrin und Gefolge unter den Normen feiner Sitte, des Anstands, der Ehre und Treue. Die Minne rückt die Frau als Herrin oder Geliebte in eine zentrale Position: Sie ist Gegenstand der Sehnsucht, ohne daß Erfüllung winken muß, L. Spitzer sprach von „paradoxe amoureux", sie gewährt oder versagt Huld, sie kann, wie in älteren Liedformen, sogar die Begehrende sein. Zeichen eines Selbstbewußtseins, das dem Typ der von Mann und Verwandtschaft geführten Frau entwachsen ist.

Die zentrale Stellung der Frau in der Minne ist mit einem Wandel der Anschauung über das Liebesverhältnis von Mann und Frau verbunden. Die herrschende kirchliche Morallehre sieht dieses Verhältnis in der Form des „connubium" und des „adulterium" (fornicatio). Mit dem Minneverhältnis zwischen Frau und Ritter erscheint fiktional eine neben der Ehe bestehende Bindung, die einen eigenen sittlichen Verhaltenskodex (Minnelehre) entwickelt. Dieser gerät jedoch so oder so in Widerspruch zur Hl. Schrift. Denn selbst wenn die Frau, die gewöhnlich als verheiratet zu denken ist, die Huld versagt, dann befindet sich zumindest der werbende Ritter in einer begehrenden Situation, die dem Wort der Bergpredigt (Mt. 5, 28) widerspricht. Formen höchst idealisierter Minne wie bei Reinmar dem Alten mögen als Ausnahmen gelten, sind aber unter den Minnesingern selbst umstritten (Reinmar-Fehde). Zwischen „connubium" und „adulterium" schiebt sich das Reich der Minne kraft eigenen Anspruchs. Die Ehe wird hier zwar nicht formal negiert, sie spielt aber auch auf dieser Szenerie keine Rolle, die Minne bestimmt den Bereich der höfischen Liebe (amour courtois). Diese Szenerie ist beherrscht von Begehren und Versagen, von Huld und Hoffnung, alles paradoxe, ambivalente Situationen, die letztlich einen in dieser Hinsicht moralfreien Raum postulieren, in dem die Minneregeln sich entfalten können. Das Wort von „Sittlichkeit durch Ehebruch" ist bereits gefallen (H. Kuhn). Eindeutige Aussagen wie das Taglied lassen dann die sinnlich erotische Komponente unverhüllt hervortreten, wie andererseits im Kreuzfahrerlied (Friedrich von Hausen) die Absage an die Welt der Minne erfolgen kann [79]).

Indem der amour courtois Anschauungen der höfischen Gesellschaft wiedergibt, ist er sozial orientiert, er verkörpert die sozial emanzipatorische Tendenz dieser Gruppe. Mit Minne gewinnt man zudem Ehre, der „wol minnende" macht sich auch als armer Ritter beliebt und gewinnt Ansehen. Man wird als Aufsteiger in die höhere Schicht integriert. Ritterliche Ethik ist Standesethik. Sie verrät ihre Herkunft und ihre entsprechenden Ziele. Ihre Herkunft teils aus den aufsteigenden Ministerialen und „armen" Adeligen, teils aus der Welt der Herrschaft und ihres Hofes und damit vom hohen Adel her. Minnedienst zeigt die Abkunft von lehnsrechtlichen Vorstellungen: „ich fröu mich des daz ich ir dienen sol, si gelonet mer mit lihten dingen wol" (Reinmar von Hagenau). Der Ritter „mac sin herze doch keren hin/uf dienest nach der wibe lon" (Willehalm VI, 299). Lohn der Herrin bewirkt soziale Geltung. Indem der Minnedienst zu Ehre verhilft, reflektiert er den Aufstieg eines Standes, gegenüber dem es freilich auch Reserven gibt. Die höhere Schicht grenzt sich gegen alles „Niedrige" ab. Schon der hochadlige Wilhelm IX. von Poitiers, frühest belegbarer Sänger, warnt davor „am Hofe grob (vilanames), in der Weise eines vilain zu reden [80]). Herrscherlich-adlige Einstellung manifestiert der Rat des Aristoteles an den fürstlichen Ritter Alexander, nicht diejenigen zu erhöhen „denen die Natur vorschrieb, als Niedrige unten zu sein (zu liegen) [81]). Aber gegen adlige Anmaßung regt sich wieder von unten her Widerstand bei den trobadors. Man erinnert an die Leistung als Voraussetzung für Adel, dem begüterten Adel wird die Fähigkeit zu adliger Gesittung abgesprochen. Die Spannungen in der Ritterschaft zwischen Sänger, niederem Adel und mächtigem Hochadel sind unverkennbar.

Was macht also den Adel aus? Im Ritterideal ist Adel nur mit „Tugend" als Vorbild möglich, ethische Prädikate haben Vorrang. Derselbe Walter von Chatillon, der in der „Alexandreis" über Aristoteles vor schnellem Aufstieg warnt, fährt fort, daß bei hoher Sitte, bei „honestas" ein Aufstieg in die Umgebung des Herrschers erfolgen kann, auch wenn „der Ruhm hoher Abstammung" fehle. Nicht Geld, das die Sitten beseitigt, ist entscheidend, sondern die Tugend: „Nobilitas sola est animum que moribus ornat", allein das ist Adel, der den Geist mit Sitte schmückt. Wer im Innern an Sitte „überströmt", bedarf nicht äußerer Dinge wie Geschlecht und Gestalt. Ein rückhaltloses Bekenntnis zur philosophisch-theologischen Lehre vom Tugendadel, vom wahren Adel. Gurnemanz erinnert seinen fürstlichen Schüler (volkes herre) daran, daß vorbildliche Haltung „Euer Geschlecht" noch erhöhen kann (Parzival, III, 170) [82]). Bei der Differenzierung dieser nobilitierenden Tugenden erscheinen nun in bemerkenswerter Weise nicht zuerst militärische Eigenschaften oder Prädikate der Minnelehre, sondern Pflichten, die über den eigenen Stand hinausweisen. In der Alexandreis sind es Gerechtigkeit, ohne Bestechlichkeit, Milde gegenüber dem Niedrigen, Härte gegenüber dem Hochmut. Dann erst folgen die militärischen Pflichten. Bei Wolframs Gurnemanz werden Hilfe gegenüber Not, Milde und Güte genannt: „vlizet iuch diemüte". Humilitas, Demut als ritterliche Eigenschaft, hier spricht unmittelbar das christliche Ritterideal. Es wird auch in Willehalm artikuliert, wenn der Held vor der Schlacht die Ritter an ihren Eid erinnert: „swer riterschaft wil rehte pflegen/der sol witwen und waisen/beschirmen von ir reisen/daz wirt sin endelos gewin" (VI, 299). Schutz der Witwen und Waisen, damit ist die Verbindung zur theologischen Konzeption des Rittertums hergestellt, die wir von Bonizo zu Alanus verfolgen konnten. Sie ist zugleich verbunden mit der Lehre von den Pflichten der Herrschaft. An ihr nimmt ja auch der Ritter, sei es als Lehensträger in der Grundherrschaft oder als Waffenträger teil.

Damit stehen wir vor der abschließenden Frage nach der sozialen Intention in den poetischen Selbstbekundungen des Rittertums über die Standesethik hinaus. Daß Überlegungen zur Ritterpflicht gegenüber den Armen und Schwachen, zum Schutz des Rechtes in der Epik gerade in Form des christlichen Ritterideals auftauchen, mag erstaunen, überraschen kann es nicht. Minnedienst und Minnelehre sind auf den engen privaten Bereich und auf den abgeschlossenen Kreis der höfischen Gesellschaft ausgerichtet, das Kriegerethos der sagenhaften Tafelrunde und der Karlsepik hat den heroischen Kampf gegen die Feinde der Britenkönige oder gegen die Heiden im Blick [83]). Erst die Verbindung mit der christlichen Konzeption der Herrschaft und des Waffenschutzes, erst eine vertiefte, bewußt ethisierende Auffassung des Rittertums, wie sie vor allem bei Wolfram von Eschenbach und Hartmann von Aue greifbar wird, kann dem unbefragten kriegerischen Ethos der ritterlichen Poesie den Weg zum hilfebedürftigen Nächsten und zum sozial Schwächeren weisen. Die unterlassene und schließlich nach einem Weg der Läuterung gestellte Frage Parzivals an den verwundeten Gralskönig, das Überwinden unbedachter Etikette und das Hinhören auf die Sprache des Mitleids mag als Sinnbild für diese „soziale Wandlung" des Ritterbildes gelten. Freilich Artikulationen dieser Wandlung sind doch, auf das Ganze hin besehen, selten und setzen relativ spät ein, erst im anhebenden 13. Jahrhundert kommt es zu einer Darstellung wie der des „Wälschen Gastes" von Thomasin, in dem nun die ritterliche Ethik in den Rahmen einer allgemeinen Tugendlehre gestellt ist. Man muß in der Ritterdichtung, einschließlich der Spruchdichtung des 12. Jahrhunderts lange suchen, bis man auf eine Äußerung wie die im Armen Heinrich stößt: „daz was ein vrier buman/der vil selten ie gewan/dehein groz ungemach/daz andern geburen doch geschach/die wirs geherret waren/und si die niht verbaren/beidiu mit stiure und mit bete" (269—275). Die Klage über die Belastung der Bauern mit Abgaben (stiure, bete) durch die schlechten Herren (wirs geherret) stellt die Verbindung her zur sozialen Kritik am Rittertum, die wir kennen lernten. Hartmann, „dienstman ze Ouwe", spricht hier aus Erfahrung eine historische Realität an, die „oppressio" durch die „potentes" und „milites". Bezeichnenderweise bildet ja auch keine typische Rittergeschichte den Inhalt seiner Erzählung, sondern das Thema eines dem Unheil ausgesetzten Ritters, dem die Unschuld eines sozial nieder stehenden Mädchens und die Arztkunst helfen, macht die Fabel aus. Ein Hiob-Stoff, in dem Dulden des Herrn und Hingabe eines durch Tugend geadelten Menschen die Rettung bringen. Dabei erfährt auch die poetische Rolle der Frau eine Wandlung. Jetzt ist es ein Mädchen aus der niederen Schicht, das dem Ritter entsagenden Minnedienst leistet und der es zum Schluß in seine ritterliche Freiheit (1497: vri als ich da bin) erhöht.

Das Defizit an sozialer Reflexion über den eigenen Stand hinaus hin zum sozial Schwächeren in der poetischen Fiktion des Rittertums wird noch deutlicher, wenn man bedenkt, daß das im kirchlichen Rittereid beschworene soziale Engagement nicht zur poetischen Motivation führt. Es gibt keine Stoffe, Begebenheiten und Figuren, die den Ritter nun als Schützer der Armen etwa episodisch schildern. Keine poetischen Szenen, in denen unterdrückte oder bedrückte Unfreie und Anhängige, auf die Hartmann verweist, nun von ihrer Last befreit werden. Wenn Knechte oder Mägde zu Helden werden, dann sind es wie Rennewart im Willehalm oder Gudrun, Fürstenkinder, die auf Zeit in das anrührende Gewand der Diener schlüpfen und die verachtete „knechtliche" Arbeit verrichten. Der poetische Held bleibt und wirkt in seinem Stand, am Hof, im Herrendienst, im Minnedienst und auf der „aventiure". Offenbar gibt es auch keinen Motivationsschub aus der Gesellschaft selbst, der nun über die Standesgrenzen hinaus zur sozialen Reflexion drängt, zu poetischen Figuren führt und das beschworene soziale Engagement in Poesie umsetzt. Walters Dreiheit: „ere, varnde guot, gotes hulde" so bezwingend sie auch formuliert ist, bleibt doch auf das Private gerichtete Haltung, und so sehr er politisch an seiner Zeit teilnimmt, die Sache der „pauperes" kommt nicht zu Wort, höchstens dort, wo es ihn selbst, den armen Fahrenden angeht: „ich bin ze lange arm gewesen an minen dank/ich was so voller scheltens daz min aten stanc". Ein enthüllendes Wort zur eigenen Situation des Sängers und vieler anderer dazu, ein Tropfen Bitterkeit im Jubel über das erhaltene Lehen [84]), das ihn in den Stand der ritterlichen Lehensträger einreiht.

4.6 Soziale Kritik im 12. Jahrhundert

Kirchenreform, haeretische Gruppen, kommunale Bewegung, Fürstenhof und Rittertum, es regt sich in der Gesellschaft, die zur Entfaltung drängenden Gruppierungen verbinden sich mit Erwartungen und Vorstellungen, die sich mehr oder weniger deutlich artikuliert äußern und entsprechend greifbar sind. Am klarsten und ausführlichsten im Umkreis des Rittertums und der Fürstenhöfe. Hier formuliert zum ersten Mal eine gewichtige laikale Gruppe ihre Konzeption eines besonderen Lebensstils, der courtoisie und des mit ihr verbundenen amour courtois. Gewiß an der theoretischen Ausarbeitung sind immer noch Geistliche führend beteiligt, der Domherr Walter von Chatillon, der Kapellan Andreas (De amore), später Thomasin von Zerclaere. Aber sie empfanden ihre Anregungen aus ihrer ritterlichen und höfischen Umgebung, in der Sänger, große Herren und Ministeriale, berühmte Damen wie Eleonor, Marie des Champagne, Ermengard von Narbonne Vorbild sind und die Verhaltensregeln bestimmen. Der laikale ritterliche oder fahrende Sänger entfaltet in der Trobadorlyrik, dem Minnesang, dem ritterlichen Epos sein Bild eines von Waffenehre, feiner Sitte und Minne geprägten Lebens. Wenn er, in einer späteren Phase, mit diesen Vorstellungen die Forderungen christlichen Rittertums verbindet, wie es bei Wolfram und Hartmann zu beobachten ist, dann übernimmt er die von Reform und Theologie vorgeprägten Verhaltensregeln.

Die übrigen Gruppierungen, vor allem die kommunale Bewegung, gelangen nicht zu einer vergleichbaren literarischen Resonanz, dennoch ist es für die soziale Atmosphäre und das sich in ihr regende soziale Bewußtsein kennzeichnend, daß soziale Thematik verstärkt Aufmerksamkeit findet. Beim Stand der literarischen Aussage und ihrer Träger ist es nicht verwunderlich, daß dies in der religiösen Dichtung geschieht, aber nun — bezeichnend für den sozialkulturellen Wandel — vor allem auch durch Laien. Die Volkssprache erleichtert oder ermöglicht ihnen den Zugang zur didaktischen Formulierung. Syndrom zum Rittertum haben wir hier die ersten von Laien formulierten Zeugnisse sozialer Reflexion der Zeit. Heinrich von Melk („wir leien"), der „Arme Hartmann", der „Wilde Mann", der Spielmann des „Scoph von dem lone", diese vier als Laien, dazu die Kleriker Werner von Elmendorf und der Autor der Lieder vom „Recht" und der „Hochzeit" nehmen ihre Zeit teils kritisch vor, teils geben sie Anweisung für das „christliche leben"[85]). Dabei ergibt sich im Ganzen ein Bild, das in Grundzügen die Tradition übernimmt und zugleich auf die Kritik und Verhaltensregeln der späteren Lehrdichtung verweist: Kritik an menschlicher Torheit, am Hochmut der Höherstehenden, an standeswidrigem Verhalten, personalisiert im unsittlichen Priester, in den Figuren des Reichen und Mächtigen, der „übelen Herren", im Nachäffer des Höherstehenden, im ungetreuen und unbotmäßigen Knecht, in der liederlichen Frau, im ungerechten Richter. Die „armen liute", die Unfreien erscheinen als die Benachteiligten und Ausgebeuteten, die Kritik richtet sich vorwiegend gegen die führenden Schichten.

Hinter den Vorwürfen dieser „negativen Tugendlehre" waltet die Überzeugung von einer notwendigen Umkehr und die Hoffnung auf eine bessere Gesellschaft. Eingebettet in das christliche Welt- und Menschenbild wäre diese Gesellschaft zu messen am Wort der Verkündigung, am kommenden Gericht, das alle gleich treffen wird, wo der Reiche nach seinem Almosen und der Mächtige nach seiner Gerechtigkeit und Milde befragt werden. Im Blick der Autoren steht keinesfalls eine Änderung der Sozialstruktur, sondern der Wandel sozialen Verhaltens. Kritik und Mahnung intendieren dieses Ziel.

Der unerbittlichste Kritiker ist Heinrich von Melk, vielleicht Konverse, sicher aber Laie. Seine Attake gegen das verwahrloste Priestertum sucht ihresgleichen: Simonistische Praktiken, zynische Verletzung der Herbergspflicht, Unkeuschheit, mangelnde Glaubwürdigkeit, es geht bis zur Aufforderung, den Worten unwürdiger Priester keine Folge zu leisten [86]); „Owe armiu pfafheite". Geistliche, die blind geworden sind und die anderen Blinden in die Fallgrube führen! — Die Laien treten auf in der aus der Tradition bereits vertrauten Gestalt des ungerechten Richters, als hochfahrende Ritter: „der hohvertige man ist des tiefels sun" und der stolzen „frowe", deren Gebaren von den einfachen Frauen nachgeahmt wird. „Des rehtes ist luzzel bistanden" (Von dem gemeinem Leben" 11), alles betrügt sich, die Jugend ist verdorben. „Der riche man ist edele", ein Vorwurf der ähnlich einst bei Salvian im Ausgang der Antike laut wurde und in dem nun das Aufkommen des Handels und reichen Bürgertums gegenüber dem Geburtsadel greifbar wird. Nicht umsonst bilden die „Girheit" (Avaritia), der Reiche auch in den andern Gedichten (Wilder Mann, Armer Hartmann, Vom Rechte) ein Ziel der sozialen Anklage [87]). Sie schaffen ein Bild der Profitsucht, des Übervorteilens, wie es der Handel mit sich bringt. In all dem nur einen obligaten Topos zu sehen, würde von der Tatsache ablenken, das großer Besitz und Reichtum offenbar über die alten Besitzschichten des grundherrlichen Adels hinaus zu einem sozialen Phänomen werden. Nicht zufällig entsteht im 12. Jahrhundert die große europäische Armutsbewegung als alternative Reaktion. In dieser Situation ist der „pauper" der „armmann" verloren: „allenthalben ist verworfen der armmann" (Heinrich von Melk) [88]). In krassem Gegensatz dazu die Begüterten in Gold und Edelstein, der Adel in glitzernder Rüstung, mit „kneht unde man unde scone wib", wie sie der Arme Hartmann anschaulich vorführt.

Das positive Bild der Gesellschaft, geprägt von Vertrauen in das Recht und von Hoffnung, setzt gegen den unwürdigen Kleriker die erwünschten „guten canoniche, priester und Pfaffen" (Priesterleben; Armer Hartmann Str. 173). Die Welt des Laien ist in bemerkenswerter Weltbejahung konzipiert. Gewiß vor dem Hintergrund von Tod und Gericht, aber doch auch mit einem klaren Ja zur Schöpfungsordnung und zum Schöpfungsauftrag. Der Spielmann des „Scoph von dem lone" besingt emphatisch, ganz im Stil des Bernhard Silvestris (Cosmographia), den Menschen als Krone und Herr der Schöpfung (Str. 10—12), eine „gesunde Weltlichkeit" bescheinigt schon W. Scherer dem Werner von Elmendorf [89]). Die enge Bindung von Mann und Frau in der Ehe hat zentrale Bedeutung, nur die „unmaze" in des „fleiscis wollust" wird vom Armen Hartmann verurteilt (Str. 147). Die Lieder von der „Hochzeit" und vom „Recht" weiten diese Sicht in eine Beschreibung der Heils— und Weltordnung. Die „Hochzeit" schildert im großen Bild der Vermählung des Herrn vom Gebirge (Gott im Hl. Geist) mit der „brute" (Seele des Menschen) die Heilsgeschichte in der auch der menschenfreundliche Reiche in das Himmelreich, in das „wir alle geliche" kommen sollen, gelangen kann. Das Lied „Vom Rechte" entwirft seine Konzeption der Ordnung von Welt und Mensch aufgrund des Rechtes: „Nieman ist so here so daz reht" (V, I). Recht bedeutet für den Menschen Anspruch auf das Zustehende und Pflicht des Gott und dem Nächsten zu Leistenden. Recht ist von Gott gesetzt, es besagt einmal Treue, dann die gegenseitige Anerkennung dessen „was wir uns selben wellen han" (V, 20), also den naturrechtlichen Grundsatz der „goldenen Regel": „Was du nicht erleiden willst, füge auch keinem andern zu" [90]). Und schließlich die wechselseitige Wahrhaftigkeit (gewaere). Der Dreiordnung des Verhaltens entspricht das dreifache Recht des Kosmos: Der Mensch als Fleisch, Bein und Seele, diese als „daz dritte reht". Die Ehe: Mann, Frau und Gott, dieser als „der dritte geselle" (Str.19). Mann,

Kind, dieses als „daz dritte reht“ (Str. 21). Im Kind ist die Vermehrung der Menschen als „Recht“ ausgesagt. Recht wird zum Strukturprinzip der menschlichen Welt. Grundlegend für die soziale Ordnung ist das Verhältnis von Herr und Knecht, der Autor bejaht die bestehende grundherrliche Verfassung. Seine Zielgruppe ist die bäuerliche Gemeinde, aus deren Leben viele Vergleiche stammen. Das Roden im Wald, Pflügen, die Arbeit und ihr Schweiß, die im Dorf umgehende Lüge (Str. 13). Herr und Knecht haben ein Recht, es steht über ihnen und nicht in der Willkür des Herrn. Der den Armen ausnützende „riche man“ vergeht im letzten Gericht (Str. 6). Der Inhaber der Gewalt, der das Recht verletzt, muß zum Recht gebracht werden, man muß den Unrechten, „starche dwingen“, wie man beim Roden die „großen Stöcke“ mit Wucht aus der Erde zwingt (Str. 8). Gemeinsame Arbeit verbindet Herrn und Knecht, demnach arbeitet auch der Herr, was bäuerliche Verhältnisse und Arbeit voraussetzt[91]). Führung und Unterordnung auch in der Ehe, die Frau soll dem Mann „sin gehorsam“ (Str. 21), Gehorsam jedoch nur „mit rehten dingen“, die Frau soll ihm „Gemahl“ und für ihn die „Schöne“, Gegenstand der Verehrung sein.

In dieser betont konservativen Konzeption sozialen Verhaltens waltet jedoch nicht nur ein uniform einseitiges Oben-Unten, jede Stufung hat ihre Kontrolle und Korrektur, sie überwindet die Schranken. Zwischen Herr und Knecht, Frei und Unfrei, steht das „gleiche Recht“, zwischen Frau und Magd die notwendige „gewarheit und diu triuwe“. In der Liebe zur Treue werden beide gleich (ebenhere), das gilt auch für den Herrn und Knecht. Der ungerechte Herr von Adel wird zum Knecht (hat daz reht der chnehte), die ungetreue Frau wird zur Diebin. Umgekehrt können Knechte und Diebe, seien sie noch so arm, wenn sie die Treue „minnen“ zu Genossen der Größten (der heristen genoz) werden. Wer das Recht „minnet“, sei es Herr oder Knecht, hat den Vorrang des Tugendadels. Freilich die Umkehr der Rangordnung gilt nur hier, im übrigen soll weder die Frau die Magd, auch wenn diese noch so schöne Farbe hat, noch der Herr den Knecht vorgehen lassen (Str. 10, 11). Die bestehende Rangordnung soll gewahrt, aber nicht mißbraucht werden. Daß man dabei gegen den Störer der Ordnung, den „herten man .. der daz unreht begat“ (Str. 8) scharf vorgehen, ihn „stark zwingen“ und „wie einen großen Stock“ aus der Erde bringen soll, zielt offensichtlich auf die privilegierten Träger der Gewalt. Hier werden klar das Widerstandsrecht und die Ordnungskontrolle angesprochen, der Autor schreibt nicht aus der Sicht der Gewalt und aus dem Geist willfähriger Botmäßigkeit.

Man kann an dieser Stelle noch auf andere Beobachtungen verweisen. Heinrich von Melk, der sozialromantisch gegen die jetzt neue Zeit der Untreue die Zeit der „vordern guote knehte“ und der „altherren wistuom“ setzt (Von dem gemeinen Leben 12), tadelt an zwei Stellen das Freiheitsstreben der Untertanen der geistlichen Herren „ze tuonen allez, daz in gevalle“[92]). Offensichtlich wird die Herr-Knecht-Ordnung, die in der Kärntner „Genesis“ noch theologisch begründet wird und die Heinrich verklärt als gute christliche Ordnung sieht, nicht mehr unbestritten hingenommen[93]). Für einen Ausgleich des Arbeitsertrages plädiert das Lied vom Recht (Str. 9). Meister und Knecht sollen den Ertrag ihrer Arbeit so teilen, „daß keinem mehr wird, wo sie es doch beide ernten“. Beide haben „es mit swaizze gewunnen“. Und Werner von Elmendorf reflektiert bei der Tugend der „mildekeit“ (liberalitas) über Mein und Dein. „Gäbe es Mein und Dein nicht, die Leute möchten alle behaglich leben. Wäre alles gleich geteilt, dann wären wir alle gleich vermögend, dann dürfte niemand arm leben. Nun muß jedoch der Reiche dem Armen geben“[94]). Überraschende Überlegungen, die schlagartig eine Dimension des sozialen Bewußtseins eröffnen, in der nicht mehr ungefragt die Herren den sozialen Rang, die Dienstpflicht und den Arbeitsertrag bestimmen, sondern vor dem Hintergrund von Gleichheit und Freiheit die sozialen Kategorien und Relationen, und wenn auch nur gelegentlich und punktuell, überprüft werden. In dieser Dimension artikuliert der Verfasser der „Hochzeit" den Stoßseufzer: „Ein Streit ist da, so lange diese Welt nun schon besteht, daß die Übermütigen daherreiten und mit den Schwachen (armen) streiten und sie verstoßen wollen und das durch niemand (gehindert) lassen. Werden wir da wohl je gesunden? Das weiß Gott" (Str. 55).

Die soziale Bewußtseinsbildung regt sich. Hildegard von Bingen muß sich der Frage einer Mitschwester stellen, warum sie in ihrem Konvent Vornehme und Niedrige trenne. Ihre Antwort entspricht ihrem adligen Standesbewußtsein: Gottes Wille sei es, daß der geringe Stand nicht über den höheren steige, wie es Satan getan. „Wer vereinigt denn auch Ochsen, Esel, Schafe, Böcke in einem Stall". Müsse da nicht die Ehrbarkeit der Sitten untergehen? In Anfrage und Antwort treffen zwei Konzeptionen aufeinander: Ständische Stufung auch in der mönchischen Gemeinschaft und Überwindung dieser Schranken. — Die Minnelehre des Andreas Capellanus setzt in der Paarung von Gleichrangigen (Bürger-Bürgerin) und Verschiedenrangigen (Bürger-niedrige Adlige; Bürger- und Hochadlige; Adliger-Bürgerliche usw.) die ständischen Schranken fort. In der arrogant pauschalen Verächtlichmachung der bäuerlichen Liebe als animalischen Akt (I c. 11) manifestiert er überdies das Vorurteil seiner Klasse. Indem er jedoch gleichzeitig seine Darstellung auf die mögliche Überwindung der plebejisch-adligen Schranken durch den Tugendadel aufbaut, negiert er ein adliges Privileg auf den amour courtois und die courtoisie [95]). Die sublimierte Liebesbeziehung überwindet die Standesschranken der „minne", damit wäre die Liebesethik des amour courtois in eine neue soziale Dimension geführt.

4.7 Stimmen und Vorstellungen der Haeretiker

Das 12. Jahrhundert ist die Zeit, in der eine alte Forderung christlicher Askese neue Kraft gewinnt und zu einer großen Bewegung führt: Armut. Vorbereitet im 11. Jahrhundert, versinnbildlicht im Schlagwort der „pauperes Christi" wächst die Armutsbewegung an verschiedenen Orten, in unterschiedlichen Personen und Gruppierungen konzipiert, zu einem sozialen Phänomen aus, das in merkwürdigem Kontrast zum Raffinement des amour courtois, ritterlicher Sitte, zu Bürgertum und der auf Gewinn bedachten „girheit" steht. Zeugen sind die Eremiten mit ihren Scharen, darunter viele Frauen, „Arme und Adlige, Witwen und Jungfrauen, Greise und Jünglinge, Dirnen und Verächterinnen des Mannes", wie es in der Vita Roberts von Abrissel heißt (PL 162, 1053). Robert wollte seine fast unzählige Schar nur als „pauperes Christi" bezeichnet wissen. Stephan von Muret verbietet seinen Schülern in Grandmont allen Grundbesitz außerhalb der Eremitage. Robert empfiehlt der Gräfin Ermengarde die Armut: „Liebe die freiwillige Armut". In den Anfangszeiten von Citeaux herrscht strengste Armut, ein Konverse, bei dem Geld gefunden wird, muß die Gemeinschaft verlassen. Guibert von Nogent schildert die harte Lebensweise Brunos und der Grande Chartreuse, die vielfältige Armut (omnimoda paupertate), zu der sich auch der Adel der Umgebung hingezogen fühlt, er strebt eifrig die „spontane Armut" (spontanea paupertas) an [96]). Im frühesten Bericht über Katharer am Rhein läßt Everwin von Steinfeld, diese sagen, sie unterschieden sich sogar von den „Vollkommensten" der Kirche, Mönchen und Regularkanonikern, dadurch, daß sie keinen Gemeinbesitz hätten, sondern als „pauperes Christi", unstet „von

Stadt zu Stadt" fliehend in äußerster Entsagung lebten: „In der Gnade Christi" und in Erwartung der Endzeit. Und Petrus Waldus schließlich gibt seine wohlhabende Existenz auf, er und seine Anhänger haben keinen festen Wohnsitz, sie gehen „zwei und zwei barfuß umher, im Wollgewand, nicht besitzend, alles in Gemeineigentum wie die Apostel, als Nackte dem nackten Christus folgend" [97]).

Wie bei allen Gesinnungsgemeinschaften ist die Interdependenz und Nähe von Vorstellung und Praxis besonders eng und manifestant. Armut ist in den genannten Zeugen und Zeugnissen keineswegs die einzige Kategorie des Verhaltens, sie ist jeweils mit andern und subjektiv geprägten Forderungen verbunden, aber sie macht ein wesentliches Kriterium der gesuchten besseren Weise christlichen Lebens aus. Sie liefert das materielle Substrat des Verzichts, der Entsagung, der Loslösung von der Welt des jeweiligen Standes: Von Rittertum und Waffenehre bei den Vornehmen, vom Profitstreben bei den Wohlhabenden, von der Anhänglichkeit an irgendwelche Güter bei den andern. In ihr verifiziert und manifestiert sich besonders sinnfällig die Form apostolisch-urchristlicher Gemeinschaft. Und diese will man ja erneuern und leben. Intensität, Form des Lebens in Armut kann dabei verschieden sein, nirgends erreicht sie die Unbedingtheit wie bei dem Bräutigam der Armut aus Assisi, sie variiert im Kontext der gesamten, eine Sondergemeinschaft prägenden Vorstellungen, etwa bei den Katharern und Waldensern. Bei den Katharern ist die arme Lebensweise im Zusammenhang mit der aus dem Dualismus erwachsenden Enthaltsamkeit gegen Zeugung und Gezeugtes zu sehen, sie scheint zudem, wie Everwins Zeugnis erweist, ursprünglich stärker die Gemeinschaft geprägt zu haben und gilt für das Dasein der Vollkommenen, die das consolamentum empfangen hatten. Mit der Ausbreitung der Sekte konnten Vorstellung und Praxis eines armen Wanderlebens — „von Ort zu Ort fliehend" — nicht mehr als generelles Prädikat beansprucht werden, wir finden nun „Vollkommene" als adlige Damen, die von ihrem Besitz leben, als Handwerker, einzeln oder in Gemeinschaften. Den Gläubigen und Hörern (credentes, auditores), die ja noch nicht das „consolamentum" empfangen hatten, galten ohnehin nicht die strengen Normen der „perfecti" und „perfectae". Eindeutig erscheint die Armut als Lebensform, wie die Bekehrung des Waldes zeigt, in den Anfängen der Waldenser und ihrer Laienprediger und Predigerinnen [98]).

Vorstellung und Wunsch der Armut als freiwillig gewählte Weise der Existenz geht in ihrer sozialen Relevanz zwei Linien. Die eine zielt auf die reich gewordene Kirche, ihre entsprechend lebende Hierarchie, auf die wohlhabenden Klöster mit ihrem immensen Grundbesitz. Auf die Welt der „girheit", des Besitzstrebens, wie sie in der von uns beobachteten Zeitkritik vorgeführt werden. Indem der Arme freiwillig zu einem „armmann", „pauper" wird, reiht er sich ein in die Schar derjenigen, die der „oppressio" durch die Mächtigen ausgesetzt und auf die Hilfe der Besitzenden angewiesen sind. In diesem Gleichwerden mit den ökonomisch Armen wird er trotzdem nicht einer der Ihren, da er nicht wie viele oder die Meisten von ihnen danach strebt, aus der Zwangslage der Armut auszubrechen und sozial sich zu verbessern. Die Kategorien normalen Verhaltens treffen auf ihn nicht zu. Er hat nicht mehr an der Welt teil. — Die zweite Linie geht auf die innere Vervollkommnung dieser neuen Daseinsweise abseits der Welt, die man aufgegeben hat. Man sucht die apostolische, urchristliche Gemeinschaft zu erneuern, sie bietet Brüderlichkeit, die man in der Amtskirche und dem weltlichen Umfeld nicht findet. Der Rückgriff auf die Anfänge des Christentums geschieht direkt, die hierarchische Autorität, die das Monopol der Ausdeutung des Werdegangs der Gemeinde Jesu für sich in Anspruch nimmt, ist ausgeschaltet. So kann das urchristliche Modell unmittelbar in die Gegenwart übertragen werden. Warum soll nicht der Laie predigen, warum sollen nicht Frauen als Begleiterinnen der Prediger auftreten, wie es bei den Aposteln Brauch war? Warum soll nicht die Gemeinde gemeinsam das Brot brechen und die Schrift auslegen?

Gewiß, derlei Überlegungen werden nicht überall und uniform angestellt. Das Beispiel der katharischen Gegenkirche mit ihren Bischöfen, Diakonen, der Ausbildung eines für das „consolamentum" und das Sprechen des Hauptgebetes, des Pater noster, zuständigen Kreises, die den Vollkommenen vorbehaltene Ehrerbietung (melioramentum), erweisen, daß hier keineswegs eine auf brüderlicher Gleichheit basierende Gemeinschaft operiert. Dennoch, im Ganzen der zahlreichen haeretischen Gruppen gibt es doch Raum genug für Ansichten und Bestrebungen, soziale Schranken aufzubrechen und das Defizit unterbewerteter Gruppen aufzuheben. Dazu gehört vor allem die Beteiligung der Laien an der Verkündigung, die Identifizierung des Laien mit seiner brüderlichen Gemeinschaft, seine aktive Rolle in der Verbreitung der Lehre. Dazu gehört die der Frau zugängliche Rolle der Predigt, bei Katharern und vor allem bei den Waldensern. Freilich, Forderungen, die sich auf einen Wandel der auf Privilegierung und Rechtsentzug basierenden Strukturen beziehen, werden nicht gestellt und auch die den Laien und die Frau emanzipierenden Praktiken waren nicht als Teil einer umfassenden Sozialreform konzipiert. Was an Veränderung gesellschaftlichen Verhaltens angestrebt wird, bleibt notwendigerweise auf den Kreis der Gleichgesinnten beschränkt, die Radikalität wesentlicher Forderungen verhindert schon eine Massenbewegung. Diese kann vielleicht kurzfristig aufflammen, Tanchelm von Antwerpen und Arnold von Brescia liefern Beispiele, aber alle Gruppen, die eine gewisse Dauer überstehen, bleiben auf den engen Bezirk einer auf sich gewendeten Minorität beschränkt. So enden die Erwartungen derer, die eine eigene Lehre vortragen und derer, die zu ihnen stoßen, von selbst bei der Sonderexistenz eines kleinen Kreises und vielleicht hat man es auch gar nicht anders beabsichtigt. Haeresie als Lebensform, eine neue Überzeugung wählen und dabei die Trennung von der großen Kirche in Kauf nehmen. Das führt zu einer Gruppenethik die nicht zum Maßstab für alle werden kann. Die Geschichte der in dem Edikt „Ad abolendam" von Lucius III. (1184) aufgeführten Gemeinschaften (Katharer, Patarener, Humiliaten, Arme von Lyon, Josephiner, Arnaldisten) wie auch der zahlreichen hier nicht genannten Vereinigungen, lehrt daß die Sonderlehren auf Minoritäten beschränkt blieben. Wo sie zu Gegenkirchen und größeren Gemeinschaften führten, hier stellt sich sofort das Schicksal der Katharer ein, würgte die Verfolgung durch die geistlichen und weltlichen Institutionen ein weiteres Ausbreiten ab. Streitigkeiten in den Gemeinden, Schulbildungen, Dekadenz der ursprünglichen Ideale, wie man es bei den „perfecti" der Katharer beobachten kann, taten ihr übriges.

Eine Bilanz zum Thema sozialer Reflexion in den Haeresien des 12. Jahrhunderts ergibt, auf eine allgemeinste Formel gebracht, daß die Form der gemeinsamen Verwirklichung der Frohbotschaft innerhalb der streng hierarchisch-autoritär geführten Großkirche als unbefriedigend angesehen wird. Vorstellungen kommen in Gang, und dies dürfte ein wichtiges Ergebnis sein, die mit den religiösen Thesen und zugleich über sie hinaus in das Umfeld sozialen Verhaltens vorstoßen. Deutlich wird dies im Rückgriff auf das Ideal der apostolischen Urgemeinde, ihre Brüderlichkeit und Gleichheit. Eine Gemeinde, die derart in Erneuerung urchristlicher Mentatität leben will und, wie Zeugnisse berichten, auch eine in der Großkirche ungewohnte Brüderlichkeit erreichen kann, sie wird eine „ecclesia" bilden, in der soziale

Möglichkeiten eine Chance und einen Freiraum gewinnen, der ihnen sonst versagt ist. Denn diese Kirche des Anfangs steht noch nicht im strikt bis in alle Einzelheiten rechtlich geordneten Rahmen der Kirche des 12. Jahrhunderts, sie läßt Wünschen und Vorstellungen Raum, in denen ungewohnte soziale Relationen, etwa das Verhältnis zu Randgruppen, das Verhältnis zur Frau zur Verwirklichung drängen können [99]) und in denen die Gemeinde selbst, das heißt die Laien,. aktiviert werden. Gerade in der Aktivierung des Laien meldet sich die weitere Frage an, ob hier nicht einfach das soziale Umfeld seinen Einfluß geltend macht und Vorstellungen aus diesem Bereich wirksam werden. Nachweisen lassen sich derartige Einwirkungen nicht, man bleibt auf Vermutungen angewiesen. Daher kann man auch nicht die sozialen Vorstellungen innerhalb der Haeresien sozialpsychologisch als deren Kern ausgeben und die religiösen Forderungen als überbauliche Verkleidung oder Sublimierung des sozialen Kerns bezeichnen.

4.8 Anfänge der scholastischen Sozialphilosophie

Die vielfältigen Anregungen, das Bedürfnis, Gesellschaft zu beschreiben, einzelne Gruppen und Schichten zu Wort kommen zu lassen, wie wir es in der Theologie, der Gemeindebewegung, dem Rittertum, bei den Haeresien je in ihrer Weise beobachten konnten, finden eine Art Abschluß darin, daß nun auch eine umfassende philosophische Deutung des politisch-gesellschaftlichen Ganzen in Gang kommen kann. Wir haben den ersten Versuch einer neuen Sozialphilosophie. Das wird noch deutlicher, wenn wir uns an die bisherigen Aussagen erinnern. Die Lehre von der Dreiteilung der Gesellschaft von Rather bis Adalbero setzt die Teilung im Raum der Kirche, des „domus Dei" an, nur bei Alfred dem Großen und dann bei Gerhard von Cambrai erscheinen weltliche Gemeinschaften, das Königreich oder das „genus humanum" selbst, als das größere Ganze. Ebenso wird bei Honorius und Hugo von St. Viktor die Gesellschaft als „Gesellschaft in der Kirche", als Gemeinschaft der Gläubigen gegliedert und beschrieben [100]). Eine derartige Gliederung ist daher — im Unterschied zur Gliederung des „genus humanum" auch gar nicht auf Gemeinschaften außerhalb der ecclesia ohne weiteres übertragbar. Wir haben es, von hier aus gesehen, mit Sozialtheologie zu tun, das Nachdenken über soziale Relationen entfaltet sich im Rahmen theologischer Spekulation. Wenn nun von Sozialphilosophie die Rede ist, dann wird vorausgesetzt, daß Gesellschaft für sich, aus ihren eigenen Kriterien, sagen wir innerweltlich, betrachtet wird. Hilfe leistet dazu die antike Philosophie, vor allem Platon, präzisiert könnte man sagen, diese Weise der Deutung entfaltet sich in der Begegnung mit der Antike. Zeugen sind die Kommentare zum Timaios, die in der ersten Hälfte des 12. Jahrhunderts einsetzen, vor allem Wilhelm von Conches in seinen „Glosae" zu Macrobius und zu „Timaios Chalcidius", dann sein Schüler Johann von Salisbury; seine Ritterlehre die sich ja im Rahmen einer umfassenderen Thematik ergibt, haben wir schon erörtert. Er gestaltet im 5. und 6. Buch seines Polycraticus eine groß angelegte Darstellung des politisch-gesellschaftlichen Ganzen unter dem Leitwort des „corpus rei publicae" [101]).

Wilhelm von Conches und die Glossatoren haben vor sich im Timaios (17c — 18a) und seinem Kommentator Chalcidius (231 — 233) die berühmte Dreiteilung der Polis nach den in den Ständen des Ratens, des helfenden Handelns, des Erwerbens (Lehrer, Wächter, Handwerker/Bauern) wirkenden Seelenkräften des: Vernunfthaften, Muthaften, Begehrenden [102]). Chalcidius erweitert die organische Metapher ins Kosmische, sodaß drei Relationspaare entstehen. Auf ein Schema reduziert:

	Kosmos	Mensch	Stadt/Volk
weisend, befehlend	caelestia	Seele als Vernunft (Haupt)	principales urbis saptientissimi
tätig, ausführend	Engel	Seele als antreibende Kraft (Brust)	militares
gelenkt	terrena	Begierde (Genitalgegend und darunter)	Handwerker, vulgares

In der Folge: Principales, militares, Handwerker/vulgares reflektiert diese Konzeption die spätantike Sozialstruktur und Sehweise. Freilich die kosmische und organische Metaphorik idealisiert und gefährdet darin zugleich die Konzeption. Denn indem die politisch-sozialen Rangstufen in der Metapher mit seelischen Qualitätsmerkmalen verbunden werden und diese Verbindung, ins Kosmische erweitert, zum Ausdruck der für die Welt geltenden „iustitia" werden, sind für die jeweils höhere Stufe auch die entsprechend höhere seelische Qualifikation und die jeweils höhere Legitimitätsebene apriorisch vindiziert. Die „principales" liegen auf dem Niveau der Vernunft und Weisheit und der **„caelestia"**, von denen sie ihre Legitimation erhalten. Die „vulgares" als Gegenpol haben als Pendant die „cupiditas" und das „was von der Natur in die unteren Regionen gebannt und verborgen ist", ihnen entsprechen die **„terrena"**. Gewiß eine ideale Norm, aber da dieses „berühmte Vorbild eines Staates und Volkes" (Chalcidius) ja auch als Leitbild für die Wirklichkeit gelten soll — was ja auch für Platon selbst gilt, so sind in diesem „illustre exemplum" eben die führenden Schichten auch seelisch bevorzugt, pointiert gesagt, sie sind nicht nur sozial, sondern auch seelisch Privilegierte und man wird fragen dürfen, ob diese Spekulation nicht der bedenklichen Argumentation Vorschub leistet: Die Weisheit den Mächtigen, die dumpfe Begierde dem gemeinen Volk, wobei über die Verkaufssklaven noch nichts gesagt ist [103]). Die Bedenken gegen Chalcidius werden noch dadurch gestützt, daß er für die Schicht der „principales" und „militares" nicht die strengen Bedingungen nennt, die ihnen Platon auferlegt: Kein Erwerb, kein Privateigentum, keine Familie, Unterhalt durch den dritten Stand. Die „principales" und „militares" bleiben auch in der normierenden Methaphorik des Chalcidius in ihrer geschichtlich gewordenen Situation. Sie sind nicht die asketischen Denkfiguren Platons, sondern als „principales" und „militares" eben die Inhaber der Macht und des Schwertes. Liegt dann aber nicht der leichte Schluß auf eine Idealisierung der bestehenden Herrschaftsstruktur nahe?

Wilhelm von Conches, als der wichtigste Glossator des Timaios/Chalcidius, übernimmt die Dreigliederung und verändert sie in die Sehweise seiner Zeit. Die „principales" des Chalcidius werden zum Senat, die „bewaffnete Jugend", die „militares" werden zu „milites". Den Senat als Träger der Weisheit verkörpert das Haupt, die Ritter als Träger der „animositas" und des Handelns verkörpern Herz und Hände. In die unterste Gruppe werden die Abhängigen, zu denen die Unfreien zählen, grundsätzlich einbezogen, er kennzeichnet diese Schicht mit dem Attribut „servientes ut plebem" [104]). Später differenziert er diese „plebs" in Handwerker, die den Eingeweiden und der „concupiscentia" entsprechen und in Bauern außerhalb der Mauern

„in suburbio“. Sie verkörpern die Füße. Nur die Handwerker befinden sich demnach noch innerhalb der organischen Relation zu den Seelenkräften, zur „concupiscentia“ nämlich; für die Bauern fehlt eine derartige Analogie, sie bleiben auf die motorische Tätigkeit der Extremitäten beschränkt und stampfen, wie es in den Glosae zu Timaios heißt, als „stumpfsinnige Füße im unteren Teil der Erde“. Die platonische Dreigliedrigkeit ist durchbrochen und auf eine rein körperliche Analogie erweitert. Das Bild der Füße — übrigens schon von Honorius verwendet — und die mit ihm vollzogene Abgrenzung gegenüber den Handwerkern läßt einmal vermuten, daß Wilhelm die Bauern, zu denen im Timaioskommentar noch Jäger und Hirten kommen, in den „vulgares“ bei Chalcidius nicht vertreten sah, sodaß eine eigene Gruppe notwendig wurde. Zum andern kennzeichnet es die Einschätzung der Landarbeit als rein körperliches Tun im Unterschied zu den „artifices“. Zur Fußmetapher mag auch beitragen, daß der überwiegende Teil der Bauern, die als „außerhalb der Mauern“ deutlich vom bürgerlichen Stadtbezirk abgesetzt sind, minderfrei oder unfrei, von einem Herrn abhängig ist. Jedenfalls verschärft das Hinausrücken der Bauern an den untersten Rand des Organvergleichs den Abstand zum Haupt, dem Senat. Wenn in späteren Kommentaren die soziale Spitze einfach mit dem üblichen Terminus „maiores“ oder „potentes“ versehen werden, dann erneuern sich gegen eine derartige Übernahme der politischen Terminologie in das ideale Modell einer „civitas“ die Bedenken, die bereits gegen Chalcidius vorgebracht wurden [105]).

Wilhelm versucht nicht, in seine Erläuterung des platonischen Idealmodells die Geistlichkeit einzubringen, wozu nach Timaios (24 A) Gelegenheit gewesen wäre [106]). Damit scheidet in dieser Sicht die in der früheren Dreiteilung (oratores, bellatores, laboratores) führende Gruppe aus. Darin eine Verweltlichung der Auffassung von Gesellschaft zu sehen, wäre falsch. Es bleibt jedoch bemerkenswert, daß überhaupt einmal eine auf die weltlichen Funktionen beschränktes Modell vorgebracht werden kann. Bei Johannes von Salisbury, einem Schüler des Wilhelm von Conches, wird das anders, wie er überhaupt den organologischen Vergleich vom platonischen Dreierschema, das er wohl kennt, wegführt. Er bezieht die Priesterschaft ein, gibt ihr sogar die „innerlich“ leitende Funktion als „Seele“ und differenziert die Funktionen der herrschaftlichen geordneten „res publica“ parallel zur Struktur des Körpers. Er orientiert sich an einer sonst nicht nachweisbaren „Institutio Trajani“, die er aber nur sinngemäß, nicht wörtlich benutzen will. Demzufolge muß man wohl alle Bemerkungen, die über faktische Ämterangaben hinausgehen, Johann selbst zuschreiben [107]). Wesentliches Anliegen ist ihm, das Zusammenwirken aller Glieder unter einer jeweils gestuften Leistung herauszuarbeiten. Die „res publica“ definiert er nach sittlichen Kriterien als Körper, (corpus quoddam), „der durch göttlichen Gunsterweis belebt wird, durch ein Höchstmaß an rechtlicher Ausgewogenheit (aequitas) in Gang gehalten und mit einer gewissen Lenkung der Vernunft gelenkt wird“ (V, c. 2). Das belebende Prinzip, die Seele des Körpers, stellen die Priester, die Verwalter des Kultus dar; das Haupt ist der Fürst, er nimmt den Platz der platonischen Weisen und des Senates bei Wilhelm von Conches ein. Der Fürst ist Gott und seinen Stellvertretern, die ja das beseelende Prinzip verkörpern, unterworfen. Der Senat nimmt jetzt den Platz des Herzens ein, den Wilhelm den „milites“ zugewiesen hatte. Augen, Ohren und Zunge erscheinen in den Richtern und den Provinzvorstehern. Beamte und Krieger verkörpern die Hände, Hofleute manifestieren die Seiten des Körpers, Steuerbeamte (quaestores) und Grundherren gehen parallel zu den Eingeweiden. Kommen schließlich die Füße. Wie Wilhelm sieht er in ihnen die Bauern, denen er später (VI, c. 20) alle handwerklichen Berufe anfügt.

In dieser Funktionsskala mögen manchen spätantike Daten einer „Institutio Trajani“ vorliegen, so die antikisch klingenden Amtsbezeichnungen subalterner Funktionäre (commentarienses, officiales, praesides provinciarum), entscheidend bleibt, daß Johannes die organische Gesamtgliederung übernimmt, in seinem Sinn weiterführt und dabei verändert. Dazu dürfte das Bild der „Füße“ für die Bauern gehören, das in merkwürdiger Übereinstimmung sich schon zuvor bei Wilhelm findet, dem man keinen Bezug zu einer „Institutio“ nachsagen kann. Dazu gehört vor allem die Deutung der Geistlichkeit als „anima“; sie gehört eindeutig zur Staatstheologie der Reformzeit und ist für eine heidnische Quelle der Spätantike, wie sie ja die „Institutio“ sein sollte, undenkbar. Vor allem weist zusätzlich die Unterordnung des übrigen „corpus“ unter die geistliche Führung auf den Geist der Reformtheologie. Die weltliche Gesellschaft und der Staat erhalten in dieser Sicht eine „Seele“, die dem natürlichen Körper überlegen ist und aus dem Bereich des Heiles selbst stammt, Kirche wird, um ein Wort unserer Tage zu gebrauchen, zum Lebensprinzip der Gesellschaft.

Für Johannes bedeutet seine „Institutio Trajani“ den spekulativen Ansatz und Rahmen, von dem er seine Konzeption aufbauen und begründen kann, ohne im Wortlaut und sklavisch im Sinne einer „servilis interpretatio“ (V, c. 2), silbengetreu an sie gebunden zu sein. So gewinnt er die Freiheit, sich bei der Deutung der Grundlagen und der Funktionszusammenhänge des „corpus rei publicae“ von jeder heidnischen Idolatrie abzusetzen und „sermone catholico“ (V, c. 3) Staat und Gesellschaft zu erörtern. Vorrang hat die „reverentia Dei“, ihr folgen die Wahrung der fürstlichen Stellung, die Disziplin der Offizialen und die Schutzpflicht gegenüber den Untertanen (V, c. 3). Voraussetzung für das Verständnis des „corpus“ als menschliche Gemeinschaft ist sodann die Würde und Achtung (reverentia) der Personen, sie ist begründet in der Natur, im jeweiligen Officium, in der sittlichen Qualität, in der gesellschaftlichen Einstufung (conditio) und in der Fortuna des Einzelnen. Natürliche Achtung waltet in der Familie, die „reverentia“ der jeweiligen Offizien gründet in den öffentlichen oder privaten Aufgaben des Einzelnen; die „conditio“ werde von einigen als zufällig angesehen, sie macht den einen zum Freien, den andern zum Sklaven, den einen reich, den andern arm. Fortuna endlich ist substanzlos, man kann sie daher auch nicht im Sinne einer Substanz definieren. Sie ist flüchtig und blind (V, c. 4).

Johannes macht hier eine aufschlußreiche Bemerkung über die „natura“. Sie sei schwer zu definieren, im Unterschied zur „fortuna“ habe sie eine gewisse Substanz. Vergleicht man mit dieser bewußt einschränkenden Erklärung die selbstsicheren Definitionen der späteren Scholastik im Zuge der Aristotelesrezeption, dann wird der Stand der philosophischen und politisch-sozialen Reflexion deutlich. Johannes erweist geradezu modellhaft, welche spekulativen Instrumentarien und Perspektiven einem Betrachter des 12. Jahrhunderts eben vor der Aristotelesrezeption zur Verfügung stehen und wie geartet dann eben auch die soziale Reflexion sein wird. Sozietät, Staat werden nicht metaphysisch aus der sozialen Substanz, dem politischen Wesen des Menschen entfaltet, entdeckt, sondern personal und sozialethisch mit Hilfe der organischen Metapher: Staat/Gesellschaft als Körper beschrieben.

Natur ist zwar für Johannes, in Übereinstimmung mit der Naturphilosophie von Chartres, ein Prinzip das den „Dingen ihren Ursprung gibt“ (Polycraticus v, 4), aber im organischen Vergleich erscheint sie als fertiges, konkretes Naturgebilde, das dem Menschen als Gleichnis (similitudo) dienen soll, wie es besonders eindringlich das von Vergil konzipierte Bild des Bienenstaates vorführt (VI, 21). Freilich gerade der Bienenvergleich zeigt zugleich die Grenzen dieser Organologie. Sie ist nur unter Kautelen vollziehbar. Die Menschen und ihr Gemeinwesen sind keine Bienen. Werden diese Kautelen nicht beachtet, dann wird die Eigenständigkeit der menschlichen Personalität verletzt und verdeckt.

Johanns soziale Theorie ist eingebettet in seine ekklesiologische und politische Theorie und wird von ihr getragen. Dennoch bietet sie auch in dieser Situation noch genug Aussagekraft. Er sieht die Gemeinschaft von der Kirche und ihren Priestern her beseelt und geführt, vom Fürsten regiert und in ihre Funktionen gegliedert. Jeder hat seinen Platz, sein „officium", seine „conditio". Der Jäger soll nicht König, der König nicht Jäger werden. Schärfste Kritik erfahren die eitlen Nichtigkeiten der Hofleute (nugae curialium), die Raffgier der Reichen, die als „Pest" vom Senat auszuschließen sind, die Bestechlichkeit der Richter und Ratgeber der Herrschaft (V, 9ff). Die Ausbeutung der „pauperes", die Befehle an die Völker, sich zu bekriegen (V, 7), sind Ausdruck der Machtgier der Herrschenden. Von Gott her ist jedoch die Welt im Sinne einer „summa aequitas" gehalten (V, 2). Johann meint es aufrichtig, wenn er die Lage der Schwachen bedauert und im Ende ihres Elends das „Nützlichere" sieht (V, 7). Den rechten Ausgleich formuliert er auch für die Standortbestimmung der „pedes", der Bauern und Handwerker — er nennt hier auch die „artes mechanicae" (VI, 20). Sie sollen im Rahmen des Gesetzes wirken, zum allgemeinen Wohl. Dazu gehört der Gehorsam gegenüber den Höhergestellten, diese aber ihrerseits sind zum Schutz der Niederen, die ja die Mehrheit darstellen, besonders verpflichtet. Das gilt besonders für die Behörden. Das Heil des Staates ist dann gewahrt, „wenn die höheren Glieder sich den niederen widmen und die niederen den höheren mit gleichem Recht antworten" (VI, 20). Gegenseitige Hilfe und Subsidiarität als Grundmuster sozialen Verhaltens. Daß er gerade in dieser wichtigen Passage, wo das Ganze der Gesellschaft in den Blick genommen wird, ohne den Apell an die übernatürlich-christlichen Tugenden auskommt, und sich mit der Darstellung der natürlichen sozialen Pflichten begnügen kann, zeigt an, welche Kraft eine philosophisch orientierte Sozialethik gewonnen hat. Das zu sehen ist wichtig, wenn man andererseits an Johanns hierokratische Überzeugung vom Vorrang des geistlichen „officium" denkt. Der christliche, in der Begegnung mit der Antike formulierte Humanismus, erweist sich an dieser Stelle besonders markant [108]).

In diesen Zusammenhang gehört schließlich die bei Wilhelm von Conches und Johannes zu beobachtende Tendenz, im Staat das Ganze der Gesellschaft zu erfassen. Daß dies gerade im Aufbruch der Sozialphilosophie geschieht, ist bemerkenswert genug. Die Tendenz auf das Ganze hin ist präsent in der Erweiterung der platonischen auf den Bürger der Polis bezogenen Dreiteilung nun auf die untersten Schichten, dargestellt im Bild der Füße. Sie bilden die äußerste Extremität. Wenn der organische Vergleich stimmig bleiben soll, dann kann darunter, auch in der sozialen Ordnung, nichts mehr folgen. Johann bezieht denn auch eindeutig die Unfreien in die Betrachtung der Achtung (reverentia) ein, die den Personen im Staat zusteht. Die „reverentia" ist zwar in der Praxis nicht groß, er erwähnt dabei die „knechtlichen Mißhandlungen", die Verachtung der „pauperes" gegenüber der den Freien gewährten Verehrung [109]). Entscheidend bleibt jedoch, daß auch der Unfreie als Person gewertet und in den Kreis der den Gliedern des „corpus rei publicae" zustehenden „reverentia personarum" aufgenommen ist. Im übrigen relativiert Johannes die „conditio", indem sie ursächlich verschiedenen Faktoren zugeschrieben wird, also keine heilsgeschichtliche Notwendigkeit darstellt, wie es eine Sündenfolge für die „servitus" darstellt.

Der Wandel in der sozialen Optik ist nicht zu übersehen. Die Geschichte dieser Ganzheitsvorstellung ist zwar noch nicht genügend erforscht und beschrieben, es läßt sich jetzt schon sagen, daß ihr eine eminente Bedeutung in der Entwicklung der Konzeption von Freiheit und Gleichheit zukommt. Erst wenn alle in das Ganze der politisch geordneten Gesellschaft als Personen einbezogen sind, kann über das Weitere diskutiert werden. Die Ganzheitsvorstellung ist vorgebildet in der ständischen Beschreibung der Kirche, in der grundsätzlich alle als vor Gott gleichberechtigte Glieder erfaßt sind. In dieser Sicht erscheint bei Honorius auch schon das Bild der „Füße" und des „Fußbodens". Auf dem Weg zu dieser Ganzheitsvorstellung wirken auch alle jene Vorstellungen mit ein, die den Unfreien rechtsfähig machen, die ihn, wenn auch nur teilweise, in die „generalitas populi" einbeziehen [110]) und schließlich die Konzeption des Menschengeschlechtes in seinem Urzustand mit seiner Freiheit und Gleichheit. Hier öffnet sich wieder der Weg zu antiken Spekulationen.

Die in der Sozialphilosophie wirksame Tendenz, im Staat eine umfassende Ganzheit von Personen zu sehen, erweist sich von hier aus gesehen als Ergebnis einer lang heranreifenden Entwicklung. Daß sie dabei nicht isoliert ist, sondern sich auf ein verbreitetes Bewußtsein gründet, ergibt sich aus einem Vergleich mit jener Lehre, die nun unmittelbar der Kommunikation der Personen, der Glieder des Ganzen untereinander von Du zu Du, von Ihr zu Ihr dienen will, der „ars dictandi". Sie entfaltet sich gerade im 12. Jahrhundert. Wie es in der Predigtlehre darum geht, für jeden Stand die richtige Ansprache zu finden, so geht es den Autoren der Briefkunst darum, in Anrede und Stil, den Bedingungen der Gesellschaft, Rang und Namen, Stellung und Funktion gerecht zu werden. Drei Schichten sind vornehmlich gegeben: Inhaber leitender Ämter in Kirche und Herrschaft, Träger der Macht (sublimes/maiores); dann die mediocres, die Mittelschicht mit Rittern, Bürgern, Priestern, Händlern, und schließlich die Unterschicht bis dorthin wo keine „an Geschlecht und Würde" niedere Person gefunden werden kann [111]). Das ist die ständische Ordnung, die genau gewahrt wird, entsprechend gibt es eine aszendente und deszendierende Kommunikation: Der Niedere erweist dem Höheren Respekt, schmeichelt und bittet. Der Höhere fordert ohne Schmeichelei. Der Höhere steht, der Niedere kniet, wie es auf den Buchillustrationen so oft zu finden ist. Entscheidend für den Vergleich zur Ganzheitsvorstellung der Sozialphilosophie ist aber, daß trotz aller ständischen Schichtung die Kommunikation grundsätzlich von Person zu Person geht. Selbst der Verkaufsklave und niedrigste Abhängige werden als solche gewertet [112]).

Einen weiteren Ansatz zur Entwicklung einer wissenschaftlich fundierten sozialen Theorie bietet schließlich das Bewußtsein der sozialen Ethik im Rahmen der gesamten Fächer. Dies vollzieht sich in den zahlreichen „Divisiones", den Wissenschaftskatalogen der Zeit, bedeutendste Beispiele das „Didascalion" des Hugo von St. Viktor und der Katalog des Radulfus Ardens und die „Divisio philosophiae" des Gundissalinus [113]). In ihnen, wie in den anonymen Katalogen, wird die politisch-soziale Thematik unter der tradierten Dreiteilung: Politik, Ökonomik, Ethik (Lehre vom Gemeinwesen, vom Haus, von der Sittlichkeit des Einzelnen) untergebracht, sie stellen die praktische Philosophie dar. Dabei bringt Gundissalinus bei der Darlegung der Gesetzgebung und ihrer Träger eine merkwürdige Gliederung und Funktionszuteilung. Er nennt „Verfügende, Diener, Gesetzeskundige", jeder dieser „ordines" hat seinen Vorsteher, seine Untervorsteher (inferiores praelati), bis hinunter zu den „Wenigen", sodaß keiner in der Gemeinde unnütz ist und von jedem der Gemeinde ein Nutzen zukommt. Kein Müßiggang, kein Leerlauf (vacatio), keiner wird ausgelassen, jeder hat für seine Aufgabe einen

Leiter: „so daß es keinen gibt, der nicht einem andern gehorcht". Wer sich nicht in dieses System restloser Erfassung einfügen will, wird ausgewiesen. Schwache und Behinderte sind an einem zu schaffenden Ort unter einem „procurator" unterzubringen. Ein Budget aus Steuern und Strafgeldern soll für die Gesetzeskundigen und Hilfsbedürftigen sorgen, alle finanziellen Quellen sollen erschlossen werden. Für die Sittlichkeit und die Ehe sorgt die „civitas". Gundissalinus mag hierfür eine (arabische ?) Quelle benutzt haben, daß er die Konzeption einer total durchorganisierten Gemeinde übernimmt und vorträgt, ist Anzeichen eines Interesses an sozialen Modellen. Dabei kann man wiederum die spekulative Wirkkraft der Ganzheitsvorstellung beobachten. Die Gesamtheit „civitas" (polis, oikos) wird zuerst erfaßt, von ihr her, von ihren Leitern wird deduktiv die Tätigkeit der Glieder gelenkt. Nicht die Einzelnen, die Teile sammeln sich und schaffen sich jeweils entlang ihrer Einsichten und Bedürfnisse ihre Ordnung, das Ganze stellt sich nicht dar als eine Summe vielfältiger individueller oder partieller Operationen der Einzelnen und der sozialen Aggregate, sondern als eine Gesamtheit, die in der zuweisenden Anordnung den Schlüssel zu einem erfolgsversprechenden Gemeinwesen sieht.

4.9 Beobachtungen im kanonischen Recht

Die soeben angesprochene, in der antiken Tradition vorformulierte, urständische Freiheit und wirtschaftliche Gleichheit (Kap. 1.4; 2.2) erscheint nun auch im Anfang der großen Concordia discordantium des Gratian. In der einleitenden Erörterung über Gesetz und Recht, getreu nach Isidor (Etym. V, 1 ff) bringt er in D I c. 7 die Definition Isidors zum Naturrecht (Etym. V, c. 4). Damit erlangt diese Definition im Rahmen der allmählich kanonischen Geltung des Decretum Gratiani einen gleichen autoritativen Rang. Naturrecht ist nach Isidor — Gratian bestimmt durch die universale Geltung (commune omnium nationum), es hat seinen Grund in „natürlicher Eingebung (instinctu naturae), nicht in menschlicher Konstitution, es legt fest: Ehe, Erbfolge, Erziehung, gemeinsamen Besitz aller und die allen gemeinsame eine Freiheit (communis omnium possessio et omnium una libertas), den Erwerb dessen, was am Himmel, auf der Erde und im Wasser gefangen werden kann. Die von Gratian bewußt aufgenommene Definition, in der antikes Erbgut zusammengeflossen ist [113a]) übernimmt und übergibt der kirchlichen Rechtsspekulation eine Konzeption der Gesellschaftsentwicklung, die der historischen Situation eine anders geartete „natürliche Ordnung" konfrontiert. Diese Konfrontierung wird dadurch verschärft, daß von der Vätertheologie her ja eine Tradition bereit steht, in der die historische Wirklichkeit, Eigentum und Unfreiheit, ihre Entstehung einem Unrecht oder der Sünde verdankt. Pseudoclemens läßt das Eigentum durch Ungerechtigkeit (per iniquitatem) entstehen, eine Aussage, die, wir sahen es, in die Pseudoisidorischen Dekretalien übergeht. Die Unfreiheit hat nach Augustin, Isidor und Burkhard von Worms, der selbst wieder Isidor übernimmt, ihre Ursache in der Sünde [114]). Gratian übernimmt nun aus Pseudoisidor die Passage der Pseudoclementinen über die Entstehung des Eigentums „per iniquitatem", ohne diese „iniquitas" nun mit dem Naturrecht oder der menschlichen Konstitution zu harmonisieren. Die Unfreiheit erkennt er als Institution an, wie die Ausführungen über die Zulassung von Unfreien zum Priesteramt erweisen [115]). Die Spannung zwischen der Freiheit und dem Gemeineigentum der Urzeit und der historischen Wirklichkeit bleibt so bestehen. Allein schon nach diesem Stand der Aussagen kann mit der „natürlichen Ordnung", der Ordnung kraft Naturrecht, wie sie im Isidorzitat von D I c. 7 zum Ausdruck kommt, keine praktische Forderung gemeint sein. Ebensowenig aber bleibt die Definition des Naturrechts im leeren, realitätsfernen Raum der juristischen Abstraktion. Das deutet schon der Nachsatz bei Isidor/Gratian an, daß das „diesem (dem Naturrecht) Ähnliche niemals als ungerecht, sondern als natürlich und angemessen (equum) zu gelten habe" (D I c. 7). Ein Satz, der in außergewöhnlichen Situationen schon zum Nachdenken anregen kann.

Einem solchen Nachdenken über das Verhältnis von Naturrecht und menschlicher Konstitution begegnen wir nun interessanterweise bei Glossatoren des Decretum Gratiani. L. Schmugge macht darauf aufmerksam, daß in der zweiten Hälfte des 12. Jahrhunderts über das Notstandsrecht gegenüber dem Eigentum diskutiert wird. Es bildet sich die Meinung, daß im Falle einer „necessitas", einer dringenden Not, Eigentum keine unüberschreitbare Schwelle für den mittellosen Notleidenden ist: „Ich glaube dennoch, daß nicht sündigt in einem solchen Fall, da er doch die Sache eines andern gebraucht wegen der dringenden Not des Hungers" (Huguccio). Dringende Not macht Diebstahl entschuldbar. „In Notzeit sind alle Lebensmittel Gemeinbesitz" heißt es anderswo und Johannes Teutonicus erklärt unumwunden: „Die Not des Hungers entschuldigt vom Diebstahl.. da die necessitas non habet legem .. denn in der Not müssen alle Dinge gemeinsam sein". Die Beziehung dieser Auffassung zum Naturrecht wird klar bei Richard Anglicus: „Denn nach Naturrecht sind alle Dinge gemeinsam, daß heißt, sie sind in Notzeit gemeinsam zu machen" [116]). Schmugge ist zu Recht der Auffassung, daß sich hinter dieser Lehre eine Auffassung der Armut bilde, die in der Armut „ein zu bekämpfendes soziales Übel" sehe und nicht mehr allein einen gottgegebenen Zustand.

Interessant ist es auch, wie man mit dem Problem unfreier Kleriker fertig zu werden sucht. Hier erfolgt zwar keine Korrektur des Systems der Unfreiheit, man sucht jedoch, gewisse Härten zu mildern. In der Summa „Elegantius in iure divino" [117]) wird die Weihe Unfreier und ihre notwendige Freilassung zunächst in den Gesamtkontext gestellt: Jeder Mensch ist Freier oder Unfreier. Als Unfreier gehört er entweder einer „Person" oder der Kirche. Dieser Unterschied setzt bereits zwei Rechtsverhältnisse voraus, die sich offenbar nicht decken: die weltliche und die kirchliche Unfreiheit. Von der weltlichen Unfreiheit unter eine Person her werden der Verkaufssklave, der Geburtssklave und der schollengebundene Sklave (servus glebe ascriptus) unterschieden. Bei einer Freilassung bleibt entweder das Patronatsrecht bestehen oder es wird ganz erlassen. Bei Weiterbestehen des Patronatsrechtes sind weiterhin Handwerksarbeiten oder sonstige Verpflichtungen zu leisten, bei Todfall ohne Testament fällt sein Vermögen an den Herrn. In diesem Fall kann der Freigelassene nicht ohne Willen des Herrn geweiht werden. Bei Aufhören des Patronatsrechtes kann auch gegen den Willen des Herrn eine Promotion zum Geistlichen erfolgen. Liegt keine Freilassung vor, dann kann eine Promotion mit Wissen oder Nichtwissen des Herrn erfolgen. Ist der Herr unterrichtet, aber protestiert nicht, dann ist sein Schweigen als Einverständnis zu werten. Er wird nach einer „constitutio nova" bereits in den ersten Weihestufen frei [118]). Bei Widerspruch des Herrn kann keine Promotion erfolgen, ein trotzdem Geweihter bleibt in Unfreiheit, daß heißt im Rahmen der Eigenkirche des Gutsverbandes (in ipsis possessionibus). Freilich mit Distinctionen, die vom Autor auf die kirchliche Gesetzgebung zurückgeführt werden: „Set melius hoc per ecclesiastica iura immutatum est". Der Geweihte wird nur (höchstens) mit seinem Vermögen (peculium) bestraft oder er muß weiterhin Dienste leisten, „si hoc quondam domino necessarium est". Ein Diakon muß bei Widerspruch des Herrn in Unfreiheit bleiben, der Subdiakon soll aus dem gutsherrlichen Verband entfernt werden (a castris dominicis catena servitutis extrahetur). Die Verschiedenheit der Behandlung ergebe sich nicht aus einer

Verschiedenheit des Delikts, sondern aus dem Rang der kirchlichen Stellung und dem Versäumnis des Herrn, der schon früher hätte protestieren können. So wird der an sich mehr schuldige Priester weniger bestraft. Aber dagegen gibt es, wie zugestanden wird, offenbar von andern Kanonisten Einwände, die „unterschiedslos" bei Widerspruch des Herrn eine Zurückweisung eines Unfreien fordern: „a sacris officiis repellantur".

Eine Sondersituation ergibt sich, wenn ein „servus duorum", ein zwei Herren Untertäniger, von **einem** Herrn nur freigelassen wird. Hier gilt der Grundsatz „Favorabilior est libertas, ideoque pro ea sentiendum". Ein Mensch kann aber nicht teils frei, teils unfrei sein. Also wiegt der würdigere Stand mehr. Auch hier ist sich der Autor bewußt, daß er eine Interpretation vornimmt, die ihm möglicherweise als gegen die Tradition ausgelegt werden könnte. Er sucht sich daher abzusichern gegen den Vorwurf, daß er „ingenium magis quam auctoritatem sequi" und bringt eine Reihe von Belegen für seine Meinung. Mehr dem eigenen „ingenium" als der Autorität folgen, damit war eigentlich eine bemerkenswerte Bewußtseinssituation angesprochen, die für denjenigen, der sich ein Urteil zu bilden anschickt, teils typisch, teils untypisch ist. Typisch ist die Absicherung durch die Autorität, nicht gerade typisch ist, daß die Frage des eigenen „ingenium" so hervortreten kann. Entscheidend für seine Einstellung zugunsten der Freiheit bleibt auf alle Fälle, daß nicht a priori zugunsten des Grundherrn argumentiert wird, sondern die Freiheit stärkeres Gewicht erhält. Dies im Unterschied etwa zum Grundsatz der Regelung im Familienrecht, wo bei ungleichen Eltern (frei-unfrei) die Rechtstellung des Kindes sich nach dem unfreien Teil ergibt.

Ob die Distanz zum Sklavenrecht bei den Glossatoren des CJC, die man in der Geschichte des Privatrechts anmerkt (G. Wesenberg), von den Glossatoren des kanonischen Rechtes beeinflußt ist, wird sich schwer verifizieren lassen. Solche Tendenzen sind angesichts des allgemeinen Trends nicht erstaunlich. Man wird dabei jedoch nicht übersehen, daß die Rechtslage im Liegenschaftsrecht, in der Anwendung römischen Rechts (etwa der Schollenpflichtigkeit) wieder dazu hilft, neue Formen der Unfreiheit zu legalisieren. Das römische Recht hilft auch dazu, partikularrechtliche Sonderheiten zu beseitigen und damit rechtliche Nischen auszuräumen, in denen sich eine gewisse Selbständigkeit halten kann. Gegen diese flächendeckende Nivellierung wenden sich ja später die Klagen der unruhigen Bauern und der ihnen zuneigenden Kreise innerhalb der Stände (vgl. Tübinger Artikel von 1512). Das Recht folgt den Bedürfnissen der Ordnung, die weitgehend im Sinne der herrschenden Schicht ausgelegt wird. „Weitgehend", das besagt zugleich einen Rest, der sich nicht mit der bestehenden Praxis deckt und Überlegungen Raum läßt, die einer Änderung offen sind.

Anmerkungen Kapitel IV: Krise und Ordnung

1) Zur Dreiteilung: Verf. in „Apologia pauperum, Hist. Jahrb. 94, 1974, 59ff, G. Duby, Les trois ordres, 1978 Paris. G. Oexle, Die funktionale Dreiteilung usw. Frühmitt. Stud. XII, 1978. — G. Dumézil, L'ideologie tripartie des Indo-Européens, 1958.

2) Platon Timaios 24a. In Chalcidius — Version (Corp. Plat. 1972, S. 16): sacerdotium-pastores-propugnatores". Priester getrennt, der „castitas" wegen. Das ist christliche Zutat. — Adalbero, Carmen ad Rotb. ed. Canozzi S. 17ff. V. 215ff. in Einleitung zur Passage über lex divina/humana und die Dreiteilung, Berufung auf Ps. — Dionys und Gregor Hom. in Ez. PL 76, 1064ff.

3) Pseudo-Dionys, De Eccl. Hier. PG 3/4, VI, 529ff. — Gregor I., Hom. in Ez. PL 76, 977. — Beda, De quat. ord. PL 94, 556. — B. Bischoff, Wendepunkte in der Geschichte der lat. Exeg. Mittelalt. Stud. I, 226, tritt für Herkunft aus dem 8. Jh. ein. — Oexle 34 und andere für später.

4) Vita S. Dagoberti SS. Rer. Mer. II, 515. — Zur Zeit, Krusch: „Scripsit autem non ante Carolum Calvum..neque post saec. XII. — Heute neigt man zu späterem Ansatz.

5) King Alfred's Old. Eng. Version of Boethius c. 17, ed. W. J. Sedgefield Oxford 1899, sc. 17, S. 40: „he sceal habban gebedmen fyrdmen weorcmen". — Rather Praeloquia, PL 136. — Cremona: K. Bosl, Gesellschaftsgesch. Italiens im Mittelalter, 159 nach A. Gualazini in: Ricerche di storia dell'diritto publ. mediev. 1940. — In den Miracula S. Bertini, MGH SS XV 513 ist die Dreiteilung nur diffus erkennbar. Hier wird eine Kampfbeute, also nicht die Gesellschaft, in „tres divisiones" verteilt: „unam aecclesiis concedentes, aliam oratoribus et pauperibus dantes, tertiam aequa lance nobiliores cum inferioribus compartientes". Die Beter sind mit den Armen eine divisio neben der Institution der Kirche. Man kann nicht wie Canozzi S. CXXIII sagen, die „trois ordres" seien „clairement distingués".

6) Aelfric: B. Fehr, die Hirtenbriefe Aelfrics in altenglischer und lat. Fassung, Hamburg, 1914, 225f. — Oexle, S. 39f. — Abbo PL 139, 461 ff.

7) Adalbero, Carmen ad Rotbertum regem. ed. G. A. Hückel, Les poèmes satiriques d'Adalbéron, Univ. de Paris, Bibl. de la Fc. des Lettres, 13, 1901. — Ferner: Cl. Carozzi, Paris 1979. Gerhard v. Cambrais Predigt mit der Dreiteilung in: Gesta episc. Cameracensium, MGH SS. VII, 485.

8) Kölmel, Regimen christianum S. 43ff. Zur Reduktion der Gewalt.

9) Daß die Waffenträger in den frühen Dreiteilungen bei Alfred/Rather in Bezug zum König stehen, zeigt die Herkunft der Gliederung: „oratores-milites" aus der Sicht der Beschreibung der kirchlich-weltlichen Ordnung von der Position der Herrschaft, wie sie in der Pariser Synode 829 und in Hinkmars „De ordine palatii" oder in karolingischen offiziellen Äußerungen erscheint.

10) Gerhard von Cambrai sieht die „laboratores" als Landleute, die für die Speise sorgen: „quod eorum laboribus corporali pascitur cibo". — Adalbero spricht durchgehend von den „servi", „servorum studium", „servorum lacrimae".

10a) Abbo, PL 139, 464; „alii sunt agricolae, alii agonistae; et agricolae quidem insudant agriculturae et diversis artibus in opere rustico, unde sustentatur totius ecclesie multitudo". — Duby, S. 116, übersetzt salopp und irreführend: „accomplissent par l'agriculture et de diverses manières les travaux rustiques„. „Agricultura" und „diversae artes" sind als eigene Tätigkeiten klar unterschieden. Abbo hat in seiner Erfahrung offensichtlich landwirtschaftliche Tätigkeit, die mit Handwerk verbunden sein kann und ist, im Blick. In der grundherrlichen Hofwirtschaft war das der Fall, kam aber sicher auch außerhalb der Hofwirtschaft vor. Abbo bietet ein hervorragendes Beispiel für die Verbindung von Bauernarbeit und Handwerk und kann damit auch für die Diskussion um dieses Thema hilfreich sein. — Zu dieser Frage vgl.: Kellenbenz, Dtsch. Wirtschaftsgeschichte, 1977, I, S. 65. — W. Janssem (E. Ennen), Dtsch. Agrargesch. I, 1979, 122, 159. — E. Müller-Mertens in Dtsch. Geschichte I, 1982, S. 390.

11) Adalbero 293 f.: „Pascitur a servo dominus, quem pascere sperat. Servorum lacrimas gemitus non terminus ullus".

12) Oexle S. 46 verbindet die Dreiteilung mit der sozialen Wandlung „seit dem 11. Jh." in der Entstehung der Schichten von Rittern und Bauern. Er betont S. 49, daß alle bisher bekannten „ältesten Belege" aus dem insularen Bereich und Nordfrankreich stammen. Rathers Zeugnis lehnt er — gegen A. Adam, Arbeit und Besitz nach Ratherius von Verona S. 112ff. — ab, S. 39/Anm. 233, der Text spreche von vier Gruppen.

13) Dem widerspricht nicht, daß in der benediktinischen Regel die Arbeit verlangt wird, denn hier handelt sich um eine das Gebet begleitende Arbeit, nicht um weltliche Berufsarbeit.

14) Jonas, De inst. regia c. 8, PL 106, 296f.

15) Wenn man im Anschluß an G. Dubys These vom Verschleifen der Unterschiede zwischen liberi und servi im Sprachgebrauch Frankreichs auch Adalberos Gleichsetzung von laboratores und servi als Zeugnis für dieses „Verschleifen" nimmt, so kann man dagegen fragen, warum diese neue Klasse nicht einfach als liberi tituliert wird? Sollen nur noch die nobiles-milites frei sein? Zu Oexle 47. Ich meine, daß auch jetzt noch der Unterschied liberi-servi etwas „Reales" bedeutet.

[16]) Kölmel, Regimen christianum 101f.

[17]) Vgl. meinen Beitrag: Antike Wortkunst und neue Denkkunst. Die Dialektik des 11. Jh. und ihr Verhältnis zu Antike und Scholastik, Actas del V Congr. intern. de Filosofia medieval, II, Madrid, 1979, p. 863—871. — Zur „reflexen Höchstgewalt": Regimen christianum, 160f, 144ff.

[18]) Synode von Pavia: MGH LL, Sect. IV, I, 71ff.

[19]) Adalbero, Carmen ad Rotb. 32ff. Cortoniate sind Pythagoreer. — „corona" wird bei Carozzi, S. 5 entgegen Hückel (mitre) mit „couronne" übersetzt.

[20]) Zu Leuthard: Glaber, Hist. libri V, II, c. 11. — Orléans: Glaber, III, c. 8 Montfort, Landulf, Hist. Med. II, 27. — Lüttich-Arras; Mansi, Sacr. cons. coll. 19, 424ff. — Letzte Darstellung: M. Lambert, Ketzerei im Mittelalter, 47ff. Er tritt für eine „nicht-westliche Kraft" als „Vermittlung" ein, S. 55; er unterschätzt damit die eigenständige Krisensituation im Westen.

[21]) Mansi, 19, 424f: „mundum relinquere, carnem a concupiscentiis froenare, de laboribus manuum suarum victum parare, nulli laesionem quaerere, charitatem cunctis quos zelus hujus nostri propositi teneat exhibere".

[22]) Quellen: Arnulf, Gesta archiepisc. Med. MGH, SS VIII. — Landulf, Hist. Med. MGH, SS VIII. — Arnulf als Zeitgenosse und der später schreibende Landulf, der als besonders tendenziös gilt, stehen gegen die Pataria — Andreas, Vita S. Arialdi, PL 143 und Bonizo, Liber ad amicum, LdL I verteidigen die Reformer.

[23]) Schwur mit den scolares: Arnulf, III c. 10. — Landulf III, c. 5, 6. — Bonizo, Ad am. LdL I, 591.

[24]) Arnulf III, c. 11. — Predigt Arialds: PL 143, 1443, c. 10/11.

[25]) Landulf III, c. 10.

[26]) Landulf III, MGH SS VIII, S. 92: „Nunc autem agere vos omnes expedit, ut via regia gradum non declinantes a dexteris nec a sinistris". „Nur wenige könnten jungfräulich leben, man wolle lieber mit den wenigen gekrönt werden.

[27]) Landulf, SS VIII, 91. — Sprecher ist bei Landulf der Archidiakon Wibert. — Ferner Andreas, Vita Arialdi, c. 1, PL 143, 1442f.

[28]) Arnulf III, c. 11, SS VIII, 19. Opfer der Nikolaiten und Simonisten seien „canina sint stercora". Man solle sich von ihnen trennen.

[29]) W. Kölmel, Wie haben die Bischofswahlen den polit. Mächten die Gelegenheit zu Manipulation geboten?: Concilium 1972, S. 515ff.

[30]) Nach Andreas PL 143, 1451 beruft sich Ariald auf Gregor I. Einteilung (vgl. oben Anm. 3). Jeder der ordines soll helfen: Die Prediger sollen ermahnen, die Enthaltsamen beten, die Verheirateten, durch deren Hände Arbeit die andern leben, sollen gute Werke verrichten. Vgl. Gregor I., Hom. in Ez. PL 76, 977 zu den drei ordines.

[31]) Arbeit der coniugati: „Et in vestrorum labore manuum vivitur". Ariald in der Vita (PL 143, 1451). Der 3. Stand wird dann charakterisiert: „qui estis idiotae ignarique scripturae". Die soziale Folge: Unfähigkeit in die Diskussion einzugreifen, wird greifbar. Sie sollen sich „communibus verbis", durch Gespräch, gegen Simonie schützen.

[32]) Gregor VII. Reg. IX, 21: „si principes mundi et potentes saeculi nos pauperes Christi pravitatibus illorum obviantes odiunt". Das in der Armuts- und Eremitenbewegung vielbenutzte Wort der „pauperes Christi" erscheint hier in einer neuen Sinngebung. — Reg. VI, 1: „Magis enim pro vestra salute desidero mortem subire, quam totius mundi gloriam ad vestrum interitum arripere".

[33]) Vgl. dazu Regimen christianum 114, 122.

[34]) Manegold, Liber ad Gebehardum c. 47, MGH, LdL I, S. 391ff. — Manegold leitet seine entscheidende Argumentatio ein mit einem Verweis auf die menschliche Vernunft, die „nicht nur, was geschieht, sondern warum etwas geschieht, betrachtet". Hier wird durch rationales Fragen nach den Gründen unmittelbar die Frage nach dem Amt des Königs gestellt und beantwortet.

[34a]) Petrus Damiani, De omnibus ordinibus omnium hominum (etc.) in: L'opera poetica di S. Pier Damiani, ed. M. Lokrantz, Acta univ. Stockholm. XII, Stockholm, 1964, S. 144 ff. — Damianis Ständelehre geht in den tradierten Bahnen: Geistliche Stände - Laienstände. Unter ihnen zuerst die Träger der Herrschaft (Richter, Verwaltung), dann die Ermahnungen an alle Laien; die Unfreien werden zum getreuen Dienst ermahnt, Reich und Arm sollen zusammenstehen "Dives cum beneficiis / stet pauper cum servitiis" (V. 34). — Zur Herleitung der Gewalt vgl. meinen Aufsatz: A Deo sed per homines, Franz. Stud. 48, 1966, 308 ff.

[35]) In „Unam sanctam" lautet die Stelle — unter Weglassung von „ut sit": spiritualis potestas terrenam potestatem instituere habet et iudicare, si bona non fuerit".

[36]) E. Perels, Bonizo, Liber de vita christiana, Berlin 1930. Besonders VII, S. 252ff. — Zu Damiani vgl. oben und Anm. 34 a.

[37]) Bonizo, Liber de vita spir. VII, 11, S. 256: „Legitimum vero coniugium non potest esse inter enequales, hoc est inter servum et liberam, vel inter liberum et ancillam, nec inter furiosos nec inter raptam et raptorem nec inter Judeam et Christianum etc.". Die von Bonizo später VII, 28ff., S. 261ff gebrachten Zitate ergänzen die erste Auslassung insoweit, als n. 34, S. 262 der Freie eine geheiratete Unfreie bei Unkenntnis und Unvermögen des Freikaufs sie entlassen kann: „Si non potest, si voluerit, aliam accipiat". Unfreiheit als Ehenichtigkeitsgrund.

[38]) Honorius, Elucidarium, c. 11, 12, PL 172, 1116f.

[39]) Honorius, Speculum ecclesiae, PL 172, 1095f.

[40]) Honorius, Gemma animae, c. 130ff, PL 172, 586f.

[41]) Honorius, Sermo generalis, PL 172, 861ff. — In den Stufen: „dives- mediocris- alius/alius-pauper" a. a. O. 868 haben wir den Versuch einer wirtschaftlichen Gliederung.

[42]) Honorius, Sermo generalis, Ad agricolas, PL 172, 866f: „fratres et socii mei, qui agrum colitis, pedes ecclesiae estis". Neben Zehnten sollen sie den pauperes Almosen geben. Sie zählen hier nicht zu den pauperes.

[43]) Alanus, De planctu naturae, PL 210, 476: „qualiter homines originalis naturae honestatem..inhonestent". — Anticlaudianus, PL 210, 493: „divinus homo". — De planctu, 461: „non humanus homo".

[44]) Alanus, Anticlaudianus VIII, 2, PL 210, 561: „parentes ingenui, libertas libera, nobilis ortus". Der Ausdruck: „libertas libera" betont die besondere Freiheit des Adels gegenüber anderen „Freiheiten".

[45]) Alanus, Anticlaudianus, PL 210, 562.

[46]) Alanus Summa de arte praedicatoria c. 39ff, PL 210, 184ff.

[47]) Summa de arte praed. c. 36, PL 210, 181: „Olim in summo honore habebantur magistri, sed modo, iure reputantur insipientes et fatui. — „Qui sunt qui honorantur? divites. Qui sunt, qui despiciuntur? doctores. Qui sunt, qui assistunt palatiis regum? pecuniosi. Qui sunt, qui excluduntur ab aula? litterati". Die Verachtung der magistri und doctores, litterati rührt von ihrer Käuflichkeit her: „Jam honoratur familia Cresi, contemnitur familia Christi".

[48]) Summa de arte praed. c. 21, PL 210, 153f: „Amor Dei mater est omnium virtutum". — Vgl. dagegen Gregor I. Moralia XXXIV, c. 51, PL 76, 747: „humilitatem, quae virtutum mater est".

[49]) „Naturalisierung", indem evangelische Nächstenliebe (Feindesliebe etwa) natürlich begründete Relation wird, „Spiritualisierung", indem natürliche Sozialisation zur Grundlage des Liebesgebotes wird. — Ein dritter Weg böte sich an, indem man den scholastischen Grundsatz: gratia supponit naturam heranzieht.

[50]) Alanus, De arte praed. c. 22, PL 210, 155f: „tres species pacis, pax temporis, pax pectoris, pax aeternitatis". — „prima pax in temporalium prosperitate consistit, secunda ex mentis tranquillitate provenit, tertia in jucunditate vitae coelestis existit". — „Has pacis (scil. temporalis) voluptates experti sunt principes, experti sunt mediocres, experti sunt et pauperes".

[51]) Guibert, De vita sua, ed. E. R. Labande, Paris 1981. III, c. 7. — „Communiam" ist volkssprachlich gewandelt der Kampfruf.

[52]) Freiburg, Stadtrodel, 1120: Konrad von Zähringen erklärt, daß er mit Bürgern „quadam coniuratione" einen Markt gegründet habe. F. Keutgen, Urkunden zur städt. Verf. 133. — Zu communio und coniuratio ferner. Elenchus font. urb. I. n. 74, 75.

[53]) Guibert, De vita, III, c. 7, S. 320, 322, 328, 334. „Communio autem-novum ac pessimum nomen — sic se habet: ut capite censi omnes solitum servitutis debitum dominis semel in anno solvant".

[54]) Vgl. oben Abschn. 2.2.

[55]) Freiburg, Stadtrodel mit späterem Zusatz: Keutgen n. 133, 10, 16. — Ferner Stadtrecht Augsburg, Keutgen n. 125.

[56]) Freiburg, Stadtrecht, Zusätze von 1178. Keutgen n. 133, n. 10: „omnis mulier viro parificabitur et econtra". — Zu Worms: Keutgen n. 23: „lamentabilem eiusdem populi clamorem".

[57]) Freiburg, Stadtrodel 1120, Keutgen n. 133. — Straßburger Recht um 1150. Urkunden u. Akten der Stadt Straßburg n. 616. Vgl. auch: K. Kroeschell, Dt. Rechtsgeschichte I, 1972, n. 59 und Text, 219ff.

[58]) Wichtige Quellen zu Arnold von Brescia: Carmen de Gestis, Frederici v. 760 — 860. MGH Script. — Otto von Freising, Gesta Frederici I, 29, 30; II, 30. — Johannes von Salisbury, Hist. Pontif. c. 31. — W. Map, De nugis curialium c. 24 (ed. M. Rhodes James, 1914, S. 39f). — Gerhoh von Reichersperg, De invest. Antichristi I, 1. — Liber de novit. c. 11, MGH, LdL III. — Jede Quelle schildert aus ihrer Sicht: Otto von Freising von der kaiserlichen Politik, Johannes aus der Perspektive von Chartres, Map nach Robert von Brunhams Erzählung, das Carmen Frederici urteilt von einem zugleich kaiserlichen und national-italischem Standpunkt aus.

[59]) Carmen de Gest. Fred. v. 774. — Otto, Gesta Fred. II, 30. — Carmen de Gestis Fred. v. 786ff: „Unoquoque homines vitiatos ordine cunctos...A capute in corpus vitium fluxisse malignum".

60) Carmen v. 774: „Pro decimis laicos damnabat quippe retentis". — Otto von Freising, II, 30. bringt ebenfalls eine relativ ausführliche Aufzählung von Arnolds Forderungen. Wenn man sie mit Joh. von Salisbury u. W. Map vergleicht, so ergibt sich doch ein stimmiges Bild.

61) W. Map, De nugis c. 24: „Secundum sanguinis altitudinem erat Ernaldus nobilis et magnus, secundum literas maximus, secundum religionem primus".

62) Carmen v. 775ff.

63) Carmen v. 804/05: „multis hominum sola novitate placebat" — Gesta Fred. II, 30: „novitatis cupidus".

64) Zu Rittertum: Das Rittertum im Mittelalter, Darmstadt 1976, WdF 349. — Ritterliches Tugendsystem, Darmstadt 1970, WdF 56. — J. Bumke, Studien zum Ritterbegriff, Heidelberg 1977 mit Bericht über Ritterforschung.

65) Vgl. Bumke S. 133f. — Ministerialenrechte: Worms, MGH Const. I, 438. — Limburg, MGH Const. I, 43. — Bamberg, Jaffé, Bibl. rer. Germ. V, 25. — Dazu K. Bosl, Frühformen der Gesellschaft, 277ff.

66) Eine zeitliche Abgrenzung von „miles" als Reiter und „miles" als Ritter ist schwierig. Kriterium wird die Ausbildung eines eigenen Bewußtseins, Minne/aventiure/höfische Sitte sein, und das vollzieht sich im 12. Jh. — Überlegungen zur sozialen Differenzierung innerhalb der militia finden sich im Chronicon von Ebersheim, MGH SS XXIII, 432f: eine adlige familia ministerialis, eine censualis und servilis. — Später auch bei Reimar von Zweter im 12. Jh. Ihm zufolge kann ein „herre von geburte fri" nicht ebenso dienstmann, ritter und knecht sein.

67) Bernhard, De laude novae militiae, PL 182, 921ff.

68) Bernhard, De laude c. 2: Die Ritter kämpfen „nullis stipendiis nisi aut mortis aut criminis". — Zur Aufmachung vgl. die relativ schlichte Erscheinung der Adligen im Ruodlieb I, 18ff.

69) Gregor-Erlembald, Greg. Reg. I, 27. — Bonizo, De vita Christ. VII, c. 28.

70) Wilhelm von Tyrus, Historia rerum in partibus transmarinis, I, 14ff. Receuil des hist. des croisades.

71) Bernhard, De laude c. 4, PL 182, 962.

72) Johannes, Polycraticus, VI. PL 199, 587ff.

73) Im schillernden Begriff „miles" ist sowohl der adlige Freie, wie der unfreie Dienstmann angesprochen. Erst vom 13. Jh. an ist der Ritterstand, mit Einschluß der ehemaligen Ministerialen, abgeschlossen.

74) Polycraticus I, c. 2: „praeferens tanquam aptiorem plebem rusticam. duratis ad omnem laborum tolerantiam membris. Cui gestare ferrum fossam ducere, consuetudo de rure est". Johannes zitiert nach Vegetius I, c. 3. Die Definition in c. 8 des „miles" setzt das zuvor Gesagte über die Strapazen voraus. An deren Anfang in c. 2 eben mit Hilfe des sicher nicht unabsichtlich herausgestellten Vegetiuszitates eben die körperliche Arbeit. Sie ist zwar nicht direkt landwirtschaftliche Arbeit aber doch „consuetudo de rure".

75) Alanus, Summa de arte praed. c. 40, PL 210, 186. — W. Map, De nugis curialium, ed. MR James, Oxford 1914, c. 10, S. 6.

76) Peter von Blois, Epistolae, XCIV, PL 207, 293ff. „Porro ordo militum nunc est, ordinem non tenere". — Auch er zitiert Vegetius I, 3. Die Abhängigkeit vom Polycraticus ist unverkennbar. — „Bella tamen et conflictus equestres depingi faciunt in sellis et clypeis, ut se quadam imaginaria visione delectent in pugnis, quas actualiter ingredi aut videre non audent".

77) Gerhoh von Reichersperg, Opusculum de edificio Dei, MGH LdL III, c. 8ff, S. 140ff.

78) Vgl. die in: Ritterliches Tugendsystem (vgl. Anm. 64) gesammelten Aufsätze.

79) H. Kuhn, Zur inneren Form des Minnesangs, in: Der deutsche Minnesang, Darmstadt 161, S. 174, zitiert bei E. Köhler, die Rolle des niederen Rittertums bei der Entstehung der Trobadorlyrik, S. 295, 4 (Das Rittertum im Mittelalter, vgl. Anm. 64). — Die erotische Seite der höfischen Liebe wird manifestant bei Andreas Capellanus, De amore. vgl. besonders I, c. 5. — Friedrich von Hausen: „Min herze und min lip diu wellent scheiden / diu mit einander varnt nu mange zit".

80) E. Köhler a. a. O. S. 311 mit Verweis auf das Lied: „Ja no sera nuils hom ben fis". — Die Spannung zwischen Geburtsadel und Trobador zeigt sich in der Lyrik, Köhler S. 298f.

81) Walter von Chatillon, Alexandreis, ed. M. L. Colker, Padua 1978 (Thesaurus Mundi 17) v. 86ff: „Et nequam, nec quos humiles natura iacere precipit exalta". Es folgt eine Passage über die Tugend, die es nicht nötig habe: „genus et formam", äußere Werte zu suchen.

82) Wolfram, Parzival, III, 170, 22ff: „ir mugt wol volkes herre sin/ist hoch und heht sich iwer art/lat iuwern willen des bewart/iuch sol erbarmen notec her/gein des kumber sit ze wer/mit milte und mit güete".

83) Vgl. König Artus und seine Tafelrunde, ed. K. Langosch, Stuttgart 1980.

84) Walter von der Vogelweide 67, 49: „Ich saz uf eime steine" — 76, 41: „Ich han min lehen".

85) Ausgabe der oben genannten Lieder bei F. Maurer, Die religiösen Dichtungen des 11. und 12. Jh. Bd. II, III. Tübingen 1965, 1970. — Werner von Elmendorf ed. H. v. Fallersleben in: Zeitschr. für deut. Altertum, 4, 1844, 284ff. — A. E. Schönbach hat den Zusammenhang seines Liedes mit dem Traktat: Moralis philosophia de honesto et utili (PL 171, 1007ff) hergestellt (Zeitschr. f. deut. Alt. 34, 1890, 55ff).

86) Heinrich, Von dem gemeinem Lebene Str. 8, Maurer III, 309 zu den „boesen leraere".

87) Von dem gemeinem Lebene I 2, Maurer III, 325. — Der Wilde Mann, „Girheit", Maurer III 550ff. — Vom Rechte Str. 6, Maurer II, 161. — Der Arme Hartmann Str. 143ff, Maurer II, 600ff.

88) Heinrich, Von dem gemeinem Lebene 12, 36, Maurer III, 325.

89) W. Scherer, Geschichte der dt. Dichtung im 11./12. Jh., Straßburg 1875, S. 125. — Bernardus Silvestris, Cosmographia II, Microcosmus n. X, ed. P. Dronke, Leiden 1978, S. 140f. Eine emphatischer Preis der dignitas hominis. — Dazu Scoph von dem lone Str. 10—12, Maurer II, 269ff.

90) Anselm, Liber de voluntate, PL 158, 582: „Quod tibi fieri nolueris alteri ne feceris". Zitiert bei A. Verdroß, Abendländische Rechtsphilosophie, Wien, 1963, S. 69.

91) Vom Recht, Str. 7, 8, 9, Maurer II, S. 163f. — Beim gemeinsamen „riuten" wird der Herr „meister" genannt, was sozial schwer festzulegen ist. Daß der „meister" aber auch zu den Herren gehört, zeigt die abschließende Bemerkung Str. 9, 190, Maurer II, S. 165, wo das Verhältnis: „meister-knecht" als Relation Herr-Knecht verstanden wird: „so lebent si bede rehte, die herren und die chnehte".

92) Von dem gemeinem Lebene Str. 12, 46/47: „ir undertanen wellent wesen fri/ze tuonen alllez, daz in gevalle". — Ebenso Str. 13, 8. Maurer III, 325f.

93) Altdeutsche Genesis, ed. V. Dollmayr, Altd. Textbibiliothek 31, 1932, 43f.: Vone Chames Sculde/wurden allererist Scalche". — G. Franz, Quellen zur Geschichte des dt. Bauernstandes, Darmstadt 1974, 144f. Heinrich, Von dem gemeinem Lebene Str. 12, Maurer III, 323 apostrophiert im Zusammenhang mit der Klage über die „vordern guote chnehte" das Christentum: „harte si muozzen verderben/gotes und ir christentuom".

94) Vom Rechte Str. 9, Maurer II, 164: „si sulen ez fuoren samet heim, teilen ez alliz enzwei...si sculen sich vil wol bewaren/daz ir newederem werden mere, wand si arnent ez bede sere./si habent ez mit ir swaizze gewunnen". — Werner von Elmendorf, ed. Fallersleben, ZfdA, 4, 1844, V. 285ff. — Erklärung zu einem Senecazitat: „Der di mochte gestillen, di lute heten al iren willen". — In der Moralis Phil. PL 171, 1014 findet sich das Zitat: „Quietissime viverent homines, nisi essent duo verba (scil). meum ac tuum".

95) Andreas Capellanus, De amore. unterscheidet: plebeius, plebeia, nobilis, nobilior. Vgl. dazu auch C. Buridant, Traité de l'amour courtois Paris 1974, 212f. — Hildegard, an Äbtissin von Andernach, PL 197, 337f: „Et quis homo congreget omnem gregem suum in unum stabulum".

96) Guibert von Nogent, De vita sua I, c. 11 — Th. Manteuffel, La naissance d'une hérésie — Vita Roberti, PL 162, c. 19, 24, col. 1056, 1053.

97) W. Map, De nugis curialium, I, 31, (ed. M. R. James, S. 60 ff). — Everwin v. Steinfeld, PL 182, 676 ff.

98) K. V. Selge, Die ersten Waldenser, Berlin 1967 sieht in den Waldensern keine Armutsbewegung, gesteht jedoch die Armut als Lebensform zu. Hierzu, M. D. Lambert, Ketzerei im Mittelalter, 510 ff.

99) Vgl. oben S. 123 und 1 Kor. 9, 5.

100) Vgl. dazu S. 101 ff.

101) Wilhelm von Conches. Glosae super Platonem ed. E. Jeauneau, Paris 1965 — Polycraticus, ed. C. J. Webb, London 1909 und PL 172. — T. Struve, Die Entwicklung der organologischen Staatsauffassung im Mittelalter, Stuttgart 1978. — Regimen Christianum 141 f.

102) Platon, Politeia IV, 440 e 10 ff. — Timaios 17d—18a. — Für das Folgende der Kommentar des Chalcidius, c. 231—233. — ed. J. H. Waszink 1962, Leiden, S. 245—247 und c. 5—7, S. 59f.

103) Die vulgares bei Chalcidius, Waszink S. 247, stellen eine sozial diffuse Menge der Unterschicht dar. Daß zu ihnen auch die Verkaufssklaven zu rechnen sind, ist bei der Sehweise des 4. Jh. unwahrscheinlich, vor allem da Platon selbst seine Konzeption an der Polis entwickelt, in der nur die polites berechtigt sind.

104) Wilhelm, Glosae zum Kommentar des Macrobius, Jeaunau S. 75, e. Plato voluit in r(e) p(ublica) esse quosdam imperantes et providentes ut senatum, quosdam pugnantes ut milites, quosdam servientes ut plebem. — Servientes meint in politisch-sozialen Aussagen die Minder- und Unfreien. Selbst wenn man es bei Wilhelm erweitert im Sinn von Abhängigkeit von Herren versteht, so bleiben selbstverständlich die Unfreien, die in besonderer Abhängigkeit stehen, eingeschlossen. Auch die Glosae zu Timaios c. 19, Jeauneau 79 wo er bei den „classes" die der agricolae von der „classis" der servi trennt, steht dem nicht entgegen. Denn die agricolae sind ja selbst in überwiegender Zahl minderfrei oder unfrei. Es geht um die schichtengebundene Heirat, wie Wilhelm die platonische Aufhebung der Ehe verharmlosen will. Übrigens wird auch in andern Glossen von serviles, servientes für die untere Schicht gesprochen. Vgl. P. E. Dutton, Illustre civitatis et populi exemplum, Mediaeval Studies XLV 1983, S. 95, 97.

[105]) Wilhelm, Glosae zu Macrobius, Jeaunau S. 95e und Glosae zu Timai os c. 14, Jeaunau S. 95. — Dutton a. a. O. bringt eine schematische Übersicht der Glossen S. 100.

[106]) Wilhelm, Glosae zu Timaios, Jeauneau S. 95 zu Timaios 24 A, wo die ägyptische Ordnung (Priester, Werkmeister, Hirten/Jäger/Landwirte) genannt wird, heißt es nur, daß die Priester, wie heute, abgesondert lebten.

[107]) Zu Johannes von Salisbury vgl. Struve, S. 123ff. — S. Desideri (La „Institutio Trajani", 1958) hat versucht Fragmente einer Schrift aus dem Polycraticus zu isolieren. — Zur Diskussion: M. Kerner in DA 32, 1976, 558ff. — Johann V, 2, will nur die „sententiarum vestigia" nachahmen, er ist gegen sklavische Silbeninterpretation. — Zur Interpretation des Polycraticus vgl. auch die Aufsätze von Struve, Stürner, Kerner in: Soziale Ordnungen, Misc. Mediaevalia 12, 1.

[108]) J. Spörl, Grundformen hochmittelalterlicher Geschichtsanschauung, 73ff. — Regimen christianum S. 141f zur hierokratischen Position des Johannes.

[109]) Polycraticus V, 4: „De reverentia personarum et rerum et quot modis persona sit venerabilis". — In der „conditio" der Personen heißt es bei der Erörterung, ob die conditio ein „fortuitus personae status" sei: „Quale est quod alios veneramur ingenuos, aliis serviles contumelias irrogamus". — Auf den „Ganzheitsaspekt" macht auch M. Kerner, Misc. Mediaev. 12, 1, S. 187 aufmerksam.

[110]) Capitulare missorum 786/792 MGH Cap. I, 25. n. 4. In den Treueid werden in der generalitas populi die „servi honorati", die Dienst Leisten und ein beneficium haben einbezogen. Vgl. oben Abschn. III, 3.

[111]) G. Constable, The structure of Medieval Society According to the Dictatores of the Twelfth Century, in: Law, Church an Society (in Honor of St-Kuttner), Pennsylvania, 1977, 253ff. — Grundlegend die „Praecepta dictaminum" des Adalbertus Samaritanus, § 2/3. MGH, Quellen zur Geistesgesch. III. — Adalbert unterscheidet drei „hominum ordines" maior, mediocris, minor. Beim Schreiben zwischen den Ständen gibt es ein „ascendere" und „descendere". — Die Differenzierung der drei Stände bleibt als Grundmuster, wenn auch die Aufgliederung schwankt. Constable legt besonders Wert auf die Detailzuordnung in der Mittelschicht. — Zur Wertung der Schreibenden als „personae" vgl. die Zitate bei Constable 256ff. — Adalbert, § 2: „Ut tres hominum ordines, sic sunt tres epistolarum species: sublimis, mediocris et exilis".

[112]) Constable, S. 264 Anm. 20: „Infimas (personas) autem eas arbitramur personas, quibus genere vel dignitate nulla valet inferior reperiri, ut servi emticii, infimique clientes".

[113]) Gundissalinus, De divisione philosophiae, ed. L. Baur, Münster 1903, S. 134ff. — M. Grabmann, Geschichte der scholast. Methode II, 28, 229ff.

[113a]) Vgl. CJC Inst. I, 2 zu Naturrecht. Hier auch zum ungeschriebenen und geschriebenen Recht (agraphos, eggraphos, nomos). H. Kreller, Röm. Recht, I, 80, Wien 1950.

[114]) Vgl. oben zu Augustin und Isidor Augustin, De civ. Dei XIX, 16: „servitutis causa peccatum est". — Isidor Sent. III, 47 De subditis: „Propter peccatum..illata est servitus". Unfreiheit erscheint hier auch als barmherzige Tat Gottes für diejenigen, die mit der Freiheit nichts anzufangen wissen. — Burkhard, Decreta (Migne PL 140, 908) übernimmt die Stelle. — Zu Pseudoclemens (per iniquitatem) vgl. oben Abschn. 2.2. — Die Stelle ist übernommen in dem 4. Klemensbrief Pseudoisidors: F. Hinschius, c. 82 und PL 130, 57f.

[115]) Gratian C 12 q i c. 2 übernimmt Pseudoclemens aus Pseudoisidor. — Ferner D LIV zu der Aufnahme von „servi" in das Priesteramt.

[116]) Obige Darstellung bezieht sich auf Referat L. Schmugges: Die Kanonisten und die Armut, auf der Generalversammlung der Görresgesellschaft, Okt. 1983 in Freiburg/Schweiz. Schmugge zitiert Huguccio, Summa C 12 q 2 c. ii zu „ex inopia". — Ferner: GO D 86 c 1 zu „pasce und GO des Joh. Teutonicus zu D 5 c 26 zu „fame".

[117]) Summa „Elegantius in iure divino" seu Coloniensis, ed. G. Fransen/ St. Kuttner, Monumenta iuris can. Ser. A., 1 New York 1969, I, S. 101ff.

[118]) Mit „constitutio nova" ist gemeint D. 54, c. 20 = Cod. 1. 3. 36. Auth.

V. DIE SCHOLASTISCHE SOZIALLEHRE

5. Ausblick auf die soziale Reflexion seit dem 13. Jahrhundert

Wir kommen zum zeitlich letzten Drittel unserer Betrachtung, der sozialen Reflexion in der Spanne vom 13. Jahrhundert in das späte Mittelalter. Von der Tradition her, zuletzt vom 12. Jahrhundert, kommen eine ganze Reihe von Vorgaben der Sozialgeschichte und der sozialen Ideenbildung auf diese Zeit zu: Ein lebhaftes, gesteigertes Interesse an sozialen Fragen unterstützt durch Bewegungen und den Wandel in der Gesellschaft, durch kritisches Befragen einerseits, durch Behaupten des vorhandenen Gefüges andererseits. Eine besondere Möglichkeit öffnet sich der sozialen Reflexion in der philosophischen Spekulation. Sie ist geprägt von der Begegnung mit der Antike, genauer mit platonischem Denken und der organologischen Metaphorik. Man kann erwarten, daß das reflektierende Interesse zunimmt und wächst, allein schon, wenn man an die soziale Wirklichkeit, die volle Entfaltung der Stadt, der universitären Gelehrsamkeit, an die Armutsbewegung und die Entwicklung des Gewerbes und der Geldwirtschaft, an den Niedergang des Rittertums, an das Aufstreben mancher bäuerlicher Schichten denkt. Der philosophischen Betrachtung wird hier eine besondere Aufgabe zukommen. Sie erhält ein eigenes spekulatives Instrument in der vollen Rezeption der Sozialphilosophie des Aristoteles.

Nimmt man die Aussagen der angesprochenen Zeit vorweg in den Blick, dann ergibt sich: Überlegungen und Aussagen zum weitgefächerten Thema Gesellschaft nehmen zu, die Formen und Perspektiven variieren in neue Möglichkeiten bis hin zur sozialkritischen Kampfschrift und Polemik. Versucht man die Vielzahl der Stimmen zu ordnen, dann formieren sich drei gewichtige Aussagegruppen, deren Gliederung und Abgrenzung nicht endgültig zu nehmen ist. Es gibt genug Übergänge, Modifikationen, Verbindungen. Jede von ihnen ist zugleich Ausdruck gesellschaftlicher Vorgänge. (1) Zu einer ersten Gruppe gehören jene Aussagen, in denen sich der Autor bemüht, soziale Themen wissenschaftlich zu beschreiben. Häufig im Rahmen weitergreifender, vor allem politischer oder kirchenpolitischer Thematik. So wenig Begriff und Sache von „Staat" als abstrakte Beschreibungsmodelle entwickelt und ausgereift sind, so wenig steht „Gesellschaft" als abstrakte Größe im Blick. Dieses wissenschaftliche Bemühen vollzieht sich im Rahmen der scholastischen Philosophie, ihrer Anthropologie und sozialen Ethik. Den sozialen Hintergrund ihrer Aussagen bildet zunächst und vorrangig die Universität, die Korporation der Magister und Scholaren, das sich entfaltende neue Standes- und Berufsverständnis der Gelehrten. Ihr Einfluß wächst, sowohl in Kirche wie im Staat, eine lebendige Minderheit, die über das intellektuelle Instrumentar verfügt, ein eigenes Korporationsbewußtsein zu entwickeln und zu tradieren, das bis heute anhält. Die Universität ein unverwechselbares Zeichen der hoch- und spätmittelalterlichen Welt.

(2) Eine zweite Aussagegruppe bilden jene Texte, in denen die Menschen unmittelbar mahnend und belehrend, tadelnd und aufmunternd angesprochen werden. Dazu gehört die bereits bekannte Ständepredigt, die lehrhafte Dichtung beginnend mit dem „Wälschen Gast"

des Thomasin von Zerklaere und dem Winsbecke über den Freidank, das Schachzabelbuch, die Ständesatire, bis zu Brants Narrenschiff und des Erasmus „Moriae Encomium". Ihr soziales Pendant sind vorwiegend die Stände, deren Profilierung sich bereits im 12. Jahrhundert entfaltet hat und der feudal-bürgerlichen Gesellschaftsstruktur entspricht: ritterlicher Adel und Bürgertum. Wobei, auch dies entspricht der sozialen Entwicklung, mit dem Niedergang des Rittertums und seiner Wandlung zum abhängigen Hofadel auch dessen Aussagekraft schwächer wird, beziehungsweise die Lebensform des Hofes als Zentrum landesherrschaftlicher Macht adaptiert wird. Aus dem Ritter des Winsbecke wird der „Cortegiano" Castigliones.

(3) Gleichlaufend zur pastoralen und lehrhaften Aussage entwickelt sich allmählich über Satire und Tadel eine Textsorte heraus, in der vorwiegend sozialkritisch Stellung bezogen wird und die schließlich zu sozialutopischen und sozialrevolutiotären Vorschlägen und Programmen führt. Die Vokabel „allmählich" zeigt an, daß ihr Prozeß langsamer anhebt, er ist von selbst und offensichtlich verbunden mit sozialen Konflikten. Der gesellschaftliche Hintergrund dieser Überlegungen und Aussagen ist das rebellierende Potential der Gesellschaft und darin ständisch nicht eingegrenzt, obwohl der Adel als immer noch führende Schicht wenig beteiligt ist. Den Schwerpunkt bildet das Bürgertum in all jenen Gruppen, die sich benachteiligt fühlen. Ferner jene Gruppen, die in ihrem Kreis bereits radikale Lösungen praktizieren: Spirituale, Sekten, vor allem jene, bei denen sich religiöse mit sozial-politischen Forderungen verbinden. Und schließlich das niedere Volk, in dem sich bürgerliche Randgruppen, leibeigene Bauern zusammenfinden. Das nonkonformistische Aufgebot der Gesellschaft in seiner revolutionären Variante.

In diesem Zusammenhang kann man auch auf einen charakteristischen Trend verweisen, die Gesellschaft als Ganzes im Lehrgedicht zu erfassen. Über den einzelnen Stand hinaus sollen Alle geschildert oder zumindest angesprochen werden, wie es die Ständepredigt schon immer als Aufgabe gesehen hat. Wie im Landrecht des Sachsenspiegels Eike von Repgow die ganze Abfolge des Lehnswesens in der Heerschildordnung darstellt, und dann alle Rechtssituationen bis hinunter zu den Unfreien zur Sprache kommen sollen, wobei ein scharfer Angriff auf das System der Unfreiheit in Artikel 42 formuliert wird, so versucht man allgemeine Tugend- und Verhaltenlehren zu bieten. Thomasin von Zerclaere erweitert im „Wälschen Gast" seine Ritterlehre zu einer allgemeinen Tugendlehre (VII—X), Jakob von Cessolis gibt im Buch vom Schachspiel über die „officia nobilium" hinaus eine Anleitung „de moribus hominum" und schildert bei den Bauern des Spiels die ganzen Stände der nichtadeligen Welt (populares). Hugo von Trimberg rennt in seinem „Renner" durch alle Lande und versucht in Kritik und Mahnung eine allgemeine soziale Verhaltenslehre. Selbst Heinrich Wittenweiler weitet in seinem „Ring" die Bauerngeschichte zu einer Art universalem Drama. Ganzheitliche Vorstellungen wirken in Freidanks „Bescheidenheit", im „Buch der Rügen" und „Des Teufels Netz", zwei ständekritischen Lehrgedichten. In all dem waltet die Überzeugung, daß die menschliche Gesellschaft als **Ganzes** in das Bewußtsein zu bringen ist, da alle in Verdienst und Schuld aneinander gebunden sind und sich keine Gruppe, auch wenn sie noch so hoch gestellt ist, in ihre Sonderexistenz isolieren kann. Irgendwie scheint sich auch in diesen Ganzheitsvorstellungen der Geist der großen scholastischen Summen zu reflektieren, oder anders gewendet, in beiden Äußerungen kommt das Bedürfnis der Zeit nach großen Synthesen zum Ausdruck.

5.1. Von Thomas von Cantimpré zu Thomas von Aquin

Der philosophische Durchbruch, der im 11. Jahrhundert mit der Dialektik der „moderni“ einsetzt, sich im 12. Jahrhundert zu den Schulen von Chartres, Paris, Laon, Canterbury erweitert, hat auch bald die soziale Reflexion befruchtet. Die Kommentare zum Timaios und der Polycraticus des Johannes von Salisbury bezeugten es. Die Begegnung mit Platon und den Römern — an sich nie unterbrochen, jetzt aber von der dialektischen Ausgangsposition her befragt — gerät in neue Dimensionen durch den Kontakt zur griechisch-arabischen Tradition, durch die übersetzende und interpretierende Leistung zahlreicher Autoren: Constantin Africanus, Adelard von Bath, den Kreis der Übersetzer in Toledo mit Johannes Hispanus, Gerhard von Cremona und Dominicus Gundissalvi. Hier gilt das Interesse vor allem Aristoteles, seinen naturwissenschaftlichen, metaphysischen und logischen Schriften. Hier erscheint, wie wir sahen, schon um 1150 unter den Disziplinen des erneuerten Studienplanes auch die Politik, Okonomik und Ethik. Freilich dauert es noch einige Zeit, bis die sozial-politische Theorie des Stagiriten voll zur Wirkung kommt.

Wie tiefgreifend sich die in der zweiten Hälfte des 13. Jahrhunderts nun entfaltende aristotelisch geprägte Sozialtheorie von tradierten Behandlungsweisen und Sehgewohnheiten abhebt, kann man an zwei Darstellungen im Umkreis der neuen Theorie erkennen. Es handelt sich um das „Bonum universale de apibus“ des Thomas von Cantimpré und „De eruditione filiorum nobilium“ des Vinzenz von Beauvais, beide als Dominikaner Ordensbrüder des Thomas von Aquin [1]). Das vielgelesene und lange nachwirkende Bienenbuch beschreibt „jeglichen Stand der Menschen“, Vorsteher und Untergebene besonders, das Gewicht liegt jedoch bei Geistlichen und Klosterleuten. Die Bienen, über die Thomas von C. schon in seiner „De natura rerum“ gehandelt hat, liefern das durchgehende Modell für rechte Leitung, Eintracht, gegenseitige Hilfe und Arbeit. So wird die Bienenmetaphorik, die schon bei Aristoteles (Politik 53a 1—18) kurz anklingt, die Johannes von Salisbury (Polycraticus VI, 21) ausbreitet, zum beherrschenden Thema. Thomas kennt Aristoteles. In seiner Schrift „De natura rerum“ orientiert er sich gerade an ihm. Die moralische Handreichung des Bienenbuches mit ihrer „mystischen Deutung“ anekdotischer Fakten als Weg zu einer „vita bene instituenda Christiana“ verwertet jedoch weder methodisch noch inhaltlich die soziale und politische Konzeption des Griechen. Er bleibt auf der Ebene und in der Sicht seines organischen Vergleichs: Biene — Mensch (status hominis), eine metaphorisch abgesicherte Verhaltenslehre also, in der es allerdings zu einigen bemerkenswerten Passagen kommt. So in der Kritik an der „stultitia“ der kirchlichen Praelaten (I, 2), am Übergewicht des Adels in der Kirche: „O quam durum iudicium in iis qui praesint“. „Und nun glauben unsere höchsten Bischöfe, daß durch vornehmes, aber mattes kindliches Blut die Kirche, die auf das Blut robuster Märtyrer gegründet ist, gesichert werde“. Er prangert die Unterdrückung niederer, armer Priester an, die Benefizienhäufung (I, 2, 19). Lob erhält die Arbeit, vor allem auch die körperliche Arbeit (II, 8, 9), durch sie kann auch ein durch Patronage zum Adligen gewordener „rusticus“, der ins Unglück gerät, wieder zu seinem Stand gelangen (I, 18).

Von der offenen Sympathie des Thomas für den „labor“ und die nichtadligen Schichten kommen wir bei Vinzenz von Beauvais zum Adel selbst. Der belesene Sammler allen Wissens kennt auch antike Literatur und Aristoteles, dessen Politik wird jedoch nicht erwähnt. Das erzieherische und soziale Leitbild seiner Zitatensammlung, deren Umfang die eigene Darstellung weit übersteigt, ist geprägt vom tradierten Bild des christlichen Herrschers, nun projiziert in die Erziehung, und wird im Stil der pastoralen Ermahnung vorgetragen: Gott als Ziel aller menschlichen Handlung (c. 15). Mit diesem Programm, in dem das scholastische Bildungsanliegen mit der Betonung der Lektüre des Diskutierens, der Argumentation (c. 11ff) zu Wort kommt, verbindet sich die Lehre des rechten Umgangs, der „vita socialis" und der „societas", das gesittete Verhalten zu Vorgesetzten, Gleichgestellten und Untergebenen. Man erkennt die Sozialstruktur der „maiores, mediocres und inferiores", die bis in die Einzelheiten der sozialen Situation bestimmend hineinwirkt, man denke an die Gliederung der „ars dictandi". Besonders interessant die Schlußabschnitte über die junge Frau. Eine Modellaussage zum Verständnis der Frau aus der Sicht des Theologen (c. 42ff). Zurückhaltung in allem, Keuschheit, Schlichtheit, Demut, Gehorsam gegenüber dem Mann als Leitlinien, daher Abwehr aller ungeordneten Begierde, der Schwatzhaftigkeit, der Putzsucht. Verzicht auf überflüssige Freude an Essen und Trinken, an Schlaf, „Bad und Schmuck" (c. 43). Literarische Bildung ist willkommen. Dem Mann untertan, ist die junge Frau in der Ehe jedoch weder Herrin noch Magd, sie bleibt seine Gesellin (socia), ist die Frau doch aus der Seite des Mannes genommen, nicht aus dem Kopf, nicht aus den Füßen (c. 37). Ihre Zustimmung zur Ehe ist auch für die politische Ehe Bedingung. Ein Hochbild der Frau, dessen Herkunft aus monastischer Denkweise unverkennbar ist, eine im Grunde abstrakte, lebensferne Figur. Sie soll sogar in der ehelichen Liebe handeln: „non amore libidinis sed obediencie filialis vel desiderio prolis" (c. 47). Das hier für die adlige Dame Gesagte kann man unbesehen als Verhaltensmuster auf die Frau aller Stände übertragen.

Nähert man sich von dieser Anschauungsweise und ihrem Artikulationsfeld aus nun dem politisch-sozialen Denken des Aquinaten und nimmt dabei zugleich die Theorie des 12. Jahrhunderts in den Blick, dann wird rasch und beeindruckend der äußere und innere Abstand greifbar. Was sooft für Denken und Werk des Thomas gilt, das unbekümmerte und selbstsichere Aufgreifen neuer Denkmotive, das „novos in sua lectione movens articulos, novum modum et clarum determinandi inveniens et nova reducens in determinationibus rationes" (Wilhelm von Tocco), das wird in der politischen und sozialen Theorie besonders deutlich. Hier erschließt er neues Quellenmaterial und mit ihm neue Möglichkeiten der Einsicht, indem er Wilhelm von Moerbeke veranlaßt, die Politik des Ariostoteles zu übersetzen (um 1260) und er selbst in seinem Fürstenspiegel, in seinen Summen und vor allem in seinem Kommentar zur Politik sie auswertet und ihre wesentlichen Positionen übernimmt und in sein Denksystem transportiert und integriert. Politik und Ökonomik, in den Wissenschaftskatalogen des 12. Jahrhunderts als Teil der „philosophia" deklariert und damit als Anliegen anerkannt, werden nun als Traktate der „scientia practica" erschlossen.

Im Kommentar zur Politik des Aristoteles entwirft Thomas Inhalt und Methode der „civilis scientia" (politica) [2]). Er geht aus von der operativen menschlichen Vernunft (ratio operativa). Diese verfügt sowohl über das, was auf den Menschen zum Gebrauch (in usum) zukommt, wie sie auch den Menschen selbst lenkt. Sie geht dabei, wie die Natur, vom Einfachen zum Zusammengesetzten, von den Einzelnen zur Gesellschaft. „Sie ordnet die vielen Einzelnen in irgend eine Gemeinschaft". Gesellschaft des Menschen ist somit Sache der „ratio operativa". Letzte und endgültige Form einer Gemeinschaft ist die sich selbst genügende „communitas civitatis", sie ist perfectissima, auf sie als Ziel ist alles dem Menschen Brauchbare hingeordnet. — Von hier aus läßt sich nun die „doctrina politica" entfalten: (1) Sie ist ein notwendiges „complementum philosophiae; (2) sie agiert cognitiv und operativ; (3) sie überragt alle andern praktischen Wissenschaften, da ihr Gegenstand, die „civitas" das Grundlegendste (principalissimum) all dessen ist, was durch menschliche Vernunft konstituiert werden kann. Alle menschlichen Gemeinschaften sind ja auf die „civitas" bezogen, alles dem Menschen Brauchbare, wie es die „artes mechanicae" zustande bringen, ist auf den Menschen hingeordnet. Die politische Doktrin, die das „ultimum et perfectum bonum in rebus humanis" betrachtet, ist so die praktische Wissenschaft, die den andern vorausgeht und sie zusammenfügt, sie ist „principalior et architectonica omnium aliarum". (4) Die politische Doktrin betrachtet die Grundlagen und Teile des Gemeinwesens und enthüllt deren Triebkräfte und Handlungen. Das ist ihre kognitive Aufgabe. Darüberhinaus zeigt sie, wie das Einzelne besser, „perfekt" gemacht werden kann. Das ist ihre operative Funktion [3]). Einsichtigmachen und zum Handeln bringen, eine überzeugende Kurzformel für politisches und soziales Denken.

Politische Theorie wird von Thomas in einem unerwartet hohen Rang und Erwartungshorizont angesetzt und gewertet. Damit ist aber auch soziale Reflexion angesprochen und einbezogen, denn Staat, civitas-polis, ist in dieser Perspektive nicht zuerst und ausschließlich Macht, Institution, Machtgebrauch, sondern zuvor **Gemeinschaft, communitas**. Eine vollendete Gemeinschaft oder Gesellschaft (communitas, societas perfecta), wie Thomas mit Aristoteles (Politik 52, a 1ff) betont [4]). da sie im Unterschied zu den vorausgehenden Gruppierungen (Haus, Gemeinde), die sich nicht selbst genügen können, autark ist. **„Civitas non sit nisi congregatio hominum"**. Und in den Triebkräften und Handlungen (passiones et operationes) einer civitas sieht Thomas nicht nur die Handhabung der Herrschaft, sondern auch die gesellschaftlichen Relationen und Aktionen. Das wird deutlich bei der Schilderung der häuslichen Gemeinschaft: Jede menschliche „communicatio" geht auf irgendwelche Akte, „in ihnen kommunizieren sie, indem sie einander helfen" (communicent se invicem iuvantes). Die „civitas" setzt sich aber aus solchen „kommunizierenden Teilen" zusammen.

Dieser zweifache politische und soziale Aspekt gilt auch für den Einzelnen, aus dessen Summe sich der Staat bildet, zu dem hin die „ratio operativa" die vielen Einzelnen führt. Thomas übernimmt von Aristoteles die berühmte Formel vom Menschen als politikon zoon (animal politicum). Dabei erscheint aber im Fürstenspiegel (c. 1) eine erweiterte Form: „naturale autem est homini ut sit animal sociale et politicum". Der Mensch ist „ein geselliges und politisches Lebewesen". In die ursprüngliche Definition wird also das Attribut „sociale" eingefügt und dem „politicum" vorangestellt. Die politische Definition wird durch die soziale Definition ergänzt, die soziale Beschreibung geht der politischen voraus. Der Mensch ist, wenn wir der Reihenfolge der Attribute folgen, zunächst ein soziales, dann ein politisches Lebewesen. Diese Erweiterung der Definition läßt die „vorpolitische" gesellschaftliche Anlage des Menschen deutlich werden, die politische Deutung bestimmt nicht mehr allein den Gedankengang und Text. Das wird noch greifbarer, wenn man die Begründung der geselligen und politischen Anlage des Menschen bei Thomas und Aristoteles vergleicht. Der Grieche bringt seine Definition in direktem Zusammenhang mit der Polis. Die Sprache dient als Zeugnis, sie vermag es, nützlich und schädlich, gerecht und ungerecht kundzutun, Vorstellungen, die bewirken, daß es Hausgemeinde und Staat gibt (53 a 18). Thomas dagegen bringt zunächst allgemeine soziale Aspekte: Körperliche Hilfsbedürftigkeit, Angewiesensein auf die Erkenntnisse der andern, der Mensch kann weder körperlich noch geistig ohne die andern auskommen. Die Sprache als drittes Argument, erläutert er nicht politisch mit Blick auf gerecht — ungerecht und die Polis, sondern im Sinn der allgemeinen Kommunikation der

„communicatio personae ad personam“. Durch die Sprache kann der Mensch alles, was er auf einem Gebiet erfaßt hat, den andern mitteilen. Er ist auf die personale Kommunikation, wie auf die gelenkte Gemeinschaft in Haus und Staat hin orientiert, jede rechtlich geordnete, unter einem Leiter lebende Gemeinschaft ist zugleich interpersonal wirkende Gesellschaft [5]). Erst nachdem diese allgemeine soziale Perspektive vorgebracht ist, geht die Darstellung zu dem unter einem Herrscher lebenden Gemeinwesen über.

Die Anlage zu Gesellschaft und Staat hat der Mensch von Natur (naturale autem est homini), wie es in der angeführten Definition heißt. Mit Natur fällt ein scholastischer Zentralbegriff. Entgegen der Skepsis, die noch Johann von Salisbury zur Aussagefähigkeit des Begriffes für die „conditio“ des Menschen ankündet, sieht Thomas in ihm eine entscheidende Bedingung für das gesellige und politische Wesen des Menschen. Natur bedeutet von der Metaphysik her Substanz, ein im Seienden wirkendes Wesen, das zur Vollendung strebt. Natur ist Prinzip und Ziel des jeweilig Seienden, im Staat bedeutet das ein vollendetes Werden, eine „generatio perfecta“ [6]). Dieser ihrer Natur als sich vollendendes Wesen gemäß ist die „civitas“ früher als das Haus und der Einzelne, sie ist ebenso das Ziel aller vorausgehenden „communitates“, wie es im Kommentar zur Politik heißt [7]). Bedeutet das, daß der Einzelne im Ganzen aufgeht und nur von ihm her verständlich ist? Sicher nicht. Im Unterschied zur organologischen Körpermethaphorik der Timaiosglossen und Johanns von Salisbury, die ja nur die Stände als Teile des Ganzen mit dem Körper vergleichen, geht die sozialphilosophische Begründung der Gesellschaft und des Staates vom sozialen Wesen des Menschen her aus. Der organische Bezug geht nicht mehr auf ein von der Natur geschaffenes Gebilde: „Körper“, sondern auf die schaffende **Natur** selbst. Die Metapher ist verschwunden, die Gemeinschaft wird aus ihrem eigenen Wesen und Werden erklärt. Das bedeutet keinen Verzicht auf organologische Methaphorik, aber sie hat keine entscheidende Bedeutung mehr wie in der Sozialphilosophie des 12. Jahrhunderts.

Die Begründung menschlicher Geselligkeit und Staatlichkeit aus dem natürlichen Wesen des Menschen läßt nun, wieder im Unterschied zur Körpermetaphorik, den Einzelnen hervortreten. Denn wenn von menschlicher Natur die Rede ist, dann ist deren Konkretisierung im Singulären impliziert. Ein Allgemeines wie Mensch, Natur ist ja für Aristoteles — Thomas ein „unum in multis et de multis“, ist ein in vielen Vereinzeltes und so Aussagbares. Natürliche Anlage setzt den „unus homo“ als Träger und Verwirklicher voraus. Staat und Gesellschaft gründen im sozial-politischen Wesen der vielen Einzelnen einer „Vielheit“ (multitudo), die eine „communitas“ ausmacht [8]). Die „vielen“, die Thomas nennt, wenn er die Bildung einer Gemeinschaft beschreibt, sind je einzeln und zusammen der Grund für eine „communitas“. So kann er bei der Beschreibung der herrschaftlich gelenkten „civitas“ auch das Eigenwohl einbringen. Der Einzelne hat als „Eigenes“ (proprium) sein Wohl im Blick, er wird vom Herrscher dazu gelenkt, das Gemeinwohl zu beachten. Der Einzelne, das Eigene, das Eigenwohl sie stellen in einer Gemeinschaft die Differenzierungen dar. Der auf das Gemeinsame bedachte Herrscher, das Gemeinwohl und natürlich die Ganzheit signalisieren das Gemeinsame. Der Abstand zur Körpermetaphorik wird hier besonders evident. Während im Körpervergleich zuerst und nur die Stände, ihre Position und Funktion als Glieder des Ganzen erscheinen, wobei der Einzelne in eben seiner ständischen Teilfunktion als Senator, Krieger, Handwerker, Bauer, in seinem „officium“ also, auftritt, bietet die Herleitung von Gesellschaft und Staat aus der natürlichen Anlage des Menschen und der in ihm implizierten „Einzelnen der Vielheit" eine eben an diesen Einzelnen orientierte Konzeption. Der Mensch und die in ihm mitgedachten Einzelnen werden zur existentiellen Voraussetzung jeder „communitas". Der Mensch, der Einzelne werden praesent, nicht zuerst in seiner ständischen Gliedfunktion, sondern eben als Mensch und prinzipieller Grund der „communitas". Wie das Gemeinwesen von seiner konkreten Verfaßtheit als Staat mit seinen Teilen zurückgeführt wird auf sein ihn gründendes Element, den Menschen, so wird das funktionale Glied des Gemeinwesens, der Angehörige eines Standes, zurückgebracht auf sein elementares Wesen und von hier aus in seiner Rolle im Prozeß der „communitas" bestimmt. Gewiß, der Einzelne wird in dieser Konzeption nicht so unmittelbar und isoliert von der Allgemeinheit „Mensch" gesehen und angesprochen, wie es später geschieht, er ist impliziert im „Menschen" anwesend und wird so mitgedacht. Dennoch genügt diese „mitgedachte Anwesenheit", um die gesellschaftliche und politische Struktur zu überdenken und den Einzelnen und die Vielen im Bild von Staat und Gesellschaft entsprechend zur Geltung zu bringen. Thomas verfolgt diesen Weg nicht weiter, er mußte früher oder später zu kritischen Fragen an die bestehende Struktur, zu einer Kontroverse über das „proprium" und das „Commune", das individuelle Eigenwohl und Eigenrecht und das Gemeinsame führen. In seinem Blick steht die große Synthese, die „concordia". Entsprechend erkennt er die bestehende Gliederung der Gesellschaft in Freie und Unfreie, in verschiedene Stände an. Ohne Widerspruch erläutert er die These des Aristoteles vom Menschen, der von Natur aus Sklave ist (homo naturaliter servus), im Fürstenspiegel (I, c. 14) kann man den Satz lesen, daß auch „Tiere und Sklaven Teil des staatlichen Gemeinwesens wären", wenn sich die Menschen allein um des bloßen Lebens wegen zusammenschlössen. Aber „nur" diejenigen sind Glieder einer in Gemeinschaft verbundenen Gesellschaft, die einander wechselseitig zum guten (d. h. tugendhaften) Leben die Hilfe der Gemeinschaft leisten". Die Sklaven sind in dieser Sicht des Staates nicht erfaßt. In diese Richtung paßt es, wenn in c. 1. die Gesellschaft von Freien einer Gesellschaft von Sklaven konfrontiert wird, jede hat ein anderes Ziel. Der Freie lebt um seiner selbst willen, der Sklave gehört einem andern. Eine Gesellschaft von Freien muß daher so zum Gemeinwohl gebracht werden, wie es Freien angemessen ist. Für den Sklaven, so darf man ergänzen, besteht diese Frage nicht, er lebt ja schon für einen andern, den Herrn. Thomas sieht also sein Gemeinwesen, das er im Fürstenspiegel beschreibt, als eine Gesellschaft von Freien, mit ihrem wesensgemäßen Anspruch, „um seiner selbst wegen zu leben", das heißt mit ihren Freiheitsrechten. Hier wird zugleich jene Spannung deutlich, die im Gegensatz von Eigenwohl und Gemeinwohl anklang, aber von Thomas bei der Begründung des Staates nicht weiter verfolgt wurde. Auch im Fürstenspiegel geht er auf die Frage nach dem Verhältnis von Freien und Herrschaft nicht weiter ein. Jedoch läßt die Forderung an den Herrscher, die Freien zu regieren „wie es Freien angemessen ist" eine klare Begrenzung der Herrschaftsrechte erkennen. Der Herrscher kann sie nicht wie der despotische Herr seine Sklaven behandeln [9]).

Gemeinwohl, tugendhaftes Leben, gegenseitige Hilfe zu diesem guten, tugendhaften Leben, sie sind die grundlegenden Verhaltensmuster einer im Staat geeinten Gesellschaft. Solidarität, Subsidiarität als Grundregeln der sozialen Kommunikation. Wo gegen die Ordnung verstoßen wird, hilft das Gesetz des Staates nach: „Durch die bürgerliche Ordnung wird der Mensch zur Gerechtigkeit gebracht". Jeder an seinem Platz: „Alle Glieder sollen schicklich angeordnet sein (decenter disposita)", Dieses Bild eines schönen Körpers kann man auch auf die harmonisch lebende Gemeinschaft übertragen (Reg. princ. I, 3). Und über das „bene vivere" hinaus erwartet den Einzelnen wie die Gesamtheit der „tota multitudo" das ewige Glück und die

Anschauung Gottes als letztes Ziel, auf das hin das tugendhafte „bene vivere" nur eine vorbereitende Aufgabe hat. Es kommt hier zu dem erstaunlichen Satz, daß über das letzte Ziel der Gesamtheit wie des Einzelnen „das gleiche Urteil zu fällen sei", im Endziel werden Eigenwohl und Gemeinwohl identisch. Eine nachträgliche Bestätigung, wenn auch auf transzendentaler Ebene, für das Hervortreten des Einzelnen im Werden von Gesellschaft und Staat: Das Gemeinwesen nimmt von der Anlage der vielen Einzelnen seinen Ausgang und findet sich im ewigen Ziel identisch mit dem Ziel der vielen, je Einzelnen der „tota multitudo".

Die Bedeutung der thomistischen Synthese für die weitere soziale und politische Spekulation kann man nun umreißen und eben in die kommende Entwicklung fortführen. Man kann streiten, ob die beharrenden Momente oder die progressiven Impulse überwiegen. Zunächst stellt man die konservative Haltung fest: Die Anerkennung der bestehenden Struktur, ihre Rangordnung in die Stände (Aristokratie, Mittelstand, Plebejer), die Gliederung in Freie und Unfreie, wobei die Sklaverei Gegenstand des abgeleiteten Naturrechts, des ius gentium ist (Sth 2,2,57,3). Die Grenzen der Spekulation des Aquinaten werden gerade hier evident, wie er es auch sonst vermeidet, kritisch zum System sozial-politischer Privilegierung Stellung zu beziehen und Fragen aufzuführen, die eine Wandlung der Struktur erforderten. Das hindert ihn jedoch nicht, in der Darlegung des Prinzipiellen, der Begründung von Staat und Gesellschaft neue Wege und Sehweisen zu vermitteln. Progressive Impulse finden sich in der Lehre vom natürlichen Prozeß der Sozialisation bis zur „societas perfecta" des Staates, im „Entdecken" der Gesellschaft und den Thesen zum Naturrecht.

(1) Die mit Hilfe des Aristoteles gewonnene Einsicht in die Entstehung der Gemeinschaftsformen aus der gesellschaftlichen Natur des Menschen gründet menschliche Gemeinschaft auf einen letzten und eigenständigen Ursprung. Sie gibt dem Staat eine ursprüngliche, unabdingbare Legitimität. Angesichts extrem hierokratischer und ekklesiarcher Theorien, die dem Papst die autoritative Gewalt über die Einsetzung und Amtsführung des Kaisers zusprechen und damit die Eigenständigkeit des Imperium übergehen, wird diese naturale Gründung der „civitas" besonders wichtig [10]). Die naturale Begründung von Staat und Gesellschaft wird, nicht zuletzt durch die Autorität des Thomas, zu einem Kernsatz der kommenden Spekulation. Selbst und gerade Aegidius Romanus, der in seinen soliustistischen und ekklesiarchen Thesen, daß nämlich der „wahren Gerechtigkeit nach" nur der von der Sünde Erlöste eines „dominium" und einer „possessio" würdig sei, eine äußerste und gefährliche Grenze hierokratischen Theoretisierens erreicht, betont in seinem weitverbreiteten Fürstenspiegel die Sozialnatur des Menschen und der Herrschaft: „Der Mensch ist von Natur ein häusliches Wesen", die „civitas ist etwas Natürliches", der Herrscher soll „naturaliter" herrschen [11]). Wenn derart verschieden lautende Positionen ohne Bedenken nebeneinander, in „De ecclesiastica potestate" und in „De regimine principum" vorgetragen werden können, dann bleibt ein Gegensatz, an dem Aegidius selbst die Verantwortung trägt. Er versäumt es, die aristotelisch-thomistische These vom naturalen Wesen des Menschen und des Staates in seine Theorie der Heilsgerechtigkeit einzubringen, er verleugnet jedoch in seinen Ausführungen zur kirchlichen Gewalt keineswegs eine naturale Begründung der menschlichen Gemeinschaft. Der naturale Kern der positiv-rechtlichen Titel wird nicht aufgehoben, er strebt keine papalistische Expropriation der weltlichen Besitztitel unter dem Vorwand eines durch die Kirche vermittelten Gnadenstandes an. Im übrigen betont er, daß er sich zur naturhaften Legitimität der außerchristlichen Staaten nicht äußere. Die Theorie der Heilsgerechtigkeit bezieht sich auf die spirituale

Legitimität im Sinne der Heilsordnung. Dieser spirituale Charakter des aegidianischen Gewaltenlehre wird durch die im Fürstenspiegel dargelegte naturale Legitimität des Staates und der Herrschaft zusätzlich dargetan [12]).

Die naturale Gründung der menschlichen Gemeinschaften ist auch in der folgenden hierokratischen Publizistik wirksam genug, um eben diese Gemeinschaften vor einem Aufgehen in die Kirche zu bewahren. Wichtige Traktate wie die Determinatio compendiosa, „De regimine christiano" (Jakob von Viterbo), schließlich Augustinus Triumphus und Alvarus Pelagius übernehmen in den Aufbau ihrer Gewaltenlehre die aristotelisch-thomistische Definition des Staates als Werk der Natur. Damit ist die in der Herkunft aus der Sozialveranlagung des Menschen begründete Legitimität humaner Sozialisation und weltlicher Herrschaft anerkannt. Mit den Worten des Augustinus Triumphus: Der die Macht Mißbrauchende verliert zwar die Macht und Freiheit der Gnade, jedoch nicht die „potestas naturae". „Daher wird der Stand natürlicher Herrschaft (ordo naturalis regiminis), der aus dem Naturgesetz stammt, ihnen nicht entzogen" [13]). Die folgenden Thesen zum Vorrang päpstlicher Gewalt können dann diesen Ansatz zwar überdecken, und sie tun es auch nur zu oft, dennoch führen sie nicht zu einer christlichen Gesellschaft, die ihren von der Natur eingegebenen und in der Natur begründeten Eigenstand einfach aufgegeben und verloren hat. Der Gnadenstand kann den Naturstand nicht beseitigen, im Gegenteil, er setzt ihn ja voraus.

Ein ungleich stärkeres Gewicht erlangt die Lehre von der Herkunft des Staates aus der Menschennatur schließlich in den jenen Aussagen, die nicht in die Übersteigerungen hierokratischer Provenienz verstrickt sind. Engelbert von Admont läßt die von Natur zum Staat drängenden Menschen einen Führer wählen, dem sie sich „sub pacto et vinculo subiectionis" unterordnen. Bei Quidort von Paris entstammt das regnum als „naturale regimen" der Sozialnatur des Menschen, „a iure naturali et a iure gentium". Dante bringt zwar nicht das Argument von der Sozialnatur des Menschen, aber die Weltmonarchie ist ihm ein Ziel, das die Menschheit „arte sua, que natura est, in esse producit" [14]).

(2) Das als ein zweites Ergebnis thomistischer Soziallehre genannte „Entdecken der Gesellschaft" ist in Parenthese gesetzt, um es von jeder ausdrücklichen und endgültigen „Entdeckung der Gesellschaft" einschränkend abzugrenzen. Es kann sich ja auch gar nicht um ein Bewußtmachen der „Gesellschaft an sich" in heutigem Sinn handeln, „Entdecken" soll nur die Tatsache verdeutlichen, daß in der Beschreibung der „civitas" (polis), des „regnum" nun die menschliche Sozietät hervortritt und sie als Rahmen sozialer Deskription dient. Die Termini und mit ihnen die Aspekte sind verschieden: „Multitudo" besagt die Vielheit der Einzelnen, denn jede Vielheit setzt ein zu vervielfachendes Eines voraus. Communitas in der Formel vom Staat als „communitas perfecta" bedeutet die vollendete Gemeinschaft, „congregatio" deutet auf das Zustandekommen im Sinne des Zusammenscharens, „communitas" läßt an die Gemeinde der Stadtbewegung denken [15]). Alle Bezeichnungen gehen nicht auf die Institution der Herrschaft, sondern auf die Gesamtheit einer Gemeinschaft. Man kann dieses Hervortreten der Gesellschaft mit dem Kirchenverständnis vergleichen, in dem sich die Sicht der Kirche als „universitas fidelium" profiliert [16]). Während Johannes von Salisbury noch seine Ganzheitsvorstellung am Begriff des „corpus Reipublicae" festmacht und dessen geistliche und herrschaftliche Lenkung definiert, begegnet uns bei Thomas die „civitas" als „communitas quaedam", als ein Ergebnis der natürlichen „communicatio" der Menschen (communicatio in istis facit domum et civitatem), als „congregatio politica". Die „civitas" wird als

Ergebnis eines Strebens nach Gemeinschaft dargestellt, ihre Führung als Erfordernis des zu sichernden „Gemeinwohls der Gesellschaft". Thomas spricht geradezu von der „communitas civitatis", in der Reihe der „communitates" ist die „communitas civitatis", die vollendetste [17]). Diese Gesamtheit hat aber nicht nur eine passive Rolle, sie selbst oder der für ihr Wohl Verantwortliche hat die Gesetzgebung, wie es in der wichtigen Passage Sth 1, 2, q. 90, 3 heißt: „Etwas auf das Gemeinwohl hinordnen ist Sache entweder der ganzen Vielheit oder irgendeines, der die ganze Vielheit vertritt. Daher gehört das Gesetzgeben entweder zur ganzen Vielheit oder es gehört zu der persona publica, die für die ganze Vielheit zu sorgen hat". Ein Satz, der in die Geschichte der Volkssouveränität gehört, wenn auch eine mögliche systemändernde Wirkung durch den disjunktiv gleichgeordneten Repräsentanten der Vielheit abgeblockt ist. Immerhin ist der Herrscher nun „gerens vicem totius multitudinis", Vertreter der ganzen Vielheit. Diese soziativ-populistische Auffassung des Staates wird gestützt durch die Bemerkung im Fürstenspiegel (I c. 6), daß es zum Recht des Volkes gehört, den König zu bestimmen und den Tyrannen abzusetzen oder in seiner Gewalt zu beschränken. Bei Johannes Quidort wird — vor Marsilius von Padua — die populistische Konzeption eine klare und konsequente Fortbildung erfahren [18]).

Man sollte bei all dem nicht übersehen, daß die Vielheit und ihre Teile, die Funktionsgruppen des Gemeinwesens nicht primär als Glieder der Kirche erscheinen, wie es bei Rather von Verona, Adalbero von Laon Honorius Augustodunensis und Alanus, der Ständepredigt und einem Teil der Aussagen zur Dreigliederung der Gesellschaft der Fall ist. Sie werden als Glieder der weltlichen Gemeinschaft gesehen. Ohne auch nur etwas von der übernatürlichen Zielsetzung der Gemeinschaft und der Herrschaft aufzugeben, die für Thomas unbestreitbar den Vorrang hat, wird so die bürgerliche Gemeinschaft zunächst einmal in sich, sagen wir innerweltlich, begriffen. Was sich bei Wilhelm von Conches und Johannes von Salisbury abzeichnete, erfährt bei Thomas seine Fortsetzung.

(3) Schließlich das Naturrecht. Thomas entfaltet in seiner Lehre von Gesetz und Recht jene dynamische Einheit von göttlichem und natürlichem und menschlichem Recht, von Naturrecht, Völkerrecht und positivem Recht, (Sth. 1, 2, 90—97; 2, 2, 57), in die der Mensch gebunden ist und die ihn zugleich schützt. Denn zum unveränderlichen Naturgesetz gehört das, was den Menschen „entlang seiner natürlichen Neigungen" zum Guten führt, wodurch das menschliche Leben erhalten und Schaden verhindert wird (Sth. 1, 2, 94, 2). Entsprechend kann das Naturrecht, in dem das Naturgesetz als seine „ratio" wirkt, nur das dem Menschen Nützliche enthalten und Schaden abwehren: Gleiches Maß beim Tausch, keinem andern kein Unrecht zufügen, Schutz der Ehe, Abwehr alles Widernatürlichen, denn alles, was gegen das Naturrecht geht, kann auch durch menschliche Satzung nicht Recht werden (Sth. 2, 2, 57, 2) [19]). Hinsichtlich seiner ersten Prinzipien ist das Naturgesetz unveränderlich, es kann nur durch eine Zutat ergänzt und darin verändert werden (per additionem: Sth. 1, 2, 94, 5 ad 3). Solche Ergänzungen stellen Eigentum und Sklaverei dar, sie sind durch menschliche Vernunft zum Nutzen des menschlichen Lebens eingeführt und gehören zum abgeleiteten Naturrecht. Die Frage erhebt sich dann freilich und sie bleibt offen, ob Eigentum und Unfreiheit noch bestehen, wenn sie offensichtlich dem menschlichen Leben schaden. Grundzug der thomistischen Naturrechtslehre ist die humane Intention der Norm. Darin ruht ihre Sicherheit und Beständigkeit, darin gründet ihre Möglichkeit, Ergänzungen und Folgerungen aus den Prinzipien nun der geschichtlichen Situation anzupassen.

5.2 Armut — Arbeit — Gesellschaft: Franziskanische Soziallehre

Nachdenken über und Aussage zur Sozialnatur, Gründung des Gemeinwesens, Naturrecht bewegen sich auf der Ebene der Theorie. In einer ganz anderen Frage muß Thomas zur Praxis Stellung beziehen. Es ist die Frage nach der Armut und Arbeit in den Bettelorden. In „Contra impugnantes" verteidigt er, in einer Front mit den Minoriten, die Armuts- und Arbeitspraxsis der Mendikanten gegen die zahlreichen Angriffe, vor allem gegen Wilhelm von St. Amour. Die ureigene Forderung der Armutsbewegung ist kontrovers geworden, mit ihr das „Leben ohne Arbeit" der Bettelbrüder. Damit ist zugleich die Frage nach der Geltung von Armut und Arbeit in ihrem Verhältnis zur Gesellschaft aufgeworfen [20]).

Blicken wir kurz zurück. Rather von Verona hatte die Arbeit mehr der Unfreiheit als der Freiheit zugeordnet (Praeloquia XI), er folgte damit einer Tradition, die Handarbeit überwiegend den minderfreien und unfreien Schichten zuordnete und die darin auch der sozialen Wirklichkeit entsprach.

Arbeit fehlt im ritterlich-adligen Tugendkatalog, sie gehört auch nicht zum sozialen Leitbild und Tätigkeitsfeld des Klerikers. Die Dreiteilung der Gesellschaft nach oratores, bellatores, laboratores weist den ersten beiden Ständen Gebet und Schwertdienst zu, die mühselige Arbeit ist dem „geplagten Geschlecht" der Unfreien überlassen. Die Entfaltung der städtisch-handwerklichen Arbeit und Produktion wandelt dieses Bewußtsein, der im Produktionsprozeß zum Bürger Aufsteigende kann nicht mehr mit den „armen Wichten" Adalberos identifiziert werden. Die Arbeitskonzeptionen der Reformorden tun ihr Übriges. Die auf ihre eigene Arbeit verwiesenen Eremiten der Grande-Chartreuse, aus denen sich der Karthäuserorden entwickelt, die Glieder der frühen Phase des Ordens von Citeaux, denen nach ihren Statuten der Lebensunterhalt „De labore manuum" zukommt und die mit ihren Konversen die große Pionierarbeit leisten, sie geben der Handarbeit, die in den Feudalklöstern ihren Rang im „ora et labora" eingebüßt hatte, wieder eine prägende Bedeutung. Zudem verbinden gerade sie, zumindest in ihrer Anfangsphase, mit der Arbeit strenge Armut. Die Armutsbewegung wird das Ideal urchristlicher, armer Lebensweise zum eigenen Programm machen. In den Mendikantenorden des 13. Jahrhunderts werden Besitzlosigkeit und das damit verbundene Betteln zu Kennzeichen ihrer Gemeinschaft. Im Unterschied zu den mit Gütern und Gutsherrschaften ausgestatteten früheren Gemeinschaften, mit ihrem teilweise immensen Besitz, sind sie auf die Stadt verwiesen, haben sie nicht die ökonomische Ressource klösterlicher Landgüter. In der städtischen Gesellschaft entstanden, sind sie aufs erste, wenn sie schon arm bleiben wollen, auf die milde Gabe angewiesen, und nur die inzwischen groß gewordene urbane Gesellschaft ermöglicht einer größeren Gemeinschaft das Betteln. In der vorwiegend agrarisch-gutsherrlichen Phase mit ihren engen und kleinen Städten war ein Betteln als Lebensunterhalt klösterlicher Gemeinschaften nicht gegeben.

Franz von Assissi, der Bräutigam der Armut, mit der er sich verlobt hat, entstammt der Stadt, ist ein „dives". Wenn er die restlose und absolute Armut wählt, so kann das für ihn und die Wenigen seiner Gefährten realisierbar sein. Wie wird es, wenn viele betteln? Franziskus verbindet freilich mit seiner Armut die Arbeit: „Und ich arbeite mit meinen Händen und ich will arbeiten" bekennt er in seinem Testament und fügt hinzu: „Und von allen Brüdern will ich bestimmt, daß sie in einer Arbeit tätig sind, die ehrenwert ist". Er nennt seine Brüder bewußt „minores" und gesellt sie so zu denen, die in der sozialen Terminologie im Gegensatz zu den „maiores" als die niedere Schicht, die Minderen erscheinen [21]). Sein Orden der

Minderbrüder wird die Frage nach der Verwirklichung radikaler Armut, wie sie der Ordensgründer mit seinen Gefährten gelebt hatte, in einem tragischen Konflikt mit sich selbst, mit der Kirche und mit der Umwelt auszutragen haben. Unvergleichbar härter als die Gemeinschaft des Dominikus, die nicht den Zwist um Gemeineigentum, um den bloßen Gebrauch, um die Armut Christi auszutragen hat, der die Geschichte der Franziskaner über ein Jahrhundert bestimmen sollte. Beiden Orden ist jedoch gemeinsam der Zusammenstoß mit der Universität und der Pfarrgeistlichkeit, beide müssen den Vorwurf aushalten, mit ihrer Armutspraxis das Apostelwort „Wer nicht arbeiten will, soll auch nicht essen" (2 Thess. 3, 10) zu verletzen und haeretisch zu werden. Die Einzelheiten der durch Wilhelm von St. Amour ausgelösten Kontroverse gehören nicht hierher, sie sind theologisch-asketischer Natur, aber die Frage, ob eine religiöse Sondergruppe durch Betteln auf Kosten der andern leben darf, geht über allen internen Streit hinaus auf das Verständnis sozialer Leistung und Subsidiarität. Schufen doch der Verzicht auf eine wirtschaftliche Sicherung durch Gutsbesitz und auf gemeinsame Arbeit zum Lebensunterhalt und die damit gegebene Unsicherheit einer vorwiegend städtischen Existenz eine neue Situation, die viele Probleme mit sich führt. Durch das Betteln schloß sich ja eine wachsende Gemeinschaft vom Produktionsprozeß aus und lebte von der elemosyna. Und dies in einer Zeit wirtschaftlichen Aufschwungs, in einem Jahrhundert, das in den vielen Formen der artes mechanicae den augenscheinlichen Erfolg von Fleiß, Arbeit und Können vor sich sieht, wobei zugleich Leistung und Arbeit eine betont positive Wertung erfahren. Auch wenn im Angriff des Kreises um Wilhelm von diesem ökonomischen und sozialethischen Prozeß nicht die Rede ist, so ist er doch in eine Betrachtung der Kontroverse mit einzubeziehen.

Thomas verweist in seiner Antwort „Contra impugnantes" (c. 4) darauf, daß Arbeit „De iure naturali" sei, denn „die Natur neige dazu, mit den Händen zu arbeiten". Diese naturale Verpflichtung gelte jedoch nur für den eigenen Lebensunterhalt, nicht im Sinne der „natura communis". Hier sei der Einzelne nur im Notfall zur Hilfe verpflichtet. Wer also in rechter Weise, ohne Diebstahl, ohne Gier nach anderen Dingen, ohne Arbeit leben könne, dürfe das tun. Die Religiosen seien daher nur „in casu" zur Handarbeit verpflichtet. Im Zielblick des Aquinaten liegt ein Ausgleich zwischen einer grundsätzlichen Verwerfung der Handarbeit und einer pauschalen Forderung auch für diejenigen, die sich der contemplatio, der lectio, dem geistlichen Leben widmen. — Diese Linie gilt auch für Bonaventura, den Sprecher der Minoriten, der sich noch eingehender mit dem Leben in vollkommener, freiwilliger Armut zu beschäftigen hatte, nachdem im Orden der Gegensatz zwischen strenger Observanz im Geiste des Franziskus und kompromißbereiter Auslegung ausgebrochen war. Er verneint, wie Thomas, eine naturgesetzliche Verpflichtung aller zur Handarbeit (labor, labor manualis), nur im Notfall tritt eine solche Pflicht ein [22]). Der Auftrag im Paradies an den Menschen, zu arbeiten (ut operaretur), sei nicht als Handarbeit oder Erwerbstätigkeit zu verstehen (Gen. 2, 15).

Mit dieser inhaltlichen Argumentation verbindet sich nun ein interessanter terminologischer Vorgang. Wenn nämlich nach einem Naturgesetz der Arbeit gefragt wird, dann muß der Begriff auf eine allgemeine Tätigkeit, auf ein Wirken erweitert werden. Dazu reicht jedoch offenbar der Begriff „labor" nicht aus, er bedeutet ja in unseren Quellen „mühselige Handarbeit", in der agrarischen Gesellschaft vor allem Bauernarbeit, auch Bonaventura verwendet ihn im Sinne von Handarbeit. Geistig-geistliche „Arbeit" wird von ihm nicht als „labor" umschrieben. Bei dem oben erwähnten Satz im Anschluß an Gen. 2, 15, wo es heißt „kein Mensch soll ohne Arbeit sein" (ut nullus homo debet esse sine labore in hac vita) muß er daher ausdrücklich betonen, daß daraus kein Wirken (occupari) im Sinne der Handarbeit oder Erwerbstätigkeit zu folgern sei. Unausgesprochen ist an dieser wichtigen Stelle das Wort „labor" auf ein allgemeines Wirken erweitert. Das reicht natürlich nicht aus, um nun auch die anderen Tätigkeiten zusammen mit der Handarbeit terminologisch zu erfassen. Und tatsächlich erscheint hier ein neuer Begriff, es ist das Wort „opus", das neben Begriffen wie „occupatio", „operatio" verwendet wird. Zusammen mit geistigen Tätigkeiten kann nun auch die Handarbeit als „opus" erscheinen. In dem als Naturgesetz aufzufassenden Satz, daß kein Mensch „sine labore" sein soll, wäre dann folgerichtig „labor" als „opus" zu verstehen, oder anders gewendet: „labor" ist hier über Handarbeit hinaus als allgemeine Tätigkeit zu verstehen. Diese Folgerung wird dadurch bekräftigt, daß im gleichen Kontext für Handarbeit die Begriffe „opus" (opus manuale) und „operatio" auftreten. Stillschweigend, in der Tiefenstruktur der Semantik, ist hier also „labor" mit „opus" gleichgesetzt. Und diese erweiterte Tätigkeit, die naturgesetzliche Pflicht zu „operari" liegt zugleich der Sünde voraus. Arbeit als Erstausstattung des Menschen ist noch nicht mit der Beschwernis der Sündenfolge verbunden [23]).

Die Loslösung des Begriffes Arbeit von der Fixierung auf Handarbeit, die Einführung eines die geistige Tätigkeit zusammen mit der körperlichen Arbeit erfassenden Begriffs (opus) gibt der Argumentation Bonaventuras verschiedene Möglichkeiten frei. Einmal kann nun auch die geistliche Existenz und das geistliche Wirken des bettelnden Minoriten als konform dem naturgesetzlichen Arbeitsauftrag dargetan werden, zum andern kann von der Konzeption des umfassenden Begriffs „opus" aus eine neue Konzeption der arbeitsteiligen Gesellschaft entworfen werden, die nicht auf einer stillschweigenden oder ausdrücklichen Voraussetzung basiert, daß nur die Handarbeiter „arbeiten" (laborant). Eine Voraussetzung, die durch den Begriff „labor" gestützt war, wenn in der früheren Trichotomie (oratores, bellatores. laboratores) nur die „laboratores" eben arbeiten. Man kann, wenn ein allgemeiner Begriff wie „opus" erscheint, nicht mehr die Gesellschaft in Arbeitende, sprich Handarbeitende, und Nichtarbeitende aufteilen. Bonaventura bringt nun auch tatsächlich eine Gliederung der gesellschaftlichen Tätigkeiten, und damit auch der Gesellschaft selbst, die über die frühere Trichotomie hinausführt. Er übernimmt diese zwar an einer Stelle der „Apologia Pauperum", aber für eine Funktionsgliederung im Sinne des „opus" war sie nicht geeignet, denn Arbeit (labor) war hier ausdrucklich auf die „agricultores" eingegrenzt [24]). Die neue Konzeption erscheint an bevorzugter Stelle. Im Eingang der Widerlegung der beiden Extrempositionen, daß nämlich kein freiwillig Armer zur Handarbeit gezwungen sei oder daß umgekehrt alle dieser Verpflichtung unterliegen, teilt er das menschliche „opus" entsprechend dem dreifachen „bonum":

a) bonum interius, quod est corporale,

b) bonum exterius, quod est civile,

c) bonum interius, quod est spirituale

nun auch in drei Bereiche ein. Zunächst erscheint das „opus artificiale", es deckt sich mit der Handarbeit, dann folgen das „opus civile" und das „opus spirituale". Das „opus artificiale" (manuale) umfaßt alles, was auf Nahrung, Kleidung, Wohnung geht und die verschiedenen Handwerke. Zum „opus civile" gehören die Inhaber der Herrschaft (praesides gubernantes), Krieger, Handelsleute und Bedienstete in der Verwaltung (ministrantes famuli). Im „opus spirituale" werden nur geistliche Funktionen aufgeführt. Nimmt man jedoch Bonaventuras Traktat „De reductione artium ad theologiam" hinzu, wo die Philosophie, die artes liberales als

„lumen interius“ erfaßt sind, dann sollte man die Wissenschaften sehr wohl zum „bonum interius“ rechnen. Zum bonum exterius können sie ohnehin nicht zählen.

Bringt man diese Gliederung der Funktionen, die notwendig sind „ad regimen reipublicae et Ecclesiae militantis“, in den historischen Zusammenhang, dann haben wir gegenüber der in der karolingischen Spätzeit einsetzenden Trichotomie, in der sich nach den Betern die adlig-gutsherrliche Welt der Schwertträger und der handarbeitenden laboratores darbietet, die vorwiegend in der „agricultura“ tätig sind, nun das umfassende Bild einer nach ihrem Wirken gegliederten Gesellschaft. Die Krieger beherrschen nicht mehr die zweite Gruppe der bellatores, sie haben neben sich im „opus civile“ im „bürgerlichen Werk“ auf ihrer Ebene Kaufleute und die Diener der Verwaltung, die in der Zeit Bonaventuras bereits bezahlte Beamte sein können. In den „laboratores“ treten uns nicht mehr vorwiegend minderfreie und unfreie „rustici“ entgegen, sondern alle, die für die Grundbedürfnisse des Lebens tätig sind und alle handwerklich und künstlerisch Arbeitenden, alle, die es mit den „instrumenta“ der verschiedenen Meister (opifices) und „artes“ zu tun haben. Die Bauern sind auch nicht mehr, wie bei Wilhelm von Conches und Johannes von Salisbury als Füße des Körpers von den Handwerkern abgesetzt, sondern arbeiten mit ihnen auf einer Stufe des „opus artificiale“. In all dem kommt der gesellschaftliche, politische und wirtschaftliche Wandel zum Ausdruck, wie ihn die Zeit Bonaventuras schon sehr klar fassen läßt: Im anhebenden Staatswesen der Landesherrschaft mit seinem Beamtentum, in Handel und Wirtschaft, im Gewerbe und schließlich auch in der Bedeutung der handwerklichen Kunst, die man in den „opifices“ und „artes“ repräsentiert sehen darf. Befindet sich Bonaventura nicht in der vollen Entfaltung der Gotik und ist nicht in Paris, wo er lehrte, bereits die Sainte Chapelle eingeweiht? (1248).

5.3 Die Gesamtheit Aller: Engelbert von Admont—Dante—Marsilius von Padua

Die Theorie des modernen, auf Menschenrecht basierenden Volksstaates und der an ihm sich orientierenden Praxis umfaßt Alle. Legitimität entsteht durch das Votum der Mehrheit innerhalb aller Bürger. Vorstellung und Verwirklichung dieser alle umfassenden Ganzheit haben ihre Geschichte, die gerade zwischen dem 12. und 14. Jahrhundert entscheidende Phasen passiert. In der Körpermethaphorik der Timaiosglossen des Wilhelm von Conches und im Polycraticus waren alle Glieder bis hinab zu den Füßen präsent, eingebettet in die Konzeption der „civitas“ und des „corpus reipublicae“. Thomas von Aquin hatte durch die Begründung des Gemeinwesens auf die Natur der je Einzelnen und Vielen, die in der „ganzen Vielheit“ zusammengefaßt waren, einen entscheidenden Schritt vollzogen, indem er von der „Vielheit der Vielen“ her die Ganzheit sieht und begründet. Diese Konzeption der umfassenden Ganzheit wird im weiteren Verlauf der Spekulation bei Engelbert von Admont und Dante auf die Menschheit selbst erweitert.

Engelbert setzt seinen sozialphilosophischen Einstieg bei der sozialen und zugleich intellektiven Natur des Menschen an. Sie drängt einmal den Menschen zur Vereinigung und läßt den nach intellectus und ratio überlegenen Einzelnen durch Wahl und Unterordnung der andern zum Führer werden. Gemeinwesen ist nicht Folge der Sünde, der Herrschsucht, wie es in der gregorianischen Negativtypik dargestellt ist, sondern entsteht aus der Tugend und aus freiem Entschluß. Von Anfang an gab es gute Könige und gerechte und gute Reiche (c. 4)[25]. Dieser Drang zur Gemeinschaft findet seine Vollendung aber nicht in den vielen Kleinreichen, sondern im „unum naturale regnum et imperium“, in ihm wird das Gemeinwohl aller

Königreiche und aller Völker erfüllt. Wie in jeder Vorsteherschaft die Seinsvollendung der Gemeinschaft erreicht werden soll, so in der Weltmonarchie die Seinsvollendung aller: Vom Einzelnen zur Familie, zur Stadt, zum regnum und schließlich zum Imperium. Im Weltreich besteht das letzte und höchste Glück aller: „ultima et excellentissima est felicitas imperii, ad quam ordinatur felicitas gentium et regnorum" in diesem gleichsam universalen Glück besteht das Heil und das Glück aller. Wie diese Konzeption sich mit den nichtchristlichen Staaten verträgt, ist für Engelbert nicht so wichtig, daß er deshalb seine Konzeption aufgibt, denn letztlich ist die Weltmonarchie in der Heilsordnung providentiell vorgesehen, ein endgültiger Zusammenbruch des Imperiums wäre auch als Vorzeichen des Antichrist zu werten, wie es im Stil der imperialen Eschatologie heißt [26]). Dante verbindet seine Apologie des Reiches mit einer universalen Konzeption einer Ordnung des Friedens, der Gerechtigkeit und Freiheit unter einem Weltmonarchen. Vereinigung aller unter einem Monarchen sieht er begründet im Zielstreben der Natur überhaupt und der dem Menschen eigenen Natur. Dieses Streben ist differenziert in die verschiedenen Daseinsweisen des Menschen als „singularis homo", als Hausgemeinschaft und dann über das Dorf und die Stadt, das Reich bis hin zum letzten Ziel dem Menschengeschlecht selbst (Monarchia c. 3). Eine allumfassende humane Teleologie. Sie erfordert eine der Gesamtheit der „humana universitas" innewohnende operative Teleologie (propria operatio). Eine Zielstrebigkeit, die ihren tätigen Grund in der Menschheit selbst hat. In ihr wirkt die intellektive Potenz (potentia intellectiva), der potentielle Intellekt, der durch die im Menschengeschlecht geeinte Vielheit aktualisiert wird. „necesse est multitudinem esse in humano genere, per quam quidem tota potentia hec actuetur". Dante verweist an dieser Stelle ausdrücklich auf Averroes, wobei der Bezug zu dessen Theorie vom universalen Intellekt, der im Individuum kraft dessen Disposition, vom Intellekt affiziert zu werden, zur Wirkung kommt. Das heißt für Dante, „diese Potenz kann nicht durch einen Einzelnen, nicht durch irgendeine partikuläre Kommunität ganz und zugleich aktualisiert werden", sondern nur durch die Gesamtheit selbst, in der eben der universale Intellekt wohnt. Der averroistische Einschlag wäre hier offenkundig geworden, auch wenn Dante nicht ausdrücklich auf den arabischen Autor verwiesen hätte. Nicht die einzelnen intellektiven Potenzen, nicht die partikular-kommunitativen Potenzen untergeordneter Gemeinwesen stellen die Weltmonarchie her, sondern der in der Gesamtheit des genus humanum wirkende Intellekt, der als „potentia intellectiva" eine eigene Existenz hat, aber erst durch die „multitudo" aktualisiert wird, denn es ist unmöglich eine „potentia separata" als wirkend anzunehmen. Von der universalen intellektiven Potenz erstreckt sich „per quandam extensionem" sein Wirken dann auch zu den einzelnen partikularen Potenzen [27]).

Das der Menschheit eigene Wirken, auf das sie selbst hingeordnet ist, stellt sich also nicht als Ergebnis vieler einzelner Potenzen dar, sondern ist zu sehen als eine in der „humana universitas" vorgegebene „potentia intellectiva", eine der Menschheit eigene geistige Potenz, von der her die partikularen Potenzen „per quandam extensionem" geformt werden [28]). Es fällt schwer, hier in Dantes Axiom nicht die bedenkliche Konzeption eines für sich und in sich wirkenden vorgeordneten Ganzen zu sehen, wo es zudem später (c. 15) noch heißt, daß die Eintracht des Ganzen eine Einheit des Willens erfordere: „Daher hängt der bestmögliche Zustand der Menschheit ab von der Einheit, die in den Willen herrscht. Das aber kann nicht eintreten, wenn nicht ein Wille als Herr und Lenker (una voluntas domina et regulatrix) aller andern (Willen) auf ein Ziel hin vorhanden ist". Vorgegebene, universale geistige Potenz im „genus humanum", einheitlicher Wille als Norm und Regel, höchste Aktivierung des Ganzen im Sinne einer „propria operatio humanae universitatis“, wo bleiben dann die individualen und partikularen Potenzen, welche Aufgabe fällt ihnen bei der allgemeinen gesellschaftlichen Willensbildung noch zu?

Ob Dante die bedenkliche Wegrichtung seines Denkens überblickt hat, läßt sich nicht ausmachen. Es gibt jedoch korrigierende Signale seines Denkkurses. So im Abschnitt über die Freiheit. Hier stoßen wir auf eine Perspektive, die eindeutig von einer deduktiv totalitären Konzeption wegführt. Freiheit wird hier (c. 12) als bester Zustand der Menschheit postuliert. Freiheit aber gründet in der Freiheit des Urteils und der Wahl (libertas arbitrii): „Erster Grund unserer Freiheit ist die Urteilsfreiheit, die viele auf der Zunge führen, aber nur wenige im Geist haben“. Freiheit ist klar als personal-individuelle Eigenschaft gesehen. Wenn sie daher im weiteren Kontext als höchstes Geschenk Gottes an die menschliche Natur gepriesen wird, wenn in ihr zum Ausdruck kommen soll, daß man um seiner selbst willen und nicht um eines anderen willen existiert, dann hat auch die universale Freiheit der Menschheit ihre Wurzel in der Freiheit der vielen Einzelnen. Die Freiheit des Ganzen ist daher nicht eine Kollektivfreiheit, die den Gliedern des Kollektives erst ihre Freiheit schafft. Nur in einer individual begründeten Freiheit erhalten dann die Folgerungen Dantes zum Verhältnis von Freiheit und schlechter Staatsform, von Regierung und Bürger, von Weltmonarch und Menschheit, von Gesetz und Gemeinwesen ihren Sinn. Schlechte Verfassungen unterdrücken die Freiheit. Gute Gemeinwesen „zielen zu Recht auf Freiheit, damit die Menschen um ihrer selbst willen existieren. Denn nicht sind die Bürger der Konsuln wegen und nicht ein Volk des Königs wegen da, sondern umgekehrt gibt es Konsuln um der Bürger willen und gibt es den König des Volkes wegen. Denn wie die Gemeinwesen nicht für die Gesetze sondern vielmehr die Gesetze für die Gemeinwesen aufgestellt werden, so werden die nach dem Gesetz Lebenden nicht auf den Gesetzgeber hin geordnet, sondern vielmehr Jener auf Diese“.

Dantes Gemeinwesen, seine „monarchia mundi“, deren Monarch um der Eigenentfaltung der Bürger willen, ihres Daseins „um ihrer selbst wegen“, regieren soll, sie haben nichts zu tun mit einem Kollektivgebilde, das die individualen Freiheiten apriorisch vereinnahmt und vorbesitzt. Im Gegenteil, die Konzeption der Weltmonarchie soll die gesellschaftliche Freiheit Friede und Gerechtigkeit, besser garantieren als zersplitterte Partikulargebilde und Partikulargewalten.

Die Problematik des geselligen Daseins des Menschen, des Verhältnisses von Gesellschaft als Ganzem und den einzelnen Gruppen und Individuen drängt auch in dem bald nach Dantes Tod (1321) verfaßten „Defensor pacis“ des Marsilius von Padua an (1324). Die Ganzheit, die „universitas“ erscheint bei ihm als „universitas civium“ und „universitas fidelium“: Bürgervolk und Kirche. Von der Weltmonarchie Dantes her gesehen verengt sich der Blick zunächst auf die Bürgergemeinde, später jedoch entsteht im Bild des „menschlichen Gesetzgebers“ (legislator humanus) die umfassende Konzeption des Kaisertums und weitet sich die Perspektive auf die Weltherrschaft des Imperium Romanum (Dp II, c. 22). Freilich, Marsilius wird den Gedanken der „monarchia mundi“ nicht in der Intensität Dantes verfolgen, sein Interesse gilt dem Kampf Ludwigs des Bayern gegen Avignon, der Abwehr der ekklesiarchen Ansprüche des Papstes, der großen „Pest“, die alles in der Christenheit verdirbt, und der Erarbeitung eines geeigneten Gegenmittels. Er sieht es in einer neuen und durchdachten Begründung der Eigenständigkeit des weltlichen Gemeinwesens und der Rückführung der Gesetzesgewalt auf die „Gesamtheit der Bürger beziehungsweise deren stärkeren Teil“ (universitas civium aut eius valencior pars)[29]). Schon hier wird der Unterschied zu Dante deutlich und tritt die Funktion der Bürgergemeinde hervor. Als Aristoteliker lehnt sich der Paduaner dabei an die Politik des Griechen an, benutzt jedoch auch dessen naturphilosophische Schriften. Greifbar wird dieser Einfluß vor allem bei seiner Konflikttheorie im Rahmen der Bildung von Gesellschaft und Staat. Ähnlich wie Dante bringt er nicht die Formel vom „politischen Lebewesen", er entwickelt nicht wie Thomas die Staatswerdung dezidiert und expliziert aus der Sozialnatur des Menschen, sondern vom allgemeinen Wunsch nach Erhalt des Lebens und dem Streben nach einem guten und befriedigenden Leben. Dieses Streben zu „vivere et bene vivere" ist ihm das erste natürliche und leitende Prinzip. Im Sinne des Lebenserhaltes lenkt es alle Lebewesen[30]). Die philosophische Theorie habe aus diesem Lebensprinzip auf die Notwendigkeit des Staates geschlossen. Der Satz des Aristoteles (1253 a 29) vom „natürlichen Trieb" (naturae impetus) zum Staat, den er nun bringt und näher erläutern will (distincte magis), dient ihm aber nicht als Erweis eines apriorisch in der Menschennatur angelegten Sozialtriebes, sondern zur Darstellung der menschlichen Situation in einer feindlichen Umwelt: „Weil der Mensch zusammengesetzt aus gegensätzlichen Elementen geboren wird, deren gegensätzliches Wirken und Leiden (actiones et passiones) ihn gleichsam in seiner Substanz verdirbt, da er zudem nackt und wehrlos zur Welt kommt, dem übermächtigen Einfluß der Luft und der übrigen Elemente ausgesetzt, wie es in der Naturwissenschaft gelehrt wird, bedurfte er der verschiedenen Arten und Weisen von Handwerken, um diese Schäden zu vermeiden". Diese „artes" können nur von einer Vielzahl ausgeübt werden, so kommt es zur „communicatio". Lebenstrieb, Existenzdefizit und Kollektivdefensive demnach als innere Antriebskräfte zur Gemeinschaftsbildung. Die Sozialnatur des Menschen erscheint hier **nicht** als Seinsstruktur — der Mensch **ist** ein soziales und politisches Wesen — wie bei Thomas, als **ontologische** Verfassung, aus der sich dann der soziale Impetus ergibt; sondern sie erscheint von vornherein als **Zielenergie** einerseits und als **Reaktion** auf die mißliche „conditio humana" andererseits. Über die menschliche Natur als solche in Bezug auf die Geselligkeit erfahren wir nichts, wir hören nur vom Lebenstrieb, der notwendig zur Bürgergemeinde führe, von Existenzdefizit und der Kollektivdefensive. Ob diese „Notwendigkeit der Bürgergemeinde" (necessitas civilis communitatis) aber auch beim Ausbleiben eines Existenzdefizites und einer Kollektivdefensive eintritt, ob der Lebenstrieb beim Fehlen äußerer Gefahr auch ohne Gemeinschaftsbildung zu seinem Ziel kommen konnte, dazu sagt der Text nichts. Letztlich wird Bürgergemeinde durch feindliche Umstände bewirkt, sie erscheint als Reaktion auf Existenzgefahr[31]).

Diese Gefahr schafft der Mensch aber auch selbst. Zum entscheidenden Übergang von den Tätigkeitsgruppen zur rechtlich geordneten Gemeinschaft kommt es durch die bald eintretenden Streitigkeiten, die zum Untergang der Gemeinschaft führen mußten, wenn nicht ein Recht aufgesetzt und ein Wächter des Rechtes bestimmt wird. Der gesellschaftliche Konflikt wird so zum Vehikel auf dem Weg zur Staatsbildung, über den Konflikt geht der Weg zur sozialen und politischen Kohäsion. Eine freie Geselligkeit ohne regulierte Gerechtigkeit reicht nicht aus. In der nun entstehenden Bürgergemeinde geraten die zur Existenzsicherung bestehenden Handwerke und Berufe ganz in die Perspektive des politischen Zusammenschlußes. Die politisch organisierte Gesellschaft richtet die „ordines" und „officia" ein, sie werden identisch mit den Teilen der Bürgergemeinde (partes civitatis). Im Prozeß der Staatsbildung wirkt der inhaerente Drang zum Vollkommeneren, die Bürgergemeinde ist die „perfecta communitas", wobei zugleich der Mensch durch Handwerk und Wissenschaft eine „species perfecta" geworden ist; „perfecta communitas" und „perfecta hominum species" konvergieren, zur vollendeten Gemeinschaft gehört der voll entwickelte Bürger, der mehr will als nur den Lebensunterhalt, das „vivere", den die Tiere und Sklaven anstreben. Er zielt auf das „bene vivere", das heißt er ist frei für die „freien Werke" der praktischen und spekulativen Seele (I, 4, 1). Im bürgerlichen Glück (civilis felicitas / Dp I, 1, 7) haben wir „das Beste der möglichen menschlichen Wunschziele und das Höchste menschlichen Handelns" (ultimum actuum humanorum: Dp I, 1, 7).

Um Entfaltung bürgerlicher Freiheit geht es also. Der Topos von den Sklaven, die „nur leben", zeigt zumindest an, daß Marsilius die Situation der Unfreien und eine Änderung der sozialen Struktur nicht im Blick hat. Die „Gesamtheit der Bürger" reflektiert die Gesellschaft mit ihrer Stadtaristokratie, der „valentior pars", der „honorabilitas" (Klerus, Schwertadel, Bürgerheer, Gericht und Rat). Ihr folgt die „multitudo vulgaris" (Handwerker, Landwirte, Geldhändler: Dp I, 5, 1). Die „honorabilitas bildet das „qualitative" Element des Staates, die „multitudo vulgaris" hat nur beschränkte Rechte, Unfreie sind mit den Unmündigen und Frauen von den politischen Rechten ausgeschlossen. Die „universitas civium" umfaßt eine rechtlich gestufte und eingegrenzte Gemeinde, wir haben es nicht mit der quantitativen Vollzähligkeit eines Gesamtvolkes zu tun. Dieses Faktum sollte man vor Augen haben, wenn man an die überragende Bedeutung denkt, die Marsilius der „universitas civium" gibt. Sie ist der „legislator humanus", in ihrer Hand liegt die Gesetzgebung, sie kann dabei von dem „kräftigeren Teil" (valentior pars) vertreten werden, wie man wohl die umstrittene Definition (Dp I, 12, 5 civium universitatem aut eius valenciorem partem) zu interpretieren hat[32]). In ihrem Wirken ahmt sie „gemäß der Vernunft" die Natur nach, gelenkt von einer bewegenden Kraft, der „anima universitatis", entwickelt sie eine dem Herzen entsprechende „potentia naturalis". Die von Johannes von Salisbury und von der hierokratischen Doktrin der geistlichen Gewalt vorbehaltende Funktion der „anima" ist nun nicht mehr spirituale Funktion, sondern wird als belebendes bürgerliches Prinzip auf die Bürgergemeinde transponiert[33]). Diese „anima" hat die Autorität, die Regierung (pars principans) und die übrigen Teile einzusetzen. Sie bleibt aber auch gegenüber dem Träger der Gewalt immer oberste formende Instanz (causa prima). Letztlich handelt in der Gemeinde immer die „universitas", sie wird zum bewirkenden Prinzip aller Teile des Gemeinwesens. In der „civitas" treffen wir demnach nicht eine Entfaltung der gesellschaftlichen Gruppen, die sich von unten her und aus sich selbst kraft ihrer sozialen Potenz bilden und tätig werden. Alle korporative Organisation hat in der „universitas civium" ihre Ursache, sofern sie Teile des Gemeinwesens sind. Sie hat als „bewegende Ursache" die Einrichtung der einzelnen officia, während der „principans" die Anordnung und Ausführung der vom legislator getroffenen Entscheidung übernimmt (Dp I, 15, 4). Die Gesellschaft als legislator wird allgegenwärtig. Daher kann auch keineswegs ein jeder nach seinem Belieben ein „officium" übernehmen, Waffendienst und Priesteramt werden als besondere Beispiele dieser Determination durch den „legislator" und „principans" genannt. Sie bestimmen die Aufnahmefähigkeit, Maßstab ist der jeweilige Bedarf, keine „pars" soll überwuchern. Das richtet sich natürlich gegen die Dominanz des Klerus und gegen die wachsende Zahl der Truppen im Dienste der Kommunen und Staaten der Zeit.

Es entsteht ein Gemeinwesen, das alle Voraussetzungen für einen einheitlich durchformten Staat bietet. Neben dem Drang der Bürger, sich zu entfalten wird hier die Nähe zu jenen Trends sichtbar, die auf einen einheitlichen verwalteten Flächenstaat, den Fürstenstaat hinzielen. Greifbar wird dies in den Ausführungen des Dp über die einheitsstiftende Funktion des „principatus", auf den hin alle Teile des Gemeinwesens bezogen sind (I, 17). Über die Delegation durch den Gesetzgeber, die „universitas civium", wird der „principans", konkret der Kaiser, zur überragenden Figur. Er kann, wie es die Erlasse Ludwigs des Bayern von 1328 zeigen — Marsilius ist Berater des Kaisers — selbst zum „legislator" werden [34]). „Wenn man den DP als Markstein auf dem Wege zu einer selbsttätigen Volkssouveranität sieht, dann darf man dabei nicht übergehen, daß seine Theorien ebenso in den Prozeß der Herausbildung fürstlicher Souveranität gehören".

Wie steht es aber dann in einem derart von legislator und principans gelenkten Staat mit der Freiheit der Bürger? Marsilius will seine Schrift als Freiheitsschrift verstanden wissen, er ist von der individuellen Freiheit überzeugt, wie es sein Eintreten für die Gewissensentscheidung gegenüber einem einmal geleisteten religiösen „votum" zeigt. Freilich, das genügt nicht, um die „civitas" der Legislaturtheorie zu einem freiheitlichen Bürgerstaat zu erklären. Dazu wäre erforderlich, daß eine eigene Theorie der individuellen, sozialen und politischen Freiheit entwickelt wird. Man wird an dieser Stelle an den Namen und das Werk Ockhams erinnert. Die Freiheit des DP ist die „libertas" für die „universitas civium" im Gemeinwesen selbst und darüber hinaus in der Kirche gegenüber dem Machtanspruch der Hierarchie und des Papstes. Gegen diesen Anspruch zu kämpfen, ist erklärtes, erstes Ziel des „Verteidiger des Friedens".

Marsilius überträgt in seine revolutionäre Polemik die in der Legislatortheorie gewonnenen Positionen, von ihnen aus will er die durch die ekklesiarche Doktrin und ihre Praxis erzeugte Zwietracht der Christenheit beseitigen. Ein neues Kirchenbild entsteht: Die Hierarchie hat keine zwingende Gewalt (potestas coactiva), auch nicht im sakramentalen Bereich der Beichte und Buße. Da Gott allein die Sünden vergibt, hat der priesterliche Akt nur die Aufgabe der sozialen Information „in ecclesie facie" (DP II, 6, 7), und damit gegenüber der „universitas fidelium". Alle rechtlich zwingenden Akte wie etwa die Excommunikation unterliegen der „universitas fidelium" als dem „legislator humanus" und seinem Werkzeug dem „principans", sprich dem Kaiser. Die hierarchische Jurisdiktion wird zum seelenärztlichen Rat. Die menschliche Gesellschaft als „universitas fidelium" ist Herr ihrer Spielregeln, auch in der Kirche. Die „universitas civium" ist ja als „universitas fidelium" selbst die Kirche. Zudem soll der Klerus arm sein, obwohl es erlaubt ist, Besitz zu erwerben, so ist das priesterliche Amt doch gehalten, den „status perfeccionis" zu wählen, wenn es glaubwürdig sein soll. Die reiche Machtkirche wandelt sich in die Kirche der „universitas fidelium", die ihre Seelsorger materiell unterhält. Was im Armutsstreit die franziskanische Opposition für die fratres minores fordert, wird nun zum „decet" (DP II, 11, 2/3). Angesichts der engen Verflechtung von Kirche, Staat und Gesellschaft muß diese Reform auch auf die bürgerliche Gemeinde zurückwirken. Durch die Offenlegung der wesentlichen Elemente der „communitas" war es möglich geworden, den Herd der kirchlich-politischen Zwietracht zu beseitigen, die „pars sacerdotalis" ist in die „universitas civium" eingefügt und auf ihre wahren Aufgaben im Sinne des Evangeliums und der urchristlichen Praxis zurückgeführt. Friedlich kann nun die Gesellschaft das tun, was sie zum „bene vivere" benötigt, die Kirche kann das „bene vivere" des Jenseits anstreben.

Eine neue Gesellschaft? Ja, wenn an bestimmte soziale Folgen der Theorie von der universitas civium et fidelium gedacht wird. Nein, wenn mit „neuer Gesellschaft" eine Veränderung des sozialen Systems gemeint sein sollte. Grundlegend bleibt das Konzept der

Gesellschaft als ein „totum", dessen Teile von dem überall präsenten Ganzen installiert und kontrolliert werden. Sozialer Wandel besagt in dieser Konzeption: Aktivierung der Gesamtheit der Bürger, Selbstunterordnung unter die „universitas" und ihr ausführendes Instrument, die Regierenden, gesicherter Einfluß der „honorabilitas" und der „valentior pars", aber auch und dies langfristig eine Aktivierung der Unterschichten der „multitudo vulgaris". Da die Bürgergemeinde sich in der Kirche als „universitas fidelium" wiederfindet, nimmt sie an all dem Einfluß teil, den die Laien in der Kirche gewinnen. Der gläubige „legislator humanus" hat ja hier die zwingende Gewalt, er übernimmt alle Gesetzgebung. Die Reform der Kirche erneuert auch die weltliche Gesellschaft, der Herd der Zwietracht, die Machtkirche, ist aus deren Mitte entfernt. Wesentliche Hilfe zu dieser „Verteidigung des Friedens" ist die Besinnung auf die Elemente der „communitas", das Zustandekommen des Staates. Die politische und soziale Reflexion öffnet den Blick auf die Grundbedingungen menschlicher Existenz im Sinne des bürgerlichen Glücks. Der DP will die „prima elementa civilitatis" aufzeigen (DP III). Ein Programm der politisch und kirchlich als mündig erklärten Gesamtheit der Bürger und Gläubigen. Sie ist zur Einsicht in ihr eigenes Werden, in die Normen ihres Verhaltens geführt, und kann und soll nun entsprechend tätig werden.

5.4 Wilhelm Ockham: Natürliche und evangelische Freiheit

Der Name Ockhams fiel soeben beim Erwähnen des Theoriedefizits des DP in der Reflexion und Darstellung der individuellen und bürgerlichen Freiheit. Die Überschrift deutet an, daß der scharfsinnige Franziskaner, der zum Schulhaupt der „via moderna" und der „nominales" werden sollte, gerade an diesem Punkt die Spekulation weiterführt.

Ockham vertritt in der großen „controversia" wie Dante und Marsilius die Sache des Kaisers und der weltlichen Herrschaft, er begründet seine Position im Rahmen und mit den Argumenten der ghibellinischen Tradition, aber in diese Begründung fließt unverkennbar die eigene philosophische und theologische Überzeugung ein und prägt seine politische Theorie und damit auch seine soziale Konzeption. Denn daß Nachdenken über die Gesellschaft am Werk ist, daran kann kein Zweifel sein, wenn auch seine kirchenpolitischen Schriften vorrangig dem einen großen Thema der „controversia" gewidmet sind: Abwehr kurialer Ansprüche und Verteidigung temporaler Eigenrechte. Die Aussagen zur sozialen Thematik sind eingefügt in das theologische Spektrum der Ekklesiologie, des Armutsstreites und all der Fragen, die im Ringen mit Johann XXII. und Avignon zur Sprache kommen, sie werden daher auch von diesem theologischen Umfeld geprägt. Wie der Paduaner Marsilius in das Bild seiner Bürgergemeinde die Erfahrungen eines Bürgers einer italienischen Kommune einbringt, so wird der gelehrte Minorit, der die Ohnmacht der eigenen Position und die Macht der kurialen Zensur, die Haft in Avignon, die Verfolgung der franziskanischen Opposition vor sich sieht und an sich erlebt, in seine Reflexion über sacerdotium, regnum und civitas eben dies, sein eigenes Erleben, mit hineinnehmen [35]).

Eigenstand des temporalen Bereiches. Indem Ockham das Eigenrecht der temporalen Herrschaft vertritt, gibt er auch der die Herrschaft tragenden Gesellschaft ihr Eigenrecht. Seine Theorie erweist besonders markant, daß dieses Ringen um die Selbstständigkeit des Temporalen nicht antikirchlich zu interpretieren ist. Im Gegenteil, Kirche soll auf ihr Wesen als geistliche Gemeinschaft zurückgebracht und von der Verstrickung in weltliche Macht befreit werden. Gegen die hierokratische Doktrin und die päpstlich-kuriale Politik stellt

Ockham seine Konzeption der „Rechte und Freiheiten", der evangelischen und natürlichen Freiheit. Ein Bereich, der jeder Macht verwehrt ist, dessen Grenzen aber der Papst überschritten hat.

Die eigene Position Ockhams wird bereits an der Herleitung und der Definition der „civitas" deutlich. Er entwickelt den Staat nicht aus der Sozialnatur des Menschen, sondern etabliert ihn im Zusammenhang mit der Lehre von der Entstehung des Eigentums aus dem Gemeineigentum des Urstandes, aus dem Vermögen, Lenker einzusetzen: „potestas instituendi rectores habentes iurisdictionem temporalem". Der Ton liegt auf potestas, iurisdictio, Ausgang der Argumentation ist die Lehre vom „dominium" (Dialog III, 1, 2, c. 3ff). Während bei Thomas das Gemeinwesen mit seinem Lenker als vollendete Zielform der ontisch-sozialen Konstitution des Menschen erscheint, wird jetzt ein „Vermögen" postuliert, das dem Menschen der gefallenen Natur zukommt. Die Entscheidung liegt beim Menschen, die Zuteilung der „potestas" erfolgt nicht im Sinne eines unbedingt geltenden negativen Praezepts, sondern affirmativ: „semper" aber nicht „pro semper". Im Notfall kann der Mensch darauf verzichten oder kann er im Schuldfall die Fähigkeit zur Einsetzung einer Herrschaft verlieren. Überspitzt, nur zur Verdeutlichung könnte man sagen: Auf der Linie Aristoteles-Thomas ergibt sich die Einrichtung einer Herrschaft zwangsläufig, die Menschen „müssen" im Zuge der sozialen Entelechie, der Vollendung des Daseins, ein gelenktes Gemeinwesen einrichten, bei Ockham haben sie das Vermögen hierzu, das aber keineswegs ausnahmslos gilt [36]). Eine letztlich pragmatische Deutung, die unübersehbar den Denkstil Ockhams verrät. Im Zuge dieser Pragmatik wird auch nicht betont, daß der Staat als „societas perfecta" die finale Erfüllung der Gemeinschaftsbildung darstellt, die Ausdrücke „perfectio", „principalissima" werden zwar gebraucht, aber ohne daraus eine finale Entelechie zu entwickeln, wie es Marsilius unternimmt. Die verschiedenen Formen der Gemeinschaft (Familie, Dorf, Stadt, Reich) betrachtet er vom „dominium" her (Dialog III, 1, 2, c. 3—5), er deutet dabei an, daß er Aristoteles (Polit. I, 1) abweichend von andern Erklärern kommentiere [36a]). Die „civitas" wird quantitativ verstanden als: „multitudo civium habitantium civitatem, quorum ordo vocatur politia", wobei er scharf unterscheidet zwischen der Stadt mit ihren wirklich zusammenwohnenden Bürgern und einem Reich, für das nur „proportionaliter" der Ausdruck „civitas" zutreffe. Nur für die Stadt gelte der Terminus, sie sei die „principalissima" der Gemeinschaften. Für den Staat kann demnach die Entelechie nur annährernd gelten. Jede organologische Metaphorik fehlt, sie würde der philosophischen Option Ockhams auch nicht entsprechen. Sein Denken geht ja unmittelbar auf die Dinge und lehnt vorgeordnete Bilder in der Deutung der Welt, auf der die Metaphorik ja ruht, ab.

Von seiner Ausgangsposition her, die Gemeinschaft nach ihrer Lenkung (dominium) zu betrachten, erscheinen die Bürger dann folgerichtig als „subiecti". Auch hier eine interessante Differenzierung in Untertanen als „tanquam servi vel mercenarii aut bannansi" und solche die an der Herrschaft teilhaben: Richter, Räte und die „electores principantis", die Kurfürsten sind jetzt „subiecti". Die „bannansi", die nur die niedere körperliche Arbeit verrichten (opere suo corpus maculant), können in einer vernünftig und maßvoll geführten Politie nicht als „eigentliche Bürger" gelten [37]). Eine Beschreibung der Gliedfunktionen, der Stände fehlt, dennoch wird die soziale Struktur sichtbar, es gibt eine Schicht, die keine politischen Rechte hat. Auch Ockham gibt keine besonderen Anweisungen zur Veränderung der politisch-sozialen Struktur, er will jedoch in seiner Lehre von den „Rechten und Freiheiten", von der

Widerstandspflicht nicht nur das Volk sondern auch den einzelnen Untertanen zum Handeln bringen und verpflichten.

Die Gesellschaft, ihre Führung und Gruppen sind geschützt und verpflichtet durch die von Gott und der Natur stammenden „iura et libertates". Ockham benennt sie nicht im einzelnen, man kann sie aber approximativ beschreiben. Sie gelten je nach den verschiedenen Ebenen und den verschiedenen Funktionen. Dem Herrscher (Kaiser) garantieren sie die Macht über die temporalia, aber diese Macht hat ihre Grenze an allem, was zum Erhalt der individualen Existenz gehört. Der Kaiser kann nur anordnen, was sich auf das Gemeinwohl bezieht (Dialog III, 2, 2, c. 20): „ad iuste et utiliter regendum". Dem Volk ist das Wahlrecht gegeben, es ist naturrechtlich geschützt [38]). Öffentliche Macht kommt von Gott über die Menschen: „A deo sed per homines", wie es in einer die theoretische Auseinandersetzung um die Herleitung der kaiserlichen Gewalt zusammenfügenden Erklärung heißt (Dialog III, 2, 1, c. 26). Daher kann das Wahlrecht bei Defekt eines Repräsentanten, dem die Macht übertragen wurde, zum Wahlvolk zurückkehren, das gilt vor allem für das Papstwahlrecht der Römer. — Schließlich gelten die Rechte und Freiheiten für alle: „Zu ihnen gehören alle Rechte und Freiheiten der Ungläubigen, denen sie sich vor den Ankunft Christi und nachher frei und zu Recht erfreuten" (De imp. et pontif. pot. c. 9), heißt es gegen die hierokratischen Ansprüche. An gleicher Stelle: „Zu den Rechten und Freiheiten der Laien gehört all das, was zur Verfügung über die Temporalien und der weltlichen Geschäfte erforderlich ist". Diese temporalen Rechte werden nun auch durch das Gesetz der evangelischen Freiheit (libertatis evangelicae lex) geschützt [39]). Die Freiheit des Evangeliums, ein Leitwort, das Ockham zutiefst bewegt, garantiert all das, was nicht den guten Sitten und der Heilsbotschaft widerspricht. Das ist die natürliche Perspektive auf die weltlichen Belange. Sie besagt aber auch ein Bild der Kirche, das der in Ritualismus, Zeremoniell, jurisdiktionellen Vorschriften überwucherten Kirchenpraxis radikal zuwiderläuft. Entsprechend der Normenökonomie, der Forderung einer auf ein Normminimum beschränkten Ordnung, will die christliche Religion nur wenige Sakramente, Zeremonien [40]). Die Beschränkung der Norm und Regel auf ein Mindestmaß läßt zusammen mit den „Rechten und Freiheiten" jenen Grundzug von Ockhams Ordnungsdenken hervortreten, der auch seine soziale Konzeption so eindrucksvoll prägt: Ordnung ist prinzipiell vom Anliegen der Freiheit des Menschen bestimmt. Sie gestaltet das Bild des Menschen und seiner sozialen Relationen, sie ist an Verwirklichung der Ordnung beteiligt. Ordnung aus Freiheit [41]). Von daher gewinnen denn auch all jene Aussagen an Profil, in denen er die vorbildliche Herrschaft als ein Regiment über Freie schildert und er den päpstlichen Prinzipat gerade hierin gekennzeichnet sieht. Vorsteherschaft, Herrschaft ist dienender Liebesprinzipat über Freie [42]).

Widerstandsrecht. Rechte und Freiheiten bewähren sich schließlich in der Krise, vor allem bei Bedrohung des Glaubens. Ockham entwickelt im ersten Teil seines Dialogs (Buch 7) eine ganze Theorie des Widerstands im Falle der Bedrohung des Glaubens durch den haeretischen Papst. Hier sind nicht nur Kleriker, weltliche Herrscher und Verantwortliche aufgerufen, sondern auch die „simplices", die keine Gewalt über andere haben (Dialog I, 7, c. 56). Diese Pflicht gilt ebenso wie die Verteidigung von Land und Leben gegen einen Vernichter: „Sache der Vielheit, auch wenn sie keine herrschaftliche Gewalt über andere hat, ist es, Christus zu verteidigen". Diese Pflicht des Widerstandes gilt bis zu den Wenigen, bis zum kleinen Häuflein der ganz Wenigen und schließlich bis zum Einzelnen selbst. An vielen Stellen kommt er auf diese letzte, sich auf den Einzelnen verengende Situation zu sprechen: Maria, die allein unter dem Kreuze den Glauben bewahrt, der Theologe der allein noch den Glauben und die Wahrheit vertritt. Und wenn er allein im Glauben fest bliebe, sollte er unerschrocken eine irrtümliche Lehre des haeretischen Papstes angreifen (Dialog I, 7, c. 47). Das ist nun ganz auf die persönliche Situation Ockhams hin gesprochen, der sich auf diese letzte Einsamkeit einläßt [43]). Im Ausspielen der Theorie der Individualverantwortung geht er soweit, daß bei Defekt der Papstwähler das Papstwahlrecht schließlich auf dem einen letzten Kleriker oder Laien ruhen könne (Dialog III, 3, 2, 3, c. 8). Eine spekulative Konstruktion, die aber nur möglich ist, wenn ein bestimmtes Bild der Gemeinschaft vorgegeben ist: Diese setzt nicht von sich aus und apriorisch die Normen des Verhaltens für jeden Fall, sondern ist selbst an Recht, Vernunft und Freiheit gebunden, und dies alles ist ebenso im Einzelnen präsent: „Jeder Katholik ist nach seinem jeweiligen Vermögen gehalten, einem haeretischen Papst zu widerstehen" (Dialog I, 7, c. 61). Entsprechend gilt das gegenüber einem Herrscher, der das Gemeinwohl oder die individuelle Existenz verletzt.

Die Differenz zu Marsilius, dessen Freiheitskonzeption sich mit der Freiheit der „universitas civium" begnügt und auf sie konzentriert, wird in all dem manifestant. Ockhams „multitudo" ist entscheidend personal bestimmt, in ihr ist es möglich, daß im Fall einer „necessitas", einer unausweichlichen Lage des Glaubens, der Einzelne der ganzen übrigen Vielheit konfrontiert wird und die Verantwortung für das Ganze erhält. Die „universitas" des Marsilius bleibt ein sich selbst regulierendes und überwachendes Ganzes, das die Situation des Einzelnen nicht berücksichtigt und unbeantwortet läßt. Die ideelle Sprengkraft des großen Franziskaners erweist sich besonders in der Verbindung natürlicher und am Evangelium orientierter Freiheit zusammen mit dem vom Glauben geforderten Widerstandsrecht. Auf dem mühsamen Weg des Freiheitsgedankens leistet seine in der Zeit einzigartige Spekulation einen wichtigen Dienst.

5.5 Moralische Beschreibung der Gesellschaft: Die Yconomia des Konrad von Megenberg

Wer sich von der risikofreudigen Gedankenfahrt Ockhams der Ökonomie des ritterbürtigen Magisters und Scholasters Konrad von Megenberg nähert, gerät in den sicheren Port einer Beschreibung der Gesellschaft und der Anleitung zu sozialem Verhalten. Wenn auch das Blickfeld der Schrift auf das häusliche Leben gehobener und mittlerer Schichten eingegrenzt ist, so weitet sich doch die Perspektive in den Kapiteln über die verschiedenen Arten der „servi" in einem Haus zu einer höchst interessanten Schilderung vieler Berufe. Das späte Mittelalter mit seiner Freude am Genrebild ist präsent.

Konrad, ein erklärter Gegner Ockhams, des Marsilius und Johanns von Jandun, gibt ein Panorama der Ethik (Monastica, Oeconomica, Politica), deren letzter Teil die Politik verschollen ist, deren erster Teil die individuale Tugendlehre (Speculum felicitatis humanae: Monastica) noch auf die Publikation wartet. In der „Ökonomie" zeigt er die erste Gruppierung des Sozialwesens Mensch (socialis domestica societate). Er ist ihm ein „naturaliter animal communicativum et perfectissime conservacionis inter animalia cuncta" (I, 2) [44]). Wir befinden uns wieder auf der aristotelisch-thomistischen Linie der Herleitung der Gemeinschaften aus der Sozialnatur. Menschliche Sozietät ist ihm eine „communicacio personalis" im Unterschied zu der unpersönlichen der Tiere (Bienen). Nur der Mensch hat Vernunft und Sprache, nur er kann „pulcherrimam habere societatem". Der Blick verengt sich dann vom weiten

Horizont des Menschlichen auf das Haus, die ständische Gliederung tritt hervor, es gibt eine „domus maior“ (fürstliche und hochadlige Haushaltung) und die „domus minor“ der „populares“ und „simplices“, beide wohnen sie mit ihren Bediensteten im Haus. Hier wird schon klar, daß er nur ein Haus mit Bediensteten vor Augen hat, das Haus der Unterschicht ohne „subditi“ ist nicht einbegriffen. Als „populares“ (vulgares) versteht er die einfachen Kleriker, Ritter und Bürger, alle die keine herrschaftliche Gewalt (dominia) besitzen. Die Mittelschicht also [45]). Die markant ständische Optik wird auch deutlich, wenn er bei der heranwachsenden Jugend (I, 2, c. 17) die Stände der „populares“, nun ohne Kleriker, weiter differenziert in „militaris mercaturi et mechanici artiste“ und entsprechend die Jugend apostrophiert: Die jungen Ritter, Kaufleute und Gesellen. Sie erhalten ihre Lebensregeln, von der übrigen Jugend hört man nur nebenbei [46]).

Die Gesellschaft betrachtet er unter dem Leitwort der Hausgemeinschaft, es gibt drei „personales combinationes“: Mann-Frau (nupcialis), Eltern-Kinder (prolificativa), Herr-Herrin, Knecht-Magd (dominativa). Die eheliche Verbindung gibt ihm Gelegenheit, ausgiebig über die Stellung von Mann und Frau zu sprechen, wobei vor allem seine Aussagen über die Frau die zeittypischen Vorstellungen zusammenfassen: Der Mann als Haupt der Frau, sie ist von Natur beweglicher und leichtgläubig, daher auch verführbar (I, 1, c. 15), sie soll das Haus hüten und soll in Maßen bewacht werden. Ihrer Schwäche wegen ist sie „timore regenda“, Gehorsam ist eine wichtige Tugend. Der Mann soll die Frau nicht zu hart anfassen, aber ein Züchtigungsrecht in gemilderter Form erkennt Konrad an (I, 1, c. 9). „Die Frau ist dem Mann unterzuordnen, aber nicht ganz auf die niedere Stellung der Mägde zu bringen“. Innerhalb der „societas prolificativa“ wird eine kurze Erziehungslehre geboten, wobei hier jene Passagen interessieren, in denen die soziale Situation greifbar wird: Bei den jungen „armen Rittern“, ihnen wird der Rat gegeben, notfalls den Söldnerdienst zu ergreifen (I, 2, c. 19); die jungen „armen Kaufleute“ sollen durch zusätzliche Arbeit sich verdient machen. Die Gesellen werden vor leichtsinniger Gesellschaft gewarnt (I, 2, c. 23).

Die „combinacio (communicacio) dominativa“, die Relation von Herr und Knecht, intensiviert noch einmal die ständische Perspektive und bringt zugleich die arbeitsteilige Konzeption der Gesellschaft ins Spiel. Wiederum wird ganz im Stil scholastischer Distinktionen gegliedert. Konrad beginnt mit der Unterscheidung der „servi“ in: natürliche, gesetzliche (legalis), sozial-wirtschaftliche, freiwillige „Knechte“, wobei die geburtsständischen Unfreien in der Gruppe der „legalis servitus“ erscheinen (I, 3, c. 3). Er gibt jedoch diese Gliederung zugunsten einer anderen Einteilung auf, die unter dem Gesichtspunkt der Notwendigkeit von Dienstleistungen in einer Gesellschaft steht (I, 3, c. 4). „Servi“ sind ihm nun alle, die den Hausherrn „begleiten sei es als Ratsherrn oder Priester, Ärzte, Notare oder eines anderen Standes“. Er will eine weite Definition des „servus“ nach dem Beruf (officium) und der jeweiligen Rangordnung seines Dienstes. Als Einteilungsgrund wählt er: a) das rational bestimmte „bonum honestum“, b) das teils rational, teils sensitiv bestimmte „bonum utile“, c) das hauptsächlich sensitiv bestimmte „bonum delectabile“ und kommt entsprechend zu den „servi honesti, utiles, delectabiles“.

„Ehrenwerte Knechte“ sind die geistlichen Capellani, die Räte, Ärzte, Notare. „Nützliche Knechte“ sind diejenigen, die sich mit dem Lebenserhalt abgeben (Nahrung, Kleidung, Wohnung, Erwerb). „Unterhaltende Knechte“ sind diejenigen, die das Leben angenehm machen und unterhalten (Musiker, Sänger, Schauspieler). Eine Sehweise und Gliederung, die unmittelbar an Bonaventura erinnert, der ja auch ein „bonum" als Gliederungskategorie für die verschiedenen „opera" ansetzt. Sicher werden hier neue Maßstäbe versucht, in denen freilich auch das alte Motiv der geistigen Tätigkeit als auszeichnendes Merkmal an das platonische Prinzip erinnert. Freilich sind hier jetzt geistige Berufe untergebracht, die lenkenden Funktionen der Gemeinschaft sind nicht erfaßt, die Rede geht ja nur von den „servi" und von der „domus minor" (vulgaris). Wenn Konrad hier den alten Begriff des „servus" seiner sozial deklassierenden Bedeutung entledigt und ihn auf eine allgemein „dienende Tätigkeit" dem Hausherrn gegenüber bringt, so erhebt sich freilich die Frage, wer mit dem „Herrn" gemeint ist. Naheliegend ist es, an die Hofhaltung zu denken und an die „domus maior", worauf natürlich die „servi honesti" und zahlreiche Gruppen der „servi utiles", schließlich auch die „servi delectabiles" weisen. Da jedoch eingangs I, 1, c. 4 und zum Schluß von der „domus minor" (vulgaris) gesprochen wird und die Abgrenzung der beiden Haushaltungen nicht ausdrücklich erfolgt, muß sich auch das „Herr-Knecht" Verhältnis auf die „domus minor" beziehen [47]).

Die Darstellung der „officia" im Rahmen der Lehre vom Haus sagt daher auch etwas über die Funktionsgliederung der ganzen Gesellschaft aus. Und da ist entscheidend, daß eben die beruflichen Funktionen mit „Unterordnung" verbunden werden, ihre Träger als „subditi" eines Herrn innerhalb einer „communicatio dominativa", innerhalb eines Herrschaftsverhältnisses verstanden werden. Die Gesellschaft gliedert sich in Gemeinschaften, innerhalb deren ein Verhältnis von Vorgesetztem und Untergeordneten besteht, für die Konrad übrigens detaillierte Verhaltensregeln aufstellt (I, 3, 6).

Eindeutig weit gezogen ist der Kreis der Beteiligten in den Passagen über das Haus als Erwerbsgemeinschaft (I, 4). Auch hier steht Aristoteles Pate, Konrad modifiziert jedoch im Kapitel über die Lebensweisen, indem er ein eigenes Kapitel über das Betteln einfügt [48]). Der Bauer erscheint in einem düsteren Bild: „er ist klein infolge der Niedrigkeit seiner Unterwerfung (unter andere), die Arbeit verzehrt ihn, die Witterung hinterläßt ihre Spuren. Dunkel gebrannt ist er und trübblickend (caecus), einfältig und ungeschickt, unerfahren bürgerlicher Sitten und ihrer Feinheiten". Welche sehnen sich aber nach der Stadt, die ersten Zeichen der Landflucht werden von Konrad vermerkt [49]). Beim Betteln kommt er auf ein Lieblingsthema des Armutsstreites zurück. Seine Attaken gegen die Mendikanten und Begharden verraten über alle Animosität des etablierten Klerus und der Pfarrgeistlichkeit hinaus eine dezidierte Vorstellung zu Arbeit und sozialer Legitimation. Neben der Bettelei aus Mangel, die unsere Barmherzigkeit verdient, gibt es für Konrad die Bettelei aus Faulheit, es sind liederliche Menschen „die weder in einem guten Staatswesen zu ertragen sind, da sie weder Gott noch den Menschen dienen, noch für sich selbst oder für einen anderen etwas Nützliches leisten" (I, 4, 13). Schmarotzer, dem Reiher zu vergleichen, der nur am Ufer im seichten Wasser bequem seine Beute schnappt, „so äugen sie den ganzen lieben Tag in den Wassern fremder Arbeit, und wenn etwas daraus hochspringt, dann schnappen sie es und verzehren es". Ackerarbeit meiden sie, man sollte sie, wie es in der Monastik heißt, durch die Behörden zur Arbeit im Weinberg und auf dem Feld, zum Ausheben von Gräben und Holzhauen, zu Transportdiensten zwingen [50]).

Die Klage über Bettelei aus Faulheit ist alt, schon Rather erinnert an 2 Thess. 3, 10: „Qui non vult operari, nec manducet", und fordert zur Handarbeit auf. Aber Konrad sieht vor sich nicht die einzelnen Bettler, sondern in den verschiedenen Gruppen der Mendikanten und in den Begharden organisierte Bettelei, die unter der Maske mönchischer Askese daherkomme. Wie die Armutsorden sozial nur in städtischer Umgebung existieren mit deren Gelegenheit, eine größere Gemeinschaft durch Betteln und nicht mit Hilfe von Grundbesitz durchzubringen, so kommt nun aus der städtischen Umgebung die Reaktion, wie sie der Streit um die vollkommene Armut ausgelöst hatte. Es ist möglich, daß hier auch das wirtschaftliche Denken des arbeitenden Bürgertums mitschwingt, in dem zwar Mangel durchaus auf Mitleid hoffen kann, aber nicht das als parasitär empfundene „Fischen in fremden Gewässern".

Eigentum ist erlaubt, Streben nach Besitz ist nicht in sich schlecht, die Existenz einer Gemeinschaft auf den Ertrag fremder Arbeit gründen, das verträgt sich nicht mit der „bona policia".

Den Wandel der Zeit erlebt man in den Aussagen zum „modus vivendi commutativus". In den drei Arten des Tausches: Warentausch, Ware gegen Geld und Geldtausch wird im Anschluß an die aristotelische Politik (1257 a, 25ff) der Tauschverkehr beschrieben, wobei auch die ökonomische Problematik der Zeit zu spüren ist: In der Frage des Zinsnehmens und der Monopolgesellschaften. Konrad steht mit der kirchlichen Tradition gegen den Zins, der sich ja in wucherhaften Höhen bewegen konnte, während er gleichzeitig Einnahmen aus Vermietung und aus Verleihgeschäften anerkennt (I, 4, 16, 17). Monopolgeschäfte lehnt er ab, da sie dem Gemeinwohl widersprächen[51]). Im Sinne einer „commutacio methaphorica" erörtert er die Notwendigkeit einer Entlohnung der geistigen Arbeit, obwohl hier nur metaphorisch ein Tausch — Philosophie etwa gegen Geld — stattfinde. Den Erforschern der Wahrheit, den Doktoren und „magistiri solemnes", sollte vom Staat und dem Fiskus eine Entschädigung geleistet werden, die Schulmeister sollten von den Reichen ihren Lebensunterhalt bekommen: „Niemand kann durch zeitliche Dinge genügend den Schatz der Wissenschaften entgelten" (I, 4, 14). Ein Schlaglicht auf die Situation der Lehrenden, Konrad mag selbst die Not erlebt haben.

Bei der Erörterung der verschiedenen Formen der Knechtschaft und des Dienstes macht Konrad seinem Herzen etwas Luft, indem er an den Wandel des Glücks (alea fati mutabilis) erinnert, das den einen steigen und fallen läßt, ein stetes Motiv der Zeit. Und: der Reiche und Mächtige, auch wenn er unklug ist, wird dem klügeren „pauper" nur den Vortritt lassen, wenn sich das Gesicht des Glücks verändert hat (I, 3, 3/4). So könne der gesetzmäßige Herr zum „servus naturalis" des klügeren Untergeordneten werden, und könne der „dominus naturalis", dem seiner Natur nach die Leitung gebühre, in irgendeiner Form Knecht sein. Eine Bemerkung, die schlagartig einen Zweifel an den bestehenden Verhältnissen offenbart. Unterschwellig, trotz aller gedanklichen Etablierung herrschaftlich geordneter Gemeinschaft, eine fühlbare Distanz zur konkreten Verwirklichung der „communitas dominativa".

Diese Eigendistanz läßt noch einmal die besondere Optik dieser „Lehre vom Haus" deutlich werden: Konrad gibt seine Beschreibung der Berufe und Tätigkeiten im Rahmen einer dominativ, herrschaftlich gelenkten Gemeinschaft. Er sieht Gesellschaft von daher in der elementaren Situation des Anordnens und Gehorchens, oder allgemeiner gesagt, im Verhältnis der Abhängigkeit. Eine solche Sicht trennt ihn entschieden von all jenen Versuchen, die wie Ockham die menschliche Sozietät auf Freiheit gründen wollen oder die sehr bald nach ihm Modelle entwerfen, in denen nicht eine „communitas dominativa" den Weg sozialer Reflexion bestimmt.

Anmerkungen Kapitel V: Die scholastische Soziallehre

[1]) Thomas von Cantimpré, Bonum universale de apibus, 1627, Douai — De natura rerum, ed. H. Boese, Berlin 1973 — Vinzenz von Beauvais, De eruditione filiorum nobilium, ed. A. Steiner, Cambridge/Mass. 1938. Hier auch S. XVff zu den Beziehungen zum Speculum Doctrinale des Vinzenz.

[2]) Thomas, Sententia libr. Polit. Vorwort n. 5.

[3]) Thomas, Sententia Vorwort n. 6: „civitas sit quiddam totum, cuius humana ratio non solum est cognoscitiva sed etiam operativa".

[4]) Sententia, Vorwort n. 7.

[5]) Thomas, De regimine principum I, c. 1. — Daß Thomas Sth 1, 2, 61, 5 nur von „animal politicum" spricht und in dem Kommentar zur Politik den Terminus animal civile benutzt — hier wird ja Aristoteles kommentiert — nimmt der Terminologie des Fürstenspiegels nicht ihre Bedeutung.

[6]) Thomas, Sententia c. 1, n. 25 — Politik, 52b, 20-24.

[7]) Thomas, Sententia c. 1, n. 25: „sed civitas est finis praedictarum communitatum". — n. 26 fällt der Ausdruck: „naturalitas civitatis".

[8]) Den Terminus „multitudo" gebraucht Thomas häufig, vgl. De reg. princ. I, c. 1 und passim. Nicht zufällig erscheint er gerade dann, wenn die differenzierte Ganzheit, die Vielen in der Vielheit mitgedacht werden sollen. Vgl. Sth 1, 2, 90, 3 zur Gesetzgebung durch die „tota multitudo".

[9]) Thomas, de Reg. princ. I, c. 1.

[10]) Zur Entfaltung der ekklesiarchen Doktrin vgl. Regimen christianum, bes. 204ff, 276ff. Ihre Resonanz in der kurialen Publizistik S. 422ff.

[11]) Aegidius Romanus, De regimine principum, II, 1, 4. — I, 2, 7. — Vgl. dazu Regimen christianum S. 292ff.

[12]) Regimen christianum S. 302f.

[13]) Augustinus Triumphus, Summa de potestate ecclesiastica, Augsburg 1473. 2, 23, 1. — Vgl. meinen Aufsatz, Einheit und Zweiheit der Gewalt im corpus mysticum, zur Souveränitätslehre des Augustinus Triumphus, Hist. Jahrb. 82, 1963, S. 114. — Zur Determinatio compendiosa vgl. Regimen christianum S. 276 und T. Struve S. 229. — zu Jakob von Viterbo,: Regimen christianum S. 363; zu Alvarus vgl. meinen Aufsatz: Kirche und Welt in der Sicht des Alvarus Pelagius, Franziskan. Stud. 46, 1964, S. 69.

[14]) Zu Engelbert: Regimen christianum, 504f. „De ortu et fine Romani imperii, Basel 1553, c. 1. — Quidort, De potestate regia c. 1, vgl. Regimen christianum S. 482. — Dante, Monarchia I, c. 3. — Dazu Regimen christianum S. 510f.

[15]) Zu „multitudo" vgl. oben Anm. 8. — Communitas perfecta": Sth 1, 2, 90, 3 ad 3. — Congregatio: Sententia in libr. Pol. c. 1 n. 26: „cum civitas non sit nisi congregatio hominum".

[16]) Vgl. Brian Tierney, Foundations of the Conciliar theory, 134ff und meinen Aufsatz: „A Deo sed per homines", Franzisk. Stud. 48, 1966, Festgabe v. Heynck, S. 324.

[17]) Thomas: Sententia libr. Pol. c. 1 n. 2: „omnis civitas est communitas quaedam". — ebda n. 29: „communicatio" in Menschen „facit domum et civitatem". — „congregatio politica": In 4 Sent. d. 37, 2, 1, 4. — Sententia libr. Pol. c. 1 n. 26 vgl. Anm. 15. — Ferner, De reg. princ. 1 zum Verhältnis Führung-Gemeinschaft-Gemeinwohl. — „communitas civitatis" findet sich im Vorwort der Sententia libr. Pol. n. 4.

[18]) Vgl. „A deo sed per homines" (vgl. Anm. 16) S. 328 und Regimen christianum S. 482f.

[19]) S. th. 1, 2, 94, 5, ad 3. — 2, 2, 57, 2. — Zum „vitium contra naturam": Sth 1, 2, 94, 3 ad 2.

[20]) Vgl. Th. Manteuffel, Naissance d'une hérésie 28ff zur Grande Chartreuse und Citeaux. Zum folgenden auch mein Aufsatz: „Apologia pauperum", Hist. Jahrb. 94, 1974, 46ff und das Referat: „Labor" und „paupertas" bei Bonaventura, Atti del Congresso intern. per il VII centenario di San Bonaventura, Rom 1976, 569ff. Hier muß S. 570 der Text (Grande-Chartreuse und Cisterzienser) natürlich korrigiert werden.

[21]) Zu Franz von Assissi vgl. K. Esser und L. Hardick, Franzisk. Quellenschriften 1, 1956. — Dazu meinen Aufsatz: Franziskus in der Geschichtstheologie, Franzisk. Stud. 60, 1978, 67ff.

[22]) Bonaventura, De perfectione evangelica, Quaracchi V, 162: „natura ad hoc astringit nisi ratione periculi vitandi". Hier auch zum weiteren Text.

[23]) Bonaventura, De perf. ev., Quaracchi V, S. 162: „Nec illud in sudore vultus tui (Gen. 3, 19) dictum est tunc in praeceptum vitae, sed in poenam culpae perpetratae". — Der Mensch ist „ex prima sua conditione ordinatus est ad istam operationem", d. h. zur Handarbeit vgl. a. a. O. S. 156.

[24]) Bonaventura, Apologia pauperum c. 14 bringt die Trichotomie als Zitat aus Anselm (vgl. hierzu Anm. 2, Quaracchi V. S. 321): „tres sunt hominum ordines: orantes, agricultores et defensores". Zu „agricultores" heißt es: „ut de suo labore ipsi et alii vivant". Die „defensores" werden anschließend als „milites" bezeichnet. — Vgl. hierzu auch den Aufsatz Apologia pauperum (vgl. oben Anm. 20) S. 58ff.

[25]) Engelbert, De ortu et fine Romani imperii, Basel 1553. — Dazu: Regimen christianum S. 504ff. — Zu Negativtypik bei Gregor VII. vgl. meinen Beitrag: Typik und Atypik in: Speculum historale, Festschrift J. Spörl, 1965, S. 282f.

[26]) Regimen christianum S. 508.

[27]) Dante, Monarchia I, 3: „Est ergo aliqua propria operatio humane universitatis, ad quam ipsa universitas hominum in tanta multitudine ordinatur". — „Et huic sententie concordat Averrois...Potentia etiam intellectiva, de qua loquor, non solum est ad formas universales aut species, sed etiam per quandam extensionem ad particulares".

[28]) Monarchia I, 3: „ultimum de potentia ipsius humanitatis est potentia sive virtus intellectiva. Et quia potentia ista per unum hominem seu per aliquam particularium communitatum superius distinctarum tota simul in actu reduci non potest, necesse est multitudinem esse in humano genere, per quam quidem tota potentia hec actuetur; sicut necesse est, multitudinem rerum generabilium ut potentia tota materie prime semper sub actu sit". Die potentia der Menschheit wirkt ständig wie die Potenz der materia prima in den Dingen.

[29]) Zum Folgenden vgl. Regimen christianum S. 518ff und meine Relation „Universitas civium et fidelium", Padua 1981 in: Medioevo V, 1979, 49ff. — Hier auch zu Gewirth, Quillet. — Ferner Struve 257ff. — Auf eine mögliche Mitarbeit des Johann von Jandun am DP, von der die Zeit überzeugt ist und die ich nicht als ausgeschlossen halte, gehe ich im Text nicht ein. Die entscheidenden Thesen bleiben selbstredend Eigentum des Marsilius. — Zu G. Pincin, Marsilio, und G. De Lagarde, La naissance de l'esprit laique V, vgl. meine Besprechungen: HJ 90, II, 383 und HJ 89, I, 444.

[30]) DP I, 4, § 2: das Streben nach einer „sufficiens vita" ist nach Cicero De off. 1, 4, 11 nicht „De homine" sondern „De omni animalium genere" ausgesagt.

[31]) Ein Einzelvergleich zwischen Thomas, besonders De reg. princ. I, 1 und Marsilius DP I, 3ff zeigt den Unterschied noch markanter. Thomas geht aus vom natürlichen Licht der Vernunft und der Sozialnatur, der DP zeigt zunächst nach Aristoteles die aufsteigenden Gemeinschaftsformen (Familie, Dorf, etc.), dann I, c. 4 das Streben nach dem bene vivere. Der hierbei auftretende Sozialtrieb wird „distincte magis" durch Existenzdefizit, Kollektivdefensive und Konflikttheorie erläutert. — Ein in der Sozialnatur gegebenes Element wie die Sprache, die Thomas anführt, erscheint nicht.

[32]) Hierzu meine Relation (vgl. Anm. 29) S. 61. Zu den Standpunkten von Gewirth-Quillet vgl. die in Bibliographie genannten Schriften, und Medioevo V.

[33]) Regimen christianum S. 295, — Medioevo V, S. 80.

[34]) Medioevo V, S. 72.

[35]) Zum Folgenden: Verf.: Wilh. Ockham und seine kirchenpolit. Schrift. 1962 — Regimen christianum, S. 534ff. — Kritisch zu einigen meiner Thesen: J. Miethke, Ockhams Weg zur Sozialphilosophie, 1969. — Vgl. ferner: G. de Lagarde, La naissance etc. — M. Damiata, Guglielmo d'Ockham 1978.

[36]) Breviloquium III, 8: „predicte duplici potestati renunciare possunt tam fideles quam infideles", d. h. auf Eigentum und Herrschaft.

[36a]) In Einleitung zu Begründung der Herrschaftsformen und des dominium heißt es Dialog III, 1, 2, 3: „intentionem Aristoteles in hoc secundum opinionem quorundam, quibus tamen non omnes concordant, in omnibus recitabo".

[37]) Dialog III, 1, 2, c. 5: „bannansi" lexigraphisch nicht zu ermitteln, gehört wohl zu bannus.

[38]) Dialog, III, 2, 3, c. 6ff. — Zum naturrechtlichen Wahlrecht: Verf.: Das Naturrecht bei Wilh. Ockham, Franzisk. Stud. 35, 1953, 39ff. — Herrschaft „A Deo sed per homines": Dialog III, 2, 1, c. 26. — Dazu Verf.: „A Deo sed per homines" Franzisk. Stud. 48, 1966, 308ff.

[39]) Zum Gesetz der evangelischen Freiheit: Dialog III, 1, 1, c. 7. — De imp. et pont. pot. c. 9. — Breviloquium II, c. 17. — Dazu: Wilh. Ockham S. 178f, Regimen christianum S. 543, 547.

[40]) Dialog III, 1, 1, c. 7: „Christl. Freiheit keine absolute Anarchie, sondern „sed ideo dicit (Jak. I, 25) eam esse legem perfecte libertatis, quia per eam religio Christiana paucis sacramentis et sacramentalibus ex institutione divina subiicitur". — Christliche Freiheit befreit nicht „ab omni servitute, sed quia non premit Christianos tanta servitute, quanta pressi fuere Judaei". — Zur Normenökonomie: Wilh. Ockham S. 177ff. — Bekannt ist diese These als Rasor Ockhami: „Frustra fit per plura, quod fieri potest per pauciora".

[41]) Wilh. Ockham S. 180.

[42]) Regimen christianum S. 540ff.

43) Hierzu Verf.: W. Ockham — Der Mensch zwischen Ordnung und Freiheit, Misc. Mediaevalia 3, 1964, 224 — Dialog I, 7, c. 47: „si unus solus remaneret fixus in fide deberet intrepide doctrinam erroneam papae haeretici improbare 4.

44) Konrad v. Megenberg, Yconomica (Oeconomica) MGH ed. S. Krüger.

45) I, 1, c. 3: Aristoteles habe über die domus maior, das fürstliche und bischöfliche Hauswesen nicht eigens disseriert, es sei wohl eingeschlossen in die übrige Erörterung.

46) So: I, 1, c. 15: Sonntags solle man die Bauernjungen in die Stadt bringen, damit sie in der urbanen Umgebung sich nicht wie das Vieh benähmen.

47) Zu Beginn (S. 3, Krüger): Primus liber est de regimine domestico popularium, vgl. auch S. 4, c. 20 Schluß: dicta sunt de regimine domestica popularium, und das Explicit. — Dann folgt Buch II: de regimine domus temporalis maioris.

48) I, 4, 6: „addo alios duos, vid. mendicativum et commutativum". Aristoteles, Politik 1256a, 29ff bringt den modus vivendi: „pascualis, venaticus piscativus et furtivus".

49) I, 4, c. 8. Aus Sehnsucht „morum civilium" würde die Landarbeit aufgegeben.

50) Oekomomik, I, 4, 13 und Zitat S. 335 aus der Monastica: „per policyarum ceu communitatum iusticiarios temporales laborare manualiter cogerentur, vineas videlicet at agros solendo etc.".

51) Zu Zinsverbot vgl. Artikel: Zins lexigraphisch. Kurz: H. Pirenne, Sozial und Wirtschaftsgeschichte, München 1982, UTB, 136. Hier auch zur Zinsdiskussion und der allmählichen Lockerung des absoluten Verbotes.

VI. MAHNUNG — KRITIK — ANGRIFF AUF DIE SOZIALSTRUKTUR — SOZIALREFORM UND SOZIALUTOPIE

6. Lehre — Predigt

Predigt und Lehre, Lehrdichtung wollen den Hörer und Leser unmittelbar treffen und bewegen, die Erörterung und Analyse — der Beweis kann als Hilfe dazu dienen — stehen aber nicht im Vordergrund. In die mahnende Ansprache fließt stärker als anderswo die Situation des Hörers mit ein, sie fordert oft das offene Wort, der Sprecher muß sich auf den anderen und die anderen einstellen, seine Sorgen zum Ausdruck bringen und auf sie eingehen, wenn er ankommen will. In der nun zu betrachtenden Lehre und Predigt wird das zum Tragen kommen, man kann Formulierungen begegnen, die ahnen lassen, was die nicht schreibende, schweigende „multitudo“ denkt.

Die Themen entsprechen dem Kreis der Adressaten. Wer sich den Aussagen nähert, bemerkt bald einen wesentlichen Unterschied zu den gelehrten Texten: die Wirklichkeitsnähe, die Gegenwart der privaten Sorgen, der elementaren Situationen, den Reflex der sozialen Struktur im Alltag vor allem der Schicht, der die Schreiber selbst angehören. Mit Sicherheit ist das nicht die elitäre Ebene der Großen und Reichen, auch nicht der Stand der Bauern oder gar der unfreien Hintersassen oder Lohnarbeiter. Man kann den Stand der Schreiber grob als Mittelstand umschreiben, teils Fahrende wie Freidank, Schulmeister, Geistliche, teils im kirchlichen teils im weltlichen Dienst, Bürger. In einigen Fällen auch niederer Adel, wie der Winsbecke oder Seifried Helbling. Wir erleben das späte Mittelalter in seiner bunten Vielfalt der Berufe, die uns in den Ständepredigten begegnen, in den Bedingungen die durch die Entwicklung der Stadt, des Handels und Gewerbes gegeben sind, und die neue Fragen aufwerfen: Geldgeschäfte, inwieweit sind sie erlaubt, vor allem, wenn man an den Gewinn ohne Arbeit denkt, den Zins also. Dann auch die Frage nach der Wertung der Arbeit, der Leistung, aber auch der Armut. Ist sie einfach Gottes Fügung, oder kann der Mensch selbst seine Situation ändern und soll er dies auch?

Wiederholt wird gegen den Versuch räsonniert, daß jemand seinen Stand wechseln will. Das verrät einerseits eine auf die Einhaltung der Standesgrenzen fixierte Mentalität, zum andern weist es auf offenbar bestehende Tendenzen, die Standesgrenzen hinter sich zu lassen. Freilich zumeist ohne Erfolg, die Lehrdichtung gibt keinen Rat für soziale Karrieren, sondern mahnt den „tumben man“, immer zu bedenken, „wer er ist und was er soll“ (Stricker: Der Kater als Freier) [1]). Darin sind sich Predigt und Lehrdichtung eins, die von Gott gesetzte Ordnung soll gewahrt werden, die Menschen, die diese Ordnung verkehren, sollen in die Schranken verwiesen und auf den rechten Weg gewiesen werden. Worin besteht aber Gottes Ordnung? Darauf gibt zunächst die Predigt ihre Antwort.

6.1 Predigt

Die Standespredigt bringt einmal die reiche Berufswelt. In seinen „Sermones vulgares" führt Jakob von Vitry ein ganzes Panorama vor, von den Scholaren bis zu Schankwirten und Taschendieben. Zum andern erfolgt eine Einteilung nach: Geistlich-weltlich, Hoch-Niedrig (vom Papst zum Bauern), Männlich-weiblich. — Berthold von Regensburg bietet darüber hinaus eine neue Optik. Der große Prediger, dessen Ruf sogar nach Italien dringt, schildert seinen Zuhörern mit Hilfe der Engelshierarchie den Bau der menschlichen Gesellschaft. Er verwendet die pseudodionysische Lehre von der himmlischen Hierarchie, die auch Guibert von Tournay in seiner „Eruditio regum" benutzt, und läßt die irdische Ordnung als Abbild der himmlischen Welt verstehen [2]). Dabei erscheint die Gesellschaft als „Kristenheit", sie ist nach Math. 13, 44 der Acker, in dem der Schatz, die „reinen menschen sele", verborgen ist. Juden und Heiden gehören nicht zu diesem Acker. Sie können daher, wie die gefallenen Engel aus den himmlischen Chören ausgeschieden sind, auch nicht mit den im Heil verbliebenen Engeln verglichen werden [3]). Eine ganz auf die Gemeinschaft des rechten Glaubens fixierte Sicht. In ihr gibt es jeweils die drei hohen Ränge und die niederen Ränge, zwischen beiden herrscht das Gebot des Dienstes. Die unteren Stände sind untertänig und gehorchen den Weisungen, die oberen sind den anderen ihren Dienst schuldig, dabei wird die Einzelanalogie zum jeweiligen Engelstand nicht ausgeführt, denn die Dienste der Engel in ihrem Bereich gehen uns nichts an. Die himmlische Analogie bleibt auf den Gesamtvergleich beschränkt, die Einzeldeutung der irdischen Stände ergibt sich aus den irdischen Bedürfnissen. Da sind die geistlichen Funktionen. Sie übernehmen der Papst und „alle Pfaffen" als erster Stand, ihm folgen die „geistlichen Leute", offenbar sind die monastischen Berufe gemeint. Beide sollen ihr Amt erfüllen und nicht abtrünnig werden, wie jeweils kurz vermerkt wird, denn „mali laici, mali religiosi".

Ungleich intensiver wird der Gegensatz von Treue und Untreue bei den weltlichen Berufen herausgestellt. Wir erfahren alle sozialen Vergehen der einzelnen Schichten. Zuoberst, noch den drei hohen Rängen angehörend, alle Inhaber der Gewalt vom Kaiser bis zu den Rittern, Herren und Richtern. Ihnen ist der Schutz aller anvertraut „vor dieben und vor roubern unde brennern, vor jüden, vor heiden und vor ketzern, vor meineide und vor unrehtem gewalte". Die Funktion der geistlichen Stände und der weltlichen Obrigkeit ist ganz auf ihre spirituale und temporale Verantwortung für die ihnen im Gehorsam verpflichteten Untertanen hin gesehen. Die weltliche Führung hat zudem die Schutzfunktion für die spirituale Seite. — In den einzelnen Ständen unterhalb der Führung begegnen wir dann der Vielfalt urbaner und agrarischer Tätigkeit. Zunächst folgen alle, die das „gewant wirkent", dann die mit „isenen wafen arbeitent" (Schmiede aller Art), dann die Kaufleute, die Handwerke für die Nahrung, die Bauern und schließlich „alle die mit erzenie umbe gent". Jeder Schilderung der beruflichen Funktion folgt die Warnung vor Untreue, die nun — anders als bei den geistlichen Berufen —sehr detailliert ausgebreitet wird. Es beginnt schon bei den Laien des oberen Ranges der Träger der Gewalt. Ihr Aufgabe wird nicht machtpolitisch erklärt, sondern ganz auf ihre soziale Verpflichtung für Arme, Witwen und Waisen erläutert: „unde hat iu (Gott) anders nit ze schaffen geben, wan daz ir im sinen edeln schatz wol behüetet und bewart". Für alle übrigen Stände wird streng die Achtung vor „getriuwem" Handeln eingeschärft. Die Kleidung soll recht und jedem Stand angemessen sein, Schmiede, Zimmerer, Steinmetze sollen wirken, als ob es für sie selbst wäre, die Kaufleute mögen ehrlich handeln. Treue gilt für die Handwerker im Nahrungsgewerbe und die Bauern.

Typisch für die Berufssünden: Schlechtes Tuch bei den Gewandwirkern, liederliche Arbeit der Hufschmiede, Betrug des Kaufmanns beim Verkauf und Ankauf, vielleicht noch unter Mißbrauch leerer Schwüre: „Bi allen heiligen! iu gibet nieman als vil drumbe als ich", eine Lüge, denn der betrügerische Verkäufer weiß sehr wohl, daß andere mehr geben würden. Hier ist die Frage des gerechten Preises (iustum pretium) auf volkstümliche Weise angesprochen. Nahrungsmittel werden verdorben angeboten: Fleisch, Fische, schlechtes Getreide (fules korn ze brote), alles Alltagsbilder aus dem Leben in der Stadt. Die Bauern endlich sollen ihr Vieh nicht auf fremdes Land treiben, die Knechte sollen ihren Herren treubleiben und nicht gleich bei schlechter Behandlung zu einem anderen Herrn laufen. Leicht gesagt, Berthold setzt freilich sofort ein Gegengewicht und ermahnt die Herren, am Beispiel des Roboam, der seine Leute unterdrückte, nicht hartherzigen Ratgebern zu folgen: „ihr herren ir tuot etewennen (zuweilen) iuwern armen liuten als übel", könntet ihr sie noch mehr ausbeuten, ihr würdet es tun. Herren und Bauern sollen „getriuwelichen under einander leben", die Bauern sollen nicht bei Korn und Heu betrügen, die selbst nicht arbeitenden Herren sollten es den Leuten so tun, „daz sie iu gedienen mügen". Eine Ordnung des gegenseitig verpflichteten, gerechten Verhaltens: Dienst auf seiten der untergeördneten „Chöre", Schuldigkeit auf seiten der hohen „Chöre".

Das soziale Engagement Bertholds, des Franziskaners, wird auch in anderen Predigten wirksam, so in der Predigt über die „ruofenden Sünden" (nr. 6) und über die „Fünf Pfunde" (nr. 2). In der Sündenpredigt geht es gegen „unrecht gewalt", für „gerechten Lohn" und gegen Lohnentzug, gegen Mord. In der Predigt über die Pfunde (person, Amt, Zeit, irdisches Gut, Nächstenliebe) entwickelt Berthold seine Lehre über den Einzelnen, seine Aufgabe (Amt), seine rechten Bedürfnisse, seine Pflicht zur Nächstenliebe, alles eingespannt in die verrinnende Zeit. Jeder soll an dem von Gott bestimmten Platz bleiben, der Schuhmacher soll nicht Richter, der Bauer nicht Ritter sein wollen. „Wer sollte uns den Acker bauen, wenn alle Herren wären?". Entschieden geht es gegen Geiz und Wucher, die sich entfaltende Geldwirtschaft mit ihren Belastungen für alle, die nicht am Geldhandel beteiligt sind und nur Ware anzubieten haben.

Bertholds reformerisches Engagement ist dabei nicht als „Ausdruck einer neuen Produktionsweise", des Handwerks nämlich, zu deuten, wie es im doktrinären Alphabet des epigonalen Marxismus verlautet. Die „neuen religiösen Formen" finden ihre Begründung nicht „geschichtlich im Rahmen der Veränderung von Produktion und gesellschaftlicher Organisation" [4]), sie erfolgen nicht im Kausalnexus von Basis-Überbau. Die franziskanische Armut ist nicht das zwangsläufige Ergebnis eines ökonomischen Prozesses, sie entspringt einem geistigen Prozeß, der Bekehrung des Mannes aus Assisi und seiner Freunde. Erst von diesem geistlichen Ereignis her kann man die Armut und die ihr folgende Opposition gegen das Geld und den Wucher als eine Antwort auf die sich entfaltende Geldwirtschaft sehen. Das Bild des „Schatzes" im Acker der „kristenheit", der „reinen menschen sel", das Berthold entwickelt, ist nicht als ideologische Frucht handwerklicher Produktionsweise zu interpretieren, sondern entspringt dem Nachdenken über die inmitten einer ganz anders gearteten ökonomischen Epoche verkündete Frohbotschaft von der Erlösung des Einzelnen und Aller. Berthold ist überzeugt, daß die bestehenden Verhältnisse nur im Anschluß an das Evangelium menschenwürdig und gerecht in Ordnung zu bringen sind. Mitte und Zielpunkt seines sozialen Denkens ist die „reine menschen sel", der „Schatz im Acker kristenheit", den der Herr erkauft hat. Hier offenbart sich eine radikal von ökonomischer Axiomatik unterschiedene Denkweise. Berthold wendet seine Sozialpredigt auf die individuelle Substanz an, auf die innerste Personalität der einzelnen „Seele“, damit hebt er die humane Existenz und das gesellschaftliche Verhalten von der kollektiven Ebene ab, führt über sie hinaus, und personalisiert er sein soziales Programm. Seine Verkündigung vertritt die christlich-humane Einsicht in den durch keinen ökonomisch-sozialen Prozeß überholbaren eigenen Rang der Einzelseele. In dieser Personalisierung entsteht auch ein Gegengewicht zur Macht der sozialen Strukturen.

Bertholds Engelsmetaphorik wiederholt ja auf ihre Weise das Schema der drei Stände: Hierarchie und Kleriker, dann die Herrschaftsträger, sie treten an die Stelle der „milites“. Man kann die Abfolge der Herrschaftsträger von oben nach unten mit der Heerschildordnung des Sachsenspiegels vergleichen. Schließlich die untergeordneten Arbeitenden. Jeder ist von Gott an seinen Platz gestellt, zwischen den drei hohen „Chören“ und den niederen „Chören“ waltet das Gesetz der Schuldigkeit von oben, der sozialen Verantwortung und des Dienstes von unten nach oben. In dieser verpflichtenden Subsidiarität aller sind der Einzelne und die Gruppe geschützt. Es kommt hinzu, daß über alle Standesgrenzen hinweg die Pflicht zu einem Amt, zur Arbeit besteht. So wird Arbeit zu einer alle Stände bindenden Forderung. Arbeit als „Amt“ ist nun nicht mehr vorwiegend oder ausschließlich Handarbeit, sondern wird als Tätigkeit, Auftrag verstanden. Diese Sehweise paßt ganz zur Konzeption des alle verbindenden „opus“ bei dem Ordensoberen Bertholds, Bonaventura. Hier bahnt sich eine neue Sicht der Gesellschaft an, in der alle auf eine Tätigkeit verpflichtet sind und für die nun auch ihr Arbeitsethos artikuliert wird. Berthold sagt es so: „Er (Gott) hat niemand zum Müßiggang geschaffen, wir alle müssen etwas treiben, womit wir leben“ (2. Predigt). Man spürt die urbane Welt, die keine Müßiggänger wünscht und die im Tätigsein sich wiedererkennt.

Eine neue Sicht der Gesellschaft wird auch in der Engelsanalogie als ganzem sichtbar. Die Angleichung, oder wie Berthold sagt: „die heilige kristenheit aber baz gelichet dem wünneclichen himmelriche“ bedeutet ja als Seinsanalogie mehr als die Gebäude — oder Körpermetaphorik. Hier wird eine ontische Angleichung im Sinne der Stufung des Seins vindiziert, während im Bildvergleich nur die bildhafte Ähnlichkeit der Eigenschaften behauptet wird. Die Christenheit steht in einer „Ähnlichkeit des Seins“ zu den himmlichen Chören. Die gläubige Gesellschaft erhält einen „engelgleichen“ Charakter [5]). Und in dieser Seinsanalogie erfahren vor allem die unteren Schichten eine ontische und ideelle Neuwertung. Welch ein Abstand zur metaphorischen Vorstellung der Bauern als Füße, als Fußboden in der Körper- und Gebäudemetaphorik des 12. Jahrhunderts. Die „laboratores“, die „armen Tröpfe“ Adalberos von Laon, sind nun fähig, als „Engelsgleicher Chor“ beschrieben zu werden, ihre Arbeit, ihre soziale Position wird zum Abbild der himmlischen Ordnung selbst. Man mag darin eine verstiegene, realitätsleere Spiritualität sehen, daß jedoch überhaupt der spekulative Versuch unternommen wird, die Arbeitswelt voll in die himmlische Abbildlichkeit und in eine dem Himmel analoge Seinsordnung einzubeziehen, erweist, welche Wandlungen in der sozialen Reflexion möglich geworden sind, wozu diese fähig geworden ist. Es dürfte nicht zu weit hergeholt sein, wenn man in dieser Weise sozialen Reflektierens einen Hauch franziskanischer Spiritualität erkennen möchte [6]).

Das Schachspiel als Predigtexempel und Ort sozialer Reflexion: Einer anders gearteten sozialen Optik begegnen wir in den Schachbüchern, vor allem in dem ungemein wirksamen „Solacium ludi scacorum“ des Jakob von Cessolis und seiner Nachahmer (J. de Vignay, W. Caxton, Heinrich von Beringen, Konrad von Ammenhausen [7]). Jakobs Darstellung der

Regierung der Sitten und des Krieges (regimen morum ac belli) ist sozial intendiert, er will seine Arbeit als „Zeugnis des menschlichen Geschlechtes" (humani generis documentum) verstanden wissen. Den Schachvergleich hat er in der Predigt erprobt, er ist aus der Belehrung „ad populum" gewachsen. Jetzt schreibt er auf Bitten „vieler Vornehmer", nüchtern und streng nach den Figuren des Spiels und seinem „Gang". Von der hochfliegenden Himmelsanalogie des Franziskaners zur scholastischen Spielmetaphorik des Dominikaners aus der Lombardei. Der Spielvergleich setzt schon im Vergleichsmaterial einen eigenen Akzent, sowohl gegenüber der Himmelsanalogie wie gegenüber der Körpermetaphorik. Gegenüber der Himmelsanalogie bleibt der Blick ganz und entschieden auf das Tun und Treiben, die „mores", der irdischen Welt verhaftet, gegenüber der Körpermetaphorik haben wir nun nicht die organische Natur, sondern eine artifizielle menschliche Erfindung als Vergleichsgegenstand und damit zugleich alles, was eben Spiel auszeichnet: Anordnung, Funktion, Spielweise. Dabei hat jede Figur ihre eigenen Möglichkeiten des Spieleinsatzes, der zwar nach „nobiles" und „populares" ständisch abgestuft bleibt, der aber, wie sich überraschend bei den Bauern zeigt, über alle Standesgrenzen hinweg in die oberste Spielklasse und damit auch in die Regierung selbst gelangen kann. Einerseits bleibt die ständische Rangordnung bestehen, andererseits gibt es die Möglichkeit extremer sozialer Mobilität. Zudem stellt sich in der Spielmetaphorik eine alle Figuren einende Gemeinsamkeit dar, die nivellierend wirkt, und sicher treten im Spielvergleich die Rangunterschiede nicht so prononciert hervor wie in der Gebäude- und Körpermetaphorik. Im Gebäudevergleich trägt der Fußboden das Ganze, er ist jedoch zugleich der Boden, auf dem die anderen herumlaufen; im organischen Vergleich sind die Körperteile von der lebensvermittelnden Kraft des Hauptes, des Herzens und der Seele (König, Senat, Priester) abhängig und auf sie angewiesen. Im Spielvergleich hat jede Figur aus ihrer Position heraus ihre Funktion, sie ist in ihren Bewegungen nur der Spielordnung unterworfen. Der König als spielentscheidende Figur hat keine Gewalt über die anderen Figuren.

Die Details lassen die Eigenart des Spielvergleiches noch klarer fassen. Erfunden, um einem verabscheuungswürdigen Herrscher auf dem Wege des Spiels eine Belehrung zu erteilen, bietet das Schach die Möglichkeit einer sozialethischen Metaphorik, einer Anleitung zum rechten Verhalten, zunachst der Vornehmen, darüber hinaus aber aller Stände. Die soziale Hierarchie ist in der Trennung der vornehmen und niederen Figuren (populares/Bauern) gewahrt, aber zwischen den Ständen erfolgt eine jeweilige Zuordnung, in der nicht zufällig die populares (Bauern) vor den nobiles stehen. Denn die populares sind „quodammodo corona nobilium". Was könnte der rechte Turm, der den Vikar des Königs figuriert, machen, wenn nicht vor ihm der Landmann stünde, der ihn versorgt? Was der Ritter (Springer), wenn nicht vor ihm der Schmied, der ihm Waffen, Zaumzeug, Sporen fertigt? Was die Vornehmen, wenn sie nicht gekleidet würden? Was König, Königin und alle andern, wenn sie keine Medikamente bekämen? „Gloria ergo nobilium atque vita populares sunt" (IV, c. 1). Die Vorordnung der populares hebt nicht die feudale Herrschaftsstruktur auf, sie verweist jedoch darauf, daß es neben der ständischen Ordnung eine Ordnung der Lebensbedürfnisse gibt (cura temporalium). Diese werden von den populares gesichert. In dieser Perspektive vollzieht sich die Reihe der Figuren (von rechts nach links/Weiß): Landleute stehen vor den Vögten; Schmiede, Maurer u. a. vor den Rittern; Weber, Färber und andere Handwerke vor den Richtern (Alphiles, Läufer); Kaufleute, Wechsler vor dem König; Ärzte, Apotheker vor der Königin; Gastwirte vor den Richtern (c. 2), Stadthüter, Zöllner vor den Rittern (b 2); Verschwender, Spieler vor den Vögten. Zwischen jedem Paar eine besondere Beziehung: Die Landleute kommen nicht zufällig zuerst, ihre Arbeit gilt der „Terra mater omnium", sie schaffen die Nahrung, ebenso sorgt der Vogt für das Reich. Während sie in früheren Aufzählungen zuletzt rangierten, nehmen die Bauern in der Funktionsfolge der populares jetzt den ersten Platz ein. Die Schmiede fertigen den Rittern die Waffen, Maurer, Zimmerer bieten den Menschen Schutz, wie der Ritter ja auch. Die anderen Handwerke stehen vor den Richtern (Läufern), da es häufig Rechtssachen gibt, sie sorgen für Kleidung und Nahrung. Die Kaufleute und Wechsler sind dem König zugeordnet, da dieser laufend Geld benötigt. Die Ärzte, zugleich als Repräsentanten der freien Künste, stehen vor der Königin, um die Unversehrtheit des Körpers zu signalisieren. Die Gastwirte vor den Richtern, da es hier oft Streit gibt. Die Stadthüter bei den Rittern, da auch sie für Schutz sorgen. Die Späher sind bei den Vögten, da diese häufig Kundschafter brauchen. Hier werden auch die Verschwender vorgeführt. In jedem Stand gilt das Gesetz tugendhaften Verhaltens: Milde, Wahrheitsliebe, Gerechtigkeit beim König; Weisheit, Keuschheit, Zucht bei der Königin; Gerechtigkeit für die Richter; ein Ritterspiegel ruft die Tugenden der Waffenträger in Erinnerung; die Vögte sollen Gerechtigkeit walten lassen. Ebenso erhalten die „populares" ihre Weisung, sie läßt sich in der Mahnung fassen, zuverlässig, ehrlich, tüchtig zu arbeiten. Eine ideale Welt, die zugleich viele Einblicke in den Alltag der Zeit bietet.

Gegenüber Bertholds Predigt und Konzeption des „Dienstes" der niederen „Chöre" fällt auf, daß der Dienst als allgemeines Kennzeichen der arbeitenden Schichten fehlt. Funktion und Position der „populares" ergeben sich aus ihrer Tätigkeit für das Ganze und für die jeweilige Umgebung. Hier wird bestätigt, was bereits zur Spielmetaphorik ausgeführt wurde: Spielfunktion und Sozialfunktion verschaffen der Spielfigur und dem Berufsstand ihre jeweilige Position, eine besondere Abhängigkeit als Dienst gegenüber den höheren Schichten wird nicht mehr betont. Daß beim Bauern betont wird, er solle den Herrn nicht hintergehen und mehr für fremdes Wohl als für das eigene bedacht sein, ändert an der Gesamtkonzeption nur wenig. Für das Ganze kann man sagen, die Gesellschaft der Dienste wandelt sich bei Jakob in eine Gesellschaft der Funktionen. In dieser Perspektive gewinnen dann auch kritische Ansätze ihr Gewicht. So, wenn gesagt wird: „Adel ohne Sitten und Besitz ist eher eine Albernheit". Tugend wird zu einer wesentlichen Voraussetzung der sozialen Privilegierung. Andererseits kann der Bauer (popularis), der sich als Spielfigur nur wenig bewegen kann, zur Königin werden und ebenso kann er einen vornehmen Gegner nach links oder rechts schlagen. Jakob sieht darin ein Zeichen für die Möglichkeit des sozialen Aufstiegs bis zur Spitze des Imperiums oder des Papsttums und einen Erweis des Widerstandes gegen einen persönlichen Angriff (personae insidiatorem), wie gegen eine Verletzung seines Eigentums. Plötzlich erweist sich in diesem Augenblick die starre Herrschafts- und Sozialstruktur als durchlässig. Staat und Gesellschaft sind von den herrschenden Schichten nicht so vollständig abgedeckt, daß keine Ausnahmen eintreten können. Die bestehende Ordnung ist keineswegs für alle Fälle endgültig und irreversibel. Konrad von Ammenhausen wird in seiner Bearbeitung des Schachbuchs daraus eine gezielte soziale Lehre ziehen: „hie bi sol man das verstan, das arme lute nieman versmahen sol, man bedarf ir ze allen ziten wol ouch wissent, das man geschriben vint, das mange ze herren worden sint". Die Betonung des Widerstandsrechtes der „populares" — der Spielbauer kann ja sogar den König schlagen — erweist, wie hoch Jakob die persönlichen Rechte des Einzelnen und der Gruppe gewertet wissen will.

Wie bei der Erfindung des Spiels bietet auch jetzt das Schach Gelegenheit, soziale Wahrheiten zu verkünden, Mißstände (Unrecht, Hoffahrt, Verschwendung) anzuprangern. Die auf

Jakob folgenden Bearbeitungen werden die Kritik noch ausweiten, wie besonders Konrad von Ammenhausen erweist. — In diesem Bild einer exemplarischen Verhaltensweise, das ein Stück Sehnsucht nach einer besseren sozialen Wirklichkeit artikuliert, werden nun freilich die Geistlichen nicht angesprochen. Sie erscheinen nur, wenn es um den Schutz geistlicher Rechte geht. Aus diesem Übergehen der Hierarchie und des Klerus darf man nicht zu viel schließen. Das Schachbuch zielt auf die Predigt an die Laien, diese Zielgruppe bestimmt auch die Thematik. Allerdings zeigt sich auch, das kann man wohl festhalten, daß eine derart auf die Laien und die weltliche soziale Wirklichkeit beschränkte Aussage und Ansprache möglich geworden ist.

Die besonderen Bedürfnisse der in der Welt der Laien entstehenden Fragen, vor allem wirtschaftlicher Art, erscheinen in den Predigten Bernhardins von Siena [8]). Der „soziale Volksprediger" (Hünermann) übernimmt in die Begründung seiner sozialen Anschauungen die Lehre vom Gemeineigentum des Urstandes und der historischen Notwendigkeit des Eigentums erst für die Zeit nach dem Sündenfall. Eine Notwendigkeit, die freilich auch als „de iure naturae" bezeichnet wird [8a]). An dieser Stelle wäre es interessant zu erfahren, wie sich Bernhardin dieses „historische Naturrecht" denkt. Meint er, ähnlich wie Ockham ein auf den Stand der „natura lapsa" zugemessenes Naturrecht oder läßt sich auch dieses Naturrecht in den paradiesischen Urstand zurückverfolgen, so daß schon im Paradies irgend ein Eigentum bestanden hätte? Für seine sozialen Reflexionen ist es wichtig, daß er keine Neigung zeigt, das Eigentumsrecht zu schwächen. Was er fordert, ist eine soziale Verpflichtung des Eigentums, damit steht er in der Tradition seit den frühesten urchristlichen Aussagen. Er geißelt die „divitiarum cupiditas", dasselbe was wir in der „gitikeit" immer wieder vorgeführt bekommen. Andererseits wendet er sich gegen den Müßiggang, auch dies eine gerade für die bürgerliche Arbeitswelt typische Haltung. Arbeit und Leistungsstreben werden gelobt, allerdings im Sinne einer beherrschten Arbeitsmoral: „bonus est nempe corpori et animae moderatus labor". Standesgemäßer Lebensunterhalt wird anerkannt. Auch der Reichtum hat an sich sein Gutes. Wie er sich gegen die „luxuria", vor allem auch in der übertriebenen Putzsucht wohlhabender Frauen wendet, so erfahren die Armen, die immer nur „reich sein möchten" seinen Tadel. Auch dies ein aus der Tradition bekanntes Argument, schon im 10. Jahrhundert wird die Überhebung der Armen getadelt: „multi pauperes quorum superbia elationem divitum excedit" (Rather, Praeloquia, tit. 19).

Im Ganzen ein auf eine mäßigende Mitte bedachtes Bild der Gesellschaft und ihrer Verhaltensregeln, in dem jedem sein Stand zugewiesen wird, und in dem jeder Exzess nach der einen oder anderen Seite verurteilt wird. In diesem Rahmen erfolgen die Ermahnungen zur Pflicht des Almosens, teils an Bedürftige, Notleidende und Darbende, wobei die Darbenden den äußersten Rand der sozialen Not ausmachen. Der Reiche soll alle Gruppen unterstützen, der Wohlhabende ist nur gegenüber den Notleidenden und Darbenden verpflichtet, wer nur das Notwendigste besitzt, braucht nur dem in äußerster Not sich befindlichen Nächsten zu helfen. Gestufte Solidarität, die einem erfahrenem sozialen Urteil stammt. Auf dieser Linie einer nüchternen Wertung des wirtschaftlichen und sozialen Umfelds wachsen schließlich auch seine Vorschläge zur Wirtschaftsethik. Er ist überzeugt von der sozialen Funktion des Handelns, denn nicht jeder kann, wie der Kaufmann, sich von einer ortsgebundenen Tätigkeit losreißen und in ferne Länder gehen, der Händler kann für seine Vermittlung auch einen Gewinn erzielen. Das hindert Bernhardin nicht, jeden Wucher, jedes Spekulantentum zu verurteilen. Damit wären dann auch jene Erscheinungen getroffen, die in der Sozialkritik der

Lehrdichtung immer wieder genannt werden. Gewinnstreben kann nur unter dem Leitziel der eigenen Existenzerhaltung und der Pietät, des allgemeinen Wohls anerkannt werden. Aus dem sozialen Charakter der wirtschaftlichen Hilfe in Form eines Darlehens heraus lehnt er auch die „usura" bei Darlehenszinsen ab. Verkauf von Freigebigkeit und Wohlwollen in der Weise eines Darlehens wäre nicht sittlich. Ebenso verwerflich ist jede Preisgestaltung, die eine Ware bewußt verknappt und den Käufer in eine Notlage bringt. Der Preis einer Ware soll sich nach deren Gebrauchs- und Tauschwert richten, dann ist er ein gerechter Preis (iustum pretium).

6.2 Lehrdichtung — Die soziale Kritik — Erasmus, Hermen Bote, Rolerinck

Auf die zuvor gestellte Frage nach der rechten Gottesordnung und ihrer Verwirklichung im Leben gibt die lehrhafte Dichtung eine in den Grundzügen gleichlautende Antwort. Vieles wiederholt sich, sodaß eine Betrachtung nach Autoren und Sprechern bereits Gesagtes wieder brächte. Natürlich gibt es Unterschiede, vor allem im Urteil über Vorgänge, die einen sozialen Wandel betreffen, über die Änderung tradierten ständischen Verhaltens, und schließlich auch bei der Kritik am sozialen Umfeld. Damit sind bereits drei Perspektiven angesprochen: Allgemeine Überlegungen, Äußerungen zur Situation der Stände und zur Standesethik und Kritik an den sozialen Verhältnissen.

(1) Die Betrachtung des allgemeinen sozialen Verhaltens gewinnt in der Lehrdichtung des 13. Jahrhunderts eine literarische Form, nicht umsonst befinden wir uns in der Zeit der scholastischen Summen. Thomasin von Zerclaere erweitert im Wälschen Gast seine Ritterlehre zu einer allgemeinen Betrachtung geselligen Umgangs. Das Ganze schließt in einem Aufruf zum Kreuzzug. Freidank gibt in seiner „Bescheidenheit" (Kluge Einsicht, Bescheid wissen) ein Panorama der Situation des Menschen: Von Gott über den Glauben, über die Stände bis hin zur Endzeit des Jüngsten Tages. Einen ähnlichen universalen Rahmen gibt Hugo von Trimberg seinem „Renner". Eine globale Schilderung des Lebens bis hin zur Eschatologie der „neuwe welde". Daneben haben wir die lockere Form der Erzählung, Satire, Fabel, in der ein Gesamtbild geselligen Verhaltens satirisch, schwankartig, belehrend entfaltet wird: In den Verserzählungen des Stricker, der Fabliaux, der Tierfabel (Renard, Reinke de Vos), in den Narrenspiegeln des Sebastian Brant und Erasmus.

Die conditio humana ist zunächst präsent in der elementaren Bindung von Mann und Frau in Ehe und Liebschaft, ihre Darstellung und Wertung basiert wiederum auf der Einschätzung der Geschlechter selbst. In Gestalt der Minne war in der ritterlichen Ethik die Relation Mann-Frau zu einem bestimmenden Element der Standesethik geworden. Dieses ständische Ideal hat auch jetzt noch seine Wirkung, wenn auch unter den sich verändernden historischen Bedingungen das Bekenntnis zum Hochbild der Minne von nostalgischer Wehmut getragen ist, aber zugleich vehement gesteigert werden kann wie in der „Herzmaere" des Konrad von Würzburg. Der Widerstreit zwischen Alt und Neu ist augenfällig auch in der „Frauenehre" des Stricker greifbar. Minneethos und die Verehrung der verheirateten Herrin kann sich jetzt ohne den Zaubertrank einer Brangaene über jede eheliche Schranke hinwegsetzen, gewiß nur im Begehren, aber diese Begierde ist eindeutig erotisch und wird mit „münde rosenrot" unter „vil senfter küsse pflagen" (Herzmaere) besiegelt. Der jeweilige Liebestod des schmachtenden Ritters der „Herzmaere" des (Konrad von Würzburg) im Heiligen Land und der Geliebten nach dem Genuß des Herzens des Geliebten in der Heimat wird bewußt ersehnt und zur willkommenen Tat, ja er wird durch die Kreuzfahrtsymbolik geradezu in eine religiöse Dimension versinnbildlicht. Konrad läßt seine Heldin sogar den „vil süeze got" als Zeugen ihres Sterbens anrufen. Die Leidenschaft ist unwiderstehlich. Mann und Frau sind ihr ausgeliefert, Gott kann sich nur noch über die „vil armen" erbarmen. Konrad beklagt sich, daß die Minne jetzt „verkeret ir art", daß sie krank geworden und „sich algemeine den liuten hat gemachet". Das bezieht sich auf den Niedergang der höfischen Ideale und Poesie inmitten einer sozialen Wandlung des Ritterstandes selbst und des Aufkommens der urbanen Kultur und Geselligkeit. Die Minne wird verbürgerlicht, wandelt sich in die den „liuten" gemeinsame Liebe. Der im Minneethos verhüllte Bruch der Ehe wandelt sich in dieser Welt direkt und unzweideutig, ohne aesthetische Umwege in handfesten Ehebruch, der nun in ganz makabrer Form zu Ende geführt werden kann, wie in „Der begrabene Ehemann" des Stricker. Der seiner Frau erotisch willenlos hörige Mann wird von ihr und ihrem Geliebten, einem Pfarrer, in den Wahn gebracht, sich sterbend und tot zu stellen — es ist der letzte Liebeserweis des Mannes nach vorausgehenden Erweisen —, als er im Grab liegt und in Todesnot zu schreien beginnt, beruhigt der Pfarrer die Leute, der Teufel würde schreien. So stirbt er an seiner eigenen Willensfährigkeit: Er setzte eben ein „tumbes wip ze meister uber sinen lip" [9]). Die ihr Leben genießende Frau, später wird ihr Chaucer in der „Frau von Bath" eine klassische Gestalt geben. Die ritterliche Minne wird ins bäuerliche Milieu persifliert, in der Hochzeit Bertschis mit Mätzli Rüerenzumph, wird derb die eheliche Begegnung geschildert (Wittenweiler: Ring). Das ist nicht mehr die feine Welt des amour courtois. Man darf annehmen, daß die Frau der urbanen Gesellschaft und der sich vergrößernden Dorfgemeinde nicht mehr so streng gebunden ist, wie im abgegrenzten Bezirk höfischer Etikette, sie kann, wenn sie ungeniert und willensstark genug ist, eher ihren Wünschen nachgeben, und diese Gedanken und Wünsche kann man schlecht erraten, wie es wiederholt heißt. Dabei bleibt der rechtliche-soziale Unterschied zwischen Mann und Frau bestehen. Freidank stellt fest, daß den Mann manches auszeichne, was die Frau verächtlich mache. Begeht eine Frau nur eine Missetat, wie sie der Mann zu tausend vollbringt, dann hat sie ihre Ehre verloren, während der Mann für sein Handeln noch geachtet sein wolle: „ein man vil manger eren hat/daz guoten wiben missetet/tuot ein wip ein missetet, der ein man wol tusent hat/der tusent wil er ere han" (102, 16). Ein bemerkenswertes Eingeständnis des freimütigen Spruchdichters. Es trifft genau die soziale Benachteiligung der Frau in der patriarchalischen Männergesellschaft. Von hier aus formt sich dann auch das Bild der „bösen Frau", dem keineswegs ein entsprechendes Konterfei des „bösen Mannes" gegenübersteht. Der Stricker schildert ausführlich (von bösen Frauen) das „ubele wip". Er entschuldigt sich zwar bei den „vrowen" für seine Kritik, das zielt auf die tradierte Frau als Herrin und eine vornehme Leserschaft, nimmt jedoch auch die adelige Dame, die sich ständig ihrer Herkunft brüstet (535), nicht aus. Aber schon dieser Vorwurf des Stolzes auf die Geburt verrät eine distanzierte Haltung zum Adel als einer sich abschließenden Kaste. Im übrigen geht der Angriff auf die „üble Frau" vor allem auf die Frau, die sich dem Mann nicht unterordnen will, und die „meisterschaft" des Mannes schwächt (258). Eva hat Adam verraten, Got gebot dem Weib „daz si dem manne waere untertan" (155). Ein „übles Weib", das sich über den Mann erhebt, ist schlimmer als jede „creatiure, gehiure ode ungehiure" (720). Furcht und Minne zeichnen dagegen die „gut wip" aus (880). Das entsprach theologischer Meinung, handfest in die Sprache des Lehrgedichts transponiert.

Ob die einzigartige Christine de Pisan, Italienerin in Paris, mit 25 Jahren Witwe und Mutter dreier Kinder, ein solch „gut wip" war, ist schwer zu sagen [10]). Sie achtet den Mann, lobt die

Freuden der Ehe, realisiert aber auch als Witwe die erstaunliche intellektuelle und moralische Kraft, nun ihre Kinder als erster weiblicher „homme de lettres“ durchzubringen. Furcht ist sicher nicht ihre Sache. Gegen so viele, die Frau abwertende Stimmen in Kirche und Welt, setzt sie ihr persönliches Bild der Frau. In der Kontroverse um die Fortsetzung des Rosenromans durch Jean de Meung wird sie zur führenden Sprecherin gegen den Frauenverächter aus Meung-sur-Loire. Sicher ist sie nicht „die erste dieser unerträglichen Reihe“ von schriftstellernden Frauen, die, koste es was es wolle, über alles schreiben, wie G. Lanson sie arrogant abqualifiziert. Sie eröffnet weder eine Reihe literarischer „Blaustrümpfe“, noch paßt sie mit ihrem Werk und Leben einfach in eine „Reihe“. Auf eine lange Strecke hin bleibt sie ein Einzelfall [11]). Und doch wird an ihr zugleich ein Wandel in der kulturellen Funktion der Frau deutlich. Sie kann unter den Bedingungen der Gesellschaft um 1400 offenbar, und wenn auch nur in einem Ausnahmefall, derart aktiv sich entfalten. Dabei darf man sich daran erinnern, daß die literarisch interessierte Frau schon ihre Tradition hat. Jetzt werden Überlegungen angestellt, die Frau am Bildungsweg teilnehmen zu lassen. Bruni Aretino wird seine Erziehungsschrift „De studiis et letteris“ der Gräfin Malatesta widmen. Christine selbst nimmt für sich in Anspruch, auch über den „Corps de policie“, über politisch-soziale Sitten und Tugenden zu schreiben, trotz männlichen Vorurteils gegen weibliches Schwatzen [12]). In der „Cité des Dames“ und „Trois Vertus“ schildert sie frauliche Tugend und gibt Anweisung für die Erziehung. In der „L'epistre au Dieu d'Amours“ gegen den Rosenroman wendet sie sich gegen die erotische Ausbeutung der Frau durch den Mann. Frauen erschlagen nicht im Krieg Männer, zerstören nicht Städte und unterdrücken Völker, üben Gewalt aus und schließen falsche Verträge wie die Männer. Sie sind freundlich, liebenswert, bescheiden. Die Rollen sind vertauscht, das ist nun das Gegenbild zu den Spottbildern der Frau in den Fabliaux. Man denkt an Freidank, wenn Christine in der Epistel an den „Dieu d'Amours“ und im „Dit de la Rose“ die Diffamierung der Frau (toutes sont fausses seront et furent) anprangert, aber nun schärfer und ungleich eindringlicher als der Spruchdichter [13]). Eine Schwalbe wie Freidank und zwei wie Freidank und Christine machen noch keinen Frühling, aber Möglichkeiten eines Umdenkens deuten sich an.

Mann und Frau sind in die sozialen Gruppen ihres Lebenskreises eingegliedert, es gelten für sie, wie für die größeren Gemeinschaften die Normen vernünftigen Zusammenlebens: Weisheit, Gerechtigkeit, Maß (Wittenweiler, 4440ff), Treue und Zuverlässigkeit (Freidank), staete (Thomasin, Wälscher Gast), Gehorsam-Keuschheit (Renner). Gegenbild gegen die Weisheit ist die Torheit, der „tumbe man“, das „tumbe wip“. Tor ist, wer unbedacht, gierig, blind in eine Situation rennt, „Torn waren an witzen plint“ (Renner), nur seinen Vorteil sucht: Der Tor wird zur großen Warnfigur, die auch die Tierfabel prägt: Als Verhaltensmuster die verschiedenen Formen der Torheit in Reinke des Vos. Den Widerpart zur Gerechtigkeit bilden alle, die Gewalt vor Recht ergehen lassen. Hugo von Trimberg schildert sie eindringlich (Renner XXI). Alle sollen ihr Recht haben: „der gebauwer und der chnecht/und der herre habe sein reht... der arme und der reiche/mugen ham ir reht gar“ (Thomasin 12449 ff). Gegen das Maß steht die „unrehtiu gir“ des Toren, die der Stricker in den „Drei Wünsche“ (26) schildert, die Unmäßigkeit, die häufig beim Geistlichen beklagt wird, die Gier des Reichen und Verschwenders, die Freß- und Saufgier auch der Bauern (Wittenweiler: Ring). Die Klage über Untreue wird immer wiederholt, Lüge, Haß und Neid zeichnen sie aus. Sie hat ihren Anfang schon bei Kain, wie Seifried Helbling (VII, 145) bei seiner Schilderung eindrucksvoll darstellt, Neid als Ursache des Brudermordes und des Verrates durch den „armen Judas“.

Menschliches Zuammenleben bedarf der steten Zuverlässigkeit nicht des Wankelmutes, eine Eigenschaft, die gerne den Frauen vorgehalten wird. Thomasin baut seine soziale Tugendlehre zunächst im Ritterspiegel, dann allgemein von dem Gegensatz von „staete-unstaete" her auf. Man erkennt natürlich in diesem Tugendkatalog unschwer die vier Kardinaltugenden (Klugheit, Gerechtigkeit, Maß, Tapferkeit) wieder, wobei die „Stärke" relativ selten geschildert wird. Wittenweiler schildert sie ausführlich und trennt die körperliche von der seelischen Stärke, hier erscheint das Bedürfnis der Sicherheit, eine Aufgabe, die dem Adel (schildes ambet) aufgetragen ist.

In all dem schält sich ein Hochbild sozialen Verhaltens heraus, das zunächst einmal von der Grundeinsicht getragen ist, daß die bestehende Struktur der Gesellschaft anzuerkennen und anzunehmen ist, sofern die „tugend" in ihr zum Recht kommt. Freidank teilt geradezu in dieser Perspektive die Menschen ein: „Got hat driu leben geschaffen/gebure, ritter und pfaffen; daz vierde geschuof des tiuvels list/daz dirre drier meister ist: daz leben ist wuocher genant/daz slindet (verschlingt) liute und lant" (27). In den drei Ständen haben wir die alte Dreiteilung, im Wuocher begegnen wir der Ursünde der „avaratia", der Gier (git, giteheit), dem Habenwollen. Damit sind wir beim zweiten Thema der Ständedichtung angelangt.

(2) Deren beherrschende Tendenz geht auf die Wahrung der Standesrechte, auf die Erfüllung der Standespflichten und die Abwehr selbstherrlicher Verletzung der Standesgrenzen. Im Sinne des Standesrechtes hat jede Schicht ihre Würde, die letztlich auf die natürliche Gleichheit der Menschen zurückgeht. Aber der Gegensatz von Tugend und Untugend löste die Ungleichheit aus (Wittenweiler 7212ff). Freilich auch jetzt gibt gerade die Tugend die Möglichkeit, es jedem Stand, auch dem Adel gleichzutun: „Wer Tugend hat ist wohlgeboren, Adel ohne Tugend ist verloren" (Freidank 54). Die Eigenwürde des Bauern wird bei Wittenweiler artikuliert: „Nie kain volk ward uns geleich" (7257). Die Stellung und das Selbstbewußtsein des Bürgers erscheint im „Guten Gerhard" des Rudolf von Ems: Der reiche Kaufmann, der auf Fahrt Ritter und eine Königstochter loskauft und der später die ihm angetragene Königskrone in England ausschlägt. Patrizisches Selbstbewußtsein, königlicher Kaufmannsgeist und Bescheidenheit zugleich, die alles in seiner Ordnung lassen will und von daher auch den Verzicht leistet. — Der ritterliche Stand erfährt seine literarische Würdigung in den Ritterlehren, bei Thomasin im Winsbecke, bei Seifried Helbling, Johannes Rothe, [14]). Dabei bleiben in der innerständischen Differenzierung des Rittertums und des Adels selbst noch gewichtige Abstufungen bestehen, wie die Heerschildordnung oder Äußerungen in der Lehrdichtung selbst, bei Seifried Helbling und Rothe, erweisen. Im Ganzen kann man jedoch mit dem Ritter und seiner Ethik auch „Adelsethik" überhaupt angesprochen sehen. Denn im Austausch der Standesvorstellungen von Adel und aufsteigender Schicht der Ministerialen vollzieht sich ja die Entfaltung eines Verhaltensmusters, das man als adlige Ritterethik bezeichnen kann. Das Selbstbewußtsein des Ministerialen kann man im „Heinrich von Kempten" des Konrad von Würzburg wiedererkennen, der seinen Helden, den Kaiser Otto am Bart über den Tisch ziehen und bedrohen läßt, da er seine Ehre verteidigte und nun selbst in Not ist. Eine Szene, die genau eine gewandelte soziale Mentalität zum Ausdruck bringt, in der ein Stand sich seine Anerkennung erkämpft. Es kommt hinzu, daß die Frage der „hohen Geburt" historisch gestellt wird. Das hat an sich seine Tradition, man denke an Rather von Verona, aber jetzt gewinnt eine historische Befragung der „nobilitas" im Zusammenhang mit der Adelskritik und der Adelskontroverse, über die noch zu reden sein wird, eine besondere

Brisanz. Rothe schildert ungeniert den möglichen Aufstieg einer Dynastie, sogar einer königlichen, aus dem Stand der „eiginluthe" (409ff) und kommt zum Schluß: „also werdit daz adil nicht angeborin". Aus einer solchen Mentalität heraus kann sich sehr wohl auch der in den Adel aufgestiegene Stand der Ritter dem älteren Adel allmählich ebenbürtig fühlen. Entscheidend ist die Erfüllung adlig-ritterlicher Pflichten. Hier kommt dem Ideal des Tugendadels eine besondere Bedeutung zu.

Die Erfüllung der jeweiligen Standespflichten prägt und legitimiert die einzelnen Stände. Die Lehrdichtung verteilt dabei ihr Interesse entsprechend den sozialen Rängen. Eine für die soziale Mentalität und die mit ihr gegebene Chance der Selbstdarstellung typische Situation. Im Vordergrund steht, auch quantitativ, die Darstellung ritterlicher Pflichten, dann folgen vereinzelt Anweisungen für bürgerliches Verhalten, eine besondere Bauernethik oder gar eine Ethik der Landarbeiter, der unfreien Hintersassen wird jetzt noch nicht geboten. Sie müssen sich wohl, früher oder später, selbst zu Wort melden, sofern sie dazu in der Lage sind. Allerdings kann man aus all den Stellen, in denen der Bauer als aufstrebender Möchtegern karikiert wird, schließen, daß sich in diesen Schichten ein Bewußtsein des Eigenwertes bildet, das durch die tradierte Pflichtenzuteilung „von oben" nicht mehr zu befriedigen ist. Wenn Wernher der Gärtner und Wittenweiler den sich gut kleidenden jungen Bauern, der wie ein Ritter tanzen will, verspotten und ihn als Verbrecher oder als resignierenden Eremiten — Bertschi im „Ring" als Einsiedler im Schwarzwald — enden lassen, dann wird hier eben auch ein Prozeß greifbar, in dem Einzelne der Unterschicht aus der Überzeugung der eigenen Kraft die starren Eingrenzungen der Gesellschaft korrigieren wollen [15]). Im Gespräch zwischen Vater und Sohn im „Meier Helmbrecht" wird die dem Bauern mögliche Lebenserwartung und sein Sozialprestige anschaulich vorgeführt: Einfaches, natürliches, durch die Landarbeit ein für Mensch und Tier, sogar für den König, notwendiges und ersprießliches Tun und Leben in der Sicht des Vaters: „Mein Sohn willst du vom Adel sein, du bist's durch edles Tun allein" (421f). Dagegen der Sohn, in dessen Sozialerwartung sich die Wünsche einer Generation verdichten: Drei Jahre ein Fohlen oder Kalb aufziehen, hinterm Pflug mühsam einhergehen, mit „dunklen Händen", die den Frauen beim Tanz mißfallen?. Der Bauer soll nach den Worten des Vaters nur in seiner kleinen abhängigen Welt seinen Dienst an Herrschaft und Gesellschaft leisten, der Junge dagegen sieht am Leben des Ritters nur den raschen, wenn auch gewalttätigen Verdienst, er will die Träger der Gewalt vom Kaiser bis zum Grafen herausfordern (336ff) und er gerät nun auch in die Schule eines fehdebesessenen, räuberischen Herrn, dem „kecke" Reiter willkommen sind. Hier lernt er das Rauben, er heimst sogar das Meiste ein (557ff). In dieser neuen Welt, die Wernher im zweiten Gespräch zwischen Vater und Sohn dem alten Rittertum konfrontiert, wie es der Vater erlebt hat und voller Ehrfurcht schildert, herrscht das: „Trinkt Herr Ritter trinkt", Betrug und Gewalt. Acht und Bann werden verspottet (791ff). Solange der Sohn in dieser Umgebung raubt und plündert, geschieht ihm nichts, er ist ein „beherzter Reiter" im Dienste des Burgherrn, zusammen mit den anderen Knappen, die seine Lehrmeister sind. Mit ihnen macht er sich offenbar später selbstständig und geht mit ihnen unter, aber nicht allein, weil er die Standesgrenzen verletzt und zum Räuber wird, sondern da er nicht mehr im Gefolge des Burgherrn agiert, er hat nicht mehr den Schutz des feudalen Systems, das die „potentes" weithin ungestraft läßt, wie die zahlreichen Klagen über die Gewalttaten der Mächtigen erkennen lassen. Von einem Gericht über den Burgherrn hören wir ja auch bei Wernher nichts, er zieht ihn aus der Handlung.

Das Endgericht an Helmbrecht läßt der Autor durch den Vater und die Bauern vollziehen: Der standesbewußte Vater, der den bereits geblendeten und verstümmelten Krüppel hartherzig verstößt, die Bauern, die den Friedlosen aufknüpfen. Selbstjustiz des Standes.

Die Ritterlehren des Thomasin von Zerclaere und des Winsbecke malen das Hochbild des Standes, wie ihn Helmbrechts Vater in Erinnerung hat: Feine Sitte, vor allem bei Thomasin, Zucht, Scham als Gegenbild zu Ruhmsucht und Lüge, Treue, Gottesliebe. Ein klares Bekenntnis zum christlichen Ritterideal, das zugleich verbunden ist mit offensichtlicher Distanz zu den Geistlichen: „zwischen pfaffen und laien ist/neit und auch zorn. zaller vrist" (Thomasin VIII). Aehnlich der Winsbecke: „Sun, ez was ie der leien site/daz si den phaffen truogen haz" (7, 1f). Überlegtes, weises Handeln ist notwendig, auch hier ein Bekenntnis zum Tugendadel. Edle Abstammung reicht nicht aus, Gesinnung tut not (Thomasin V 7439f und Winsbecke Str. 28). Rothe wird es später so sagen: „Mit wißheit muez her ez uzrichte/wel her daz sin adil bestet" (Ritterspiegel 463f) Zum Adel „gehorin togunde vel", diese Überzeugung mag noch so oft wiederholt werden, sie mag auch in der Wirklichkeit ein gewisses adliges Standesethos wiedergegeben haben, an der realen Voraussetzung der edlen Geburt ändert sie jedoch nichts, auch nichts daran, daß Abstammung eben die entscheidende soziale Barriere gegenüber den anderen Ständen setzt. Das wird auch bei Rothe deutlich, der unentwegt die adlige Gesinnung und Tat fordert: Die adlige Sippe nimmt am siebten Schild „eyn ende", der Heerschildordnung gemäß (Kaiser, König, Fürsten, Grafen, Bannerherren, Freiherren, Einschildritter). Um dieser Abgrenzung willen ist der innere Wert „frome toguntsam und milde" (718) Bedingung für den „guten Ritter", für des „Ritters ordin". Dagegen stehen der „bosin ritter ordin" (925), die Raubritter, die „keine Ehre auf Erden haben". Nicht nur in dieser Warnung meldet sich die gewandelte Zeit, auch in den genauen Anweisungen für die Kriegsfahrt und Kriegskunst nach Vegetius begegnet man der Welt des 15. Jahrhunderts, dem veränderten Heerwesen, in dessen Schutz die Bürgerschaft steht: „Nymant kan behaldin sin gud, danne mit gudin rittern und knehtin" (3782f). Die „guten Knechte" auch hier ein Gegenbild zu den Reitern und Knappen des Helmbrecht. Die Ritter sollen den „gemeynen nutz" (3354) bewahren, das „bonum commune" muß ihr Handeln lenken.

In solch idealem Schutz wären auch die Bürger geborgen. Ihr Gemeinwesen, die Tugenden, die in ihm walten sollen, schildert derselbe Rothe in seinen „Ratsgedichten" (um 1390) [16]. Sie gehören in den Kontext und Umkreis der Selbstvergewisserung des Bürgertums in den Stadtchroniken. Memorialbüchern einzelner Geschlechter und eben der Reflexionen zur Verwaltung eines urbanen Gemeinwesens, die im niederdeutschen Sprachraum in Herman Botes: „Dat boek van veleme rade" einen Höhepunkt finden [17]. Daß städtisches Leben und Verwaltung Thema einer Didaxe wird, gehört zu den Ausnahmen spätmittelalterlicher Literatur, die ja erstaunlich selten das bürgerliche Gemeinwesen zum Gegenstand nimmt. Große Städte könnten leicht regiert werden, wenn man „früme lute" in die Ämter nähme, mit dieser Feststellung beginnt der Kanonikus aus Eisenach, Johannes Rothe, seine Betrachtungen. Ein „amptman" soll den Rat führen, wie auch die Christenheit ein Haupt über den Kardinälen hat. Viele Herren verderben ein Land (F 45). Ein klares Bekenntis zur Ratsherrschaft, zu den „ratislute und dy wisen alten". Fromm sollen sie sein, nüchtern, mäßig Wein trinken. Der Rat ist das Herz der Stadt, wie es im Anschluß an die Körpermetaphorik heißt, daher soll er in besonderer Hut stehen (B 210), alle schädlichen Glieder sollen aus dem Rat entfernt werden: Wucherer, Ungläubige, Betrüger, Unruhestifter, Verleumder. Unterdrücker der gemeinen Leute. Ein ganzer Sündenkatalog, der noch in viele Details geht, leitende Vorstellung ist das nach allen Seiten rechte Verhalten, in ihm soll das Ratsmitglied Vorbild sein. Daher auch Warnung vor der „stummen Sünde", vor sexuellen Vergehen, vor Feinden der Geistlichkeit und der Nonnen. Die Zunftbewegung erkennt er an, den Sprecher der Zünfte solle man wie andernorts in den Rat nehmen. Die Körpermetaphorik geht weiter über Kehle, Mund (Schöffen/Gericht), die Stadtwächter (Ohren), Bürgerwehr (Arme), Hauptleute (Brust), Lunge (Kaufleute), Brauer und Wirte (Leber, Blase), Metzger, Fischer, Bäcker (Magen), Lastträger (Schultern, Rücken), „gemeyn luten", das niedere Volk (Handwerker: Schmiede, Steinhauer, Zimmerer, Weber, Näher) sind verglichen den Eingeweiden und Adern. Auch die Frauen werden hier eigens erwähnt. Schließlich die Boten (Beine). Ein Panorama der städtischen Berufe, in dem nicht einmal die Randgruppen fehlen, die Schalke, unter denen man all die sich vorzustellen hat, die ihre „Ehre" verloren haben (Schamglieder). Auch sie kann man nicht entbehren, wenn man die guten Glieder haben will: „Man kan der alles weningk enpern, also der guten glide wil ich gewern" (gewähren lassen).

Im Sinne des Organvergleichs sollen alle Glieder ihr „ampt antribe". Eine Gemeinde kann nicht Kopf stehen, sonst verderben die lebenswichtigen Organe. Sie steht, recht geordnet, auf den Füßen mit dem Haupt an der Spitze. Haß und Neid zerstören die einträchtige Funktion der Glieder, Aristoteles und Salomo sind ihm Zeuge. Herz und Haupt müssen gesund sein, damit der Körper des Gemeinwesens gesund bleibt. Im Ganzen das ideale Bild einer Wunschstadt, in dem die Vorstellungen der Fürstenspiegel und der politischen Theorie nun auf die bürgerliche Kommune übertragen werden. Für das Selbstgefühl dieser urbanen Spekulation bleibt bezeichnend, daß die landesherrliche Fürstengewalt nicht einbezogen ist. Die Stadt erscheint als ein autarkes Gebilde. Vom Fürsten ist erst in einem eigenen und für sich stehenden Gedicht die Rede: „Von der fursten ratgeben". Diese urbane Eigenständigkeit verrät etwas von der Stärke und Intensität der kommunalen Wirklichkeit des 15. Jahrhunderts.

(3) Was in den Ratsgedichten an sozialer Kritik anklingt, wird im Stück über die fürstlichen Ratgeber nun explizit herausgestellt: Der Angriff auf die fürstliche Verwaltung und ihrer Träger. Diese Attake kann gesehen werden im Zusammenhang mit der in den Lehrgedichten artikulierten Kritik an all denen, die über Macht und Gewalt verfügen, wobei freilich die Person und das Amt der höchsten Spitze, Kaiser und König, geschont werden. Der Landesherr, die mittleren Instanzen sind ja auch den Autoren näher als Kaiser und König, die auch nur als Landesherren konkrete Gewalt ausüben. Soziale Kritik im Lehrgedicht ist lebensnah, hier erscheint vieles, was in der hohen Theorie nicht oder „so nicht" gesagt wird. Das gilt vor allem für die Kritik am ersten Stand, der Geistlichkeit selbst. In sie wirkt sicher hinein, was wir bereits bei Thomasin und dem Winsbecke, besonders für die ritterliche Welt, gehört haben: Die Feindschaft zwischen Laien und Pfaffen. In ihr kommt ein Element sozialer Wirklichkeit zu Wort, das man im Blick auf die mittelalterliche Gesellschaft, zumindest vom 13. Jahrhundert an nur zu leicht übersieht. Aus welchen Quellen diese Abneigung gespeist wird, die sich ja zunächst auf den Laien selbst bezieht, müßte noch sorgfältig am historischen Detail eruiert werden, eines ist sicher: Aus den Klagen über die Geistlichkeit und die von ihnen repräsentierte Kirche geht hervor, daß sich der Laie in seiner Heilserwartung getäuscht sieht. Er hört die Verkündigung, aber er erlebt beim Hüter des Schriftwortes nicht die Übereinstimmung von Botschaft und Leben. Freidank sagt es in seiner Weise: „Die uns ihr Vorbild geben sollten, die verkehren oft ihr eigenes Leben" (69, 21f), sie führen so manchen zur Sünde, vor der sie ihn

bewahren sollten. Er erinnert auch an die mangelnde Bildung der Leutpriester, die das Credo nicht können. Was soll dann der Bauer verstehen? Freidank fordert auch eine erfahrungsbezogene Predigt: „Swer niht kan von der erden sagen, der mac der himele wol gedagen" (schweigen) (71, 19f).

Zu den hauptsächlichen Vorwürfen gegen den Klerus gehören: Überheblichkeit, Üppigkeit, Habgier. Dazu die offene oder geheime Mißachtung des Zölibats. Die Pfaffendirne wird zur stehenden Figur, sie erscheint ja schon bei Heinrich von Melk. Geht man zurück vor den Investiturstreit, dann wird freilich von den Reformern auch die Frau des verheirateten Geistlichen als Konkubine gewertet. Jetzt, nachdem der Zwangszölibat allgemeine Kirchenordnung geworden ist, kann die mit einem Geistlichen verbundene Frau nur noch als Pfaffendirne gelten. Stricker widmet ihr eine Erzählung (Nr. 109: Die Pfaffendirne). Sie gilt ihm als die „unsaeligst aller wibe" da sie dem Pfarrer die Seele erschlagen hat. Die dauerhafte Existenz dieser oft karikierten Figur der Gesellschaft trägt sicher nicht zur historischen Untermauerung des Zwangszölibates bei.

Der Kleruskritik widmet der Stricker einige Gedichte (Die törichten Pfaffen, der Pfaffen Leben, Die Geistlichen), seine Schwanksammlung „Der Pfaffe Amis" setzt mit einer gezielten Spitze gegen die neuen höfischen Sitten ein. Früher galt „Seitspil singen oder sagen", ging die Wahrheit vor der Lüge, jetzt wurde das „triegen" (betrieben) erfunden, der Pfaffe Amis lernt es in der Prüfung durch den neidischen Bischof, er ist der erste Mann „der liegen und triegen ane vienc". Eine bittere Satire, in der offenbar auch die dialektische Methode theologischen Fragens angegriffen wird. In „Die törichten Pfaffen" greift der Stricker die Praxis des „opus/operatum" an, die auch dem „huraere" erlaubt, ein gültiges Meßopfer darzubringen, eine Situation, in der der Widerspruch zwischen Sakrament und Praxis besonders anstößig zutage tritt. Die Geistlichen sollen vorbildlich leben, aber viele vertreiben das Jahr „mit fraze und mit hure". Hugo von Trimberg sieht im Bild der „neuwe hant", der neuen Gewalt einen „vor renner" des Antichrist. Sie sind „gierig und falsch": „Swer werden wil mit der neuwen hant/Babst, Byschof oder Dechant/abte, Probst oder Prior/Der lerne liegen, triegen vor" (2060). Almosen, die an sich für die Armen bestimmt sind, ernähren den Klerus, der mit ihnen sich bereichert: „Almusen nert mangen guten pfaffen/almusen nert auch torn und affen, almusen predigt und singet/almusen tantzet, reiet (im Reigen) und springet/almusen weihet und firmet/almusen geiget und schirmet ..almusen hat hoffart, geitigkeit (Geiz), mit zorn unkeusch, fraz und lazheit/almusen mange fürsten nert". Kirchengeld gelangt sogar in Fürsten Hand. Er geiselt die Pfründenhäufung: „Habe drei pfründe und siben pfarre, Lieber, dene daz du kumerlich muste leben", läßt er einen Geistlichen sprechen. Das ist nun die Reaktion auf die reich gewordene Kirche aus der Perspektive des Laien von unten her. Die tiefsitzende Entfremdung zur Hierarchie und Geistlichkeit tritt hier zu Tage, in einer Kirche, die seit dem Investiturstreit immer intensiver als Klerikerkirche in Erscheinung tritt, eine Entfremdung, die zu einem dauernden Krisenphänomen der europäischen Gesellschafts- und Kirchengeschichte wird und sich in immer neuen Widerständen und in der Bildung von kirchlichen Sondergruppen entlädt und ihr Ventil sucht.

Die Kritik an den weltlichen Ständen ist verständlicherweise nicht minder lebhaft. Sie kann zu einem einzigen Klagelied führen, wie in der „Klage" des Stricker: „Ich wil chlagen und chlagen und chlagen den noch furbaz min chlage fullet manich faz". Wieder beginnt es mit der Klage über die Entzweiung zwischen „pfaffen und leien", es wäre besser, die Pfarrer hätten „ir elich wip hant". Eine aufschlußreiche Bemerkung. Gegenüber den führenden Ständen richtet sich die Kritik vor allem gegen die Zwischeninstanzen, Kaiser, König, weitgehend auch die Fürsten selbst als Landsherren bleiben verschont. Den Fürsten wird nur der Vorwurf gemacht, daß sie einen schwachen Kaiser haben wollen, damit sie ihren Willen „mit unrehtem gewalt han". Hauptziel der Attake, die nun auch in den persönlichen Bereich geht, ist einmal der Hof, (hoves laster), Treue, Lob, Ehre sind vergessen. Nur Reichtum ist willkommen, ein adliger „arm man" er „darf zehove nimmer chomen". Dann die bösen Ratgeber, die später auch Johannes Rothe anklagen wird (Von der fursten ratgeben). Sie erscheinen häufig als Vertreter einer harten Gangart, vor allem dann die Vögte als Unterdrücker der armen Leute. Mit ihnen den Zwischen- und Unterinstanzen hat es ja der gemeine Mann zu tun. Hugo von Trimberg bringt eine ganze Liste, an deren Spitze nach Mönchen, Nonnen, Mördern und Räubern die „Zolner, valsch Richter, Steure und bete, unrehte vogteye" figurieren. Ähnliche soziale Sündenkataloge im „**Buch der Rügen**" und in „**Teufels Netz**" [18]). In schärfstem Kontrast zu den Hochbildern der „perfecta civitas", der Schachbücher entsteht ein Negativpanorama sozialen Fehlverhaltens. Beide Texte malen ein in vielem ähnliches Bild, obwohl sie über ein Jahrhundert auseinanderliegen.

Kennzeichnend zunächst die ausführliche Kritik an Hierarchie und Geistlichkeit: „diu arme kristenheit an zühten ist verkeret" (Rügen 21). Die Verkehrtheit beginnt beim Papst, dessen Leben nicht gefällt, dessen Sinn „nach großen guot stat" (Teufels Netz 3101). Es geht über die Kardinäle, die in ihrer Gier und Hoffahrt gar nicht nach Apostelart leben, zu den Bischöfen, die nach den „schoenen wiben" hofieren, und nach weltlicher Art herrschen. Sie lassen rauben und stechen (Rügen 336ff), „lant und lüt über sie clagen" (Teufels N. 3310).

Harte Anklagen erhebt der Autor von des „**Teufels Netz**", ein überzeugter Anhänger der konziliaren Reform (Konstanz/Basel) gegen die Praelaten, die hohen Geistlichen, wohl in der kirchlichen Verwaltung, Äbte und ihre „amptlüt" (3420ff). Ihnen wird vor allem die Unterdrückung der Bauern vorgeworfen, wovon noch zu sprechen sein wird. Der Klerus insgesamt erscheint als verweltlicht, unglaubwürdig, wieder erscheint die Pfaffendirne (wip). Nur die Beghinen (5938ff) und die Begharden (6081ff) kommen als Arme, als „mindeste" (minimi) und Wohltätige gut weg: „sind die mindsten uf erd und sind vormenglih got werd". Als „minimi" (mindeste) hatten sich die Apostelbrüder Segarellis bezeichnet. Aus der Sympathie für die Beghinen und Begharden auf hussitische Parteigängerschaft des Autors zu schließen, ginge zu weit, sicher gehört er zur kirchlich-weltlichen Opposition und spricht er aus einer nichtkonformistischen Position. In dieser Sicht erhalten auch seine Kritik an den weltlichen Ständen ihr Profil und ihre Erklärung. Die Kehrseite der weltlichen Herrschaft wird schonungslos herausgestellt. Hier werden nun auch Kaiser und König angegriffen. Land und Leute werden verdorben, „je hoeher gewalt, je grosser pin/muossend weltlich und gaistlich sin" (7456). Die Herzöge verzehren das Land, den Armen nehmen sie das Almosen aus der Hand (7571), die Grafen leben üppig, Ritter und ihre Knechte stehlen, rauben. Vor allem die Kriegslust der Herrschenden erscheint in düsteren Farben: Sie „tuond mit ainander raisen und kriegen/und tuond einander widersagen..und tuond sich weren und rehen und ainander land und lüt abbrechen" (7168ff). Und alle in der Hand des Teufels, der die Fäden zieht und die Inhaber der Gewalt in seinen Bann bekommt. Von Gott haben sie jedoch ihre Gewalt zum Schutz des Rechts, niemand sollte dem „hailig götlich rich" zuwider handeln, würden sich König und Papst daran halten, dann ginge es der Welt „dest bas" (7175ff). Eine Schilderung, die in ihrem krassen Realismus ihresgleichen sucht, im Gegensatz von Gottesordnung und dem Kriegslärm, in dem „gat alles krachen und die spiesz in ainandren stechen, das si recht ab tuond brechen/und gen dem himel schnellen/vil der guoten gesellen“ (7210ff).

Vor diesem schauerlichen Hintergrund nun das Schicksal all derer, die irgendeiner Gewalt ausgeliefert sind: Der Armen, die ihr Recht suchen und nicht finden. Der Bauern, die unter ihrer Last stöhnen und „verflüchen ir arbeit“ (12341). Ihnen gilt die erklärte Sympathie des Gedichtes. Gewiß auch sie werden, wie all die vielen andern Berufe, die nun aufgezählt werden, in ihren Fehlern getadelt, aber es gibt auch den „getreuen Bauersmann“ und die vielen „from“ Bäuerinnen. Entscheidend für die soziale Perspektive ist jedoch die Schilderung der rechtlich-wirtschaftlichen Lage der Bauern: Der Kampf um das Überleben (die um ir libnar tag und nacht tuond streben), die existenzgefährdenden Abgaben im Todfall, (3425ff), der Betrug an den armen Leuten, das Bauernlegen (darumb kouffend si ietz land und lüt). Der Schwache, der bei den geistlichen Richtern kein Recht erhält (so fert der arm denn wider haim), die Belastung durch die Frondienste: „Soll ich grosser Übermuot/den man den puren uf dem land tuot“ (7865f). Und dann die bitteren Fragen: Woher haben die Herren das Recht „zuo dem buren/der das sin gewint vil zuo sure“ (sauer) (3447f). Von woher nehmen sich die Herren ihre „frihait“ (3443), wie kommen sie dazu, den Bauern von früh bis spät in die Fron zu nehmen, „das wolt ich gern wissen“ (7893). „Ain arm man, der buwt aker und garten, sol der all stund des erwarten/was im der her das sin neme?“ (7897ff). Beklagen sich die Bauern beim Herrn über die Vögte, so geben diese den Bauern und ihrer Säumigkeit die Schuld, die Herren selbst schweigen. Im Unrecht gegen die Bauern sind sich alle gleich: „graffen frien (Freiherren) und herren“.

Generationen vor dem großen Bauernkrieg wird hier aus der Sicht der Bauern die Schutzlosigkeit dieses Standes drastisch beschrieben. Es geht dabei nicht so sehr um die Abhängigkeit als solche, sondern zunächst nur um den Mißbrauch der Herren. Freilich wartet dahinter auch der latente Protest gegen das System überhaupt. Denn die ausweglose Situation, die der Bauer nur durch Landflucht beseitigen kann, ist im Grunde auch durch Landflucht nicht lösbar. Denn die landflüchtigen Bauern werden in den Städten zu einem Unruheherd. Denn wenn ein Roßhirt zum Bürger wird: „er wirt verhiter (niederträchtiger) denn ander zwen“ (12357f). Die Bauern betrügen sich auch gegenseitig selbst und belügen ihre Herren bei den fälligen Abgaben. Ein Teufelskreis. Der Autor gibt keine Lösung. Sieht er sie in einer Rückkehr zu einer nostalgisch verklärten Vergangenheit oder in eine revolutionäre Zukunft? An einer Stelle über die Könige ist die Rede von der „göttlich frihait“, die von den Herrschern garantiert werden solle (7476f), nimmt man dies zusammen mit dem Wort von dem „hailig götlich rich“ (7175), dann öffnet sich der Blick auf eine Ordnung eines visionären Gottesreiches in dem die „göttliche Freiheit“ herrscht. Eine Mischung von idealer Rechtsordnung in einem von Gottes Gesetz durchwalteten Gemeinwesen, in dem eben die „göttliche Freiheit“ ihren Raum hat. So tritt hinter dem Gemälde der vom Teufel in seinem Netz (segi) gefangenen Welt und ihrem Leben die Utopie einer freiheitlichen Gottreich-Gemeinschaft hervor. Wir befinden uns bereits im Vorfeld der sich nun entfaltenden sozialen Utopien, oder besser gesagt: Wenn wir die Vorstellungen radikaler haeretischer Gruppen wie der Sekte vom „fry geist“, die hussitischen Utopien, die fast gleichzeitige „Reformatio Sigismundi“ hinzunehmen, dann stehen wir bereits im Prozeß der utopischen Bewußtseinsbildung.

Die Sozialkritik, die etwa 60 Jahre später Sebstian Brant und kurz darauf Erasmus und Th. Murner ansetzen, führt uns vom weiten Horizont der „göttlich frihait" und des „hailig göttlich rich" zurück in die nüchtern spöttische Sehweise des Juristen und skeptischen Humanisten. Brant, der Elsässer und Basler Lehrer, sammelt in seinem „zu Basel uff die vasenaht" 1494 gedruckten Narrenschiff „aller stadt und geschlecht der menschen" [19]). Seine Konzeption, „der welt gantzen louff" (Vorrede 59) im Bild der auf einem Schiff versammelten Narren zu schildern, transportiert das tradierte Motiv des „toren" und „tumben" in die Verkleidung der „kappen und des kolben" (Narrenschwert) und erweitert den „Spiegel" zum „Narrenspiegel", in den „all geschlecht der menschen man und frowen" schauen sollen (114). Anstatt eines Fürstenspiegels ein Menschheitsspiegel im Gewand der Narrheit. Narrheit ist individuelles und soziales Versagen, eingespannt in das Eingangsbild der „vinstren nacht", in der die Menschheit trotz und entgegen der „heylgen geschrifft" lebt und des zum Schluß auftauchenden Bildes des Antichrist (c. 103), der sich in der Verfälschung der Heilsbotschaft ankündet. Das ist ganz in der großen, überlieferten heilgeschichtlichen Perspektive gesehen, die eschatologische Komponente des Narrenschiffes. Narretei besagt, wenn man die Handlung überblickt, mangelnde Einsicht in das eigene Tun, fehlende Selbstkontrolle, ausbleibende Distanz zum persönlichen Verhalten, und damit gerät soziales Fehlverhalten in eine Beurteilung, die von der Vernunft, von rational bestimmter Praxis geprägt ist. Das bedeutet im Sinne Brants nicht rationalistische Ethik, Einsicht meint „Weisheit", Wissen um das Notwendige im Sinne der Eingangsverse, in denen die Hl. Schrift, „der selen heyl", der „heylgen vaetter ler" (1ff) apostrophiert werden. Dieser christlich bestimmten Ethik verbindet sich freilich die Weisheit rationaler Provenienz. Nicht umsonst folgt nach dem Bild des Antichristen noch die Gestalt des Socrates, des Mannes der „sein eigener Richter" ist. Sokratische Weisheit und Eigenkontrolle als Gegenbild närrischen Verhaltens.

Vor diesem Hintergrund und in diesem Rahmen ist die soziale Reflexion des Narrenschiffes zu sehen. Die Kritik am üppigen Leben, am Prassen, an Modetorheiten, an der Pfründenhäufung, an Falschheit, Trug und Lug, an Wucher, Ehebruch, Wollust, das alles ist in der Ständesatire nicht neu. Grundsätzlich ist Brant für maßvollen Gebrauch jeweiliger Rechte und Möglichkeiten. Dazu gehört die Wahrung der Stände, das Einhalten der Standesgrenzen. Er verspottet das Aufblähen innerhalb des Handwerks, wo jeder Knecht Meister werden wolle (c. 48), kritisiert den protzigen Aufwand mancher Bauern, ein Bild, das entschieden gegen die Klagen des „Oberrheinischen Revolutionärs" (OR) steht, von dem später noch zu reden ist. Ganz im Sinne der stadtbürgerlichen Arbeitsmoral wendet er sich gegen unnützes Betteln, viele Bettler seien reicher als „du und ich" (c. 63), ebenso wendet er sich gegen leeren Adelsstolz. Tugendadel hat für den Bürger ein besonderes Gewicht. Als korrektive Erinnerung erscheint im Abschnitt über die Verachtung der Armut das Bild des Goldenen Zeitalters, in dem Gemeineigentum herrschte (c. 83) und jene Genügsamkeit, die nur das anstrebt, was zum Leben erforderlich ist. Es folgt ein Lob der Armut, die ursprünglich Herrschaften und Städte begründete und die schließlich durch Christus selbst zur Form seines Lebens erwählt wird. Freilich einen Bezug zur sozialen Krisensituation seiner Zeit zieht Brant daraus nicht. Wenn er sich zum Schluß in der Werkkritik fragen läßt, warum er Arme übersehen habe (c. 112), dann dürfte darin ein Eingeständnis zu sehen sein, daß die soziale Krise der Zeit und der Umgebung am Oberrhein vielleicht doch zu wenig in der Reihe der „Narreteien" hervortrat.

Sozialkritik dieser Art wird man auch nicht im „Moriae Encomium" des Erasmus suchen dürfen. Eingehüllt in die paradoxe Situation des Selbstlobes der Torheit sieht Erasmus die menschliche soziale Existenz zunächst nur ermöglicht durch die törichte Unzulänglichkeit innerhalb sozialer Kontakte: Am Kind gefällt der frühe Reiz kindlicher Torheit, in Freundschaft und Liebe hilft das Nichtwissen der Fehler des Partners, bewirkt die törichte Leidenschaft jene enge Zuneigung, die zur Ehe führt. Menschliche Schwäche und Torheit als Voraussetzung geselligen Zusammenseins: „In Summa, so sehr kann keine Gesellschaft, keine Lebensbindung ohne mich entweder angenehm oder dauerhaft bestehen, daß kein Volk seinen Fürsten, kein Herr den Sklaven, keine Magd die Herrin, kein Lehrer den Schüler, kein Freund den Freund, keine Gattin den Gatten, kein Vermieter den Mieter, kein Stubengenosse den Genossen, kein Tischgenosse den Nachbarn länger ertragen könnte, wenn sie nicht wechselseitig sich irrten .. und sich mit dem Honig der Torheit streichelten" (425ff) [20]). Die liebenswürdige Torheit als Element grundlegender sozialer Situationen verändert sich zum ärgerlichen sozialen Mißstand in den Angriffen auf die Herrschaftspraxis der Höfe, auf das Leben der Hierarchie, auf die Kurie, den Klerus und die Mönche. „Aber jetzt (heißt es zur römischen Kurie und zum Papst), wenn es Arbeit und Mühsal gibt, die überlassen sie Petrus und Paulus, die genug Muße haben. Wenn es aber Glanz und Wollust gibt, die nehmen sie sich" (797f).

In der sich verschärfenden Stufung menschlicher Torheit wird die Verfälschung des apostolischen Auftrags zum Gegenbild der Botschaft und des Lebens Christi. Die weltliche Politik Roms, die päpstliche Kriegslust (800ff), die gegen das „Reliquimus omnia" um die Sicherung des Kirchenstaates (patrimonium Petri) geht, ist „adeo impia ut nihil cohaereat cum Christo" (817). Unter deutlicher Anspielung auf Julius II., den er später noch im „Julius exclusus" (1513) angreifen wird, spricht er vom „jugendlichen Greis" und seinen „gelehrten Schmeichlern". Gegen das Profitstreben, in dem sich Geistliche und Weltleute gleich sind, gegen das Abschieben aller Bürde der Verantwortung auf die Schultern anderer — zuletzt vom Kirchenvolk auf die kirchlichen Amtsträger (ecclesiastici) (846) — erhebt sich in den entscheidenden Schlußpartien des Encomium jene ganz andere Torheit des „Nos stulti propter Christum". Die Torheit Christi und seines Kreuzes „um es kurz zu sagen, es scheint die christliche Religion durchaus eine gewisse Verwandtschaft mit einer gewissen Torheit zu haben" (1041ff). Das Bild dieser Torheit nimmt den sozialen Aspekt des Beginns wieder auf: Kinder, Greise, Frauen, einfältige Tölpel sind jetzt „in ihrer Torheit" um die Altäre versammelt: „solo nimirum naturae impulsu". Hier wird etwas von der im Werk des Niederländers immanenten sozialen Vision greifbar: die Gesellschaft in der Torheit des Kreuzes.

Dieser Perspektive sollte man anfügen, wie sich Erasmus ein geordnetes Gemeinwesen vorstellt. In der Schilderung der Herrschaftspraxis im Moriae Encomium kontrastiert er unbarmherzig den grausamen Widerspruch zwischen Herrscherpflicht und Wirklichkeit (675ff). Einerseits die Verpflichtung auf die „commoda publica", andererseits die Ausbeutung des Staates zu privater Willkür. Das entspricht dem heftigen Angriff im Adagium „Scarabaeus querit aquilam", ein Angriff, den man in die Herrschaftskritik von „Teufels Netz" und von Poggio Bracciolini „De infelicitate principum" das heißt in die politische Kritik der Zeit einreihen kann. Erasmus geht es um ein menschenwürdiges, freiheitliches und friedliches Gemeinwesen. In echt erasmianischem Stil, eine korrumpierte Praxis zu attakieren und dabei dem theoretischen Vorbild verpflichtet zu bleiben, ist derselbe Erasmus imstande in seiner „Institutio principis Christiani" ein Hochbild christlicher Herrschaft und Gemeinwesens zu entwerfen. Das soziale Engagement ist in diesem Entwurf nicht zu übersehen, es profiliert sich besonders, wenn man die Institutio mit der Machtlehre des kurz zuvor verfaßten „Principe Macchiavellis" vergleicht.

Schon die Begründung der Herrschaft weist auf ihre gesellschaftliche Bedingtheit. Herrschaft ist vom Volk her begründet: „consensu enim principem facit" (c. 1)[21]. Die Menschen aber sind von Natur aus frei, daher solle man bedenken: „wie unpassend es sei, daß ein Christ über einen Christen sich ein dominium anmaße". Christliche Herrschaft ist nicht — nach heidnischem Vokabular — „dominium, imperium, maiestas, potentia" sondern: „nihil aliud quam administrationem, quam beneficentiam, quam custodiam" (c. 1). Überall in Staat und Gesellschaft entscheiden nicht Titel, Adelsnamen, Reichtum, irgendwelche erworbene Vorrechte, sondern die Leistung: „Ehre soll man nützlichen Künsten erteilen, aber nicht den Müßiggang mit Adelstiteln auszeichnen". Daher gilt für jedes Regiment die Regel der Einfachheit und Sparsamkeit, des alleinigen Interesses am Wohl des Volkes. Andererseits die Rücksicht auf die Schwachen, sowohl wirtschaftlich wie rechtlich. Die Unterschicht (plebs communis) soll von Steuern, vor allem in lebensnotwendigen Dingen entlastet werden. Erasmus nennt ausdrücklich die Assisen. „Gibt es eine Notlage, etwas vom Volk zu fordern, dann ist es Sache eines guten Fürsten, dies so einzurichten, daß die Schwachen am wenigsten die Lasten zu tragen haben. Reiche zur Sparsamkeit aufzufordern ist vielleicht sogar von Nutzen". Reichlich soll der Schwache besonders geschützt werden und Nachsicht erhalten, „denn das Schicksal (fortuna) der Unterschichten (humiles) ist dem Unrecht mehr ausgesetzt". Daher solle das, „was an Schutz des Schicksals fehlt, durch die Menschlichkeit (legum humanitas) der Gesetze ausgeglichen werden".

Natürliche Gleichheit, Rücksicht auf die Schwachen bedeutet für Erasmus freilich keine arithmetische Gleichheit aller: „Nec aequalitas est, idem omnium praemium, idem ius, idem honos: imo haec est nonnumquam summa inaequalitas" (c. 3). Damit ist die bestehende Sozialstruktur anerkannt, sind ständische und wirtschaftliche Unterschiede belassen. Freiheit bedeutet auch keine Willkür: „neque vera libertas, ubi cuique, quod libuit, licet" (c. 3). Daher plädiert er auch nicht für eine gewaltsame Enteignung (non quod quemquam per vim bonis exui velim), aber ebenso klar tritt er dafür ein, daß krasse Besitzunterschiede (opum inaequalitas) verschwinden: „damit nicht das kollektive Vermögen (multitutidinis opes) in die Hände weniger geraten" (c. 4). Ein beachtlicher Beitrag zur aufkommenden Diskussion um die aequalitas, die schon zuvor Bracciolini angeregt hatte[22]. Erasmus schwebt eine gesellschaftliche Ordnung vor, in der ein ausgewogenes Verhältnis zwischen einem „Mehr oder weniger" besteht, in der keine Klasse sich auf Kosten einer anderen bereichern kann, in der zwar Unterschiede bestehen, aber diese Unterschiede nicht zur Bereicherung einer Minderheit führen dürfen. Platon wollte weder übermäßig Reiche noch übermäßig Arme: „denn ein Armer kann nicht nützen und der Reiche will mit Hilfe seines Vermögens (arte sua) nicht nützen" (c. 4). Keine parasitären Existenzen also. Entschieden wendet sich Erasmus gegen die öffentliche Bettelei, auch der Mendikanten. Alte und Kranke solle man versorgen, „wer gesund ist und mit wenigem zufrieden, ist nicht auf Betteln angewiesen". Er ist für eine Beschränkung der Klöster als eine Art Müßigganges, vor allem, wenn sie nicht nach der Regel leben: „Was ich von den Klöstern sage, gilt auch für die Stiftskapitel". Mit Morus ist er sich darin einig, daß auch die Scharen der Bediensteten an den Adelshöfen verschwinden, und ebenso sollte das Militär eingeschränkt werden: „Est et militiae negotiosum otii genus, sed multo pestilentissimum" (c. 6), ein Angriff, der nur im Kontext des umfangreichen Friedensprogramms des Erasmus voll zu würdigen sein dürfte.

Welche Fülle von Einsichten in einem Text brillanter Intelligenz, in dem sich nüchterne Erfahrung mit der Fähigkeit des programmatischen Entwurfs vereint. Erasmus ist sich über die Schwäche des Volkes, der „mala populi cupiditas“ (c 3) klar. Er weiß daß das Volk zum Aufstand neigt (suapte natura tumultuatur (c. 1). Er ist daher auch gegen jede erzwungene Neuerung (novitas), denn diese kann nicht „sine tumultu“ (c. 3) vor sich gehen, also sollten Änderungen nur allmählich erfolgen im Sinne des „commode ad meliorem usum deflectere“ (c. 3). Das entspricht genau der Position des irenischen Reformers Erasmus gegenüber dem stürmischen Reformator Luther. Novitas und tumultus schaffen Unfrieden, Gewohnheit und Gesetze, sofern sie ehrenwert sind, schaffen noch keine Knechtschaft. In diesem Rahmen ist dann auch das Freiheitsideal des Humanisten zu verstehen: „In civitate libera, linguas item liberas esse oportet“ (c. 6). Ein Wort, das noch einmal und mit einem Schlage einen Wesenszug der sozialen Vorstellungen des ruhelos wandernden, schreibenden und mahnenden Mannes aus Rotterdam aufleuchten läßt.

Neben der weitgespannten sozialen Konzeption des Erasmus fällt der Ertrag der Aussagen in Murners „Narrenbeschwörung“ und Hermen Botes „Van veleme rade“ etwas bescheidener aus [23]). Beiden gemeinsam ist die Bejahung der bestehenden Sozialstruktur. Murner, der Prediger aus dem Elsaß, geht in der Nachfolge Brants und in unverkennbar predigthafter Manier die Narretei der Welt durch, um sie aus dem Land zu vertreiben, eine missionarische Absicht, die Brant fremd ist. Mit Hilfe der führenden Stände will er dem Reich helfen, alle sollen zusammenstehen, auch der Bauer erhält seine Aufgabe. Beim Thema „Bauer“ wird unmittelbar die Unruhe unter den Bauern deutlich, zweimal ist vom Bundschuh die Rede (79: Den Bundschuh aufwerfen). Er wirft den Bauern ihr „schandbares Leben“ vor, ihre Verschwendung, ihre Hoffnung auf die Beute des Bundschuhaufruhrs. Der Adel erscheint als sparsam, ihm wollen die Bauern den Besitz wegnehmen, der Geistlichkeit verweigern sie den Zehnten. Sie wollen das Land teilen, Adel und Pfaffen erschlagen (93). Seine Mahnung: Der Bauer soll in seinem Stand, den Gott gesegnet hat, bleiben und seine Arbeit leisten. Ähnlich wie Erasmus wendet er sich gegen die Randgruppen, die hier als Schelme erscheinen, (16) und die als Störer und Verneiner der Ordnung auftreten. Allerdings bleibt es nicht allein bei diesen Angriffen. Er klagt die räuberischen Ritter an, die „den Bauern an den Baum binden“ (24), überhaupt die Ungerechtigkeiten gegen die Bauern. Er verurteilt die Pfründenhäufung, den Wucher, das Schinden der „Schafe“, die leichtfertige Handhabung der geistlichen Strafen (20).

Der Zollschreiber aus Braunschweig, Hermen Bote, benutzt für sein Vorhaben eine technische Metaphorik, den Vergleich mit den Rädern der Mühle, des Lastenaufzugs (Winde), des Wagens und des Pfluges. Die geistliche Gewalt, Papst, ist gesehen im Mühlenrad, den Kaiser symbolisiert das Kammrad, die Fürsten „moet upwinden sware last“ (46), sie sind die Winde (Windelrad), Bürger/Kaufleute figurieren als Wagenrad, der Bauer ist das Pflugrad. Von der sich wandelnden Optik des Metaphermaterials abgesehen, die nun Erzeugnisse menschlicher Kunst anstelle organologischer Vergleiche benutzt und ansetzt, bleibt Bote in der Seh- und Darstellungsweise konservativer, vor allem bürgerlicher Einstellung. Die geistliche Seite wird an ihren Auftrag erinnert, Zwietracht, Ungehorsam, die das Kirchenvolk vertreiben, sollen abgewendet werden. Ungerechtes Gericht verjage Bürger und Bauern. Die Anrede an Kaiser und Fürsten verrät Vertrauen in die monarchisch feudale Ordnung (c. 2, 3), vor allem soll den „rikessteden (Reichsstädten) walt und macht“ (c. 3, 53) verschafft werden. Der Kaiser soll dem „knechte aller knecht“ (servus servorum Dei), also dem Papst folgen (c. 3, 74), dann werde das Reich mächtig. Ausführlich wird die Rolle der Stadt und des Bürgertums als Wagenrad beschrieben: Bestes Material, gute Felgen, es muß ja viel Widerstand bestehen, es muß „sware last“ tragen (c. 5, 64). Die Bürger werden zur Eintracht ermahnt, denn viele haben den Städten „den oet gesworen“ (c. 5, 116). „Hebbet eyndracht, vruntschop, leve und vrede“ (c. 5, 125), diese Ermahnung zu Eintracht, Liebe und Friede appelliert an jenes bürgerliche Gemeinschaftsbewußtsein, das im Anheben der bürgerlichen Bewegung der „communia“ den Vorstoß gegen die feudale Vorherrschaft vorantrug. Das Pflugrad, der Bauer, erhält den Rat, beim Pflug zu bleiben: „Eyn iewelk holde sik na synem stade“ (c. 6, 38). Er solle nicht gegen die Herren aufbegehren, arbeiten „dat dy de hals moghe knacken (c. 6, 102); den „raten“ lassen, der raten kann. Auch hier wird die Unruhe der Bauernschaft sichtbar, die Besänftigung folgt der in der ganzen Epoche vorgezeichneten Bahn: die ständische Gliederung schafft die rechte Ordnung. Störer dieser Ordnung sind die Frauen (Treibrad), schlechte Ratgeber (Spulrad), Negromanthen (Glücksrad, swartenkunst), Toren (Sporenrad) und die Betrüger (gebrochenes Rad), Gruppen, in denen sich, wie gegenüber der Frau, soziale Vorurteile (alletijt dencket se up ere smucke“ (c. 7, 46), dubiose Machenschaften, menschliches Versagen und strafwürdiges Handeln darstellen. Eine gegenüber den übrigen Aussagen der Lehrdichtung besondere Relevanz der Perspektive zeichnet sich nicht ab, es sei denn, man sieht in der Vornahme der Schwarzkunst einen Reflex der in der Zeit grassierenden Hinneigung zu den Erwartungen der Alchimie. Hier wäre freilich ein Phänomen tangiert, das über den sozialen Bereich in das Aufkommen der Naturwissenschaft und in das geistige Verhältnis zur Welt überhaupt führt.

Wandel der sozialen Situation und des Bewußtseins künden sich ebenso an in Werner Rolevincks Bauernspiegel (De regime rusticorum). Verfaßt angesichts der Unruhe und Unzufriedenheit unter den Bauern, auch der Karthäuser Rolevinck in St. Barbara zu Köln hat von ihr erfahren und läßt sie zu Wort kommen. Der Fürstenspiegel des Thomas von Aquin ist Vorbild, eine Betrachtung die früher den Fürsten vorbehalten war, wird jetzt auf die überwiegend unfreie Unterschicht angewendet, auch dies ein Signal: Zum ersten Mal wird der Unfreie derart bedacht, ein Zeichen der Stellung, die der Bauer gewonnen hat. Freilich, noch spricht er nicht selbst, Rolevinck tut es für ihn, pastoral beschwörend, seine Adressaten sind auch nur indirekt die Bauern, direkt wendet er sich an den Klerus und an die Inhaber staatlich-herrschaftlicher Befugnisse (Drosten, Schultheißen) [23a]). Entsprechend stehen die Pflichten von unten nach oben im Vordergrund: Gehorsam, Respekt für die Gastlichkeit, Zahlung der Abgaben, der Zehntpflicht, die offensichtlich nur widerspenstig oder gar nicht erfüllt wird. Kein Wunder bei der Fülle der Abgaben. Auch gegen den Status der Unfreiheit gibt es eine Front. Nicht nur von Bauern, auch von „christiani nominis professiores quam litterati (etiam litterati)“ (c. 4) wird die „servitus“ als ungerecht bezeichnet. Rolevinck verteidigt die bestehende Ordnung, wobei er freilich die Verkaufssklaverei, als regional auf den Mittelmeerraum beschränkt, abgrenzt. Aber die in seiner Umgebung übliche (usualis) wird verteidigt, wobei er die Argumentation auf die in der Gesellschaft notwendige Vorordnung und Unterordnung erweitert und damit die eigentliche Fragestellung verfälscht. Rolevinck wird es als Ausgleich empfunden haben, wenn er andererseits die Würde des Bauernstandes, seine Unentbehrlichkeit vehement verteidigt. Der tradierte Topos erhält nun rhetorischen Glanz: „Der Herrscher wird schwach, der Soldat erschlafft, der Gelehrte verliert den Verstand, der Künstler schwankt daher, die Ordnung der ganzen Welt zerbricht, wenn der Bauer aufhört sein Feld zu bestellen“ (c. 3) — Die Lösung der sozialen Konflikte sieht er in der gewissenhaften Haltung, dies in bewußter Gegenwart vor Gott, im demütigen Sich-Abfinden mit der „condicio humana“. Auch in auswegsloser Lage. Selbst hier gibt es gegenüber dem „Wüten der Herren“ keine gewaltsame Hilfe, nicht einmal gegenüber Sachen (c. 4). Eine klare Position gegenüber dem heraufziehenden Aufstand der kleinen Leute, des gemeinen Mannes, der Bauern.

6.3 Der Angriff auf die Sozialstruktur

Predigt und Lehrdichtung klagen soziales Fehlverhalten und Mißstände an, die Chance einer Änderung und Besserung sehen sie in einem Wandel der Gesinnung und des Lebens. Überlegungen, die auf die feudale Herrschaftsstruktur, auf das Gefüge der Privilegierungen ausgehen, werden nicht angestellt. Die auf Standesunterschiede fixierte Gesellschaft und das mit ihr verbundene feudale Herrschafts- und Rechtssystem werden nicht infrage gestellt und angegriffen. Solche Reflexionen, die früher oder später eine Wandlung der Strukturen selbst implizieren, sind, wie wir sahen, nur ganz selten anzutreffen und wenn, dann auf einem eng begrenzten Raum und auf relativ kleine Teile des Ganzen beschränkt. Etwa in der kommunalen Bewegung, die von der herrschenden Umgebung als Neuerung empfunden wird, bei Arnold von Brescia, in radikalen Armutsgruppen mit ihrer Verweigerung des Kirchenzehnten, bei den Katharern und Waldensern, sofern ihre Lebensweise bei weiterer Ausdehnung zu einer Wandlung der Lebensweise und der sozialen Relationen führen müßte; endlich bei Marsilius, dessen kirchlich und politisches Programm in der Praxis einen tiefen Eingriff in die kirchlich-politische Ordnung nach sich ziehen würde.

Wir sind hier bei der schwierigen Frage angelangt, inwieweit man überhaupt in der Zeit von Reflexionen über systemändernde Reformen oder gar revolutionäre Umbrüche sprechen kann. Derartige Reflexionen setzen krisenhafte Situationen, eine Kumulation von sozialen Spannungen voraus. Das Nährfeld von Unruhen oder Reformwünschen muß einen Umfang gewinnen, der von selbst zu Überlegungen einer Änderung führt. Solche Voraussetzungen sammeln sich im späten Mittelalter sicher an, die Zeit ist voll vom Reden über die „reformatio" in Kirche und Reich, im 15. Jahrhundert intensivieren sich die Reformtendenzen in den Konzilien von Konstanz und Basel, hier geht es um die Reform der Kirche an Haupt und Gliedern, und ebenso wächst der Ruf nach einer Reichsreform. Gewiß, hier sind noch keine sozialen Reformen tangiert, aber sowohl in der kirchlichen wie in der politischen Reform geht voraus eine Aktivierung innerhalb der Sozietäten, geht voraus die unablässige Kritik am Finanzgebahren der Kirche und an der Herrschaftspraxis des Reiches, dessen Fürsten einen schwachen Kaiser wollen. Aktivierung innerhalb der Sozietät zeigt sich innerhalb der Stände mit ihrem Wunsch, am Reichsregiment teilzunehmen.

Wenn von krisenhafter Situation die Rede, dann sind auch nicht die sozialen Unruhen zu übersehen, die sich seit dem 13. Jahrhundert häufen. Der Stricker erzählt in den „Gauhühnern" von einem Aufruhr. Anfangs des 14. Jahrhunderts glaubt der Priestersohn Dolcino, Nachfolger des Gründers der Apostolischen Brüder Segarelli, die letzte der vier großen Wandlungen (mutatio) sei eingetreten. Es kommt zur offenen Rebellion, Dolcino kann erst nach heftiger Gegenwehr gefangen und verbrannt werden (1307). Die spiritualistische Endzeiterwartung hatte zum blutigen Zusammenstoß geführt, der radikale Verzicht auf persönliches Eigentum und die Überzeugung, ein neues letztes Zeitalter der Geistkirche und der vom Geist geleiteten Gesellschaft einzuleiten, machten den Konflikt unausweichlich. Das 14. Jahrhundert erlebt dann 1356/58 die Aufstände in Paris, die Rebellion der Ciompi in Florenz (1378), gleich darauf die Bauernunruhen und die Lollarden in England. Nicht zu übersehen sind auch die antipäpstlichen Unruhen in den deutschen Städten während der langen Exkommunikation Ludwigs des Bayern, die ja ebenso seine Sympathisanten erfaßt und zu schwersten langen Störungen der Gottesdienste und Seelsorge führt. So verschieden die Motive und Verlauf der einzelnen Ereignisse sein mögen, eines ist den sozialen Unruhen gemeinsam, daß die Unterschicht wesentlich an ihnen beteiligt ist. Einen Sonderfall stellt dabei der Schwurbund der Schweizer Urkantone dar, aber ihr zäher Kampf gegen die habsburgische Herrschaft bedeutet auch sozial ein Novum, indem jetzt gegen die feudale Herrschaft sich von unten her, gewiß mit Beteiligung von Adligen, eine im wesentlichen von Bauern und Städten getragene Bewegung zu einem dauernden Gebilde etablieren kann, dessen Vorbild für zahlreiche Nachbarn anziehend wird.

Wie verhält sich in diesem historischen Kontext die soziale Reflexion? Sind Überlegungen zu erkennen, die eine Änderung des Systems anstreben? Kommt es zu Programmen oder programmatischen Ansätzen? Derartige Überlegungen müssen nicht auf eine globale Umschichtung hinauslaufen, es genügen Wandlungen im sozialen Detail. Der Prozeß geschichtlicher Wandlung vollzieht sich überwiegend im Mosaik zellularer Veränderungen, die globalen Einbrüche mit ihrer jeweiligen verkündeten Stunde Null sind Sache unseres revolutionären Zeitalters. — Die Antwort auf die gestellte Frage muß komplex ausfallen, enttäuschend und ermutigend zugleich. Sicher kommt es zu Überlegungen und Aussagen, die das etablierte aristokratische System infrage stellen, zu Reflexionen über eine soziale Reform, aber sie artikulieren sich nicht so bestimmt, wie man es vielleicht erwartet. Aber gerade hier sollte man bedenken, daß es nicht nur auf fertige Aussagen ankommt, sondern möglicherweise es ebenso wichtig sein kann, wenn man einem Prozeß auf die Spur kommt, der schließlich zur Forderung nach tiefgreifenden Änderungen des sozialen Systems führen muß.

Daß in der sozialen Mentalität und der aus ihr wachsenden Programmatik der Aufstände des 14./15. Jahrhunderts Zielvorstellungen wirksam sind, die auf eine Änderung der sozialen Struktur hinauslaufen, ist evident. In den agitatorischen Reimen des Vikars John Ball: „When Adam delved an Eve span, where was then the gentleman?", schon vor dem Aufstand des Wat Tyler zirkulierend (1381), wird die Berechtigung der feudalen Privilegierung offen bestritten. So weit gingen freilich nicht alle. — Die Ciompi in Florenz erstreben die politische Gleichheit in der Stadt, sie wollen vollwertige Bürger werden. Ihre Vertreter in der letzten Phase des Kampfes, die „Otto santi del popolo di Dio", leiten ihre Befugnisse aus eben der Autorität des „Gottesvolkes" ab (24), ihrer Macht sollen die übrigen Ämter unterstellt werden. In einer Petition am 28. VIII. 1378 wird die Abschaffung der Privilegien für Magistrate verlangt, Adlige sollten in Zukunft amtsunfähig sein. Entmachtung des popolo grasso und seiner Verbündeten im popolo minuto, Herstellung politischer Gleichheit, dies nun im Sinn der Unterschicht der lohnabhängigen Manufakturarbeiter.

Der Aufstand der Ciompi lenkt den Blick auf die Bewertung der in den übrigen kommunalen Unruhen feststellbaren Ziele [24]). Naturgemäß beschränken sie sich dort, wo es um Reform der patrizischen Stadtregimente der „Geschlechter" geht, wo Teilnahme an der Macht durch die Zünfte angestrebt wird oder bei den Auseinandersetzungen in den Zünften selbst zwischen Meistern und Gesellen (Knechten), auf politische Absichten oder partielle, gruppeninterne Konflikte. Gerade solche gruppeninternen Konflikte lassen jedoch auch eine Gleichheitstendenz erkennen, wenn etwa der Geselle mit Hilfe der Gesellenverbände aus einem „Knecht" eben zum „Gesellen" wird [25]) und er sich seinen Schutz der Arbeit erkämpft. Und es bleibt die

Frage, inwieweit auch in den rein politischen Revolten Wünsche nach einer Änderung der gesellschaftlichen Bedingungen wirksam sind.

Für die soziale Reflexion ist es in diesem Zusammenhang entscheidend, daß auch die städtische Gemeinschaft innerständisch differenziert ist, sozusagen überall gibt es Abgrenzungen: Von den Geschlechtern zu den Zünften, in den Zünften zwischen Handwerksmeistern und Gesellen, zwischen den Zünften nach wirtschaftlich und gesellschaftlich gewichtigeren und weniger angesehenen Gruppierungen. Über allem der Unterschied von „Arm und Reich", jeweils mit den entsprechenden „Statussymbolen" (E. Maschke) [26]), in der Kleidung, beim Tanz. Wir haben eine unbemittelte Unterschicht, häufig mittellose Arbeiter, die sich ihren Unterhalt suchen und ein städtisches Proletariat bilden, nicht nur dort, wo große Manufakturen existieren. Hier kann sich Zündstoff bilden, der zu revolutionären Erwartungen führt. Aus Tournai wird schon zu Beginn des 14. Jahrhunderts von revolutionären Gleichheitserwartungen aus diesem Umfeld berichtet [27]). Hier erhebt sich auch das viel erörterte Problem der Querverbindung zu haeretischen Gruppen, etwa der Sekte vom „fry geist" (liber spiritus). Auffallend bleibt, daß extrem anarchistische Vorstellungen gerade jetzt zur Artikulation kommen können. — Die Weberschlacht von Köln zeigt Geschlechter/Rat und eine breite Front der „Mittelschicht" (Kaufleute, die Mehrzahl der Zünfte) gegen die Weber und die zu ihnen haltenden Schmiede, Gerber, Gürtelschläger (1371). Man hat die Kennzeichnung dieser Frontierung als Gegensatz von Armut und Patrizität bestritten, dennoch dürfte die Unterschicht eher bei der unterliegenden Minorität zu suchen sein [28]). Auf dieser Ebene werden auch vorwiegend die „Kleinen" (klein mann) zu finden sein, von denen in den Reformschriften des 15. Jahrhunderts die Rede sein wird.

Zum Unruheherd wird auch das Bauerntum, vor allem seit der im 14. Jahrhundert einsetzenden und zu beobachtenden „Agrarkrise". Mit diesem in der Sozialgeschichte umstrittenen Begriff sei nur so viel gesagt, daß es einerseits zu wirtschaftlich-sozialen Spannungen kommt und andererseits die Bauern eine erhöhte Bereitschaft zeigen, sich beschwerdeführend zu Wort zu melden und zu rebellieren. Ein Blick auf die Karte zeigt freilich, daß die Unruheherde sich auf wenige Gebiete beschranken: Ost-England, Flandern/Artois, Südwestdeutschland, Schweiz, Tirol, Kärnten [29]). Die Ursachen der Spannungen sind verschieden und wirken sich zeitlich ganz verschieden aus: Einmal der Übergang von der alten Grundherrschaft mit seinem Villikationssystem zur Grundrenten-Herrschaft mit ihren Leihzinsen, die den von Dienstpflichten befreiten Hörigen in große Schwierigkeiten bringen kann, wenn die Agrarpreise sinken, was durch die Geldwirtschaft und die Konkurrenz der gewerblichen Produktion eintreten kann. Dazu kommt der Stillstand von Auswanderungsmöglichkeiten durch das Ende von Rodungen, dann die Hungersnöte (1315), Kriege und die Folgen der Großen Pest. Recht vielfältige Ursachen, entsprechend sind die Auswirkungen regional und zeitlich differenziert. Die zunehmende Bereitschaft, sich zu artikulieren und zu rebellieren hat einen Grund sicher in der für diese Zeit charakteristischen Aktivierung ständischer Gruppen und einem Emanzipationsdrang, der sich nicht nur in dem Wunsch zeigt, es den höheren Ständen gleich zu tun, sondern eben auch mit zu „raten", um es in der Sprache H. Botes zu sagen.

In einigen dieser Bauernunruhen kommt es nun auch zu offenen Angriffen auf die feudale Herrschaft und die „Reichen", die Kirche eingeschlossen. In Westflandern (1323/28) werden Adlige und Reiche erschlagen, manche würden gern alle an den Galgen hängen. Die Jacquerie ist ein verzweifelter Aufstand gegen den Adel, vor allem aber liefern der Bauernaufstand 1381 in England und die Thesen Wiclifs die Möglichkeit, ideelle Voraussetzungen und Vorstellungen einer sozialen Rebellion zu beobachten. Im Aufstand selbst haben wir die Forderung nach wirtschaftlicher Entlastung (Minderung der Abgaben, fixierte Grundrenten, Kampf gegen Handelsmonopole), es kommt aber auch zu Enteignungen von Grundherren, der Stoß richtet sich auch gegen das grundherrliche System. Das wiederum führt auf die Agitation der poor priests und J. Balls, der offensichtlich eine generelle Enteignung predigt: „Meine guten Freunde, die Dinge können nicht gut in England gehen, bis nicht alle Dinge in Gemeineigentum sind. Wenn es weder Vasall noch Herr gibt und alle Unterschiede aufgehoben sind. Wie schlecht haben sie uns behandelt und aus welchem Grund halten sie uns in Abhängigkeit? Stammen wir nicht alle von den gleichen Eltern, Adam und Eva?“ [30]). Rufe nach „aequalis libertas“ und nach Vernichtung der Lords werden laut. J. Ball wird später als Anhänger Wiclifs ausgegeben, sodaß von selbst die Frage nach dem Einwirken Wiclifscher Ideen sich ergibt.

Wiclif selbst wehrt sich in „De blasphemia“ gegen den Aufstand und damit gegen eine mögliche Schuldzuweisung. Hätten die Lords Kirchenbesitz enteignet, dann hätten sie einen Ersatz für ihren Wunsch nach höheren Abgaben gehabt. Er preist den Vorteil einer „commutacio bonorum omnium“, die dem Priester einen genügenden Lebensunterhalt garantieren solle und die zugleich „der Allgemeinheit durch das Klerikergut eine genügende Reserve gäbe“ [31]). Aber gerade in dieser Forderung nach einer Enteignung der Kirche lag, zusammen mit den Vorstellungen über Kirche, Hierarchie, über das Verhältnis von „gratia“ und „dominium“ (De civili dominio) noch genug Zündstoff für eine „tumultuöse“ Änderung der Verhältnisse. Seine Lehre über Gnadenstand und Macht (dominium), in der er die These von der wahren Gerechtigkeit der Gnade, die den Erlösten zum wahren Herrn über die Dinge mache, nun für die „bürgerliche Macht“ zugrunde legt, bringt in die Rechtsbeziehungen ein neues Element: den Gnadenstand. Alles menschliche Recht setzt göttliches Recht voraus: „omne dominium iustum ad homines presupponit iustum dominium quod deum“ (De civ. dom. I, c. 1). Eine These, die mit anderen Vorzeichen und in anderer Richtung bereits in der soliustistischen Doktrin des Aegidius Romanus verwendet wurde, und zwar zur Begründung der spiritual-temporalen Vollgewalt. Sie ist jetzt in die Zielrichtung der umstürzenden Konzeption Wiclifs gedreht und wird von ihm auch, freilich unter Kautelen, in seine kirchenpolitischen Vorschläge eingebracht. Es liegt ihm zwar fern, aus der Relation „gratia-dominium“ eine Revolution des bürgerlichen Rechtes abzuleiten, denn, wie er sich selbst salvierend sagt, auch der Sünder besitze als „iustus passivus“ kraft göttlichen Wohlwollens, „iustitia naturali“, naturgesetzlich seine Güter, freilich sei dies ein sehr schwacher (debilissimus) Titel. Aber andererseits fordert er eine Enteignung des Kirchengutes und betont im Schreiben an das Parlament (1378), daß die weltlichen Herren Kirchengut enteignen könnten, wenn sich die geistliche Seite vergangen habe (n. 6, 16) und den Besitz mißbrauche. Vergangen hat sich aber die Kirche bereits seit Konstantin, als sie mit weltlichem Gut ausgestattet wird und dabei wahrscheinlich noch der Name „Papst“ erfunden wird. In dieser Begründung der Enteignung durch die weltliche Seite ist unübersehbar die Lehre vom „dominium“ im Zustand der Gnade wirksam, der Unwürdige verliert der Heilsgerechtigkeit nach, die ja in der Kirche gilt, seinen Anspruch. Eine derartige Forderung kann nun aber, revolutionär weitergedacht, auch auf weltliche Besitztitel „in einer revolutionären Situation“ ausgedehnt werden. Nimmt man hinzu, was Wiclif über die papstlose Kirche, über das Verhältnis von „lex evangelica“ und „lex civilis“ ausführt, dann wird die soziale Sprengkraft seiner Gedanken unmittelbar lebendig.

Dabei darf man nicht übersehen, daß vieles in die gedanklichen Nebelschwaden von verbindlich-unverbindlichen Andeutungen gehüllt ist, aber gerade diese diffuse Argumentation läßt eben Auslegungen zu. So wenn es heißt, daß die „condicio communicationis", des gegenseitigen Austeilens besser sei als die „condicio proprietatis", oder wenn davon die Rede ist: „quod lex evangelica per se sufficeret sine lege civili vel vocata canonica ad completum regimen ecclesie militantis". Es wäre besser, man bedürfe für die weltliche Ordnung keiner zivilen Gerichtsbarkeit und es herrsche die „regula caritatis". Gewisse Formulierungen lassen die Grenzen zwischen natürlichem und evangelischem Gesetz verschwimmen, sodaß es zu dem Satz kommen kann: „Jeder gerechte Wächter der Temporalien ist dem Evangelium nach (evangelice), aber nicht in bürgerlichem Sinn (civiliter) Herr derselben" (De civ. dom. I, 19) [32]). Nimmt man hinzu, daß Kirche nicht die besitzgierige, herrschsüchtige Institution seiner Zeit, sondern die gläubige Gemeinschaft der Erwählten besagt, dann entsteht eben in dieser unsichtbaren, nur dem Auge der Gnade sichtbaren Gemeinschaft ein gesellschaftlicher Raum des Lebens nach dem Evangelium, in dem einerseits das Gesetz der „Erwählung" regiert, andererseits im Austausch der Beziehungen die weltliche Gewalt für Ordnung sorgt. Wiclif würde bei solchen Folgerungen gewiß seine pragmatischen Korrekturen anbringen, Tatsache bleibt jedoch, daß in der Bewegung der Lollarden, das aufständische Potential der sich stets von neuem artikulierenden Ideen Wiclifs zum Tragen kommt.

Aber nicht nur hier, sondern auch in der hussitischen Bewegung, die ja sehr früh vom Zwiespalt radikaler und gemäßigte Positionen geprägt ist und entsprechend auch ihre sozialen Vorstellungen formuliert. Die soziale Komponente Wiclifscher Ideen wird einmal in der Abendmahlslehre wirksam. Die Forderung nach dem Genuß des Abendmahls in beiderlei Gestalten beseitigt das Vorrecht des Priesters und gleicht die Gemeinde der Urkirche an. Dort wo die Realpreasenz geleugnet wird, ist der Priester nicht mehr der Verwalter eines in der Hostie über die Konsekration hinaus praesenten Geheimnisses — der Gegenwart Christi — sondern nur der Vermittler eines gnadenhaften Zeichens. Er wird in seiner Funktion „entsakramentalisiert", in die Gemeinde hineingenommen, wie man es bei den radikalen Lollarden und taboritischen Gruppen beobachten kann. In deren extremster Gruppierung, den Picarden, wird die Messe zu einem Liebesmahl ohne verwandeltes Brot und Wein, denn Realpraesenz, Kniefall, Anbetung entfallen [33]). Die Feier des Abendmahles wird zu einem Fest der Erwählten, die schon jetzt zur Unschuld Adams zurückgeführt werden, es erinnert nicht mehr an das Leiden Christi, sondern an seinen Sieg.

Wiclifs Kirchenbild wird wirksam in Hus' Schrift de „ecclesia", in der die These von der Kirche der Erwählten wiederholt wird und die Absage an das Papsttum als göttliche Institution erfolgt. Von hier aus wird der Widerstand gegen die römische Autorität zur Gewissenspflicht. Mit Wiclif und zugleich mit der böhmischen Reform (Mathias von Janow, Militsch von Kremsier) wird die von Reichtum und Macht gereinigte Kirche gefordert, die Kirche nach der lex Christi und dem Beispiel der Urkirche. Darin liegen, wie bei Wiclif, mögliche Ansätze zu weiterer Verschärfung der Positionen. In den vier Artikeln (1420), in denen Gemäßigte und Radikale noch einmal zusammenfinden, erscheint die Forderung der freien Predigt und die Möglichkeit der Laienpredigt in der Gemeinde in Gestalt des Zungenredens (1). Die Forderung nach dem Kelch (2) wird später in Basel zugestanden. Artikel 3, der die Beseitigung der weltlichen Herrschaft der Kirche und ihres Reichtums fordert, liegt auf der Linie Wiclifs und des Hus. Seine Verwirklichung bedeutet eine radikale Veränderung der kirchlich-politischen und gesellschaftlichen Verhältnisse, vor allem dann, wenn nicht nur der Adel, sondern auch das Volk sebst an der Enteignung des Kirchengutes teilnehmen sollte. Zu dieser Entwicklung freilich kommt es nicht, dazu war die adelig-bürgerliche Partei der Utraquisten zu stark. In Artikel 4, wo gegen alle „Todsünden" in jedem Stand die Todesstrafe gefordert wird, enthüllt sich — für die Gemäßigten ein äußerstes Zugeständnis, für die Radikalen ein Minimum — die agressiv-revolutionäre Tendenz. Denn wenn jetzt die Todsünden aufgezählt werden: Hurerei, Schwelgerei, Diebstahl, Mord, Lüge, Meineid, abergläubische Künste, Gewinnsucht, Wucher, simonistisches Verhalten, dann haben wir genau den Sündenkatalog der Standespredigten und der Lehrdichtung, den Konsens der Kritik an Kirche und Gesellschaft. Nur wird er jetzt zu einer kirchlich-politischen Forderung verdichtet. Die Taboriten werden denn auch in ihren 12 Artikeln bald darauf eine Ausführung verlangen, in Artikel 3 ein unduldsames Regiment gegen öffentliche Sünder, Ehebrecher, Dirnen, Diebe, Faulenzer beiderlei Geschlechtes. Dazu einfache Kleidung, ohne Schmuck — in dieser Vorstellung eines gleichmäßig einfach gekleideten Volkes kommt ein Wesenszug der taboritischen Gesellschaft zum Ausdruck: Die Gemeinde der Erwählten erzwingt die kirchliche und gesellschaftliche Erneuerung. Abweichungen werden nicht geduldet.

Diesem aggressiv-intoleranten Zug der Radikalen gesellt sich der von chiliastischen Vorstellungen des kommenden Weltendes unterstützte Plan einer eigentumslosen Gemeinschaft hinzu. Schon die ersten Berggemeinden des Jahres 1419, die zunächst gottesdienstliche Versammlungen waren, unter ihnen Tabor bei Bechine, kannten die gemeinsamen Mahlzeiten, bei denen die Reichen mit den Armen teilten. Im zweiten Tabor, der Stadtgründung im Schloßgelände von Hradiste, wird anfangs die kommunistische Lebensweise zum Gebot, Privateigentum gilt als Sünde. Die Mehrzahl der nach Tabor ziehenden Anhänger der Radikalen waren sicher Arme, ihnen konnte die neue Lebensweise als willkommene Besserung erscheinen. Aber bald zwingt der Alltag zu neuen wirtschaftlichen Formen. Man erhebt Abgaben von den Leuten der Umgebung, der Krieg verlangt Geld. Das Gewerbe wird gefördert, die Gemeinde erhält unter einem gewählten Bischof eine geordnete Struktur. Offenbar kommt es auch wieder zu Privateigentum. In diesem Gemeinwesen haben extremistische Außenseiter, wie die Picarden und eine picardische Splittergruppe, die Adamiten, keinen Platz. Martinek Huska, die führende picardische Figur, wird verbrannt, die Adamiten vernichtet.

Die Position und das Schicksal der Extremisten wirft noch einmal ein Licht auf die ganze Bewegung. Getragen von der apokalyptischen Erwartung einer nahestehenden ersten Ankunft Christi gestaltet sich ein Bild der „ecclesia militans" ohne Sünde und Makel, deren Feinde zu vernichten sind und deren Eigentum zu enteignen oder zu verwüsten ist. Christus wird in dieser wiederhergestellten Kirche mit den Erwählten wandeln „jedes Fürstentum und weltliche Gewalt wird ein Ende nehmen" [34]). Noch mehr: „alle menschlichen Überlieferungen und kirchlichen Gebräuche" sind „wie Spreu" vom Weizen zu trennen und zu entfernen, nur das Bibelwort zählt. In dieser unmittelbar bevorstehenden Epoche der erneuerten Kirche gebären die Frauen ohne Schmerz und „absque semine corporali", sie können auch ihre Männer verlassen und auf die Berge gehen. Ein Programm, das deutliche Anklänge an Thesen der Sekte vom freien Geist verrät. Es ergibt sich in seiner apokalyptischen Zuspitzung in einer historischen Logik aus den Anfängen der hussitischen Bewegung und erweist zugleich die Grenzen der sozialen Reform. Was hier an neuer Gemeinschaft, an Eigentumslosigkeit erprobt wird, ist Sache eines engen Kreises endzeitlich Erwählter. Um in den Genuß der

Vorzüge sozialer Verheißungen zu kommen, muß man einen Glauben haben, eben den der Taboriten. So eng wie die Stadt Tabor sich um ihre Bewohner schließt, so begrenzt ist auch die Botschaft. Sie kann in der Situation von 1420 nur mit Krieg verbreitet werden. Die Taboriten verkünden keine allgemeine Gleichheit, wie etwa J. Ball, sondern nur die wirtschaftliche Gleichheit ihrer eng begrenzten Gemeinschaft.

Taboritisches Gedankengut und Engagement wirkt weiter in Peter Cheltschitzkis Schriften, des Vaters der Böhmischen Brüder [34a]). Hier werden nun, zugleich auf der Linie Wiclifs, die Verbindung von geistlicher und weltlicher Machtkirche, die feudale Monarchie, die Privilegierung des Adels, das „Wappenwesen", das Rottenwesen einschließlich des Bürgertums und der Universitätslehrer, angegriffen. Die Dreiteilung der Gesellschaft wird negiert: „Die Herren haben zu wehren, zu schlagen, zu brennen, zu hängen, damit niemand dem Glauben zuwider sei; die Priester haben zu beten; und die Bauern haben zu arbeiten und jene beiden feisten und über alle Maßen unersättlichen Baale zu füttern, die am ganzen Lande fressen und es auffressen" (Netz des Glaubens I, 30). Macht, auf Besitz gerichtete Ordnung ist heidnisch, die aus dem Geist in der Ordnung der Gnade lebende Gemeinde fügt sich zwar, aber sie lebt für sich im Glauben. Auch hier letzlich eine auf eine Minorität, einen radikalen Kern der Absage an die heidnische Umwelt beschränkte soziale Botschaft.

Die vereinzelte Artikulation radikaler Freiheits- und Gleichheitserwartungen läßt Wesenszüge einer realen Utopie ausmachen: Einmal ihre historische Bedingung, daß sie nur von Einzelnen formuliert wird, die entschlossen sind, die Dinge durchzudenken und durchzuziehen. Zum anderen, daß die Erwartungen im Prinzip Einsichten sich zu eigen gemacht haben, die auch in der gemäßigten, „realistischen" Spekulation anzutreffen sind: Die Vorstellung einer urständischen und prinzipiellen Gleichheit und Freiheit aller, uralte Tradition, wie wir sahen, von der Antike über die Väter in die spätere Spekulation weitergeführt, gewiß mit Modifikationen und in jeweils modifizierter Umgebung, aber im Kern doch gleich. Diese tradierte Position wird Gegenstand eines religiös-sozialen Erwartungsprogramms und nun unter Übergehung von „realistischen" Bedenken in eine visionär beflügelte Praxis weitergeführt. Daß diese Praxis nur auf einen engsten Kreis beschränkt bleiben muß und nur kurzfristig ihren Frühling erleben kann, ist nicht anders zu erwarten. Die Gründe liegen in der historischen Situation, die nur derart sektiererische Ausbrüche zuläßt und sie durch das Korsett geistig-sozialer Zwänge selbst herbei führt. Zur Erfüllung der Erwartungen fehlen all die Bedingungen, die später im 18. Jahrhundert unter gewandelten politischen, sozialen und geistigen Voraussetzungen eingetreten sind, und die dann auch die schwärmerischen Vorstellungen in rationale Einsicht und Praktikabilität verwandeln. Die Menschenrechte sehen anders aus als Forderungen des 14./15. Jahrhunderts, aber Grundlegendes ist vorgedacht und vollzogen, und die Menschenrechte sollten sich ihrer gährenden Vorstadien bewußt sein und sich ihrer nicht schämen.

6.4 Sozialreform und Sozialutopie. Von Cusanus zum „Oberrheinischen Revolutionär".

Gegenüber der sektiererisch eng umgrenzten Sozialerwartung der Erwählten von Tabor richten sich die Reformvorschläge aus dem Umfeld des Basler Konzils auf die Allgemeinheit, die Gesamtgesellschaft, nun ohne die Vorbedingungen einer chiliastischen Auslese. Etwas vom Geist der im Umkreis der Konzilien sich regenden Sozialkritik und Zukunftshoffnung haben wir bereits in „Teufels Netz" kennengelernt. Nun begegnen wir in der „Concordantia catholica“ und in der „Reformatia Sigismundi“ zwei ungemein eindrucksvollen Projekten einer Reform.

Nicolaus Cusanus setzt seine Konzeption in umfassendster Weise an: Kirche, Sacerdotium und imperium, das „totum compositum“ und seine Teile, die Seele (sacerdotium) und das „corpus“ (imperium) sollen im Sinne einer „unio fidelis populi“ auf ihre „subsistentia, natura, compagines, iunctura cum membris“ untersucht werden, damit eine „süße, harmonische Übereinstimmung“ erreicht wird, in der das ewige Heil und das Wohl des irdischen Gemeinwesens besteht [35]). Ein großes Wagnis, aber der junge Konzilsjurist verfügt jetzt schon über die Souveränität und den überlegenen Durchblick, um sein Vorhaben durchzuführen. Vom Ansatz her geht Cusanus sein Thema im Sinne einer Erörterung der Ekklesiologie und der Gewaltenlehre, also politisch an, aber in diesem politischen Ansatz werden so elementare soziale Kategorien ins Spiel gebracht, daß sich von selbst eine Gesellschaftslehre ergibt. — Sie gründet einmal in der Sicht des Reiches als Leib der Kirche, eine Sehweise, die noch einmal, nun am Ausgang einer Epoche, jene ganzen Vorstellungen der Zweieinheit der Gewalten „in ecclesia“, der Sakralgesellschaft des „fidelis populus“ ihre Übereinstimmung mit der „universitas fidelium“ zur Disposition und Diskussion stellt. Indem das „imperium“ als „corpus ecclesiae“ definiert wird, ist es nicht umsonst „sacrum“, wird es zum materialen Substrat des Ganzen, innerhalb dessen die Priesterschaft als „Seele“ wirkt. Auch dies ein lange tradiertes Bild, wie wir sehen konnten. Der Körpervergleich erlaubt dann auch die Detailmetaphorik vom Haupt zu den Gliedern, Cusanus sieht, wie zuvor das 12. Jahrhundert (Honorius, Johannes von Salisbury), die Bauern als die Füße (583).

In der Herleitung der Gesellschaft übernimmt der Cusaner die Thesen vom natürlichen Geselligkeitstrieb, er kombiniert den „naturalis instinctus“ mit einem „rationalis discursus“ der zur Einsicht in die Notwendigkeit einer Solidargemeinschaft (consodalitas et communio) führt. Der soziale Naturinstinkt wird rational gelenkt. „Videmus enim hominem animal esse politicum et civile et naturaliter ad civitatem inclinari“ (269). Dem schließt sich eine zweite naturale Voraussetzung an: Die Menschen sind von Natur gleich frei und haben die gleiche Gewalt: „natura aeque potentes et aeque liberi homines“ (127). Cusanus erweitert den tradierten Gedanken der natürlichen Freiheit durch das Argument der Gleichheit im Raum der politischen Gewalt. Alle sind gleich in ihrem Teil an der „potestas“, und von dieser wichtigen Perspektive kommt er zu seinen elementaren Forderungen im Aufbau der politischen Gewalt: Wahre und geordnete Gewalt in einem Gemeinwesen, in dem alle von Natur aus „aeque potens“ sind, kann nur „electione et consensu aliorum constitui potest“ (127). Ebenso gehört es zum Prinzip der Freiheit und Gleichheit, daß jede fürstliche Herrschaft „est a sola concordantia et consensu subiectivo“ [36]). Bürgerliche Eintracht und Zustimmung wird nicht nur allgemein umschrieben, sondern verengt sich auf die Zustimmung des Einzelnen.

Das Prinzip der Wahl, das so eindrucksvoll die Gewaltenlehre des Cusanus prägt, ist in innerer Logik verbunden mit dem Grundsatz, daß „in populo omnes potestates tam spirituales in potentia latent quam etiam temporales et corporales“ (168). Alle Gewalt der Potenz nach im Volke, sogar die geistliche Gewalt, wobei die Aktualisierung (in actu; in esse) von oben, von Gott her erfolgt, diese Sicht führt zur erstaunlichen figurativen Deutung nach Joachim von Fiore, daß im Volk die Figur Gottvaters verkörpert, in den Weltpriestern Gottsohn, in den Mönchen der Heilige Geist abgebildet sei (168). Wie der Sohn vom Vater, so gingen die Kleriker von den Laien hervor. Damit ist die gewaltgründende Funktion des Volkes sogar in die trinitarische Figuration genommen, die im CJC ausgesprochene Lex regia (D I, 4) ist in die figurative Relation zu Gott erhöht [37]).

Die Beziehung des Volkes zu Gesetz und Herrscher ist keine mechanisch-materielle Relation. Aus dem Satz der ursprünglichen Freiheit und Gewaltengleichheit folgt, daß jede Unterordnung sich mit einträchtiger Zustimmung verbinden soll. Wiederholt erscheint auch die „freiwillige Unterordnung" (voluntaria subiectio), sie gilt sogar für die den „Weisen" untergeordneten „Törichten", denen Gott eine gewisse „natürliche Knechtschaft" zuordnete (271). Cusanus will im Gemeinwesen ein möglich hoßes Maß an freier Zustimmung, an Anteilnahme an dem Zustandekommen von Gesetzen und Entscheidungen. Er kommt zur Definition, daß jede Herrschaft dann „maßvoll und gerecht" genannt werden kann, „wenn sie entsprechend dem Willensentscheid der Untertanen existiert und auf das Gemeinwohl ausgerichtet ist" (279). „Senatoren, Konsule und sogar die Kaiser „consensu et voluntate pro communi utilitate constituti sunt" (281). Die Gesetzgebung soll daher, gemäß dem bekannten Satz: „quod omnes tangit, ab omnibus approbari debet", entweder von allen Betroffenen oder den erwählten Repräsentanten (maior pars) erfolgen (276). Vorsteherschaft, die ja auch „naturali instinctu" sich ergibt, ist dabei in der idealen Konzeption des Cusanus eine „praesidentia sapientum", der sich die anderen „per voluntariam subiectionem concurrente assensu" unterwerfen (275). Der Wahl des Vorstehers, die ein Wesenselement der „wahren Herrschaftsordnung" ist (127), entsprechen die freiwillige Unterordnung und Zustimmung. Es gibt keine anarchische Selbstbestimmung des Einzelnen (276).

In all dem entfaltet sich das Bild einer Gesellschaftsordnung, in der einträchtige Zustimmung, die wiederum eine Meinungsbildung der Untertanen voraussetzt, die Wege weist. Nikolaus denkt nicht an eine Beseitigung der Stände, seine Ausführungen über die „gleichsam natürliche Unfreiheit" zeigen, daß eine Beseitigung des Systems von Freiheit-Unfreiheit nicht zum Programm der Concordantia gehört. Dennoch will er seine Überlegungen nicht als utopische Leerformeln verstanden wissen. Seine Reformvorschläge: Jährliche Reichsversammlung in Frankfurt (529), Reform des Rechts zugunsten der „simplices pauperes" (530), die nicht durch juristische Wortklaubereien um ihre Sache gebracht werden sollten; Erneuerung der Königswahl durch die Kurfürsten, Schaffung eines einheitlichen Heeres zur Entlastung der Finanzen und zum wirksamen Schutz (554), und damit Beseitigung der Tyrannei der ständigen Fehden im Reich. Anerkennung der königlichen Gewalt auch über den kirchlichen Besitz, „wenn es Vernunft und Not fordern" (558). Durchforsten von Herrschaftsprivilegien im Sinne des guten alten kanonischen und kaiserlichen Rechts, Reinigung des öffentlichen Lebens, Kampf gegen Zinswucher, Handelsmonopole, Preistreiberei, üppigen Aufwand an Kleidung, bei Hochzeiten und Totenfeiern (566). Die Klagen der didaktischen Sozialkritik werden zu Forderungen der Reform. Eine im Geist der konziliaren Idee erneuerte hierarchische Lenkung der Kirche, ein erneuerter Körper der Kirche, eben das Reich, in denen jede rechte Vorsteherschaft aus gemeinsamen Konsens und Wahl hervorgeht und in freier Unterordnung aller oder des größeren Teils existiert, in denen alle geistlichen und weltlichen Gesetze „menschlich und vernünftig" gestaltet sind (567). In ihnen soll das Gesetz des Allgemeinwohls und des Naturrechts gelten, in diesem Geist sollen endlich auch bis zu den kleinen Partikulargesetzen alles reformiert werden (592). Ein umfassendes Programm der Reform, das Nikolaus schließlich in die Metapher der wie das Blut und die Nerven alle Teile durchdringenden geistlichen und weltlichen Gewalten erweitert (585ff). Nikolaus wünscht sich zum Geist der Reform die Tat: „O Gott, wenn der Geist aller, die das alles loben, auch zur Tat sich erwärmte, dann würde das Reich in unseren Tagen wieder aufblühen" (557). Inwieweit man für diese universale Konzeption die Vokabel „Utopie" einsetzt — F. Seibt spricht von „utopischen Kategorien" [38]) — bleibt sekundär gegenüber dem Reformwillen, der aus den Worten des Cusaners spricht.

Die „Reformatio Sigismundi", in der ersten Fassung wohl 1439 wenige Jahre nach der Concordantia entstanden, trägt sowohl durch vielfältige Überarbeitung späterer Redaktoren, wie durch ihre erstaunliche Rezeption, die bis zur Klassifizierung als Rechtsgesetz reicht, die Spuren einer weit verbreiteten reformerischen Bereitschaft [39]). Die Nähe zur Concordantia drängt sich zuweilen auf, sicher ist dem Verfasser die konziliare Literatur bekannt. Er ist gebildet, stellt sich aber mit den „Kleinen" und „Ungelehrten" gegen die mit den Mächtigen verbündeten Gelehrten und die Weisheit der Welt (N. 84). Dem kirchenkritischen und sozialkritischen Stadtbürger, der er wohl ist, steht vor Augen, daß die „heupter" versagen (56, 324), also müssen es die „cleinen" vollbringen „und wurt man das swert bruchen an den höbtern und werdent die kleinen den gewalt drucken" (P. 59). Die Sicht geht also von unten nach oben „sol es nit mit getrewer armer gemeind dar brocht werden, so wird es ubel gen" (N. 58). Ob nur Prognose oder unterschwellige Rechtfertigung einer Rebellion, jedenfalls steht der offene Konflikt ins Haus, wenn keine durchgreifende Änderung erfolgt. Im Blick steht die „gemeine christenheit", das Kirchenvolk. Ihm gegenüber die Träger der geistlichen und weltlichen Gewalt „dye fliehen", die Konzilien haben keinen Erfolg gebracht: „man kan dye reformatz nit ausgeben dann mit gewalt und pene (Strafe) zuverorden, daz sye bestee". Die Hoffnung geht zu Beginn der Schrift und an ihrem visionären Ende auf das „wenig volcks", denn „der schatz aller gerechtigkeit ist villeicht den kleinen behalten" (N. 58). Und: „Es soll villeicht sein, dye cleinen sollen erhocht werden und dye gewaltigen nyder gedrucket" (N. 324).

Ein Grundmotiv schält sich bereits heraus: Durchgreifende Erneuerung der Christenheit, das war ja das verbale Ziel der Konzilien, es wird jetzt als Antwort aus dem Kirchenvolk wiederholt und auf die Reformvorstellungen eines Gliedes der konziliaren Basis übertragen und zugleich weitergeführt, indem nicht nur die Reform des geistlichen Standes, sondern auch des „weltlichen stats" aufgegriffen wird. Über die zahlreichen Detailvorschläge kann man als Leitlinie vorwegnehmen: Rückführung des geistlichen Standes auf seine spiritualen Aufgaben und auf eine dem Amt angemessene Lebensweise und Überwindung allen „geytz, der alle freuntschaft zertrent" (N. 60), der „avaritia" als Grund aller Untreue und allen Unrechts. Eine weltliche Christenheit, in der der Einzelne in seinem Stand arbeitet und bleibt, aber zugleich seine „christliche Freiheit" hat und nicht durch Machtgier anderer unterdrückt wird.

Aus der Fülle der Details, in denen sich aus der bereits vorgeführten Sozialkritik vieles wiederholt — offenbar gibt es einen sozial-kritischen Konsens — ragen hervor: Im geistlichen Stand werden die simonistische Praxis angegriffen, das mit dem Ablaß verbundene Taxsystem, die Pfründenhäufung, der übermäßige Einfluß der Orden an der Kurie, die zuerst an der Kurie üblichen Inkorporationen, überhaupt der Verfall des Kardinalates (N. 112ff), dessen Inhaber ja als Apostelnachfolger leben sollen. Angeprangert werden die Verweltlichung des Episkopates: „Man soll wissen, das kein bischoff slösser haben soll" (N. 128), die reichskirchliche Herrschaft, die geistlichen Grundherrschaften, in denen weltliche Unfreiheit üblich ist. Die Reformforderungen greifen entsprechend tief in die bestehenden politischen und sozialen Strukturen ein: Über die geistliche Erneuerung vom Papst bis zu den Priestern hinaus fordert die RS die Beseitigung weltlicher Herrschaftsrechte: Geistliche Häupter sollten „kein sloß vesten, stet noch zwang noch ban nit haben sollen" (N. 231). Zwang und Bann, Herrschaftsrechte sollen auch den Klöstern entzogen werden, Städte und Ritter sollen die Rechte übernehmen (N. 200, 250). Kirchenzinsen sollen abgelöst werden, dafür sollen die Pfarrer einen Unterhalt erhalten. Sie sollen nichts mit Zins und Zehnten zu schaffen haben, besondere Kirchenpfleger und „bawmeister" sollen für die materiellen Belange der Kirchen sorgen. Ein Vorschlag, der auf eine weitgehende Übernahme der ökonomischen Belange durch die Laien hinausläuft. Man fühlt sich an die Vorschläge des Marsilius erinnert. Daß eine durchgreifende Reform des verweltlichten Ordenswesens gefordert wird, gehört zum Tenor der Kirchenreform. Die Mendikanten gehören in die Klöster, das Betteln (Terminieren) sei Sache der Laienbrüder, Beginen und Lollarden werden abgelehnt: „sy sein nyemantz nutz" (N. 224). Der bürgerliche Schreiber teilt die immer wieder feststellbare Abneigung gegen das Betteln und die damit verbundene „faulheit" und den „Müßiggang". Nur Pilger, vier Bettelorden (Augustiner, Barfusser, Prediger, Carmeliten), Aussätzige und Bedürftige verdienen ein Almosen. Auch die Wohltätigkeit erhält ihre Regeln und Wegrichtung.

Im ganzen stellt sich die RS ein System der geregelten Versorgung vor für Domherren, die wieder auf ihre kanonischen Regeln verpflichtet werden sollen, für Mönche und Klosterfrauen, die „ein hoffertigen wandel" haben. Immer mit dem Ziel, die ursprüngliche Lebensweise zu erneuern. Gegenüber den scharf angegriffenen Mönchen kommen die Pfarrer gut weg. Sie werden von den Bischöfen benachteiligt, die Orden greifen in die Pfarrseelsorge ein — eine Klage seit dem 13. Jahrhundert — ihre Zölibatspflicht ist „groß übels" (N. 152). Man solle die Priesterehe freigeben, „man soll aber kein priester darzü noten (zum Zölibat), welcher sich newr reincklichen halten will, das sol man gonnen". RS erinnert an die Ostkirche, Christus habe die Priesterehe nicht verboten. Wenn er auch mit diesen Gedanken nicht allein steht, daß er sie sich zu eigen macht, erweist die Fähigkeit des Autors, Probleme zu sehen und Lösungen vorzuschlagen, die noch in der heutigen Zölibatsdiskussion bestehen können.

Die „Ordenung eins weltlichen stats", zweiter Teil der RS (238ff) führt mitten in die politischen, sozialen und wirtschaftlichen Fragen der Zeit. Die politische Reform beklagt den Verfall der Königsmacht an die Teilgewalten, „man ist nit gehorsam, als man sein solt". Das Bild des Königs nimmt bereits die Prophetie des Schlußteils vom Priesterkönig vorweg: Der König soll gelehrt, rechtlich gebildet sein und die niederen weihen haben: „Ob er noch priester geweyhet wer, ye besser". Hier wird eine biblische und geistliche Perspektive wirksam, die für den ganzen Reformplan charakteristisch ist. Ihr verbinden sich, wiederholt in unmittelbarer Nachbarschaft, konkrete Vorschläge: Die Gestalt des Priesterkönigs Melchisedech, seine Einrichtung des Jubeljahres auf göttliche Weisung, wann sich alle Gefängnisse öffnen, von diesem Bild geht es zur Darstellung der Königspflichten und zur Bedeutung der Ritterschaft und der Reichsstädte. Ritterschaft, in Erinnerung an die „Ritterreform Constantins", ist gebunden an ihre Defensorschaft, zusammen mit den Reichsstädten haben sie die Aufgabe Kirche und Reich zu verteidigen. Die geistlichen Ritter sollen den weltlichen helfen, „daz sye yre sele versorgen sollen" (N. 252). Eine zugleich nostalgische und zeitbewußte Vorstellung, daß den Mittelschichten: Rittern und Bürgern eine besondere Aufgabe zukommt. Diese Einstellung setzt sich fort in seinen wirtschaftlichen und sozialen Reformvorschlägen: Absage an alle Entwicklungen, die auf der Linie des „geytzes" einen einseitigen wirtschaftlichen Vorteil anstreben: Absage an die großen Handelsgesellschaften (N. 274), an Fürkauf und

Monopole, an einseitige Expansion des Gewerbes: „es will yederman gewerbe treyben mer dann im zügehort". Preisabsprachen sollten unterbunden, das Aufblähen der Zünfte eingedämmt werden. Jeder soll in seinem Stand bleiben, kein „stant soll den andern berauben", dieser Grundsatz, in anderm Kontext formuliert (N. 120), gilt auch hier. Der Verfasser steht und urteilt auf der Seite derer, die nicht das große Geld machen wollen. Man erinnert sich an seine Vorliebe für die „cleinen", die zunächst für Kinder, Ungelehrte, das „wenige Volk Christi" stehen, denen aber auch die sozial Schwachen zuzuordnen sind.

Von hier aus gewinnen schließlich die Aussagen der RS zu Zwing und Bann, zu Freiheit und Unfreiheit ihr besonderes Gewicht. Was hier folgt, gehört nun in die Geschichte des Gedankens der sozialen Freiheit und Unfreiheit, von der noch eigens zu reden sein wird. „Es ist ein ungeherte sach, das man es offen müß in der christenheyt, das groß unrecht ist, das vorget, daz einer vor got also durstig ist, das er sprechen tar (wage) zu einem menschen: „Du bist mein eygen", den got hertiglich erloßet hat und gefreyet; es ist heydenisch gethan" (N. 276). Eine offene und direkte Anfrage an das System der Freiheit/Unfreiheit, eine Anklage zugleich. Die feudale Oberschicht „hohen fursten", „graffen freyen, ritter und knecht, dye edel sein, dye auch zwing und pene (Bann) haben, dye eigen vil leut" haben, besteuern ihre Leute, daß sie Holz und Feld schwer verzinsen müssen, auch die geistlichen Herrschaften haben ihre Unfreien. „sye machen witwe und weysen; wan dye veter abgesterbent, so erwerben sye dye kinder. Awe, wo haben sye das geleßen? we, wer hat in dye freyheyt gen?" (280). Der Unterdrückung entgegen steht der Reichtum der geistlichen Grundherren: „sye wissen vor reichtum nit, was sye thünn sollen". Eigens werden noch einmal die Zinslasten (uberladen mit zinsen), und die Bannansprüche auf Holz, Weide und Feld und Wasser attakiert [40]). Und es bleibt nicht bei Klagen. Weltliche Herren, die nicht von Eigenleuten „gantz abstet", sollen büßen, Klöster, die sich weigern, sollen zerstört werden „das ist nit wyder got". In der Fassung G werden diese Strafen noch verschärft: Widerspenstige weltliche Herren soll man töten und ihr Gut enteignen, ebenso widerspenstige geistliche Herren (278). Eine harte Sprache, sie entspricht dem strafenden Tenor, der wiederholt die Reformvorschläge begleitet.

Zu Beginn der Passage über die Eigenleute werden Gebot und Verbot auf kaiserliche Ordnung zurückgeführt. Steht evangelische Freiheit dann gegen kaiserliches Recht? Die RS vermeidet eine derartige Diskussion, sie beschränkt sich auf den prinzipiellen Angriff. Im übrigen bemüht sich die RS, gerade den Kaiser als Garanten der Freiheit herauszustellen, „der alle freyheyt zu geben und zu nemen hat" (322), wie es im Kontext der Forderung heißt, daß die Reichsstädte ungehindert die bürgerliche Freiheit gewähren dürfen. Und sicher nicht zufällig wird jetzt noch einmal an das Unrecht der Unfreiheit und des zu schweren „Zwingrechts" erinnert. Und wieder erscheint, wie zur Unterstützung das Bild der „cleinen", die erhöht und der „gewaltigen", die erniedrigt werden. Der Kaiser gibt ja auch der RS den Namen, seine Vision der „heyligen seligen ordenung" leitet den letzten Teil der Schrift ein, in dem nun die „offenbarung eins neuen stats" bekannt gegeben wird. In der Gestalt des Priesterkönigs und seinem Wappen verdichtet, wird sie nicht in Einzelheiten dargetan, aber Geist und Tendenz sind klar. Angesprochen wird die Erwartung der Armen, durch die uns Gott vielleicht rechtfertigen will. Die RS ist ein Dokument der sozialen Hoffnungen jener Schichten, die unter dem Versagen der Häupter leiden, der Macht ausgeliefert sind und sich Freiheit wünschen: Christi Marter ist uns tröstlich „unser freyheyt ist also groß, unser mynn und liebe, dye wir zusamen sollen haben, ist uns gegeben in dem gebot" (342). Christliche

Brüderlichkeit in der evangelischen und natürlichen Freiheit [41]) darin werden die einzelnen Forderungen auf ihren Kern zurückgeführt.

Die Hoffnungen der „getrewen arm gemeind", des „gemeinen volks" werden eine Generation später vom Pfeifer von Niklashausen artikuliert und im „Oberrheinischen Revolutionär" (OR) zu Papier gebracht. Jetzt wird der Ton schärfer, für den Pfeifer ist der Kaiser ein Bösewicht und mit dem Papst sei es nichts. Zoll und Steuern gelten für Dummköpfe, wenn das herrschaftliche Gut unter die gemeinen Leute aufgeteilt würde, „dann hätten wir gleich alle genug". Es komme noch dazu, daß die Fürsten und Herren um einen Taglohn arbeiten müßten [42]). Diese revolutionäre Tendenz, die ja auch in der RS greifbar ist, schlägt sich auch im OR und den angeschlossenen „Trierer Statuten" (TS) nieder [43]). Ähnlich wie in der RS, deren Einfluß unverkennbar ist, von einer Erhebung der „Kleinen" die Rede ist, wird hier eine mögliche Erhebung des „kleinen Mannes" verkündet (c. 7, 219). Der neue König soll „von den cleinen stammen" (c. 64). In diese, in den verschiedenen Redaktionsstufen sich radikalisierende Umsturzgesinnung eingebettet nun ein Redefluß, in dem sich verklärende historische Reminiszenzen mit handfesten Attaken und Forderungen verbinden. Verklärt erscheint das Rittertum, nach dem Völkerrecht einst zum Schutz vor böser Gewalt eingerichtet, aber nun verkommen und gewalttätig. Kriterium der Angriffe auf die politische und soziale Gegenwart ist der „gemein nutz", ihm entspricht die Gruppe, für die der „gemein nutz" am meisten Gewicht hat und die eben unter der Verletzung des Allgemeinwohls am meisten zu leiden hat, der „gemein man". Damit ist bereits die soziale Artikulationsebene aufgezeigt. Der Verfasser vertritt eben die Sache des gemeinen Mannes. Vieles, was er angreift, wiederholt im Konsens mit der sonstigen Sozialkritik und der RS die üblichen Klagen. Von daher gesehen, wäre der Ertrag an sozialer Reflexion nicht besonders hoch anzusetzen. Angeprangert werden der Diebstahl am Armen, der mit „sim blutigen schweis" arbeiten muß (TS 11), die Fronarbeit „wider aller friheiten der tutschen nation" (TS 11), die Leibeigenschaft. Auch sie ist Diebstahl „und mer dan ander diebstal". Die Bannrechte des Edelmanns, seine Jagdfrevel, das dauernde Unrecht: „das lernen die cleinen von den mechtigen, das kein gerechtigkeit doherin mer ist" (TS 23). Der Arme wird geradezu gezwungen, „sin eigenen herren umzubringen". Es geht wider „allen gewaltz — wer bas mag: contra frivolam potestatem". Die „frivole Gewalt" beginnt beim Kaiser, der nicht mehr die Witwen und Waisen beschützt, über die Fürsten bis zum Adel und den Wucherern und den Fürkaufern, die Waren aufkaufen und dann teuer verkaufen. Angegriffen werden auch dieses Mal die ungerechten Richter, die Geistlichen mit ihren Geldforderungen für geistliche Dienste (Stolgebühren) (TS 31). Kirchengut, das für die Armen bestimmt ist, wird gegen Geld ausgegeben: „Der kirchen gut ist armer lutt gut" (TS 39). Unschwer erkennt man die alte Sünde des „Geitzes" der „gitikeit". Das Übel entstand von den Römern: „all bosheit ist von den Latineren erstanden — Sy setzten ius quiritum militare als: das ist min — das ist din". Dieses lateinische Recht geht aber gegen das „natürlich gotlich recht" (c. 39). Die Lehre vom naturrechtlichen, ursprünglichen Gemeineigentum wird nun polemisch gegen das historisch gewordene Eigentum angesetzt.

Die neue gesellschaftliche Ordnung gegen diese Welt der Ausbeutung und der Gewalt ist getragen vom Vertrauen in das gute „alte Recht" und von der Hoffnung auf eine Wiederherstellung des Rechts, auf „frundlichkeit und die liebe gottes". Diese „frundlichkeit" hindert aber den OR nicht, merkwürdig rigoristische Auffungen zu vertreten, so die Abwertung der unehelichen Geburt, das Verdikt einer zweiten Heirat der Witwe, „die ander ee mag on sundt nit zugon“ (ST 39). Daß er sich gegen jeden Müßiggang wendet, teilt er mit andern bürgerlichen Stimmen, die wir gehört haben. Gutes altes Recht, patriotische Gesinnung verbinden sich mit der Hoffnung auf eine neue Ritterschaft, in die der Erzengel Michael gesendet wird (TS 15; c. 98): „also wirt die nw (neue) ritterschaft den erzengel Sant Michel fur ein patron uffwerfen und houptman des stritz“ (TS 15). Hauptmann des Streites, damit fällt ein Stichwort, das unmittelbar in das visionäre letzte Gefecht führt. Denn wenn die Forderungen des „klein man“ sich nicht durchsetzen, droht die Rebellion, die in mehreren Bildern beschworen wird, unmittelbarer, direkter und entschiedener als in der RS. „es wirt einer ufston, der wirt meren und großer ding tut dan Christus“. ... Er wird den Übermut der Staaten legen „und zu sich berufen den gemeinen man“, er wird das Trierer Statut erfüllen „ein frid, ein glouben, ein sproch, ein hierten, ein schofstal durch die gantz welt machen“ (TS 14). Der gemeine Mann im Schwarzwald wird der neuen Lehre folgen „und die yssen rutten (eiserne Rute) in die Hend nemmen“ um des „gemein nutz“ willen. Ja der Mann „uff dem Schwarzwald“ wird „die priester totschlahen und das gantz erdrich under sich bringen, ein hierten, ein schofstall, ein glouben durch die gantz welt machen“ (TS 30). Die rebellierende Unruhe am Oberrhein, wo sich bereits der Bundschuh regt, wird unmittelbar spürbar.

Der OR bezieht seine Wirkung auf den heutigen Leser durch die verbale Entschlossenheit zur äußersten Auseinandersetzung. Seine Sozialkritik bringt wenig neue Argumente. Wenn man von der Ständepredigt und der didaktischen Literatur her kommt, wirkt vieles, wenn nicht das Meiste vertraut. Was ihn auszeichnet, ist sein Kampf gegen die Unterdrückung des „gemeinen man“ und seine Aktivierung des kleinen Mannes in der möglichen gewaltsamen Auseinandersetzung. In dieser Entschiedenheit gewinnen dann allerdings die sozialkritischen Forderungen ein neues Gewicht, die Theorie wird von der Praxis übernommen. Der OR will kein unbewaffneter Prophet sein. Wenn er zum Schluß, seine revolutionäre Gestik abwiegelnd, meint, er habe in „einfaltigen wiß, den jungen ein lesen fur langwil gemacht“, dann soll das sicher nicht den Ernst seiner Beschwörungen aufheben. Denn alle „hochgelerten und mit namen“ sollen von dem „ubernutz“ weichen und sich „fur dem zorn gottes“ fürchten.

6.5 Soziale Reflexion der Humanisten: Poggio — Brandolini — Thomas Morus

Wenn von Kritik an bestehenden sozialen Strukturen die Rede ist, dann darf man einzelne Stimmen aus dem Kreis der studia humanitatis nicht übersehen. „Einzelne Stimmen“, das besagt schon, daß die Humanisten in der Mehrzahl sich mit den gegebenen Verhältnissen arrangieren, es ist keineswegs so, wie es marxistische Aussagen wollen, daß „die Humanisten“ den qualitativen Sprung in die Gesellschaftsformation des Kapitalismus auf der Bewußtseinsebene des ideologischen Überbaus markieren. Die soziale Spekulation der Humanisten ist begrenzt. „Sie ist schichtenspezifisch, auf Standesanliegen gerichtet. Sie argumentiert im Blickfeld und Interessenfeld der oratores und poetae. Ihre Kritik bleibt abhängig von den Gegebenheiten und den sie tragenden geistigen Kategorien, sie bleibt im aristokratisch-bürgerlichen Milieu, in das ihre Sprecher integriert sind, der Blick geht noch nicht zu den minderberechtigten Randgruppen der Gesellschaft und macht deren Anliegen zu den eigenen“ [44]). Im klassischen Ebenmaß der sozialen Symmetrie wird das „bene civile“ geschildert, L. B. Alberti widmet der Familie (Della familia) seine Schilderung einer Welt edler Harmonie des tätigen Mannes und der das Haus führenden Frau. Das bürgerliche Leben erhält seine ideale Sublimierung in Palmieris „De vita civili“, Platina schildert den besten Bürger (De optimo cive) [44a]). Der „optimus rex“ oder „princeps“ erhält in der gelehrt bürgerlichen Umgebung sein Pendant im Bild des tatkräftigen Bürgers [44a]). Freilich derlei ideale Konzipierung bürgerlichen Daseins kann in Gegensatz zur politisch-sozialen Szene geraten. Vor allem im Florenz der ihre Macht unbeirrbar entfaltenden Medici, in der gleichen Stadt, die den Aufstand der Ciompi und zuvor den langwährenden Kampf um eine freiheitliche Verfassung erlebte. Rinuccini gibt in seiner „Oratio de libertate" und in seinen Tagebüchern dem Freiheitsstreben der Florentiner Opposition eine Stimme: „So kann ich abschließend nur sagen, daß er (Lorenzo Magnifico) in langer Zeit der gefährlichste und grausamste Tyrann für unsere Stadt war". Beim Tod Lorenzos trägt er ein: „Morte di Lorenzo di Medici maligno tiranno". Die Diskussion um Caesar und seine Mörder zeigt freiheitliche Option in historischer Projektion. Für Poggio entschwand unter Caesar mit dem Verlust der Freiheit auch die literarische Kultur: „Zusammen mit der Freiheit ging auch die lateinische Eloquenz zugrunde, wurden die studia litterarum, die gerade zu blühen anfingen, ausgelöscht". Gegen dieses Urteil steht die Ansicht der Petrarca, Salutati, Scipio von Ferrara, die in Caesar den großen Staatsmann sehen.

Die Kritik an Caesar hat nun ihr Pendant in der Kritik am Sozialprestige des Adels. Sie wird faßbar in den Adelstraktaten eines Buonaccorso, Poggio, Platina und Landino. Freilich wird hier keine systemverändernde Position im Stil eines J. Ball bezogen, wenn auch der Angriff Poggios, folgerichtig weitergedacht, das feudale System in sich fragwürdig macht. Es geht zunächst und hauptsächlich nur um die aus der theologischen und sozialkritischen Tradition stammende Frage nach Geburts- und Ständeadel und dem Tugendadel. Anhand der von Plato und Aristoteles überlieferten Kriterien der „animi nobilitas" — daß es eine mittelalterliche Spekulation über den Tugendadel gibt, wird übergangen — fällt die Entscheidung zugunsten des Tugendadels, nur Buonaccorso läßt die Entscheidung offen. Daß in dieser Spekulation das Sozialprestige des Adels verblassen muß, ist klar, der gebildete Bürger will, mit Hilfe der virtus, seine Selbstachtung anerkannt wissen. Das kritische Konterfei adligen Gebahrens gesteht dabei die Schwächen der feudalen Schicht offen ein, aber kein Kritiker geht so weit, wie Poggio (De nobilitate).

Sarkastisch und gut informiert geht er die Schwächen des Adels von Rom, Neapel, Venedig, Frankreich und Deutschland durch, unumwunden tadelt er die parasitäre Existenz vieler Adliger. „Daher gestehe ich freimütig, daß niemand von ihnen allen zu Recht adelig genannt werden kann. Wie sollte es auch geschehen, daß ein Mann, der nur den Müßiggang pflegt, der keiner ehrenwerten Tätigkeit nachgeht, mit keiner Tugend, keiner Weisheit, keinerlei Kenntnissen ausgestattet ist, der nur auf seine Vorfahren und seine Abstammung vertraut, daß er aufgrund irgendwelcher rechtlicher Satzung ein Edler werden kann. Ich stelle solche Leute an den Platz des niedersten Viehs". Reichtum, der nach Hieronymus ja dem Unrecht entstammt — dives aut iniquus aut iniquitatis heres — kann nicht Adel begründen, wie Aristoteles meint, der Tugend und Reichtum als adlige Voraussetzungen angesehen habe. Adel kann man nicht wie einen Besitz erwerben und verlieren, etwa wenn man arm wird. „Es ist nichts als diese gewisse hohle Prahlerei, die uns vernünftiger Einsicht beraubt. Wenn ich daher ohne derartige Affekte überlege, dann sehe ich nicht ein, weshalb eigentlich dieses leere Märchen (inanis fabella) so sehr heranreifen konnte, oder was Gutes oder Nützliches dieser sogenannte Adel einbringt, und weshalb ihm von den Menschen soviel Gewicht zugemessen wird. Er macht uns nicht weise, nicht gelehrt, nicht klug, nicht gerecht, nicht glücklich, trägt nichts zur Gesundheit des Körpers bei, nichts zur Schönheit, nichts zur Ehrenhaftigkeit des Lebens. Er ist, ich weiß nicht, was für ein Schattengebilde, das unsere Vorstellungen verdunkelt und verwirrt, den

Träumen gleich, die, wenn sie den Schlafenden durch Trugbilder genügend durcheinander gebracht haben, den jäh Erwachenden sich als Hirngespinste dartun“ [45]). Die feudale Aristokratie Folge eines einzigen Irrtums, Ergebnis blinder Emotion, Frucht mangelnden Nachdenkens, heute würden wir sagen eine Jahrhunderte alte listige Täuschung. Damit war der Standesstolz der führenden Schicht in seinem Kern angegriffen. Denkt man weiter, dann war die auf den Privilegien des Adels basierende gesellschaftliche Struktur infrage gestellt. So weit geht Poggio nicht. Es liegt ihm auch fern, konkret eine Abschaffung des Adels zu fordern. Aber die soziale Werteskala Adel-Bürger-Bauer stimmt nicht mehr. In einer Gesellschaft, in der nicht mehr „leere Märchen“ den Rang einer Kaste legitimieren, müssen neue Kategorien des sozialen Prestiges gefunden werden. Eine Gesellschaft, die dem Ideal der „vera nobilitas“ entspricht, zeichnen Einsicht und Tugend aus. Oder, wenn man den Traktat des Landino beizieht, dann wird das platonische Streben nach immer höherer Einsicht, zum adelnden Prädikat.

Adelskritik ist Standeskritik, sie bezieht noch nicht die ganze Gesellschaft ein. Das geschieht erst, wenn auch die Unterschichten einbezogen werden, wenn der Kontrast von „ganz oben“ und „ganz unten“ in die Überlegung gerät. An einer Stelle der humanistischen sozialen Reflexion wird dieser Ansatz unternommen [46]). In seiner interessanten „De comparatione reipublicae et regni“ kommt A. Brandolini im Gespräch zwischen dem Florentiner Dominicus und dem König Mathias Corvinus auf die auffallende Diskrepanz zwischen reich und arm in Florenz. Der König zitiert Lykurg, nach dem aller Besitz gleich sei. Der spartanische Gesetzgeber habe eingesehen, daß „Diebstahl Raub und Mord“ ihren Ausgang von der Besitzgier nähmen: „Und wahrlich, wenn wir alles recht würdigen, so ist es auch. Was gibt es denn für ein Übel zwischen den Menschen, das nicht von dieser Gier her, als gleichsam seiner Quelle seinen Ausgang nimmt. Stelle dir alle Verbrechen und Schandtaten vor Augen, die bei den Menschen unentwegt sich ereignen und die von ihnen auch als schimpflich und rechtswidrig eingestuft werden, du wirst keine Übeltat finden, die nicht um des Gewinnes willen oder die nicht aufgrund von Gewinnen begangen wird. Was für eine Gefahr, welche Mühe zu Land und Wasser gibt es, die nicht um dieses einzigen Geldes begierigst ertragen wird? Gehe ohne Vorurteil alle menschlichen Künste, alle Studien, kurz alle Handlungen durch, du wirst wahrlich keine finden, die nicht zur Anhäufung von Geld als dem einzigen Ziel des jeweiligen Lebens in Gang gebracht wird. Wenn nun aber die öffentlichen Dinge so eingerichtet wären, daß alle Bürger den gleichen Besitz hätten und es niemand erlaubt wäre mehr zu haben, als der andere, dann gäbe es keine Diebstähle, keinen Streit und keine Zwietracht in den Gemeinwesen“. Auf die Frage, ob durch die Gleichheit nicht jedes Streben nach Tätigkeit unterbunden würde und das Aufhören der Künste nicht dem menschlichen Leben allen Sinn nähme, heißt es, daß die gegenseitige Hilfsbedürftigkeit (mutua utilitas et necessitas) die notwendigen Aktivitäten schon am Leben erhielten. Wollte aber jemand egoistisch ausscheren, dann würde der Staat eingreifen „und so würde nicht nur der Staat, sondern auch jene Gleichheit, die wir anstreben, am besten gewahrt werden“. Die Gleichheit, die Brandolini anstrebt, will er nicht als arithmetische Gleichheit des Besitzes verstanden wissen, sondern als eine mittlere Gleichheit, in der die krassen Unterschiede verschwinden: „Wenn alle den gleichen mittleren Besitz hätten (mediocres opes), so daß der eine dem anderen nicht viel überlegen wäre, dann würde jeder Neid und die Ursachen der Streitigkeiten verschwinden und würde jene Gleichheit gewahrt werden, die wir wollen“. Zur Erklärung seines Begriffes der Gleichheit (aequalitas) hat er zuvor eine Gesellschaft der Reichen und Armen beschrieben: Ein skandalöser Kontrast herrscht, die Reichen wollen herrschen, die Armen müssen sich unterordnen. Die Reichen leben prächtig und in Saus und Braus, umgehen jede Arbeit, feiern im Prunk sogar ihre Totenfeste. Die Armen leben dürftig, sind schäbig gekleidet, immer in Mühe und Kummer. Kann so die für ein bürgerliches Gemeinwesen notwendige „aequalitas" entstehen? Er erinnert daran, daß es auch eine „aequalitas" im Sinne einer Ähnlichkeit des Lebens (similitudo quaedam vivendi) gäbe und daß auch in der Tugend, die ja die Mitte zwischen Extremen sei, eine „aequalitas" existiere. Können aber Gruppen „die an den äußersten Grenzen des Überflusses und des Mangels sich befinden und in ihrer ganzen Lebensweise divergieren, jemals durch ein einendes Band der Tugend oder der Gleichheit verbunden werden"? Es gibt demnach eine Relation zwischen einer „aequalitas" des Besitzes und einer „aequalitas" in der Lebensweise und des gemeinsamen sittlichen Strebens innerhalb eines Gemeinwesens. Beides ist aufeinander angewiesen und läßt sich nicht trennen. Brandolinis Lösung des Problems der bürgerlichen Gleichheit liegt somit in einer Zusammenführung der Extreme auf eine ausgeglichene Mitte, in einem Abbau provozierenden Überflusses und in einem Anheben der Bedürftigkeit auf ein ordentliches und erträgliches Auskommen. Dann kann sich auch für die eine Gesellschaft und ein Gemeinwesen unerläßliche relative Gleichheit der Lebensqualität und der gemeinsamen sozialethischen Gesinnung (virtus) heranbilden.

Die „aequalitas" Brandolinis, zunächst als absolute, arithmetische Gleichheit des Besitzes in die Diskussion eingebracht und dann auf eine Ausgeglichenheit des Besitzes, der Lebensweise und der sozialen Gesinnung hingeführt, bedeutet noch nicht die volle rechtliche und politische Gleichheit der revolutionären égalité. Aber eine soziale Problematik wird angerührt, deren historische Spur schließlich in die bürgerlich-revolutionäre Gleichheit mündet. Zugleich geht seine Fragestellung über die bürgerliche égalité hinaus, indem eben die Frage nach der Gleichheit des Besitzes gestellt wird. Er löst diese Frage nicht mit einer sozialistischen Aufhebung des Eigentums, sondern durch die Beseitigung der Extreme, eine Lösung, der später ja Erasmus nahe kommt (vgl. oben S. 190). Daß Erasmus die Frage anrührt, daß der OR auch die lykurgische Gütergemeinschaft zitiert, freilich ohne sie nun in eine Diskussion über die Gleichheit einzubringen (OR 353) [47]), daß endlich Thomas Morus die wirtschaftliche Gleichheit zu einem wesentlichen Merkmal seines Inselstaates macht, all das zeigt an, daß die Frage nach der Gleichheit in der Luft liegt. Brandolini kommt im Aufgreifen des Problems eine relative Priorität zu, die Konzeption der Gleichheit bei Morus wächst aus dieser spekulativen Situation und hat sie zur Voraussetzung. Das sollte man in der Wertung der Utopia bedenken.

Morus geht von Platon aus und läßt im ersten, vorbereitenden Teil den Hythlodeus sagen, daß dieser tiefe Denker ohne weiteres gesehen habe, „daß nur ein einziger Weg zum Wohle des Staates führe: die Verkündung der Gleichheit des Besitzes, die doch wohl niemals durchgeführt werden kann, wo die einzelnen noch Privateigentum besitzen" [48]). Dem voraus geht die Eigenkritik des Morus im Disput mit dem Juristen als dem Vertreter und Verteidiger eines harten Rechtes und der Privilegien des Adels. Führt man diese Sozialkritik, von den speziellen englischen Verhältnissen abgesehen, auf ihren allgemeinen Nenner zurück, dann haben wir in nuce die Anliegen der Sozialkritik, denen wir in den zahlreichen Stimmen der Zeit begegnet sind: Auswuchern des Großgrundbesitzes, in England durch die Schafzucht besonders extensive Weidewirtschaft, eine englische Spielart der Grundherrschaft als Form des „wuochers". Dazu die parasitäre Existenz von Adligen, Söldnern, Kriegsknechten, Dienern und auch von Religiosen. Wie eh und je die „oppressio pauperum" und die räuberische Existenz reicher Prasser.

Das Gegenbild der Gesellschaft des Insellandes kann nur teilweise als nachahmenswertes Beispiel gemeint sein. Denn deren glatter Perfektionismus der sozialen Ordnung enthält so viel planende Eingriffe in das Leben des Einzelnen, der Familie, der Familienverbände, des bürgerlichen Verkehrs, daß nur abstrakte Denkfiguren in ihm atmen und wirken können. Daran ändert auch die Religion einer naturgemäßen und vernünftigen Glückseligkeit nichts. Im übrigen enthält die Schilderung utopischer Praktiken gegenüber Feinden, das bewußte Säen von Zwietracht, das Ausgraben irgendwelcher veralteter Rechtsansprüche, um zum Ziel zu kommen, so viele Spitzen gegenüber der zeitgenössischen Politik, auch der englischen, daß gerade hier auch die satirische Absicht des Ganzen durchschlägt. F. Brie hat denn auch gerade die heitere Ironie des Morus herausgestellt (größter Meister der Ironie neben Sokrates) [49]). Es ist deshalb schwer, gerade die Details aus dem Bild des Inselstaates herauszuholen, die als exemplarische Mahnung anzusehen sind. Sicher gilt das allgemeine Anliegen, das Hythlodeus zum Ende seiner Erzählung noch einmal vorbringt, indem er sich unmittelbar seiner Zeit und Umgebung zuwendet: „Ist das etwa nicht ein ungerechter und dankbarer Staat (Gesellschaft), der so viel Gunst verschwendet an die sogenannten Edelleute, an Juweliere und sonstige Angehörige dieser Menschenklasse, die aus Tagedieben oder bloßen Schmarotzern und Angehörigen unnützer Luxusgewerbe besteht, dagegen den Bauern, Köhlern, Tagelöhnern, Fuhrleuten, und Schmieden, ohne die überhaupt kein Staat bestehen könnte, keine Fürsorge zuwendet, sondern ihre Arbeit während ihrer besten Lebensjahre ausnützt und dann, wenn sie endlich, durch Alter und Krankheit gebeugt, an allem Notwendigen Mangel leiden, ihnen aufs schnödeste vergilt, uneingedenk so vieler durchwachter Nächte, so vieler und so großer Dienstleistungen, indem er sie in jammervollster Armut sterben läßt? Was soll man vollends dazu sagen, daß die Reichen von dem täglichen Lohn der Armen alle Tage noch etwas abzwacken, nicht nur durch privaten Betrug, sondern sogar auf Grund öffentlicher Gesetze?". Das jammervolle Los schutzloser Alter, das Morus schildert, müssen die Alten der Insel nicht teilen, für sie wird gesorgt, sie haben bei Tisch den Vorrang. Freilich gibt die freiwillige Euthanasie bei quälender unheilbarer Krankheit wieder der Altenfürsorge eine Wendung, die Morus als gläubiger Christ sicher nicht vertreten konnte. Daß die Ausbeutung des arbeitenden Volkes ohne jede ironische Tendenz angeprangert wird, ist sicher. Diese Anklage entspricht genau den Attaken des ersten Teils. Das soziale Programm der Utopia setzt an bei dem skandalös klaffenden Unterschied von unverdientem Reichtum und Wohlleben und der mühseligen Plackerei der arbeitenden Klasse. „Denn was ist das für eine Gerechtigkeit, daß jeder beliebige Edelmann oder Goldschmied oder Wucherer oder sonst irgendeiner von der Menschenklasse, die überhaupt nichts leistet oder wenigstens eine Beschäftigung treibt, die für den Staat nicht dringend nötig ist, daß der ein üppiges und glänzendes Leben führen darf aus einem Erwerb, den ihm sein Nichtstun oder sein überflüssiges Geschäft einbringt, während gleichzeitig der Tagelöhner, der Fuhrmann, der Schmied, der Bauer mit aller seiner harten und beständigen Arbeit, wie sie kein Zugtier aushalten würde, die so dringend nötig ist, daß ohne sie die Gesellschaft nicht ein Jahr auskommen könnte, sich doch nur ein so knappes Auskommen verdient, ein so erbärmliches Leben führen muß, daß einem die Lage der Zugochsen weit besser erscheinen könnte, die nicht beständig sich plagen müssen, nicht viel schlechtere, aber ihnen viel besser schmeckende Nahrung erhalten und bei alledem sich nicht vor der Zukunft zu fürchten brauchen?". Das ist im Resumé der Erzählung gesagt, es paßt gut und konvergiert zu dem, was Brandolini über die Kluft zwischen Reich und Arm in Florenz vorbringt.

Wenn beide, Brandolini und Morus, die Frage nach der Wurzel des sozialen Übels aufwerfen, sie zunächst einmal mit dem Verweis auf den privaten Besitz beantworten, um dann zu ihren Folgerungen zu kommen: Brandolini zur „mediocritas", zu einem Einebnen der krassen ökonomischen Differenzen auf eine Mitte, die auch den Armen ein gutes Leben ermöglicht, Morus zur Konzeption einer Gesellschaft, in der weder parasitäres Dasein einer Oberschicht, noch erbärmliches Leben der Unterschicht einen Platz haben, dann konvergieren beider Vorstellungen deutlich. Auch Morus will keinen Umsturz. Denn er ist sich klar, daß etwa durch das „gemeinschaftliche Leben und der gemeinschaftlichen Beschaffung des Lebensunterhaltes ohne allen Geldverkehr", also ein kommunistisches Programm, „aller Adel, alle Pracht, aller Glanz, alle Würde und Majestät, also nach der landläufigen Meinung alle wahre Zierde und aller Schmuck des staatlichen Lebens von Grund auf umgestürzt" würde. Tumult und Revolution, Nein; Reform, Ja. Und daß er seine Schrift, bei aller Ironie und allem Humor, doch auch als Reformschrift verstanden wissen will, erweisen seine eigenen abschließenden Worte nach der Inselerzählung: „Bis dahin kann ich gewiß nicht allem zustimmen, was er sagte (übrigens ohne allen Zweifel ein höchst gebildeter und weltkundiger Mann) indessen gestehe ich doch ohne weiteres, daß es in der Verfassung der Utopier sehr vieles gibt, was ich in unseren Staaten eingeführt sehen möchte. Freilich ist das mehr Wunsch als Hoffnung". In diesen Wunsch fließen sowohl die Anklagen der vorausgehenden Sozialkritik ein, wie deren Reformhoffnungen. Er verbindet sie als Humanist mit den Ideen seines Platon, den er unter dem Einfluß der Florentiner Akademie schätzen lernte, und entwirft in genialem Einfall seinen Inselstaat. Die hat nun, wie alle große schöpferische Leistung, kein Vorbild [50]). Der Kunstgriff, im Staat der Utopier ein radikales Plangebilde mit Abschaffung des privaten Eigentums und „gemeinschaftlicher Beschaffung des Lebensunterhaltes" vorzuführen und doch nicht festzulegen, was nun im einzelnen als Vorbild dienen sollte und kann, das mußte den Leser aktivieren und neugierig- unruhig machen. Es blieb ihm überlassen, radikalere oder gemäßigte Folgerungen zu ziehen oder überhaupt das Ganze bei der Zeitsatire zu belassen. Und tatsächlich hat die geradezu verwirrende Interpretation der Rezeptionsgeschichte gezeigt, welche Deutungsmöglichkeiten gegeben sind. Eines dürfte jedoch sicher sein: Morus hat in Verbindung mit seiner Kritik an den Zuständen der Zeit eine gesellschaftliche Ordnung fragwürdig gemacht, die auf einer einseitigen Verteilung des Vermögens und der Privilegien beruhte. Wenn man diesen Schluß zieht, ich bin überzeugt, er würde zustimmen.

Soziale Kritik und Sehnsucht nach einem besseren Gemeinwissen, dies teilt Morus mit dem „besten Bürger" Platinas [51]), mit den Vorstellungen des Freundes Erasmus, von dem schon früher die Rede war (S. 188 ff), und mit den zahlreichen anderen Stimmen der Zeit, denen wir begegnet sind. Eine Spekulation über Themen und Dinge, „che non si sono mai visti nè conosciuti essere in vero", würde Machiavelli sagen (Principe c. 15). Auch Morus hat seinen Inselstaat „Utopia" nie gesehen, aber er kennt sich auf der Insel „England" sehr gut aus.

Anmerkungen — Kapitel VI: Mahnung — Kritik — Angriff auf die Sozialstruktur — Sozialreform und Sozialutopie

1) Die Kleindichtung des Stricker, Göppinger Arb. zur German. 107, I-V, 1974, Nr. 32, S. 256f. Danach die Bezifferung der Texte.

2) Jakob von Vitry, Sermones vulgares (in Auszug): J. B. Pitra, Analecta noviss. II, 344ff. Bemerkenswert (S. 435) sein Vergleich vom armen Bauern und faulen Kleriker. Er habe viele Arme gesehen, die mehr arbeiten "quam monachi in claustris vel clerici in ecclesiis". Arbeit in reuevoller Gesinnung sei ebensoviel wert wie ganztägiger Gesang in der Kirche und Nachtwachen. — Zu Jakob vgl. Ph. Funk, J. von Vitry, Leipzig 1909. — Zu Guibert vgl. Regimen christ. S. 278. Er sieht den Staat abbildlich der himmlischen Ordnung verbunden.

3) Berthold, ed. F. Pfeiffer, I/II, 1862, 1880. Predigt von den zehn Chören; Der zehnte Chor ist jeweils im Himmel und auf der Erde abtrünnig geworden. Predigt n. X „Von zehen koeren der Engele und der kristenheit".

4) J. v. d. Lühe/W. Röcke, Ständekrit. Predigt des Spätmittelalters am Beispiel Bertholds von R., in: Literaturwiss. und Sozialwiss. 5, Stuttgart, 1975, 41-82. Hier S. 72f.

5) Die Analogie engelhafter Existenz ist als Abbildlichkeit ganz anders zu werten als bildliche Metaphorik. In ihr wird Dasein in die Seinsstufung der Analogie gebracht, es „gelichet", ist Ebenbild im ontischen Sinn. Die Metaphorik bringt im Vergleich nur operative Ähnlichkeiten zur Anschauung.

6) R. A. Müller hat in einem Referat der Görres — Versammlung 1983, Fribourg, darauf verwiesen, daß in der Predigtliteratur eine neue Wertung der Armut einsetze, die nicht mehr nur als göttliche Fügung angesehen werde. Armut könne man durch Leistung überwinden. Ich denke, daß er seine Ergebnisse noch publiziert.

7) Jakob von Cessolis von F. Vetter, Frauenfeld 1892, zusammen mit dem Schachzabelbuch des Konrad von Ammenhausen unter dem Titel: Das Schachzabelbuch Kunrats von Ammenhausen" ediert. — vgl. ferner: R. A. Müller, Der Arzt im Schachzabelbuch, München 1981.

8) Bernhardin von Siena: Prediche vogari, ed, Banchi, Siena 1853 und: 1936 (D. Bargellini). — F. J. Hünermann, Die wirtschaftsethischen Predigten des hl. Bernhardin von Siena, Diss. Münster 1939 — Trugenberger, San. Bernardin da Siena, 1951.

8a) Opera (Quaracchi) II, 121. Zitat nach Heinrich von Gent, IV Quod 1.20.

9) Stricker, Der begrabene Ehemann, n. 27, Göpp. Arb. (vgl. Anm. 1) 107/II S. 207ff.

10) Christine de Pisan, Le livre du corps de Policie, ed. R. H. Lucas, Genf 1967. — Ch. C. Willard, Christine de Pisan, in: R. Th. Morewedge, The role of woman in the Middle ages, New-York, 1975. Oeuvres poétiqucs, ed. M. Roy, Paris, 1891, I—III.

11) G. Lanson, Histoire de la littérature francaise, 166f.

12) Christine, Le livre du corps pol. S. 1: „Ainsi que pluseurs hommes aux sexe feminin imposent non — scavoir taire ne tenir soubz silence l'abondance des leurs courage".

13) L'epistre au Dieu d'Amours. Ledit de la Rose, Oeuvres II, 3ff. — Zur Debatte um den Rosenroman: C. F. Ward, The Epistles on the „Romance of the Rose", Chicago, 1911. — Vgl. ferner ihren „Ditié de Jehanne d'Arc", in dem sie Johanna als weibliche Heldin preist. ed. A. J. Kennedy/K. Varty, Oxford, 1977.

14) Thomasin von Zerclaere, Der Wälsche Gast, ed H. Rückert, 1852. — Zum Winsbecke vgl. B. Boesch, Lehrhafte Literatur, 43ff. — Seifried Helbling, ed. Th. G.. von Karajan, Zeitschr. f. dt. Altertum, 4, 1844. — J. Rothe, Der Ritterspiegel, ed. H. Heumann, Halle 1936.

15) H. Wittenweiler, Ring, ed. E. Wießner, 1931. — Meier Helmbrecht, Altdt. Textbibliothek, Halle 1924.

16) J. Rothe, Ratsgedichte, ed. H. Wolf, Texte des späten Mittelalters und der frühen Neuzeit, 25, Berlin 1971.

17) Hermen Bote, Van veleme rade, ed. H. Brandes, Jahrbuch des Vereins für niederdeutsche Sprachforschung, 16, 1890, 1 ff. — Dazu: H. Bote, Bilanz der Perspektiven der Forschung, Göppingen 1982 mit Bibliographie — Den Hinweis auf Bote verdanke ich Priv. Doz. R. A. Müller.

18) „Buch der Rügen", Ztschr. für dt. Altertum, 2, 1842 — „Des Teufels Netz" (Segi), Bibl. des literar. Vereins in Stuttgart, LXX, Stuttgart 1863, ed. K. A. Barack.

19) S. Brant, Narrenschiff, ed. F. Bobertag, Deutsche Nat. Litt., Bd. 16 — und F. Schultz, in: Jahresgaben der Gesellsch. für elsäss. Lit. I, Straßburg, 1913.

20) Erasmus, Moriae Encomium, ed. Cl. H. Miller, Opera omnia, Amsterdam 1979, IV, 3.

21) Institutio principis Christiani, ed. A. J. Gail, Paderborn 1968, S. 106.

22) Zu Bracciolini, vgl. S. 208 f.

[23]) H. Bote, Van veleme rade, vgl. Anm. 17 — Murner, Narrenbeschwörung, ed. K. Goedeke, Leipzig 1879. — Dt. K. Pannier 1884.

[23a]) E. Holzapfel, Werner Rolevincks Bauernspiegel, Freiburg 1959. — Dtsch. Übertragung und Kommentar, ebenda 1959.

[24]) E. Werner, Probleme städtischer Volksbewegungen im 14. Jh., dargest. am Beispiel der Ciompi — Erhebung in Florenz, in: Städt. Volksbewegungen im 14. Jh., Berlin 1960. F. Seibt, Revolution in Europa 1984 — N. Cohn, Les fanatiques de l'Apocalypse, 1983.

[25]) E. Maschke, Unterschichten der mittelalterlichen Städte Deutschlands, in: Dt. Stadt im Mittelalter, III, S. 408 ff. Darmstadt 1976.

[26]) Maschke, S. 352ff.

[27]) L. Verriest, Le registre de la Lois de Tournai de 1302, Bulletin de la Commission royale d'histoire, 80, 1911, S. 445, zit. bei H. Pirenne, Sozial- und Wirtschaftsgeschichte Europas im Mittelalter, 5. UTB, München, 1982, S. 195. Anm. 10. — Zum Verhältnis von Zunftangehörigen und Lohnarbeitern vgl. R. Schröder, Zur Arbeitsverfassung des Spätmittelalters, S. 138ff.

[28]) K. Czok, Die Bürgerkämpfe in Süd.- und Westdeutschland im 14. Jh. in: Deutsche Stadt im Mittelalter, III, S. 338.

[29]) B. Huppertz, Räume und Schichten bäuerlicher Kulturformen, Bonn 1939 bei R. Sprandel, Verfassung u. Gesellschaft im Mittelalter, UTB, Paderborn 1978, S. 208 f.

[30]) Froissart, Chroniques, ed. G. Raynaud, Bd. X, Paris 1897, § 212, S. 96: „Bonnes gens, les coses ne poent bien aler en Engletiére ne iront jusques à tant que li bien iront tout commun et que il ne sera ne villains ne gentils homs, que nous ne soions tout ouni. A quoi faire sont cil, que nous nommons signeur, plus grant maistre de nous? A quoi l'ont il deservi? Pour quoi nous tiennent il en servitude? Es, se venons tout d'un père et d'une mère, Adam et Eve, en quoi poent il dire ne monstrer que il sont mieux signeur que nous, fors parce que il nous font gaigner et labourer de que il despendent?" Er kontrastiert dann das Leben der Herren und der „serf". Man solle zum König gehen „serf et tenu en servitude, pour estre afranchi, nous sieuront".

[31]) M. Aston, Lollardy and Sedition, Past and Present, 1960, 1ff. hier S. 36, Anm. 5 — Zu Wiclifs Lehre vom dominium vgl. meinen Aufsatz, Von Ockham zu Gabriel Biel, Franz. Stud., 1955, 37, III: Johannes Wiclif: Das Naturrecht als Ordnung der Frohbotschaft, S. 238ff. M. D. Lambert, Ketzerei im Mittelalter, München, 1977, S. 319ff.

[32]) Vgl. Von Ockham zu Gabriel Biel (vgl. Anm. 31) S. 241 mit weiteren Stellen — Lambert sind meine Ausführungen entgangen.

[33]) H. Kaminsky, A History of the Hussite Revolution, Berkeley 1967, S. 420ff. — M. D. Lambert a. a. O. S. 395ff.

[34]) J. v. Döllinger, Beiträge zur Sektengeschichte des Mittelalters, II, Darmstadt 1968, n. 67, S. 691ff (76 Artikel). — vgl. dazu Kaminsky S. 420f. — Zur Kritik an der marxistischen Interpretation der hussitischen Bewegung: F. Seibt, Hussitica, Köln 1965, S. 179ff., vgl. auch Revolution in Europa, 203ff.

[34a]) P. Cheltschizki, Das Netz des Glaubens, Hildesheim 1970, ed. A. Molnar. Drobné Spisy (Kleine Schriften) Prag 1966.

[35]) Cusanus, De concordantia catholica, Opera omnia der Cusanusausgabe ev. G. Kallen, 14, danach die Paragraphierung. — F. Seibt, Utopica, Düsseldorf 1972, 197ff. — C. Alberigo, Chiesa conciliare, Brescia 1981, 205ff.

[36]) De concordantia, 127: „vera et ordinata potestas unius communis aeque potentis naturaliter". Das Verständnis der Stelle hängt davon ab, ob man den Nominativ zu „unius" als „unum" oder „unus" ansieht.

[37]) Zur Heilstypologie vgl. meinen Aufsatz: „Typik und Atypik" in: „Speculum historiale, Festschrift J. Spörl, 1965, 277 ff.

[38]) F. Seibt, Utopica, S. 197.

[39]) Reformatio Sigismundi, MGH, Staatsschrift des spät. Mittelalters, VI, ed. H. Koller, Stuttgart 1964.

[40]) Zu Bannrechten vgl. Weistum von Großkembs für St. Alban in Basel. K. Kroeschell, Deutsch. Rechtsgeschichte II, 129 ff. — St. Alban wird in RS aufgeführt (S. 124 f). — H. Conrad, Rechtsgeschichte I, S. 276.

[41]) Natürliche Freiheit wird in diesem Zusammenhang nicht verwertet, aber S. 282 wird das Bannrecht für Geleite als „wider alles recht" bezeichnet und anfangs S. 82 ist im Anschluß an Aristoteles von „natur zeichet, was recht ist" die Rede.

[42]) Text bei C. Ullmann, Wegbereiter der Reformation, 1866, S. 365f zit. in G. A. Benrath, Wegbereiter der Reformation, Bremen 1967, 236f. und Kl. Arnold, Niklashausen 1476, grundlegend. — Quellen, 187ff.

[43]) „Oberrheinischer Revolutionär". Der Name stammt von H. Haupt. Leipziger Übersetzungen und Abhandlungen zum Mittelalter, Berlin 1967. — Dazu: J. Bücking, Conrad Stürtzel, Archiv für Kulturgesch. 56, 1974, 177 ff. — und Kl. Arnold, Arch. f. Kult. ebda 58, 1976, 410 ff. — F. Seibt, Utopica, 62 ff.

[44]) Zum folgenden vgl. den Abschnitt „Gesellschaft" in meinem Buch „Aspekte des Humanismus", Münster 1981, S. 133 ff. — Obiges Zitat S. 135.

[44a]) Platina, De optimo cire, Venedig, 1504. Vgl. Exkurs 2, S. 238 f.

[45]) Aspekte des Humanismus S. 148. — Poggio, De nobilitate, Opera omnia I, S. 73.

[46]) Zum Folgenden: Verf.: Menschliche Existenz in der Sicht des Augustinereremiten und Humanisten Aurelio Brandolini, in: Secundum regulam vivere, Festschrift N. Backmund, Windberg, 1978, 321 ff. — Aspekte des Humanismus, S. 149 ff. — Und: „Freiheit — Gleichheit — Unfreiheit" in der sozialen Theorie des späten Mittelalters, Misc. Mediaevalia 12/2, 1980, 404 ff. — Brandolini, De comparatione rei publicae et regni, ed. F. Vilms, A. Jeno, Budapest, 1886, S. 132 ff.

[47]) OR S. 353.

[48]) Ich folge der Übersetzung von G. Ritter in: Thomas Morus, Utopia, Stuttgart 1973 (Reclam) mit Nachwort E. Jaeckel.

[49]) F. Brie hat das Verdienst, unter Verwertung der Forschungsergebnisse von R. W. Chambers und Chr. Hollis auf die satirisch-ironischen Absichten des Morus aufmerksam gemacht zu haben. Er meint sogar, daß Morus „gar keinen Idealstaat zeichnen wollte" (Hist. Jahrb. 61, 1941, S. 117). Vgl.: F. Brie, Thomas More der Heitere, Engl. Studien, 71, 1936, S. 27 ff. — Machtpolitik und Krieg in der Utopia des Thomas More, Hist. Jahrb. 61, 1941, S. 116 ff. — Hierzu kontrovers: G. Ritter, Die Dämonie der Macht, Stuttgart 1947, Anhang: Zum Streit um die Deutung der Utopia, S. 253 ff.

[50]) Jedenfalls nicht in der minutiösen Schilderung der Verfassung und des Lebens der Utopier. Selbst wenn man die Schilderung der Insel Atlantis in Platons Kritias (112 ff.) als Anregung annimmt, etwa auch die Geringschätzung des Goldes (121 a), so hat Morus gerade aus der Frage des Eigentums eine neue, grundlegende Situation für alle geschaffen. Nicht nur die Wächter sind besitzlos, wie im urtümlichen athenischen Land (110 d), sondern die ganze Gesellschaft. Und eben in dieser neuen Perspektive zeigt sich der in der Umgebung des Morus feststellbare Kontext, ohne den die Utopia wiederum nicht zu denken ist.

[51]) Vgl. Exkurs 2 S. 238 f.

VII. PROBLEME UND PERSPEKTIVEN DER SOZIALEN REFLEXION IM MITTELALTER

Wir haben bisher den Weg der sozialen Reflexion im Mittelalter in kleinen Schritten verfolgt. Wenn wir jetzt die Details in ein Ganzes nehmen und uns an das erinnern, was eingangs gesagt und als ein Kriterium der Studie erklärt wurde, zu fragen nämlich, inwieweit soziale Reflexion, über alle Detailfragen hinaus, dem Menschen helfen will, dann ist bereits angedeutet, daß keine summarische Zusammenfassung geplant ist, die im übrigen bei einem so vielfältigen Stoff kaum möglich und dienlich wäre. Vielmehr ist eine problemorientierte Betrachtung gemeint, in der wesentliche Perspektiven und Fragenkreise zur Sprache kommen, die sich im Rückblick auf das Vorhaben der Studie ergeben.

(1) Eine erste Frage betrifft die Relation von Gesellschaftsgeschichte, von gesellschaftlicher Wirklichkeit und sozialer Reflexion und sozialer Ideenbildung. Die Gesellschaftsgeschichte des Mittelalters weist wie alle Sozialgeschichte Konstanten und Variablen, Stabilität und Mobilität auf [1]). Konstanten, bleibenden Strukturen begegnen wir in der feudal-agrarischen Grundherrschaft, in der Schichtung von oben nach unten, in der Existenz von privilegierten und nichtprivilegierten, auf „Schutz" angewiesenen Gruppen, im Verhältnis von Mann und Frau als einem Unterordnungsverhältnis, in der Bedeutung der Sippe, in der Tendenz, gestufte Abgrenzungen vorzunehmen, Abgrenzung auch gegenüber religiösen Sondergruppen. Variablen, Mobilität treffen wir an in der Formierung neuer gesellschaftlicher Gruppen, wie der Reiterknechte (Ministeriale), die zu „Rittern" werden, im Bürgertum und seinen Gliederungen der Geschlechter, der Meister (Handwerker) und Gesellen. In der Herausbildung differenzierter beruflicher Funktionen, die auch den Bauern erfassen und ihn zusammen mit seiner sich entfaltenden Siedlungsform, dem Dorf, zu einem profilierten Stand werden lassen. Wandlung auch in Familie und Sippe, deren enge Geschlossenheit sich lockert. Ferner in der unteren Schicht der Unfreien, in der sich Formen einer relativen Freiheit ausbilden (Königsfreie, Kirchenfreiheit, Rodungsfreiheit) und in der sich mit dem Übergang zur Leibeigenschaft eine gewandelte Form unfreier Abhängigkeit herausbildet. Dazu kommen die Auswirkungen der mit der Geldwirtschaft, dem Handel und der Manufaktur verbundenen Änderungen des ökonomischen Gleichgewichts: die Bildung großer Vermögen, mächtiger Handelsgesellschaften, die den Preis bestimmen können, die Zeit hat dafür die Worte: Wucher und Monopol.

Die soziale Reflexion reagiert auf ihr gesellschaftliches Umfeld und die in diesem sich vollziehenden Entwicklungen einmal mit dem Rückgriff auf bestimmte Leitvorstellungen, denen man immer wieder begegnet. Vorherrschend ist die Konzeption der sozialen Ordnung, die es zu wahren gilt, Eintracht ist am besten gewährleistet, wenn jeder Stand seine „conditio" anerkennt und erfüllt. Dazu kommt die Berufung auf Gerechtigkeit, auf das öffentliche Wohl, dem alle dienen sollen, vor allem der Herrscher selbst. Zugleich sucht man Mißständen zu begegnen, indem in den sozialen Lasterkatalogen bestimmte Fehlverhalten angeprangert werden, vor allem jegliche „Überheblichkeit“ (elatio, superbia), jede unmäßige Gier nach Besitz (avaritia) und jede Unterdrückung des Schwachen (oppressio).

Die Zielrichtung der sozialen Ideenbildung ist eindeutig bestimmt durch das Vertrauen in die bestehende soziale Ordnung, in deren Grundlagen Gottes Wille erkennbar ist. Gegenüber Wandlungen in der Gesellschaft verläuft die spekulative Reaktion ablehnend, solange die Verteidiger etablierter Rechte sprechen, wie es die Diskussion über die kommunale Bewegung erweist. Auch die Ministerialen haben um ihre Anerkennung zu ringen, aber dann bildet sich zugleich mit der sozialen Formierung der bewaffneten Kriegsknechte eine eigene Standesethik heraus, das ritterliche Tugendsystem. Es kommt auch zur Ausbildung eines dezidiert bürgerlichen Sozialbewußtseins, während die bäuerlichen und städtischen Unterschichten auf die Ausbildung eines eigenen, von ihnen selbst getragenen und artikulierten Standesbewußtseins lange warten müssen. Wenn es freilich dazu kommt, dann vollzieht sich die Artikulation dieses Bewußtseins eruptiv und polemisch und es ist jetzt schon zu fragen, wo die Gründe dafür zu suchen sind, daß es das soziale Eigenbewußtsein dieser Schichten so schwer hat, eine eigene Standesethik zu entwickeln und die Verhaltensregeln nicht nur von oben her vorgesagt zu bekommen.

(2) In den Fragen, die sich hier andrängen, kommt nicht von ungefähr der Kirche, ihren Theologen und Sprechern eine besondere Verantwortung zu. Sie formulieren ja die Ideen, sie haben, wenn man will, „das Sagen“, bei ihnen muß man lange Zeit, als fast einziger Quelle, nach den Zeugnissen sozialer Reflexion suchen. Mit dem Stichwort: „Kirche und soziale Reflexion“ wird zugleich jene ideengeschichtliche Voraussetzung mittelalterlicher Sozialanschauungen tangiert, die der Epoche in der sozialen Botschaft des Evangeliums vorgegeben ist und die für soziales Verhalten ihre Weisungen gibt. In dieser Botschaft finden sich, wie eingangs zu zeigen versucht wurde, sowohl beruhigende Aussagen wie provozierende und beunruhigende Vorstellungen, beide geeint in der großen inneren Umkehr, der Metanoia, des Umdenkens und der Wandlung des sozialen Überlegungs- und Erwartungshorizontes: Die Anerkennung der gegebenen, historisch gewordenen sozialen Strukturen, auch der Unfreiheit aber nur unter der Bedingung des gewandelten Verhältnisses von Herr und Knecht zum Verhältnis vom Bruder Philemon zum Bruder Onesimus. Dann die erregende Weite eines neuen Gemeinschaftsbewußtseins der Gotteskindschaft, in der die Unterschiede von frei-unfrei, Mann-Frau verschwinden und gegenstandslos werden (Gal. 3, 28) eine Aussage, die gerade auch für die soziale Einschätzung der Frau in einer Männergesellschaft und ihrer Privilegien unendlich wichtig werden kann. Discretio und communio in einem. Die theologische, soziale Reflexion und die pastorale Verkündigung haben auf diese Botschaft überwiegend in dem Bestreben geantwortet, sich an die Wahrung der bestehenden Ordnung zu halten und die provozierenden Elemente auf den Raum der Heilsvermittlung, das heißt auf die unmittelbare Begegnung mit Gott im Kult und in der christlichen Liebestätigkeit zu beschränken, auf den Nachvollzug der Heilsbotschaft im eigentlich religiösen Bereich, hier sind alle Brüder. Sie hat die Gleichheit aller vor Gott unentwegt durchgehalten und auch, was noch zu betonen sein wird, den Gedanken der ursprünglichen substantiellen Gleichheit aller Menschen durchgehalten. Das ist ihr unbestreitbares Verdienst. Sie vermeidet es jedoch, die evangelische Brüderlichkeit nun auch derart in den saekularen Raum einzubringen, daß daraus „beunruhigende Folgerungen“ für eine Gesellschaft entstehen könnten, die auf dem Grundsatz von dominus und servus, frei und unfrei, privilegierter Herrschaftsordnung und in der Substanz geschwächter und schutzlos gewordener Unterschichten aufgebaut ist. Indem diese Ordnung ihre Regeln

fordern und ausspielen kann, klafft der Abstand Heilsbotschaft und sozialer Wirklichkeit. Er wird zwar ertragen, führt jedoch immer wieder zum Widerspruch und zum Tumult, vor allem seit dem Augenblick, da die benachteiligten Schichten irgendwelche Sprecher finden. Seit dem 11. Jahrhundert ist das deutlich zu beobachten.

Wenn schon kein Umsturz, keine Wandlung des sozialen Systems verkündet werden kann, dann kommt man nicht um die Feststellung herum, und die Sozialtheologie der Zeit muß sich um dieser Feststellung willen befragen lassen, daß keineswegs mit der gleichen Intensität, in der die Wahrung der Ordnung gefordert wird, nun auch nach dem Beispiel des Paulus im Falle des entlaufenen Onesimus die Wahrung der evangelischen Brüderlichkeit im sozialen Verhalten gefordert wird. Die Behandlung des „fugitivus“, des entlaufenen Knechtes, ein stetes Sozialsyndrom der Grundherrschaft, mußte hierzu Gelegenheit bieten. Irgendwie konnte ja die Brüderlichkeit und Gotteskindschaft nicht im Kirchenraum eingeschlossen bleiben, sie mußte über die Gabe des Almosens und die Verurteilung offensichtlicher Übergriffe hinaus sich in einer Wandlung sozialer Umgangsformen bemerkbar machen. Die Verkündung wird auf die Dauer unglaubwürdig, wenn der auf stete Unterwerfung verpflichtete Angehörige der Schicht der „laboratores“ — dieser „Armen Tröpfe“ (Adalbero von Laons) — sich nach Verlassen des Gottesdienstes, in dem er möglicherweise im liturgischen Gepränge die herrschende Schicht wiederfindet, sich in einer sozialen Situation einzurichten hat, die nur von Gehorsam, Dienst, sich Abfinden mit dem Schicksal bestimmt wird. Gewiß an den großen Heiligen wird die Wandlung des Verhaltens zur Brüderlichkeit auch im saekularen Raum demonstriert, aber man kommt um die Vermutung nicht herum, daß hier eine Alibifunktion mit am Werk ist. Man sollte auch nicht so lange suchen müssen, wenn man sich mit dem Problem der politisch-sozialen Freiheit im Mittelalter abgibt, bis man auf Stimmen stößt, die das herrschende System der Unfreiheit und Entrechtung des größeren Teils des Volkes fragwürdig machen und bezweifeln. Die Feudalisierung der Hierarchie, das systemkonforme Denken vieler Sprecher verhinderte offenbar hier eine nichtkonforme soziale Reflexion. Andererseits gibt es diese Stimmen einer eigenständigen Spekulation, ein Glück, und so zeigt sich, daß der Prozeß der spekulativen Anpassung keineswegs als einziges Merkmal der sozialen theologischen Reflexion zu gelten hat. Hier zeigt sich, daß die soziale Sprengkraft der Botschaft des Evangeliums eben doch nicht zur Ruhe kam. Auf das Ganze besehen also ein Gelingen und Versagen der theologisch-sozialen Reflexion zugleich. Freilich kann eine derart allgemeine Bilanz nur im gleichzeitigen Wissen um die Einzelheiten des spekulativen Prozesses verstanden werden. Wer deshalb nur diese Zeilen ließt und sich auf sie verläßt, dem kann nicht erspart bleiben, sich auch mit den Details dieser Studie zu befassen.

(3) In einer weiteren Perspektive ergibt sich die Frage, wie man im Nachdenken über soziale Phänomene die Gesellschaft als Ganzes, ihre Glieder und deren Funktionen sieht. Die Erwiderung dieser Frage läßt eine Entwicklung deutlich werden, die auf den Weg zur neuzeitlichen Vorstellung der Gesellschaft, der Funktion ihrer Gruppen und der Stellung des Einzelnen zuführen. In der Vorstellung von Gesellschaft begegnen wir einem Prozeß, den man mit „Entdecken der Gesellschaft“ umschreiben kann. In ihm wird zugleich die grundlegende Bedeutung der Bürgerschaft in einem Staat herausgestellt. Blicken wir zurück: Im Ausgang der Antike erscheint eine gesellschaftliche Ganzheit, eine Gesamtheit als Stamm, als das in der civitas geeinte Volk mit seinen Schichten: Aristokratie (seniores) und plebs. Oder wir haben die Gesamtheit der Gläubigen, die Kirche, mit ihren Ständen (Büßer, Heilige,

Mönche oder Prediger, Enthaltsame, Verheiratete). Die karolingische Zeit bringt die in der Kirche mit ihrem Herrscher an der Spitze versammelte Gemeinschaft, Gesellschaft wird sakral verstanden. Diese auf die Kirchengemeinschaft orientierte Sehweise dominiert zunächst auch noch in der Dreiteilung der Gesellschaft in Beter, Krieger, Arbeiter, freilich begegnen wir hier auch dem „regnum" oder dem „genus humanum" als Rahmen des Ganzen. In all diesen Konzeptionen erscheinen der Mensch, die Gruppe durchgehend als bereits hierarchisch, ständisch und beruflich eingeteilte und fixierte Teile der Gesamtheit. Erst in der anhebenden Sozialphilosophie des 12. Jahrhunderts wird einmal der Bereich der „civitas" als eigenes Gebilde neben der Kirche beschrieben. In einer zweiten Phase, im Zusammenhang mit der Aristotelesrezeption, kommt es dann zu einem weiteren wichtigen Schritt der Spekulation, indem jetzt die vorstaatlichen „Ereignisse" heraustreten, die Gemeinschaften, die zum Staat führen und der Einzelne, aus dem sich das Ganze formt. Der Staat ist eine „communitas", und zwar, weil sie autark ist, eine „vollkommene Gemeinschaft" (Thomas). Wir stoßen bei der Beschreibung der „civitas" auf Termini wie „congregatio", „societas", „multidudo". Die „communitas perfecta", wie jede „communitas" entsteht aus der natürlichen Anlage (impetus naturalis) des Menschen zur Gemeinschaft. Der Staat der „nichts anderes ist als eine „congregatio hominum" (Thomas in Arist. Pol. I, 26) wächst so aus der natürlichen Anlage der vielen Einzelnen einer „multitudo". Das heißt, die Glieder des Ganzen „civitas" erscheinen nicht als bereits ständisch und beruflich „Eingeteilte", sondern zunächst einmal als substantiell Gleiche und Einzelne einer „Vereinigung", einer „Vielheit". Damit gewinnt auch der Einzelne, gleich welchen späteren Ranges, mit allen anderen zunächst einmal seinen Platz als „gesellschaftliches und politisches Lebewesen" (animal sociale et politicum: Thomas).

Entdecken der Gesellschaft meint also, daß — in Konkurrenz zum hierarchisch-ständischen Denken, das auch in den Sprechern der neuen Konzeption noch kräftig am Werk ist — daß die dem Staat und der sozial-ständischen Stufung vorausliegende soziale Dynamik, die vorstaatlichen Gruppen und die zum Staat erst führende „Vergesellschaftung" (communicatio) sichtbar, faßbar gemacht werden. Ein Sozialisationsprozeß, in dem alle Teilnehmer kraft ihrer Natur zunächst einmal eine gemeinsame naturgegebene Funktion als politische Lebewesen haben. Alle, auch die Unfreien, sind in dieser Sicht nicht mehr wie die antiken Sklaven aus der Beschreibung der „civitas" ausgeschlossen. Die „multitudo" (congregatio hominum) erfaßt als elementare Voraussetzung des Gemeinwesens alle als gleiche Teile. Damit ist eine spätere ständische Stufung noch nicht berührt. Der gesellschaftliche Charakter des Gemeinwesens, sein sozialer Grundzug, wird hier unübersehbar deutlich. Man kann dieses Ergebnis auf die politische und soziale Anthropologie erweitern: Im Rückgang auf die Natur des Menschen, seine natürliche Anlage „profiliert sich, ein bestimmtes Bild vom Menschen. Er ist nicht mehr der durch Rechtsstrukturen, Sozialzwänge und institutionelle Rollen vorbestimmte und vorbeschriebene Mensch, sondern einfach der Mensch in seiner naturgegebenen Existenz" [1a]). Er ist nicht, bevor er durchdacht und angesprochen wird, bereits klassifiziert in irgendwelche Zugehörigkeiten, sondern in seiner wesenhaften, allen gemeinsamen Ausgangslage beschrieben und ins Spiel gebracht.

Zugleich und auf der Linie dieses spekulativen Prozesses wird nun auch die Gemeinschaft der Bürger, die „multitudo" als Träger der Gesetze definiert. Marsilius wird diese Sicht in seiner Weise erweitern und formulieren, die „universitas civium", die nun zur „anima civitatis" wird und die als „universitas fidelium" auch die koaktive Gewalt in der Kirche zugesprochen erhält. Dante leitet aus der vorgegebenen intellektiven Potenz und dem einheitlichen Willen der Menschheit die „monarchia mundi" ab. Später wird Nikolaus Cusanus den „Konsens" zur Grundlage bürgerlicher Eintracht machen. Und schließlich können sogar die „Kleinen", in Umkehr der entscheidenden Funktion der versagenden Führungsschichten die Reform von Kirche und Staat und Gesellschaft herbeiführen (Reformatio Sigismundi).

Syndrom zu dieser Wandlung in der Konzeption von Staat und Gesellschaft kommt es auch zu einer Wandlung in der Einschätzung der gesellschaftlichen Gruppen und ihrer Funktionen. Grob gesagt könnte man formulieren: An die Stelle einer auf Herrschaft und Unterordnung basierenden Konzeption des Staatsvolkes und der Gesellschaft tritt eine Gesellschaftskonzeption, in der „Tätigkeit" ein wesentliches Kriterium ausmacht. Überspitzt gesagt: Aus einer Gesellschaft des Befehlens und Gehorchens wird eine Gesellschaft der Tätigkeiten, der Leistung. Ein Wandel der Sehweise, der im Kontext der neuen Wertung der Arbeit, der beruflichen Tätigkeit seine volle Bedeutung gewinnt. Herrschaftlichen Kriterien begegnen wir in der Gliederung des Staatsvolkes in Aristokratie und Plebs (Isidor von Sevilla). Auch die Dreigliederung akzentuiert diese Sicht, da sich hinter den „bellatores" zugleich die waffentragende Herrenschicht mit ihrem Gefolge, den Lehensträgern und den bewaffneten Knechten verbirgt. Für die sich reich entfaltende Welt bürgerlicher Berufe, die nach Anerkennung drängen, Kaufleute, Meister, dann der Gelehrte, selbst der Dichter reicht diese Art der Einteilung nicht mehr aus. So ist es kein Zufall, daß Bonaventura im Zusammenhang der von der bürgerlich-gelehrten Seite ausgelösten Diskussion um Armut und Arbeit nun den Begriff „labor", der bisher vorwiegend im Sinne der den Unterschichten zugemessenen Handarbeit verstanden wird, weiterführt in den Begriff des „opus" und nach ihm die Tätigkeiten gliedert. Dabei verschwindet der einseitige Vorrang der Herrenschicht, die „bellatores" oder wie sie jetzt heißen, die „milites defendentes", stehen nun im „opus civile" in einer Reihe mit den Kaufleuten und Beamten. Und die Gruppe der „laboratores" wandelt sich zum „opus artificiale", in dem sich alle finden, die mit Essen, Wohnung, Kleidung und den verschiedenen handwerklichen und künstlerischen Tätigkeiten zu tun haben. Diese Sicht, obwohl sie zunächst nur eine operative Gliederung markiert, signalisiert auch eine gesellschaftliche Gliederung und führt von selbst zu einer neuen Konzeption der Gesellschaft.

(4) Es nimmt nicht wunder, wenn in dieser Umgebung sich wandelnder Vorstellungen nun auch die Frage nach Freiheit und Gleichheit virulent wird. Freiheit nun nicht mehr rein ständisch verstanden als: Fürstenfreiheit, Adelsfreiheit, Bürgerfreiheit, sondern weitergreifend und alle umfassend [2]). Die zusammen mit dem Ruf nach Reform im 14./15. Jahrhundert sich verschärfende soziale Kritik, einzelne Thesen, die wetterleuchtend eine schwelende Unruhe artikulieren, sie manifestieren einen Weg, an dessen Ende dann die Parole der Freiheit und Gleichheit aller ertönt. In diesen Parolen kommt offen zur Sprache, was sich in den einzelnen Protesten zuvor abgezeichnet hatte. Gehen wir die Stationen dieses Weges noch einmal ab: Der Sachsenspiegel liefert schon sehr früh ein Zeugnis einer sozialen Bewußtseinskrise. Derselbe Eike, der in der Heerschildordnung die feudale Herrschaftspyramide vorführt, zeichnet in III, 42 § 1 das Bild einer Gesellschaft, die elementar auf Freiheit und Gleichheit hin angelegt ist: „Got hevet den man na eme selven gebildet unde hevet ene mit siner martere geledeget, den enen alse den anderen; eme is de arme alse beswas alse de rike". § 3: „Do men ok recht erst satte, do ne was nen denstman unde waren alle ludevri do unsere vorderen here to lande quamen. An minen sinnen ne kan ek is ok nicht op genemen na der warheit, dat ieman

des anderen scole sin. Ok ne hebbe we is nen orekunde". Wie auch historisch es zur Leibeigenschaft kam, der rechten Wahrheit nach kommt Leibeigenschaft von Zwang und Gefangenschaft (dwange unde van venknisse) und von unrechter Gewalt, die man seit jeher zu einer „unrechte gewonheit" gemacht hat und nun „vor rect hebben wel" (III, 42 § 6). Das ist nun ein anderer Ton als frühere pastoral und theologisch beschwichtigende Worte über die Güte und Notwendigkeit einer solchen Ordnung, um die Folgen der Erbsünde abzuwenden. Hier wird offen der Unrechtskern des Systems der Unfreiheit bloßgelegt und angegriffen.

Freilich, damit Freiheit und Gleichheit zum sozialen Programm werden können, dazu war mehr erforderlich als nur derartige Seitenhiebe, so wichtig und unerläßlich sie für die Entwicklung der sozialen Mentalität bleiben. Hier mußte ein Wandel der sozialen Denkkategorien einsetzen, in dem das, was über ursprüngliche Freiheit gewußt und angenommen wird, nun in die konkreten Verhältnisse geholt und die spekulative Hemmschwelle überschritten wird, die zwischen der Wahrung der sozialen Ordnung und einer Veränderung eben dieser Ordnung liegt. Ein mühsamer Weg, auf dem sozusagen jeder kleinste Schritt sein Gewicht hat, und wenn es auch nur die Überlegung einer Rechtsglosse wie der in der Summe „Elegantius" betrifft, daß im Falle eines zwei Herren untergeordneten unfreien Priesterkandidaten, deren einer die Freilassung gewährt, eben die Freiheit mehr gilt [3]). Wir können jetzt nicht alle ähnlichen hierher gehörenden Bekundungen noch einmal aufzählen, aber die besonders gewichtigen Aussagen seien markiert. Wir begegnen in ihnen verschiedenen Zielansprachen und Vorstellungen, sie müssen auch nicht unmittelbar auf eine Beseitigung der sozialen Verhältnisse gerichtet sein, wie es gerade die Stimme W. Ockhams und seine Lehre von der „libertas evangelica" und den „iura et libertates" erweist. Denn die evangelische Freiheit meint zuerst und hauptsächlich die innere Freiheit in einer Kirche ohne übertriebenen Ritualismus und ohne eine reguläre spiritual-temporale Vollgewalt des Papstes. Aber sie erstreckt sich zusammen mit den naturrechtlich garantierten „iura et libertates" der Gemeinschaft und des Einzelnen auch auf die temporalen Rechte der Laien. Zum Gesetz der evangelischen Freiheit gehört, daß dessen Beobachtern ohne deren Schuld, ohne zwingende Notwendigkeit oder offensichtlichen Nutzen, gegen deren Willen keine Last auferlegt werden darf (nichil precipue grave), die etwa einem evangelischen Rat oder einem positiven menschlichen Recht entstammt (Breviloquium II, 17). Zu den „iura et libertates" der Laien zählt all das, „was diese zur Disposition ihrer Temporalien und weltlichen Geschäfte benötigen". Oder wie es in einer zweiten Definition heißt „all das, was weder den guten Sitten noch der Botschaft des Neuen Testamentes widerspricht". In der natürlichen weltlichen Ordnung läßt die evangelische Freiheit all die Rechte der Laien bestehen, die auch den Ungläubigen zu eigen sind, sie schafft weder eine größere „servitus" noch eine dem AT gleiche „servitus", sie ist eben ein „Gesetz der Freiheit". So kann man sagen, daß evangelische Freiheit und natürliche Freiheit ineinander-und zusammengehen. Diese Verbindung hat eine emanzipatorische Kraft. Auch wenn sie nicht unmittelbar auf soziale Unfreiheit und Ungleichheit ausgeht, ruht ihre Bedeutung doch in dem Anspruch, für alle Situationen in Kirche und Welt zu gelten, wo es um etwas „Schweres" geht. Das Menschenbild Ockhams, seine Konzeption der Ordnung ist so entscheidend von der Idee der „libertas" bestimmt und auf sie hin angelegt, daß eine Reflexion über das „Schwere" in der Situation der Unfreien und der Unterschichten diesen prinzipiellen Ansatz nicht übergehen und ihn somit ins Leere laufen lassen konnte.

Verfolgen wir den Weg weiter: J. Ball verkündet die Wandlung der Besitzverhältnisse und die politisch-soziale Gleichheit und Freiheit. Es werde nicht besser in der Kirche wenn nicht „li bien iront commun et que il ne sera ne villains ne gentils homs". Poggio bestreitet die Legitimität der „leeren Fabel" der adeligen Privilegierung gegenüber dem Tugendadel. Anarchistische Vorstellungen werden laut in der Sekte vom „fry geist" und bei den radikalen Taboriten. Johannes Hartmann aus Astmannstetten gesteht vor dem Inquisitionstribunal, daß diejenigen „qui sunt in praedicto gradu perfectionis et spiritu libertatis, non sunt humanae subjecti obedientiae nec ad aliqua statuta vel praecepta ecclesiae obligantur, quia vere liberi sunt". In einer Straßburger Vernehmung sagt ein Begharde, daß die ganz mit Gott Vereinten „per talem statum amodo omnio esse liberatos et liberos a conditione cuiuscumque servitutis etiam si prius cuiuscumque regis vel alterius proprii extitissent" [4]). Eine Freiheit und Gleichheit gewiß nur für die Vollkommenen, die sich ganz im Sinne der Geistfreiheit mit Gott verbunden haben. Aber jeder ist ja eingeladen, sich um diesem „Grad vollkommener Freiheit" zu bemühen. Soziale Privilegien sind dazu nicht erforderlich. Eine Vorbedingung radikaler Glaubensentscheide gilt auch für die, möglicherweise von Frei-Geist-Vorstellungen beeinflußten radikalen Taboriten (Picarden), die sich von allen „traditiones humanae" et observationes ecclesiasticae" (Art. 59) [5]) freigesetzt ansehen.

Die Kritik an der Unfreiheit auf der Linie des Sachsenspiegels und des Schwabenspiegels (323), der den Angriff Eikes aufnimmt und wiederholt, sie erhält in der Diktion und im Kontext des Reformprogramms der Reformatio Sigismundi eine schärfere und nun auch praxisbezogene Tendenz. Die Zeit hat sich gegenüber dem 13. Jahrhundert gewandelt, der „Tumultus" steht der Gesellschaft ins Haus. Inwieweit die gewandelte Situation, die eine Reform durch eine auf die Wurzeln des Übels zurückgehende Argumentation anstrebt und derlei Überlegungen zugänglich ist, auch auf die Reflexion eines Brandolini und Thomas Morus einen Einfluß hat, ist im Detail nicht zu verifizieren. Wenn man eine negative Eingrenzung vornimmt, dann läßt sich mit Gewißheit sagen, daß die situationelle soziale Stimmung ihre Überlegungen nicht verhindert oder gehemmt hat. Eher hat sie fördernd gewirkt.

Jede der aufgeführten Stimmen und Vorstellungen hat ihre eigene Tendenz. Kausale Verknüpfungen zu ziehen, wäre zu sehr ungesicherte Vermutung. Dennoch, nimmt man die Aussagen zusammen, dann formt sich ein historischer Kontext, ein gewisser Grundkonsens, ein Ganzes, das gewisse Gemeinsamkeiten nicht übersehen läßt. Zu ihnen gehört ein entschlossenes Absehen von den Kautelen einer apriorischen Folge von Wenn und Aber und der Rückgriff auf integrierte, ursprüngliche Konzeptionen menschlicher Geselligkeit: Auf das Evangelium, das Naturrecht, die natürlichen, der Geschichte vorausliegenden Bedingungen menschlichen Daseins, auf Naturvölker, die in den Entdeckungen gefunden werden, auf ein vernünftiges Denkmodell. Ihnen gesellt sich zu die Erwartung in eine dem ursprünglichen Zustand oder einem rationalen Modell entsprechende Zukunft. Zu diesem Grundkonsens gehört und ist hinzu zu denken der Konsens in der sozialen Kritik, die seit dem 12. Jahrhundert sich immer markanter profiliert und artikuliert: Sozialkritik-Sozialreform und sozialutopische Vorstellungen stehen in innerem Zusammenhang.

Für die Entwicklung der Vorstellungen von Freiheit und Gleichheit ist das Bestreben wesentlich, eine Ausgangsbasis zu finden, von der her Freiheit und Gleichheit als elementare Voraussetzung menschlicher Gesellschaft abgeleitet werden können: Sei es in einem Urzustand, sei es in der philosophischen Rückführung des geselligen Daseins auf die menschliche „Natur" selbst, sei es im Rückgang auf die im Evangelium verkündete Freiheit und Gleichheit aller vor Gott und auf die von Christus geforderte Nächstenliebe und Brüderlichkeit. Jedesmal geht es um elementare menschliche Situationen, die in der historischen Wirklichkeit verdeckt, verfälscht, pervertiert oder verkümmert sind. Dabei hat jede Vorstellung und jeder Vorstellungskreis für die soziale Reflexion ihre eigene Relevanz, man kann ihre Bedeutung und Aussagekraft nicht nivellieren und gleichförmig interpretieren. Jede aus der Heilsbotschaft abgeleitete Anschauung gewinnt ihre Identität und ihre primäre Zielrichtung in der Gemeinschaft und in der Heilserwartung des Glaubens. Jede aus philosophischer und natürlicher Einsicht stammende Überzeugung hat die Gesellschaft unmittelbar im Blick. Aber beide Vorstellungskreise schließen sich auch nicht aus. Glaubende Erwartung und philosophische, soziale Spekulation können sich sehr wohl verbinden, wie es sich bei Wilhelm Ockham und Cusanus erweist. Auch die sozialen Erwartungen eines J. Ball, der Reformatio Sigismundi, des „Oberrheinischen Revolutionärs", der 12 Artikel des Bundschuh sind von der Überzeugung getragen, daß evangelische und natürliche Freiheit zueinander gehören. Dabei kommt in diesem ganzen Prozeß auch der scholastischen Sozialphilosophie eine eigene Bedeutung zu. Denn die Rückführung des Staates auf die allgemeine menschliche Natur, auf die „communicatio", gibt der Forderung von Freiheit und Gleichheit eine argumentative Hilfe, indem jetzt das Gemeinwesen selbst sich als ein Gebilde herausstellte, das auf der substantiellen Gleichheit aller, „als Menschen" beruht. Freiheit und Gleichheit erscheinen dann nicht mehr als einseitige Forderungen Minderprivilegierter, sondern haben ihre Begründung auch im Wesen der „civitas" selbst. Freilich diese Verbindung der Argumentationen wird in der Programmatik der Zeit noch nicht hergestellt.

Daß ein derartiges Rückgehen auf elementare soziale Prinzipien sich entwickeln und herausbilden kann, hat seine Gründe sicher nicht in einer Abhängigkeit von materiellen Bedingungen der Produktionsverhältnisse und Produktionskräfte. Die metaphysisch orientierte soziale Spekulation im Rückgang auf die menschliche Natur verrät in nichts eine kausale Dependenz von einem ökonomischen Prozeß, sie ergibt sich im Zuge der rationalen Erhellung des Denkens und der Sprache im 11./12. Jahrhundert, der Freilegung dialektisch abgesicherter Erkenntnis der „ersten Prinzipien". Es wäre absurd, diesen Rückgang auf die „prima principia" kausal von einer Vergrößerung der Tuchmanufakturen in Flandern und Florenz oder von Waffen- und Feinschmieden abhängig machen zu wollen. — Daß die soziale Reflexion entscheidende Impulse aus einem geistigen Prozeß erhalten kann, wird auch dort ersichtlich, wo sich Gemeinschaften aus Vorstellungen bilden, die nicht materieller Provenienz entstammen, sondern ihre eigenständigen spirituellen Wurzeln haben. Es sind jene Kommunitäten, deren Wesen gerade darin gründet, sich anders als die Umgebung zu verhalten, auf wesentliche Voraussetzungen dieser Umgebung zu verzichten, die sich damit außerhalb der Zeit und, wenn man will, gegen sie stellen und dies ja auch oft genug betonen. Das ist der Fall in den radikal motivierten religiösen Kommunitäten, die sich auf den Verzicht auf Eigentum und soziale Privilegien verpflichten — zumindest in ihrer Regel und in der „Reinheit des Beginns". Daß in einer späteren Phase die Radikalität des Anfangs verloren geht, beseitigt und mindert nicht die Entschiedenheit des Anfangs, in dem man „konvertiert", die „conversio" erlebt und damit die Abkehr von der gesellschaftlichen Umgebung und ihren Annehmlichkeiten. Im übrigen wird die Verfälschung des ursprünglichen Ideals in den Klöstern sowohl im Orden selbst früher oder später gerügt — und führt zu Reformen — wie auch in der Gesellschaft selbst mit unverhohlener Kritik begleitet. Die Sozialkritik gerade des 12.—16. Jahrhunderts macht das unübersehbar deutlich. In ihr spricht sich zugleich der Wunsch aus, daß die Mönche und Nonnen wieder zum ursprünglichen Ideal zurückkehren. Man sehnt sich geradezu danach, Gemeinschaften unter sich zu wissen, die im Sinne des Evangeliums eben ganz anders sind. Und es kommt nicht von ungefähr, daß entschiedene Hinwendung zur apostolischen Nachfolge auch das soziale Ethos befruchtet. Im frühen Mittelalter in den Heiligen, deren Leben so verschieden von den Spielregeln der sozialen Strukturen verläuft und die gerade darin als Vorbilder hingestellt werden. In den Impulsen, die in karolingischer Zeit der sozialen Reflexion aus dem monastischen Milieu zukommen. In der Wirkkraft der Reform des 11. Jahrhunderts, der Armutsbewegung des 12./13. Jahrhunderts. Hier ist auch der Zeitpunkt, an dem man auf die radikalen Sondergruppen stößt, in denen sich ein gewichtiges, alternatives soziales Potential ansammelt, das dann über Spirituale, Waldenser und Begharden in die revolutionäre Bewegung des 14./15. Jahrhunderts weiter wirkt.

Dabei deckt sich die Vorstellung einer entschieden armen Lebensweise in haeretischen Gruppen zunächst mit der Entschiedenheit der Anfänge in den reformierten Armutsorden. Sie kann aber, offenbar in Verbindung mit den abweichenden Lehrmeinungen, in bewußtem und polemischem Gegensatz zur besitzenden Umwelt gesetzt werden: „Wir die pauperes Christi, von Stadt zu Stadt fliehend, wie Schafe in der Mitte von Wölfen, dulden die Verfolgung mit den Aposteln und Märtyrern", läßt Everwin von Steinfeld Katharer der frühen Armutsbewegung sagen [6]). Zur Armut der apostolischen Lebensweise gesellt sich das Schicksal der Verfolgung, der sozialen Eliminierung von seiten der Besitzenden, die zugleich sich als Rechtgläubige legitimiert für ihr Vorgehen ansehen.

Daß im Rückgang zum Evangelium und zur vita apostolica sich Vorstellungen bilden können, die nicht systemkonform sind und einen sozialen Gegensatz herbeiführen, verweist auf einen latenten, sich allmählich im 14. und 15. Jahrhundert verschärfenden Zwiespalt in den Möglichkeiten sozialer Reflexion im Mittelalter. In ihr dominierte ja, wie wir sahen, die systembewahrende Tendenz, Korrekturen erfolgen in den Aufforderungen zum rechten Verhalten innerhalb der vorgegebenen Verhältnisse. Aber das ist offenbar nicht alles. Auf das Gesamtbild besehen stößt man immer wieder auf gegenläufige, sich nicht mit dem sozialen System deckende Anschauungen: In der „Trauer" des Unfreien über seine Situation [7]), in den Fragen nach der Unfreiheit, die pastoral beschwichtigt werden, im bewußten Gegenüberstellen einer frühen Freiheit und Gleichheit und der ganz anderen Jetztzeit, schließlich in der bewußten Ablehnung der geburtsständischen Differenzierung [8]) und der Verurteilung der Leibeigenschaft um der von Christus erkauften Freiheit willen: „Es ist ein ungeherte sach, das man es offen müß in der cristenheyt, das grob unrecht ist, das vorget daz einer vor got also durstig ist, das er sprechen tar (wage) zu einem menschen: Du bist mein eygen, den got hertiglich erloßet hat und gefreyet; es ist heydenisch gethan" [9]). In diesem Wort der Reformatio Sigismundi kommt der schwelende Kontrast zwischen christlicher Freiheitsgesinnung und sozialer Struktur offen zum Ausdruck. Eine latente Gegenposition war auch in der Aufwertung des Sklaven als einer Unperson zu einer „Person" impliziert, vor allem wenn man sie mit der scholastischen Lehre vom Menschen als der „würdigsten aller Kreaturen" verband. Diese Würde war im System der Leibeigenschaft sicher nicht abgedeckt und garantiert, sodaß in der Bilanz der sozialen Überzeugungen und Vorstellungen ein ungeklärter, beunruhigender Rest blieb. Mit diesem beunruhigenden Rest geht die soziale Reflexion in die kommende Zeit, ihn gibt sie weiter und mit ihm alle in der sozialen Kritik, der Sozialreform und Sozialutopie aufgeworfenen Fragen.

(5) Was in all dem „ungeklärt und beunruhigend" ansteht, ist aber nicht isoliert auf die Einzelkritik, den partiellen oder weitergreifenden Reformvorschlag allein zu belassen und zu werten, sondern erhält seine volle Bedeutung erst, wenn man die Wandlung des sozialen Bewußtseins überhaupt berücksichtigt. Elemente und Kriterien dieses Wandels ergeben sich einmal in der seit dem 10. Jahrhundert zu beobachtenden Tendenz, das Ganze der Gesellschaft zu erfassen: In der Dreigliederung der Kirche, des regnum oder der Menschheit. In der „civitas", dem „corpus rei publicae", dann in der „universitas", als deren Glied der Einzelne sich weiß. Diese Ganzheitsvorstellung mußte auch für den Gedanken der Freiheit und Gleichheit relevant werden, denn wenn schon an eine Ganzheit gedacht wird, dann war von selbst die Frage gegeben, wie weit die „universitas" geht, ob sie quantitativ vollständig war und alle einschloß. Die Theorie des Marsilius zeigt die Schwierigkeit gerade dieser „Vollständigkeit" besonders deutlich. Jedoch war in der Begründung des Staates und der Gesetzgebung aus der „Vielheit", aus den eben das Staatsvolk und die „multitudo" konstituierenden vielen Einzelnen kraft ihrer menschlichen Natur, vorausgesetzt, daß alle daran teilnehmen. Es sei denn, man differenziert auch in der menschlichen „Natur", aber ein solcher Schritt wird nicht vollzogen, er war auch mit dem Wesen der scholastischen Anthropologie in dieser Form auch gar nicht zu vollziehen und hätte, wenn er versucht worden wäre, zu einem Konflikt mit der Lehre von der menschlichen Person und der personalen Heilsfähigkeit geführt. Wie in der Ständepredigt alle angesprochen werden, so haben die Sündenkataloge der Lehrdichtung (Buch der Rügen, Des Teufels Netz, Renner) alle Glieder der Gesellschaft im Visier und gelten die Reformvorschläge und visionär-utopischen Perspektiven allen. Sie können jetzt geradezu die Unterschichten, die Schwachen, das gemeine Volk, die „Kleinen" besonders in den Blick nehmen und ihm eine Rolle zuweisen.

Innerhalb dieses Ganzen wandelt sich auch die Wertung der Arbeit und der Berufe, das konnte wiederholt beobachtet werden. In diesem Wandel gewinnen zuvor suspekte Tätigkeiten, wie Kaufmann, Geldleiher, einen Rang, der zu einem unbestrittenen sozialen Prestige führen kann, wie es allein die Geschichte der großen Familien in Florenz erweist. In diesem Feld selbstbewußter Geschlechter, Meister und auch der Gesellen gewinnt auch die Zunft der Gelehrten einen einzigartigen Rang. Man kann mit Le Goff verfolgen, wie sich ein eigenes Berufsverständnis als „philosophus" abzeichnet, wie die wissenschaftliche Tätigkeit, das „studium", ein soziales Prestige gewinnt: „Parisius honestam scientiam acquisisse honestum est" (Philippe de Harvengt). Siger von Brabant gibt die Wahrheitssuche als das „letzte Ziel des Menschen aus", die „humilitas", die einmal einen so hervorragenden Platz im sozialen Verhalten einnahm, ist für ihn keine Tugend mehr, sie widerspricht der „magnanimitas" [10]). Unter den 1277 verurteilten Sätzen finden sich solche: „quod non est excellentior status quam vacare philosophiae" (40), „quod sapientes mundi sunt philosophi tantum" (154). Der Lehrer der Philosophie als „Weltweiser", seine Wissenschaft gibt ihm einen „excellentior status", einen überragenden Stand. Mit der sozialen Geltung gelehrter Tätigkeit klärt sich auch die Frage, ob für geistige Tätigkeit Geld genommen werden darf. Während noch Alanus diejenigen angriff, die „die jungfräulichen Wissenschaften" korrumpierten, da sie die „Wissenschaft um Geld willen prostituierten" (pro lucro prostituunt), und man um den Satz stritt: „Wissenschaft ist ein Geschenk Gottes, daher darf man sie nicht verkaufen", lautet jetzt die Antwort auf die Frage, ob die Magister von den Scholaren Geld annehmen dürfen, deutlich: Ja [11]). Welche Bedeutung die Korporation der Magister und Scholaren im öffentlichen Leben gewinnt, kann man der Rolle der Universitäten im 15. Jahrhundert, vor allem auf den großen Konzilien, ablesen.

Christine de Pisan beschreibt in ihrem „Corps de police" den Staat und die Gesellschaft auf der Linie dieses gewandelten sozialen Bewußtseins [12]). Eingebettet in die antike Körpermetaphorik, die sie von Peudo-Trajan und möglicherweise von Johannes von Salisbury übernimmt, schildert sie nach dem Fürsten und dem Adel (Haupt/Arme) im Bild des Magens, der Beine und Füße das „universel peuple". Wieder die Ganzheitsvorstellung, sie will die „université du commun peuple" erfassen, bis zu den „simples laboureurs". Jeder hat seinen Stand. Die „simples laboureurs" sind von allen Ständen „les plus necesaires", ohne sie würde die Menschheit bald zugrunde gehen. Jeder Beruf hat seine Funktion, nur in gegenseitigem Zusammenwirken und der Hilfe aller kann das Ganze leben und gesund bleiben. Der Fehler eines „office" wirkt sich auf das „tout ensemble" aus. Die „communauté du peuple" ist in drei Stände gegliedert: clergie, bourgeois-marchans, mestier (handwerker)-laboureurs. Mit „clergie", das Klerus und Gelehrsamkeit bedeutet, und den andern Ständen hat sie vor allem Paris im Auge (especial en la cité de Paris et ainsi en autres cités). „Clergie" als erster Stand wird jedoch nicht als Geistlichkeit in ihren kirchlichen Funktionen beschrieben, sie versteht ihn in Verbindung mit den Gelehrten und der Universität Paris (c'est mon entente aux etudians, si comme a l'université de Paris ou autre part) [13]). Ein überwiegender Teil der Professoren sind ja zugleich Kleriker, als Geistliche oder in niederen Weihegraden. In „Clergie" haben wir die gelehrte Welt vor uns, und entsprechend werden ihre Vorzüge geschildert, ihre Liebe zur Weisheit: „Car quele chose est a homme plus digne que sciense et la haultesse de scavoir?". Emphatisch stellt sie die wissenschaftliche Arbeit heraus, zu der man durch die Gnade Gottes, durch Glück und natürliche Begabung gelange, fast meint man die Sehnsucht Christines zu spüren, selbst in dieser Welt sich bewegen zu können. Auf alle Fälle wird das soziale Prestige der Universität evident. — Mit den Bürgern sind die alten Geschlechter gemeint (de nacion ancienne), sie sollen den Rat stellen und das einfache Volk, das unklug daher redet, führen, es vor „conspiracion mauvaise" gegen den Fürsten bewahren, ein Rat, der in den unruhigen Zeiten Christines gut zu verstehen ist. Eine ebenso wichtige Aufgabe haben die Kaufleute, sie bringen von weither Waren, unbefangen wird ihr Reichtum anerkannt. Wenn es auch schlechte Händler gäbe, sie glaubt, daß Gott unter ihnen viele „bons loyaulx et veritables" habe. Das ist genau die Einschätzung, die der sich entfaltenden Wirtschaftswelt der Zeit entspricht. Universität, Bürgertum, Handel als führende Stände des Volkes; Handwerker, die ihr Handwerk nach den Weisungen der Wissenschaft ausüben (après les enseignements des sciences), auch hier spürt man den Geist einer gewandelten Zeit, die planende Technik meldet sich an.

Christines Darstellung, Zeugnis eines wach und aufmerksam beobachtenden Geistes, illustriert den angesprochenen sozialen Bewußtseinswandel. Die Gesellschaft, die auf das 16. Jahrhundert zugeht und damit auf die neue Zeit, weiß sich in der Sicht dieser Sprecherin — und sie spricht als Angehörige der gebildeten bürgerlichen Schicht — der Krone, der herrschaftlichen Ordnung, die von den „nobles" und den „simples et nobles chevaliers" zum Volk reicht, verbunden. Sie ist überzeugt von der Aufgabe der Universität, von der Führungskraft des Bürgertums, der Leistung des Handels, der Handwerke und der „einfachen Arbeiter". Ein bürgerliches Harmoniemodell, das zugleich das Selbstbewußtsein jener Gruppen zum Ausdruck bringt, in deren Verantwortung immer mehr Staat und Gesellschaft kommen sollten. Ob derlei Harmoniebedürfnis ausreichte, war angesichts der Mängel des sozialen Systems in sich und von vornherein fraglich.

(6) Ein Theoriedefizit also? Ein Defizit nur im Einzelfall oder bereits im Gesamten der sozialen Reflexion angelegt und begründet? Zweifel, die noch einmal an die eingangs gestellte Frage nach dem „menschlichen Gehalt und Ertrag" der sozialen Reflexion erinnern. Eine detaillierte Antwort und Aufzählung ist nicht möglich, sie würden eine neue Studie verlangen und überdies die Darstellung überfordern. Moralisierende Besserwisserei läge zu nahe. Was deutlich geworden ist, das sind zunächst einmal die begrenzten Möglichkeiten, das Angewiesensein auf die soziale Wirklichkeit ständischer Privilegien und auf den „Zwang der Verhältnisse". Ein theoretisches Defizit war darin von vornherein gegeben. Andererseits hat sich in der sozialen Kritik eine ständige Korrektur durchgehalten, ob sie nun mehr vereinzelt auftritt, wie im frühen Mittelalter oder ob sie mächtig anschwillt wie gegen Ende der Epoche. Und ebenso blieb im Verhaltenskodex der sozialen Tugenden ein Regulativ lebendig, in dem Verantwortung und Pflichtbewußtsein gefordert waren. Inwieweit im Appell an die Tugend sich konformistische Anpassung und möglicherweise sogar spekulative Bequemlichkeit verbargen, ist schwer zu sagen. Es ist auch nicht Sache des späteren Betrachters, darüber Gericht zu halten. Tatsache bleibt jedoch, daß über alle sozialethischen Betrachtungen hinaus sich das Wissen um elementare Bedingungen einer humanen Sozietät durchhielt und auch lebendig genug war, um entsprechende Überlegungen anzustellen. Belege liefern all jene Spekulationen, in denen es um die natürlichen Rechte, um die natürliche Gründung des Gemeinwesens, um die von der Natur gegebene Freiheit und Gleichheit geht. Wenn Gerald Odonis in seinem Sentenzenkommentar meint, daß der servus persönlich nicht in seinem Gewissen gebunden sei, bei seinem Herrn zu bleiben, wenn er fliehen könne, denn man könne niemand das nehmen, was ihm vom Naturrecht verliehen sei, dann haben wir ein derart substantielles soziales Denken. Zugleich erfolgt hier eine Antwort auf die im Philemonbrief gestellte Frage nach der Berechtigung einer Flucht. Das gleiche gilt für die Bemerkung in der Summa des Astesanus, daß die Unfreiheit (talis abusus) besser eingeschränkt als erleichtert werden solle [14]). Unscheinbare Einzelheiten, zusammen mit den anderen Zeugnissen, denen wir begegneten, ergeben sie doch ein Gesamtbild, das mehr positive Züge aufweist, als es ein flüchtiger Blick vermuten läßt. Alles eingerechnet dürfte dann die Bilanz des „menschlichen Ertrages" der sozialen Reflexion im Mittelalter positiv ausfallen.

(7) Eine Bilanz freilich, die sofort wieder fragwürdig wird, wenn sich neue Bedenken anmelden und man auf weitere Mängel des sozialen Nachdenkens und Bewußtseins stößt: So auf die Einschätzung der Frau als einem Mängelwesen (alquid deficiens et occasionatum: Thomas, Sth I, 92, 1) [15]), auf die Neigung zur sozialen Diskriminierung und Denunziation, in die suspekte Gruppen wie die Juden geraten können, auf die nur gering entwickelte Fähigkeit, wenn nicht gar Unfähigkeit, die freie Gewissensentscheidung des Andern voll zu respektieren und diesen Respekt als ein Element des Zusammenlebens in die soziale Reflexion einzubringen. Ein Mangel, der von der Vorstellung genährt wird, das Gemeinwesen und die Gesellschaft stellten eine geschlossene Überzeugungsgemeinschaft dar, der das Recht zusteht, im Namen dieser Überzeugung nach außen und nach innen Gewalt anzuwenden. Nach außen im Anspruch, die Länder und den Besitz der Feinde Christi: „invadendi, conquirendi, expugnandi, debellandi et subjugandi illorumque personas in perpetuam servitutem redigendi" [16]). Nach innen in der Bereitschaft, gegenüber mißliebigen Abweichlern Gewalt zu gebrauchen, eine

Einstellung, die in voller Wucht die Haeretiker trifft, zu denen schließlich auch die Hexen und Zauberer gerechnet werden. Sicher wäre es falsch, in Hexenwahn und Hexenverfolgung „die Endlösung der Frauenfrage im Mittelalter" zu postulieren. [17]). Ebenso gewiß dürfte aber sein, daß die Wertung der Frau als Verführerin, als Verkörperung der „mollities", der weichlichen Nachgiebigkeit, als „fomes peccati" das Ihre dazu beiträgt, daß nun gerade die Frau als „Hexe" (malefica) zur beherrschenden Figur des Hexenwahnes wird. Daran kann die Tatsache, daß auch genügend Männer dieser Sozialneurose zum Opfer fallen, nur wenig ändern. In der Frau, die im Verkehr mit dem Dämon ihren satanischen Teufelsbund besiegelt, erreicht die moralische Diffamierung des Weiblichen ein Extrem, schlägt sie über in die Dimension des Satanischen.

Zu diesem die Bilanz der sozialen Reflexion belastenden Phänomen gesellen sich nun allerdings auch Indizien gegenläufiger Vorstellungen. Nicht nur, daß bereits die Bulle „Summis desiderantes" den Widerstand „einiger Priester und Laien" die „mehr wissen wollen als notwendig" (plura sapere quam oporteat, Rö. 12, 3) verurteilen muß, was auf eine deutliche Ablehnung des Treibens der Inquisitoren Institoris und Sprenger schließen läßt [18]), sondern auch, und nun in weiterem Rahmen, ein Wandel in der Wertung der Frau, der sich zwar nur partiell ankündet, der aber doch verhindert, nun pauschal den Hexenwahn als „Endlösung" der Frauenfrage im Mittelalter auszugeben. Für diesen Wandel kann man auf die in der Minnelyrik und Minneethik erscheinende Profilierung der Frau als Liebende und geliebte „frouwe" verweisen, eine Rolle, die nicht nur adligen Damen zukommt. Andreas Capellanus schildert auch die einfache bürgerliche Frau, die „roturière" als Geliebte, sei es eines „roturier", sei es als begehrter Gegenstand der Liebe eines „noble" oder eines „grand seigneur" [19]). In der Tochter des minderfreien Meiers im „Armen Heinrich" wird eine Angehörige der niederen Schicht zur helfenden Heldin. In Beatrice erscheint die Frau als lenkende Führerin, Petrarca formt Laura zum Bild idealer Schönheit. Vor solchem Preis „sous la bannière d'Amour" verblassen theoretische Überlegungen zur Frau als einem „deficiens", einem Mängelwesen. Vinzenz von Beauvais lehnt es ab, aus der Unterordnung der Frau in der Ehe eine Herrschaft des Mannes abzuleiten, die Gattin ist „socia", aus der Seite des Mannes genommen. Thomas von Aquin selbst betont die „socialis coniunctio" der Gatten. Weder soll die Frau über dem Mann herrschen, noch soll der Mann die Frau verachten als eine „tamquam serviliter subiecta" (S. th I, 1, 92, a. 3). Freidank kritisiert das herabsetzende Urteil über die Frau und die nachsichtige Entschuldigung des Mannes [20]). Die Diskussion über den Rosenroman mit Christine de Pisan als Wortführerin, wird zu einer Stunde der Wahrheit gegenüber einem eingefahrenen Wertungsschema, das den Mann einseitig bevorzugt und idealisiert. Dem Mann als Zerstörer und Krieger stellt Christine die Frau gegenüber: „debonnaire/Moult oiteuse, paourouse et doubtable/Humble, doulce, coye et moult charitable/Amiable, devote, en payx honteuse/Et guerre craint, simple et religieuse". Sie weiß ihren Zorn zu zähmen und kann keine Grausamkeit und Quälerei sehen. Ende des 13. Jahrhunderts formiert sich im Kult einer verstorbenen Guiglemita in Mailand die Sekte der Wilhelmiten, in der man an das Kommen eines weiblichen Papstes mit weiblichen Kardinälen glaubt. Der weibliche Papst ist dann Vikar eines weiblich vorgestellten Hl. Geistes [21]). Geistkirche unter weiblicher Führung, die Frau als priesterliche Mittlerin des Heils. Die Steigerung der religiösen Funktion der Frau bei den Wilhelmiten und die Kontrastierung männlichen und weiblichen Verhaltens bei Christine implizieren Möglichkeiten, die früher oder später auch zu einem neuen Verständnis von Kirche und Gesellschaft führen. Kirche wird zu einer Gemeinschaft, in der die Frau nicht mehr vom Altar ausgeschlossen ist, eine tiefgreifende Änderung der sozialen Struktur der Hierarchie.

Einzelne weibliche Priester gab es ja schon bei den Waldensern. Eine Gesellschaft „à conditions de femme", wie Christine weibliches Sozialverhalten schildert [22]), wird zu einer Gemeinschaft ohne Blutvergießen, Städteerobern und Gewalt. Gewiß, eine derartige Folgerung wird von ihr nicht gezogen und ausgebreitet, aber sie ergab sich, und stand auf Abruf, wenn man nur einmal daran ging, den Faden des Gedankens und der Überlegungen weiter zu spinnen.

Gegenläufig zu der eingangs genannten Neigung zur Diskriminierung, Denunziation und der Bereitschaft, mißliebige Abweichler zu verfolgen, darf man jene Perspektiven einbringen, in denen nicht diskriminierende Schuldzuweisungen und Gewalt schwierige soziale Situationen regeln, in der nicht die unbedingte Ausschließlichkeit einer Überzeugungsgemeinschaft alles beherrscht. Freidank nennt Juden und Heiden zusammen mit den Christen Gotteskinder: „die han ouch drier slahte (Arten) leben/und jehent, diu habe in got gegeben./die leben sin krump oder sleht/si wellent alle haben reht./waz got mit den kindern tuo/da hoert niht toren frage zuo/si wellent ir gelouben han/mine kristen wil ich niemen lan" (Bescheidenheit, 10, 17ff). Erstaunliche Verse, der Spruchdichter will die humane Kommunikation nicht durch gegenseitiges Verurteilen oder durch törichtes Fragen nach dem Willen Gottes gestört sehen. Gott weiß, was er mit seinen Kindern tut. Freidank respektiert unübersehbar den Entscheid des Gewissens. — Der Begharde Nikolaus von Basel, 1395 mit zwei Gefährten in Wien verbrannt, lehnt es ab, angesichts der „plogen", die Gott über die sündige Christenheit verhängt, Schuldzuweisungen vorzunehmen und mit ihrer Hilfe sich aus der Verantwortung zu stehlen: „das nieman dem andern die schulde gebe, wenn es ist in disen ziten gar lüzel menschen usgenumen, der die schulde nit enist" [23]). Verdächtigungen und Verfolgungen, wie sie sich im Gefolge von „Plagen" nur zu leicht einstellen konnten — Juden und Hexen konnten davon ein Lied singen — war damit von vornherein die Berechtigung abgesprochen. Eine christliche Gemeinschaft sollte nicht von Schuldzuweisungen leben. Eine Christenheit, wie sie Nikolaus sich vorstellt, holt auch ihren Rat nicht bei gelehrten „glosierte buecher", deren Autoren „sich selber in ere dirre welt me denne got" suchen, sondern beim Heiligen Geist und der Hl. Schrift. Eine so vom Geist erfüllte Gemeinschaft kann und soll sich ihren Rat suchen „an welen enden men in fünden und solte in denne gar gerne haben, wenne er wer der cristenheit gar notdürftig in disen gegenwertigen ziten". Ein Plädoyer für eine freie, vom Geist gelenkte Information und Konsultation. Nikolaus nennt sich „gottesfründ", er sendet sein „buechelin" dem „bruoder Johannes Tauler dem brediger", damit ist die Verbindung zu Kreisen der Mystik am Oberrhein hergestellt. Brüderlichkeit, die Nikolaus anspricht, gewinnt in diesem Kontext ihr Leben aus der unmittelbar erfahrenen Gottesminne. (goettelichen minne).

Aus dem Geist der Versöhnung der Philosophen (conciliatio philosophorum), ein Anliegen, das man seit Petrarca über Bruni Aretino verfolgen kann [24]), entwickelt Pico della Mirandola seinen nie verwirklichten Vorschlag eines Symposion aller Religionen und Systeme in Rom. Er legt hierzu seine 900 Thesen (conclusiones) vor. Mit der Diskussion intendiert er nicht nur ein wissenschaftliches, sondern zugleich auch soziales Ziel, er hofft auf eine Überwindung der „multiplex discordia", sie ist schlimmer als Bürgerkrieg. Der Friede, den er anstrebt, ist in platonischem Denkstil gesehen als der zum Himmel steigende Friede der

Engel, den sie den Menschen „bonae voluntatis" verkündeten: „hanc pacem amicis, hanc nostro optemus saeculo, optemus unicuique domui quam ingredimur". Das gegenseitige Kennenlernen, der Austausch der Argumente soll den gemeinsamen Urgrund der Wahrheit ans Licht bringen, der im Streit der Standpunkte nur verdunkelt ist. — Erasmus geht in seinem Einsatz für den Frieden einen vergleichbaren Weg. Zögernd übernimmt er zwar den Auftrag, für einen Einsatz gegen die Türken zu schreiben. Aber Krieg ist ihm nur erlaubt, wenn er „omnino vitari non potest", im äußersten Notfall. Christlichem Geist entspricht es eher: „Durch gute Taten und die Unschuld des Lebens" die Türken auf den Weg zur Botschaft Christi" zu bringen. Vorgelebtes Christentum ist der wahre Geist des Kreuzzuges [25]).

Wenige Stimmen gewiß, die zudem keineswegs eine unmittelbare Korrektur sozialer Diskriminierung formulieren. Sie erweisen jedoch auf ihre Weise, daß das soziale Bewußtsein, sich nicht im Bewahren des status quo, in der Artikulation systemkonformer Vorstellungen erschöpft. Gemeinsam ist den angeführten Aussagen eine Offenheit für den Andern, ein Eintreten für die Regelung sozialer Konflikte nicht im Geist der Strafe und des gewaltsamen Zwanges. Respekt vor dem Gewissensentscheid, Ablehnung bequemer und rascher Schuldzuweisungen, Freiheit der Information, Wertung der argumentativen Auseinandersetzung, das heißt eines rationalen Diskurses. Nimmt man zu all dem hinzu, was wir zuvor bei der Thematik: „Freiheit-Unfreiheit-Gleichheit" an „beunruhigendem Rest" der sozialen Reflexion vorgefunden haben, dann ergibt sich ein dynamisches Potential innerhalb der sozialen Spekulation und des sozialen Bewußtseins. Entscheidend für diese Wertung dürfte sein, daß die auf die folgende Zeit zukommende soziale Reflexion sich nicht als steriles Konglomerat tradierter Positionen darbietet, sondern daß in ihr eine ganze Reihe von Fragen aufgeworfen sind und zur Beantwortung heranstehen, die zusammen mit der Entwicklung der Gesellschaft auf neue Lösungen warten. Auf Lösungen, die mit eingefahrenen Denkschematismen nicht zu erreichen sind. Kurz, eine offene spekulative Situation. Der Blick ist dabei auf prinzipielle Bedingungen der sozialen Existenz freigegeben, auf Grundbedingungen humaner Relationen. Entsprechend können dann auch Lösungen sich herausbilden, die aus der Einsicht in die elementaren Gegebenheiten wachsen: In der Frage von Freiheit/Unfreiheit von Gleichheit/Ungleichheit, von sozialer Diskriminierung und gegenseitiger Duldung.

Damit ist zugleich der Nährboden für die Entfaltung gesellschaftlicher Programme geschaffen, die sich ja bereits in dem von uns beobachteten Zeitraum ausbilden. Gerade an dieser Stelle ist auf die Impulse zu verweisen, die aus den vielfältigen Reformvorstellungen und den ersten Sozialutopien heraus auf die soziale Reflexion einwirken. Unter ihnen kommt dem Ideengut der Spiritualen eine besondere Bedeutung zu. Reform, reformatio, im Sinn der Spiritualen meint eine Erneuerung des Ganzen von Kirche, Staat und Gesellschaft. Ein Zeugnis hierfür ist die Prophetie des Bruders Angelo, die Cola die Rienzo an Karl IV berichtet. Er spricht von einer „universalis reformacio", die von „vielen spiritualen Männern bereits vorhergesagt sei". Diese Reformation des ganzen Zeitalters, wie sie dann Rienzo, der Ritter des Hl. Geistes versteht, meint nicht nur eine Reform der Kirche, sondern auch des römischen Reiches. Und Rienzo wäre dann der „vir pauper es novus", der wie Franziskus der Kirche nun dem Reich zu Hilfe käme [26]). Dem Kaiser selbst fiele die Reform des Erdkreises (orbis reformacio) zu. Die Reform des Erdkreises, des Ganzen also, meint eine Totalerneuerung aus dem Geist. Ein Denkmotiv, dem wir ja in der Zeit nun oft genug begegnet sind. Wie diese Geisterneuerung sich im einzelnen sozial auswirkt, war noch nicht gesagt. Aber sicher war mit ihr nicht eine Verfestigung, Verteidigung und Bestätigung irgendwelcher systemimmanenter Privilegien und Benachteiligungen gemeint. Im Bild des „armen Mannes", wie ihn Franziskus und Rienzo verkörpern sollen, war eine elementare Position angedeutet: Der Mensch, der nicht die Vorrechte und die Mittel der etablierten Herrschaftsschicht besitzt, will die Zeit erneuern. In der Sprache und Sicht Rienzos sieht das dann so aus: Wie Franziskus für seine Reform der Kirche vom Papst eine Anerkennung seiner Regel erforderte, so will er nicht aufhören, zur Rettung des Reiches vom Augustus eine Regel zu fordern. „Denn ich glaube, daß die Reformation des heiligen Reiches von dem Werk des Geistes (opere spirituali) nicht ausgeschlossen sei". Zu diesem Werk gehören der Schutz des Glaubens (forti bracchio et extento), die Verteidigung der Hospitäler, Klöster, Kirchen, fromme Orte, Witwen, Schwachen, Waisen und Unterdrückten gegenüber der Raubgier der Tyrannen und Ausbeuter. Dazu gehört die Sicherung des Friedens und des Rechtes, „ohne Ansehen der Person". Hier klingt vieles an, was in der Sozialkritik der Zeit und den Reformwünschen vorgebracht wird. Reichsreform im Sinne dieses „spirituale opus" ist nicht vorrangig Machtpolitik, sondern soziales Engagement.

Soziales Engagement prägt auch die sozialreformerischen Utopien, die im 16. Jahrhundert entstehen, wie die „Wolfaria" des Eberlin von Günzburg [27]). Er schreibt bereits aus seinem Erlebnis der Reformation. Mit dieser Feststellung sei keineswegs eine spezielle Einwirkung spiritualer Ideen auf einzelne Programme des 16. Jahrhunderts behauptet, wie es überhaupt schwer sein wird, detaillierte und bestimmte Ableitungen vorzunehmen. Tatsache bleibt jedoch, daß schon im 14. Jahrhundert sozialutopische Vorstellungen artikuliert werden, daß sich im 15. Jahrhundert und im Übergang zum 16. Jahrhundert soziale Reformvorschläge fortsetzen. Man kann von einer kontinuierlichen Fähigkeit und Bereitschaft zur sozialen Erneuerung innerhalb der sozialen Reflexion sprechen. Zu ihrer Verdeutlichung kann man verschiedene sprachliche Wendungen in Vorschlag bringen: Historische Affinität, Übereinstimmung innerhalb der sozialen Mentalität, durchgehende Linie des Willens zur Reform. Gemeinsam ist jedenfalls allen Äußerungen die Vorstellung einer umfassenden Erneuerung und Neugestaltung des Gemeinwesens und der Gesellschaft, man will die Welt im Ansatz und von ihren grundsätzlichen Bedingungen her bessern [28]).

In dieses Nachdenken „aus dem Ansatz", aus den Anfängen und Prinzipien sozialer Spekulation, fließen nun auch die stets, in verschiedener Intensität anwesenden, antiken Traditionen mit ein. Wir konnten ihre Wirkung immer wieder beobachten: Je mit verschiedenen Akzenten und Motivationsrichtungen im frühen, hohen und späten Mittelalter. Diese Begegnung detailliert vorzunehmen, wäre ein eigenes Thema. Entscheidend für das Verhältnis der sozialen Reflexion zur Antike bleibt, daß im Ergebnis keine sklavische Übernahme vorgegebener Denkmuster erfolgt, sondern eine reflektierte, aus eigenen Vorstellungen sich entfaltende Spekulation am Werk ist, in der sich die jeweilige historische Situation greifbar widerspiegelt.

Anmerkungen Kapitel VII: Probleme und Perspektiven der sozialen Reflexion im Mittelalter

1) Vgl. oben S. 13 ff.

1a) Vgl. Aspekte des Humanismus S. 24.

2) Zum Folgenden vgl. meinen Aufsatz: „Freiheit-Gleichheit-Unfreiheit" in der sozialen Theorie des späten Mittelalters, Misc. Mediaev. 12/2, Berlin 1980, S. 389ff.

3) Vgl. S. 133.

4) Inquisionsprotokolle bei I. v. Döllinger, Beiträge zur Sektengeschichte des Mittelalters, Darmstadt 1968, S. 385, 391. — Hierzu: Aspekte des Humanismus, S. 242, Anm. 4.

5) Döllinger a. a. O. S. 699.

6) Everwin von Steinfeld an Bernhard von Claivaux, PL 182, 676f.

7) Rather von Verona, Praeloquia I, tit. 14, PL 136, c. 175 im Kapitel: „De servis": Servus es? Noli tristari". Wenn der Unfreie nicht betrübt sein soll, dann bestand offenbar doch ein Mißvergnügen an der sozialen Situation.

8) Einen Zweifel an geburtsständischen Praktiken innerhalb des Klosters meldet die Äbtissin von Andernach gegenüber Hildegard von Bingen an: Sie erinnert an die niedrige Herkunft der Jünger und Apostel und an das Schriftwort, daß Gott kein „personarum acceptor" sei (PL 197, S. 336).

9) RS, MGH ed. H. Koller, „Von zwinge und pene", S. 276.

10) Le Goff, Quelle conscience l'université médiévale a-t-elle eu d'elle même?, in: Misc. Mediaevalia, 3, Berlin 1964, S. 15ff. hier S. 19, 24f.

11) Alanus, De arte praed. c. 36, PL 210, c. 181. — Le Goff, Métier et profession d'après les manuels des confesseurs au moyen-âge, Misc. Mediaev. 3, S. 58f.

12) Zu Christine vgl. oben S. 179 f. — Livre de corps de police, besonders Buch III, a. a. O. S. 166ff.

13) Der Herausgeber, R. H. Lucas, spricht S. XXX von „étudiants et clercs" als erstem Stand des Volkes. — Daß Christine die „université du peuple" neben der Aristokratie eigens aufführt, zeigt, daß sie „Volk" noch als Zusammenfassung aller nicht-adeligen Stände sieht. Das Ganze bildet der „corps de police", d. h. das corpus reipublicae des Pseudo-Trajan (und Johanns von Salisbury).

14) Belege für Gerald Odonis und Astesanus bei: P. Michaud-Quantin, Aspects de la vie sociale chez les moralistes, in: Misc. Mediav. 3, 1964, S. 38f.

15) Thomas, Sth 1, II, 102, 3 ad. 9: Keine Opferung weiblicher Tiere: „nam femina est animal imperfectum". — Sth I, 92, 1: Nach Aristoteles (De Generat. animal. II, 3 — 737, 2, 27) ist die Frau ein „mas occasionatum", also ein „deficiens". Daher ad. 1: „per respectum ad naturam particularem femina est aliquid deficiens es occasionatum". — Freilich „per comparationem ad naturam universalem femina non est aliquid occasionatum, sed est de intentione naturae ad opus generationis ordinata".

16) Nikolaus V. „Romanus Pontifex" vom 8. I. 1454 Für den König Alfons V. von Portugal. Privileg zur Eroberung von Kolonialländern mit der ausdrücklichen Ermächtigung, Ungläubige zu bekriegen und zu verknechten.

17) E. Schirmer, Mystik und Minne, Berlin 1984 spricht angesichts des Hexenwahns von einer „Endlösung", a. a. O., S. 131ff. — Zur Thematik: Hexe vgl. Innozenz VIII: „Summis desiderantes" (5. 12. 1484) für Institoris und Sprenger mit der Vollmacht, die „haeretica pravitas" von weiblichen und männlichen Schadenszauberern auszuräumen. — Zur Verbindung von Haeresie und Zauber vgl. M. Hammes, Hexenwahn und Hexenprozesse, Frankfurt/Fischer, 1977.

18) „Summis desiderantes": „tamen nonnulli clerici et laici illarum partium, quaerentes plura sapere quam oporteat.-..praefatis inquisitoribus...inquisitionis officium exequi non licere, et ad personarum earundem...punitionem...admitti non debere, pertinaciter asserere non erubescunt".

19) Andreas Capellanus, De Amore, I, mit den Dialogen zwischen den Angehörigen der Stände vom hohen Adel bis zur Ebene der roturiers. ed. P. G. Walsh, London 1982. — Ferner: Ed. E. Trojel, Hanau, 1892.

20) Vgl. oben S. 179 und Bescheidenheit: 102, 16.

21) Zu Wilhelmiten vgl. Lambert. Ketzerei im Mittelalter, 280ff. und St. E. Wessley, The Gugliemites: salvation through women, in: D. Baker, Medieval women, Oxford 1981, 296ff. — Christine de Pisan, L'Epistre au Dieu D'Amour, Oeuvres poétiques, II, S. 20ff.

22) C. de Pisan, Epistre au Dieu D'Amour: v. 679f: Et telles sont par nature sanz doubte/Condicions de femme, somme toute/Et celle qui ne les a d'aventure/Contre le droit toute se desnature".

23) Nikolaus von Basel ed. Ch. Schmidt, Plaintes d'un laique allemand, Straßburg 1840, S. 7f, 14f.

[24]) Zur conciliatio philosophorum vgl.: Aspekte des Humanismus, S. 166ff.

[25]) Pico della Mirandola in „De dignitate hominis", der jetzt so titulierten Einleitung zu den 900 conclusiones, ed. E. Garin, in: Res publica literaria, I, Bad Homburg v. d. H. 1968, S. 40, 42. — Erasmus, Querela pacis, Opera, Amsterdam 1979, IV, 2, S. 678ff.

[26]) Rienzo über Fra Angelo in: Brief an Karl IV., 1350, in: K. Burdach, Vom Mittelalter zu Reformation, Briefwechsel des Cola di Rienzo, III, 2, Berlin 1912, n. 49, S. 193ff.: „subiungens, quod Deus intendit ad universalem reformacionem a multis viris spiritualibus iam predictam. Im einzelnen folgen Enthüllungen zur Kirchenreform „ad statum pristine sanctitatis", der Reichsreform „per virum pauperem ac novum ruenti imperio Romano".

[27]) J. Eberlin von Günzburg, Wolfaria, ed. L. Enders, Flugschriften aus der Reformationszeit XI, 1896.

[28]) Wenn heute der Utopiebegriff als untauglich zur Erfassung spätmittelalterlicher Ideen bezeichnet wird (Wege der Forschung, 530, 485), so ist das nur möglich, wenn zuvor der Begriff „Utopie" zum eigenen Gebrauch hergerichtet und dann kanonisiert wird. — Tatsächlich jedoch kann die Vokabel „utopisch", die überdies bei Morus aus dem spätmittelalterlichen Denken wächst, sehr wohl zur Kennzeichnung des illusionären Wunschdenkens verwendet werden und wird auch so weithin gebraucht.

EXKURS 1: DIE FRAU IN DER SOZIALEN REFLEXION

Die zahlreichen Monographien in der letzten Zeit zum Thema: „Frau im Mittelalter" (Sh. Shahar, R. Pernoud, E. Schirmer, E. Ennen), die instruktive Quellensammlung „Frauen im Mittelalter" (A. Kuhn/P. Ketsch) haben die Kenntnis über die Situation der Frau in Familie, Beruf, Recht, Alltag merklich erweitert und eine Informationsmöglichkeit für weite Kreise geschaffen. Überwiegend ist man sich einig, daß die Frau benachteiligt und diskriminiert ist, Pernoud sieht die Dinge optimistischer. Die Diskriminierung gilt auch für die theoretische Wertung. Hier erscheint vor allem die theologische Aussage, die unter dem Bild: Der Mann als Haupt der Frau, als Erstgeborener, der ethischen Klassifizierung als „fomes peccati", als erste und dauernde Verführerin des Mannes steht und geprägt ist. Wichtige Zeugnisse bilden die exegetischen Kommentare zur Genesis, zu Paulus undVäterstellen. Häufig begegnet man Thomas: Die Frau als „animal imperfectum" (Sth I, II, 102, 3 ad 9) oder (nach Aristoteles: De Gener. 737 a 27) als „aliquid deficiens et occasionatum" und dies im Sinne der natura particularis, d. h. als ein von äußeren Bedingungen (materiae indispositio; transmutatio ab extrinsequo, puta a ventis australibus) abhängiges Mängelwesen; die Frau ist gegenüber der virtus activa des Mannes geschwächt (Sth I, 92, 1).

Die Diskriminierung der Frau in Praxis und Theorie ist evident und sollte nicht wegargumentiert werden. Sinn der folgenden Zeilen ist es daher auch nicht, diesen Tatbestand zu beschönigen. Dennoch stößt man in der sozialen Reflexion auf Zeugnisse, aus denen sich Korrekturen der herrschenden Mentalität ergeben, Ansätze eines Umdenkens.

1) Dazu gehören Überlegungen zum Verhältnis von Mann und Frau. In seiner „Institutio laicalis" (PL 106) geht Jonas von Orléans ausführlich auf des eheliche Verhältnis ein. Was Grund und Zweck der Ehe angeht, so bieten sich Jonas zwei Traditionen an: Einmal die Position des Hieronymus, der die Ehe als Sündenfolge ansieht, sodaß die Virginität zum natürlichen Urstand wird (Brief an Eustochium, Bibl. Kirchenväter II, 16, 82, n. 22) und das Geschlechtliche grundsätzlich diffamiert wird. Zum andern die Position der geschöpflichen Einrichtung der Ehe, wie sie etwa Augustinus vertritt. Jonas entscheidet sich für diese Linie. Die Ehe ist von Gott der menschlichen Natur eingegeben, also nicht Sündenfolge. Ihr Zweck ist nicht allein die Fortpflanzung, ein sehr wichtiges Argument. Er zitiert Augustinus (de bono coniugali: non videtur propter **solam** filiorum procreationem, sed propter ipsam naturalem in **diverso** sexu societatem). Die Ehe als „naturalis societas" ist damit nicht eine „neutrale" Sozietät, wie auch die anschließende Bemerkung erweist: „Alioquin non iam diceretur coniugium in senibus, praesertim si vel amisissent vel minime genuissent" (II, 1). Auch die zur Fortpflanzung unfähige Ehe von Alten bleibt eine „naturalis societas", die nicht allein der Fortpflanzung wegen eingerichtet ist. Es gibt also einen die Fortpflanzung übersteigenden Zweck der Ehe, eben die natürliche Gemeinschaft, in der von selbst der eheliche Verkehr impliziert ist. — Man kann also nicht davon ausgehen, daß die Theologie durchgängig und grundsätzlich die Ehe nur als Institution zur Fortpflanzung, und damit die Frau als Werkzeug der Fortpflanzung wertet. — In dieser „naturalis societas" waltet nun für Jonas das Gesetz des

„caste uti“: Maß im gegenseitigen Verkehr, ein Gesetz, das sich nun gerade für den Mann auswirkt, ihm Zügel auferlegt und damit entscheidend für die Position der Frau beeinflußt und gegenüber der herrschenden Männermoral wandelt. Jonas zitiert ein aufschlußreiches Argument der männlichen Seite: „Unsere Frauen sind uns durch Gesetz verbunden, wir sündigen nicht, wenn wir, wann und wie auch immer, sie nach Laune (pro libitu) gebrauchen“. Es sei größeres Vergehen, sich zu enthalten und Kinder nicht zu erzeugen. Das sei ihm häufigst (saepissime) entgegengehalten worden (II, 3). Offenbar eine unmittelbare eigene Erfahrung des Jonas, die hier spricht. Ein weiteres Argument der männlichen Seite bezieht sich auf den außerehelichen Verkehr, die Praxis des Konkubinates. Die Genitalien seien von Gott geschaffen „ut pariter commisceantur“ (II, 9). Freier geschlechtlicher Verkehr, nach herrschenden Regeln hat natürlich der Mann die Möglichkeit, für die Frau ist ja Ehebruch strafrechtlich zu ahnden, für den Mann nicht. Vor dem Hintergrund des harsch fordernden und auf seinem Vorrecht bestehenden Mannes hat man nun die Gegenargumentation des Jonas zu betrachten. In schärfster Form lehnt er (II, 3) die Meinung ab, der Mann könne „pro libitu“ seine Frau gebrauchen (impudentissima assertio). Der Mann kann nicht seine willkürliche Begehrlichkeit „sibi facere legem“. Er kann nicht „immoderate uti uxoribus“, er muß die Schonzeiten (Schwangerschaft, Stillzeit, Menstruation) beachten.

Die bewußte und betonte Eingrenzung des Mannes ist begründet in der „dilectio“ im „honor“, den der Stärkere dem schutzbedürftig Schwächeren zu leisten hat (II, 5). Gegen eine in der Adelsgesellschaft eingefahrene Gewohnheit wendet sich Jonas, wenn er das Konkubinat verurteilt. Dabei erscheint ein für die Mentalität der Männerseite aufschlußreiches Argument, wenn es heißt, ein Verkehr mit einer „ancilla“, also der Unfreien innerhalb der eigenen „familia“ sei kein „Fremdgehen“ (II, 4). Man meint, die Einstellung der Paarungsehe — sofern es diese gab — mit Händen greifen zu können. Vor allem wenn es weiter heißt: „niemand blende sich durch Berufung auf menschliche Gesetze, denn jede Unzucht ist ein Ehebruch“. Hier wird deutlich auf bestehende „Gesetze“ und „Gewohnheiten“ angespielt. Der Mann solle auch nicht der Frau einen Vorwand zum Ehebruch geben: „nec viro licet, quod mulieri non licet“. Auch das Argument der Nachkommenschaft (causa prolis) gelte nicht als Entschuldigung. Ein Anschauungsbild des Familienlebens, vornehmlich der Herren liefert die Passage: „Ungezügeltheit dieser Art löst die Liebe des Ehebundes, macht die Mägde übermütig, bringt die Hausherrin in Zorn, schafft Zwietracht, Verbitterung, macht die Mägde übermütig und die Gatten unglaubwürdig“. Damit ist dem System der Friedelehe, des Konkubinates, der wechselnden Beischläferinnen und Entrechtung der Ehefrau offen der Kampf angesagt. In der Ehe soll eine gleichrangige Partnerschaft der Pflichten herrschen, was der Frau nicht erlaubt ist, ist auch dem Mann nicht gestattet.

Gewiß ein kleiner Schritt, und wenn auch Jonas im weiteren Verlauf der Darstellung im Stil der Exegese und im Sinn der Haustafeln des NT bei Paulus die Vorordnung des Mannes betont, es war trotzdem verhindert, die biblischen Texte von der Vorordnung des Mannes zugunsten weltlicher „Gesetze“ und Usancen, als Rechtfertigung für ein Verhalten des Mannes „pro libitu“ auszudeuten. Unterordnung im Sinne der weltlichen Gewohnheiten und der entsprechenden Ehemoral ist ein Sich-Fügen der Frau gegenüber männlichen Wünschen, Unterordnung im Sinne der theologischen Interpretation des NT meint das „caste uti“, das „bonum et honestum“, ein radikal verschiedener Ansatz. Daher steht bei Jonas nicht die „obtemperantia“ der Frau im Vordergrund sondern das gemeinsame Wohl des „coniugium“.

Das gilt auch für Rather (Praeloquia II). Entscheidend ist auch hier das gemeinsame „bonum“ nicht das „obsequium“. Der Mann soll die Frau halten, nicht im Sinne dessen, was in der Welt gilt, sondern im Geist des Herrn. Das bezieht sich auf die Gattenwahl. Umgekehrt soll die Frau auf rechte Gesinnung des Mannes achten, nicht auf Adel und Reichtum, für beide Teile gilt das Gleiche. In der Ehe gilt gleiche Verpflichtung: „Quaecumque autem feminis non licent, haec et viris non licere **manifestissime ratio** docet“ (II, 3). Dies gehört zum Vertrag (pactum) der Ehe. Diesem Pakt zufolge darf nicht der Stärkere vom Schwächeren sexuelle Unterordnung verlangen (subactus libidine) das wäre das Schändlichste. Rather spricht eindeutig gegen jede sexuelle Ausbeutung der Frau. Daß er dabei sich auf die „Vernunft“ beruft, also die philosophisch eruierbare Ethik heranzieht, erweist eine bemerkenswerte Einstellung. In gewissem Sinn ein Vorzeichen der bald sich entfaltenden rationalen Argumentationen.

Die Verurteilung der einseitigen, zugunsten des Mannes praktizierten Ehemoral entzieht auch der einseitigen strafrechtlichen Ahndung der untreuen Ehefrau die Basis (Ehebruch nur für die Frau strafrechtliches Delikt). Hier kommt es denn auch zu einem Nikolaus I. zugeschriebenen Satz, der sich gegen eine Tötung der ungetreuen Frau durch den Mann, wendet, wie es in Volksrechten erlaubt war (utrum secundum mundanam legem eam interficere liceat): Die Kirche Gottes „numquam mundanis legibus constringitur, gladium habet nisi spiritualem atque divinum, non occidit, sed vivificat“ (MGH Ep. VI n. 156, 674).

2) Die Gewohnheiten des „pro libitu“ sich gegenüber der Frau verhaltenden Mannes wird eindeutig korrigiert und überwunden im Frauendienst und in der Optik des amour courtois. Hier ist nun evident der Mann der Werbende und in dieser Werbung auch untergeordnet, wenn das Wort „Herrin“ (frouwe) noch einen Sinn geben soll. Theoretisch intensiviert wird dieses Verhältnis in den Dialogen des Andreas Capellanus: De Amore, mit ihrer auch standesgeschichtlich äußerst interessanten Konfrontierung:

Einfacher Bürger — Bürgerin / (plebeius/plebeia)
Einfacher Bürger — Niederadlige (nobilis)
Einfacher Bürger — Hochadlige (nobilior)
Niederadliger — Bürgerliche
Niederadliger — Adlige
Hochadliger
Seigneur — Bürgerin
Seigneur — Niederadlige
Seigneur — Hochadlige.

Die Anordnung, Folge und Thematik verraten augenscheinlich ein Übergewicht der bürgerlichen Seite. In den acht Dialogen erscheinen je dreimal der Bürger und die Bürgerin. Jeweils ist der Mann der aktive zur Frau strebende Partner, es gibt genaue Gesprächsregeln. Im gegenseitigen Spiel der Argumente ist die Frau diejenige, die prüft, abwägt, sich zurückhält, vielleicht auch sich verweigert. Dies gilt auch für die Kombination von bürgerlicher Frau und Seigneur. Die Frau hat die Entscheidung, der Mann bleibt in Erwartung und Hoffnung, daß sein Liebesangebot angenommen wird. Dabei ist die Frau in der Argumentation durchaus ebenbürtig. Keineswegs erscheint sie — und das dünkt mir wesentlich — als dümmliches, rein gefühlsbetontes, auf irgendwelche Erlebnisse erpichtes Wesen. Sie ist nicht wankelmütig, wie man es nach dem Schema der Spruchsatire und mancher Theologen erwarten könnte. Keine „mollities“, sondern überlegt, zurückhaltend, immer auch sich selbst gegenüber überlegen, sowohl gegenüber dem Mann ihrer Klasse, wie gegenüber dem Höhergestellten. Zum Hocharistokraten sagt die Bürgerin: „Da Ihr eine klare Antwort wollt gebe ich Eurem Begehren nach: Ich weigere mich, Euch zu lieben“. Den letzten Grund sagt sie nicht: „Man kann mich nicht zwingen, den Grund meines Herzens zu enthüllen“. Liebe ist persönlichste Angelegenheit, die durch nichts, weder durch Geburt, Schönheit, Rang, Tugendgaben erzwungen werden kann. Liebe trifft, wie der Pfeil des Amor.

Die sozialen Schranken werden von Andreas einerseits anerkannt, wobei der Mann als Werbender grundsätzlich bereit ist, die Schranken zu überspringen, während die Frau sie entweder — von oben nach unten — brüsk betont, oder als Hemmnis empfindet — von unten nach oben. — Andererseits hat Andreas durch die auffallende Häufigkeit der bürgerlichen Gesprächspartner die Schranken des amour courtois durchbrochen. Frau ist nicht mehr prinzipiell die hochgestellte Herrin, die vom Sänger und Knappen verehrt wird, sondern die Frau überhaupt, die fähig ist, am Kult des amour teilzunehmen. Die soziale Dimension ist vom Hof, vom ritterlichen Milieu auf die Gesellschaft erweitert. Voraussetzung ist freilich, daß man fähig ist, Liebe als Akt geistig-sittlicher Entfaltung zu verstehen und zu praktizieren. Ausgeschlossen sind rein sexuale Verhältnisse, ausgeschlossen Venus — als Symbol die Kourtisane, die wechselnde Liaison. Ausgeschlossen auch die animalische Begegnung, wie er sie — es wurde bereits oben erwähnt — dem Bauern und den Bäuerinnen zuschreibt. Amor im Sinne des Traktats ist zwar ein Weltgesetz, dem sich keiner entziehen sollte, aber der Vollzug ist nur menschenwürdig, wenn er auf einer Ebene sittlicher, geistiger und „gesitteter“ Haltung vollzogen wird, d. h. auf der Linie eines dynamischen, sich vervollkommnenden Handelns.

Damit ist auch eine gewisse Antwort auf den 3. Teil des Traktates gegeben, in dem plötzlich das zur Liebeskunst Gesagte zurückgenommen wird. Es sei nur vorgebracht, um sich von der „Kunst der Verführung“ zu befreien. Die Frau wird nun in den schlimmen Farben der Frauenfeindlichkeit geschildert. Soll das einen Sinn geben und das Ganze sich nicht in eine abstruse Monstuosität verwandeln, dann will der Verfasser sich gegen den Vorwurf eines schrankenlosen Libertinismus schützen — solche Zurücknahmen kann man auch anderswo beobachten — und zugleich offenbart die Zurücknahme den Zwiespalt, unter dem der Autor jener Zeit schreibt, wenn er die Freude an der Welt betont. Auf alle Fälle: Der Schlußteil kann das zuvor Gesagte nicht ungeschehen machen.

3) Von dieser Höherwertung der Frau im Frauendienst her ist auch die Entfaltung der Frau als literarische Leitfigur im dolce stil novo bei Dante und bei Petrarca zu verstehen. Bei Guinizelli (Al cor gentil) ist die Frau göttliches Wesens, Liebe ist Tugend, Seelenadel ist Anlage zur Tugend also Anlage zur Liebe, heißt es fast logisch in einer Schlußkette aufgereiht. Beatrice scheint nicht die Tochter eines sterblichen Menschen zu sein, sondern die eines Gottes. Ein Himmelsgebilde also. Diese äußerste Idealisierung des vom jungen Dante in Florenz erlebten Mädchens bedeutet auch eine entsprechende Wertung im Verhältnis von Mann und Frau: Die Frau wird zum Abbild des Himmlischen „ist lobenswert, weil sie den Geist ihres Schülers von allen niedrigen Dingen ablenkt“ (Vita nuova). Die Herrin ist jetzt personifiziert und individualisiert und wird zugleich zum Typus des Schönen. Der Zusammenklang von Schönheit, Liebe, Wahrheit, von Urbild und individualer Existenz wird schließlich im Ereignis des frühen Todes und der sich in ihm eröffnenden neuen Seinsweise der Ewigkeit überhöht. Beatrice kann

in der Divina Commedia zur Führerin werden, als Wegweiserin zur letzten Läuterung: „O Beatrice, dein heilig Auge laß den Dulder sehn". Sie möge sich „ohne Schleier" in „seconda bellezza" in der Schönheit des Urbildes zeigen.

Diese Erhöhung der irdischen Frau zum Urbild, zur Idee erscheint als Motiv auch bei Petrarca. „In qual parte del ciel in quale idea/era l'esempio onde natura tolse/quel bel viso leggiadro, in Ch'ella volse/mostrar qua giu quanto lassu potea" (Canzone 159) — „In welchem Teil des Himmels, in welcher Idee/ war das Vorbild von dem die Natur nahm/ dieses anmutige Antlitz, in dem/ sie hier unten zeigen wollte, was sie oben vermochte". Es ist das Bild der göttlichen Schönheit, bei Petrarca umrahmt vom geknoteten und vom Morgenwind aufgelösten Goldhaar; eine Vorstellung, die Botticelli in der Geburt der Venus wiederholt. Es ist literargeschichtlich nicht überraschend, daß im Trend dieser Idealisierung der Frau bald darauf Boccaccio seine Bilderfolge „de claris mulieribus" verfaßt.

Wenn auch die literarische Verklärung der Frau keine soziale Reflexion im genauen Wortsinn ausmacht, so kann sie doch als Erweis für einen Wandel des Frauenbildes gelten. In das Umfeld dieses Wandels gehört schließlich, jedenfalls ist es ihm nicht konträr, daß nun auch ein Nachdenken über die Bildung der Frau sich artikuliert. Pierre Dubois, Notar im Frankreich Philipps des Schönen fordert im Rahmen seines universalen Bildungsprogramms in „De recuperatione terrae sanctae" auch die Mädchenbildung. Von Brunis Bildungsschrift „De studiis es litteris" war schon die Rede. Eine gebildete Frau wie Christine de Pisan wird diese Möglichkeit realisieren. Martin Le Franc (Champion des Dames, 1442) wird sie mit Cicero und Cato vergleichen: „Elle fut Tulle et Cathon/ Tulle car en toute eloquence/ Elle eut la rose et le bouton/ Cathon aussi en sapience". Er selbst wird gegen Jean de Meung die Argumentation weiterführen. Die Frau soll im Rat der Stadt vertreten sein, sie soll Anteil an Regierungsgeschäften erhalten. Wenn Frauen an der Regierung beteiligt wären: „L'estat ne fut ainsi froissi/ et tant ne fut le lis blessie/ ne ses branches ainsi rompues".

Gegenüber der Abwertung der Frau in der satirischen Dichtung, in den Fabliaux, bei Rutebeuf etwa wird hier eine ganz andere Vorstellung der Frau und ihrer Rolle in der Gesellschaft artikuliert. Eine Rolle die dann, je auf ihre Weise, in großen Figuren des 15. Jh. wie Johanna von Orléans und Katharina von Siena Gestalt gewinnen kann. Es ist kein Zufall, daß Christine in ihrem letzten, erhaltenen Werk, dem „Ditié de Jehanne D'Arc" (1429), noch zu Lebzeiten der Lothringerin diese preist. Gott wirkte in manchen Helden seine Wunder: „Mais toute somme, / Une femme — — simple bergier — /Plus preux „qu'onc homs ne fut à Rome!/ Quant à Dieu, c'est chose legiere". (Str. 25). Und Katharina wird und kann es wagen, den Mächten ihrer Zeit, gerade auch Papst und Hierarchie, ihre unbequeme Botschaft zu sagen.

4) Bewußt wurden in den vorausgehenden Zeugnissen solche einer rein religiösen, spiritualen Wertung ausgespart. Zeugnisse über die einzigartige Bedeutung Mariens, über den hohen Rang der Heiligen und aller vorbildlichen Gestalten der vita Christiana. Denn hier werden eine Position und Funktion angesprochen, die das rein säkulare Tun übersteigen. Obwohl ja gerade die zuletzt genannte Katharina über das rein kirchliche Terrain hinaus wirkt und deshalb auch angeführt wurde. Allerdings erweist auch die kirchliche Rolle der Frau — unabhängig jetzt von ihrem Ausschluß aus hierarchischen Funktionen — daß die spekulative Wertung, das Nachdenken über Möglichkeiten fraulicher Existenz sich nicht in einem uniformen Tenor erschöpft. Hier sind gegenläufige Tendenzen am Werk, und auf das Ganze

der sozialen Reflexion über die Frau ergeben sie ein Bild, das nicht in einem eintönigen Grau in Grau verfließt. Das Nachdenken über die Frau verläuft — unterm Strich summiert — vielseitig, divergent, spannungsgeladen, und ich meine, daß in dieser Divergenz einer der Gründe zu suchen ist, dafür, daß die soziale Reflexion über die Frau im Mittelalter nicht in einem Unisono endet, sondern eben jene Vielfalt aufweist, aus der heraus sich auf die Zukunft neue Vorstellungsmöglichkeiten bilden können, Ansätze zur Emanzipation vom übermächtigen Vorurteil einer männlich bestimmten Gesellschaft.

EXKURS 2: PLATINA: „ÜBER DEN BESTEN BÜRGER“

In einem bei Ph. Pincio 1504 in Venedig erschienenen Sammelband kleiner Schriften Platinas findet sich neben „De vera nobilitate“ auch der Traktat „De optimo cive“ (doc. f. 28—41). Beide Schriften stehen in einem engen inneren Zusammenhang. Nach dem Titel: „Über den besten Bürger“ darf man erwarten, daß hier die Existenz, Situation, Funktion eines Bürgers der Zeit zu Wort kommen, daß aus der Sicht des Bürgers Platina nun die Infrastruktur eines kommunalen Gebildes der Zeit mit den politischen und sozialen Vorstellungen, die sich hier regen, geschildert wird. Derlei Erwartungen des Lesers werden aufs erste enttäuscht. Schon im Eingang des Traktates und den folgenden Passagen wird klar, daß man statt der erwarteten Bürgerlehre eine Anleitung zur Herrschaft in einer res publica vor sich hat, und zwar eine auf eine ganz bestimmte Familie orientierte Anweisung: Teilnehmer des Dialogs sind der alternde Cosimo Medici, sein junger Enkel Lorenzo und Platina. Ein Handbuch also für die Medici. Bartolommeo Sacchi, genannt Platina, Soldat, Lehrer im Hause der Gonzaga in Mantua, weilt 1457—61 in Florenz, von da geht es nach Rom, wo er im Kreis des Pomponio Leto in die von Paul II. behauptete Verschwörung gegen den Papst gerät und gefangen wird. Später unter dem Nachfolger Sixtus IV. wird er zum ersten Leiter der Vatikanischen Bibliothek ernannt. Melozzo da Forli hat ihn in dieser Funktion kniend vor Sixtus dargestellt.

Platina kennt das Florenz des „Bürgers“ Cosimo, der unter Wahrung der kommunalen Institutionen die Alleinherrschaft seiner Dynastie sichert, seine Regierungslehre ist ganz auf diese Form einer „demokratischen Signorie“ eingestellt. Der „beste Bürger“, das soll nach dem Rat Cosimos — Piero der Sohn ist krank, einem frühzeitigen Tod geweiht — der Enkel Lorenzo werden, in ihm sollen sich alle „ornamenta“, alle bürgerlichen Tugenden sammeln. Ein „grave pondus“ der Verantwortung wird auf ihm lasten (f. 33), er soll das Vaterland „imperio, agris, honestis, vectigalibus“ als „bester Bürger“ fördern, es vor Tyrannei schützen (f. 30). Vieles von diesen Ratschlägen entspricht den Vorstellungen Platinas in seinem Fürstenspiegel (De principe), den ich bereits im Rahmen des Themas „Staatsräson und Machiavelli“ vorgestellt habe (Machiavelli und der Machiavellismus, Hist. Jahrb. 89, 1969, 372 ff. mit einem Exkurs über Platina). Die stoische Grundhaltung (stoicorum mos) wird als Leitlinie betont: Die „recta ratio“ gegen alle „intemperantia“, prudentia, modestia, moderantia, Ablehnung aller astutia, asketische Amtsführung, altrömische, an zahlreichen Beispielen illustrierte Strenge und Opferbereitschaft (u. a. f. 30). Hier spricht der Geist der römischen Akademie um Pomponius Letus.

In der Rangordnung der politischen und sozialen Werte haben wir zunächst die Religion. Hier wendet sich Platina entschieden gegen jeden Aberglauben: Totenkult, Altweibermärchen, Heuchelei, die nur schwer zu durchschauen ist und die von aufrichtiger Religion wegführt. Das geht sicher auf die religiöse Praxis seiner Zeit. Notwendig ist es, zur „reinen und heiligen Religion“ zurückzukehren, zu einem Christentum, das den Menschen zur wahren Tugend führt. Hier spricht der Verfasser der Papstgeschichte, des „Liber de vita Christi et omnium pontificum", in dem die Päpste am Leben Christi gemessen werden (Aspekte des Humanismus S. 104 f.). Der Religion folgt in der sozialen Wertordnung die Liebe zur Familie und zum Vaterland. Im Blick auf die Vaterlandsliebe fällt dann das Wort: Freiheit. „Aber da von der Natur her alle die Freiheit lieben, die darin besteht, leben zu können, wie du willst, mußt du dafür sorgen, daß unser Vaterland nicht von Tyrannen unterdrückt wird" (f. 30, 30 v).

Mit dem Denkmotiv der Freiheit eines Gemeinwesens beginnt eine Thematik, die über den Bereich einer Regierungsanweisung hinaus und in eine neue Sinnebene führt: „De optimo cive" als Bürgerschrift. Das heißt, der Traktat ist zweischichtig konzipiert und zu lesen, die zweite tiefere Schicht tritt unter den Anweisungen zur Mediciherrschaft schon hervor, wenn man an den Titel des Traktats denkt. Cosimo und Laurentius sind nicht „principes" und werden nicht als Fürsten beschrieben und angeredet — was sehr wohl hätte sein können — sie sind nur „cives". Die Medici sind und sollen sein: Bürger der Stadt Florenz. Position und Funktion ergeben sich nicht aus den Kriterien monarchischer Herrschaft, Gottesgnadentum und Geblütsheiligkeit, sondern aus bürgerlicher Existenz und Verantwortung. Sie ergeben sich auch nicht aus Usurpation der Macht, aus unrechtmäßigem Streben nach Herrschaft. Platina erinnert an das altrömische Gesetz gegen das Erschleichen von Macht (lex ambitus), es wurde zum Schweigen gebracht, als Rom die Freiheit verlor (f. 33 v). Ein unübersehbarer Hinweis auf das dem Traktat zu Grunde liegende Ideal der Regierung des „besten Bürgers". Herrschaft soll nicht „ad unum omnino", gänzlich auf Einen, kommen, wie es in Rom dann geschah. Bei Augustus nahm die Alleinherrschaft den Anfang (hinc coepit initium; f. 33 v). Aber Augustus herrschte noch mit Maß (modestia), er behielt noch viele im Amt und suchte jeder ambitio und arrogantia vorzubeugen. In einem freien Staat (libera respublica) soll daher der den ersten Platz einnehmen, „der seinen Begierden zu befehlen weiß, seine Lüste zügelt, Wollust verachtet, den Zorn zähmt, die Geldgier im Zaum hält, und die übrigen Mängel des Geistes zurückdrängt" (f. 33 v). Herrschaft des „besten Bürgers" wächst aus der politischen und moralischen Qualifikation.

Um die Volksrepublik (popularis respublica), oder vielleicht genauer: um die Republik der Popularen, d. h. der Mittel- und Unterschicht, die in Florenz die politische Reform gegen die Geschlechter erkämpfte und vertrat, vor Tyrannei zu schützen, solle Lorenzo die Gleichheit der Rechte und die Wahrung der Pflicht (aequalitas et officium) sicherstellen. Dazu gehörten drei Bedingungen: Freiheit, Wohlstand und Tugend (f. 30 v). Freiheit wieder an erster Stelle. Sie wird nochmals definiert als: „potestas vivendi ut velis", eine radikal „liberale „Wortdeutung, die in diesem Kontext und in die Praxis übertragen, revolutionär wirken mußte. Platina zieht jedoch keine derart umstürzenden Folgerungen, er beläßt es bei der Definition, die auch als solche effizient genug ist, und nennt zwei Feinde der Freiheit: Äußere und Innere. Innere Feinde sind diejenigen, die mit ihren „eigentes divitias" sich Anhang verschaffen, die Macht erobern, Zwietracht säen, die Menge gegen die nobilitas aufhetzen und dann ihre Tyrannei, wie im alten Griechenland die Tyrannen, errichten. Das geht nicht nur gegen die Albizzi und die Verbannung Cosimos, sondern enthält auch eine unüberhörbare Warnung an die Medici selbst, die ja bereits zur ersten Finanzdynastie geworden sind. Freiheit, ein Wesenszug der Volksrepublik, kann nur durch Wahrung der Rechte aller (aequalitas) und des officium, der Pflicht, worin auch die Funktion der öffentlichen Organe zu verstehen ist, gesichert werden. Wohlstand (divitiae) liefert die materielle Sicherung, Tugend bedeutet das soziale und politische Gesamtverhalten. An ihr mißt sich die Verantwortung, sie zeichnet den Bürger aus, sie qualifiziert alle, die im Staat Verantwortung tragen, angefangen beim „besten Bürger".

Die tragende Bedeutung der virtus wird markant bei den Ausführungen Platinas zur nobilitas und zu den magistratus. Adel, Nobilität, ist für ihn grundsätzlich gegründet in der vera nobilitas, dem Tugendadel, wie er in „De vera nobilitate“ ausführt (f. 22 ff.). „Vera nobilitas non aliunde quam ex virtute oritur“, sie ist, den Stoikern zufolge ein „Glanz“, der eben aus der virtus stammt. Wenn dem so ist, wie kann dann der ein „nobilis“ sein, der ungebildet und unerzogen, sich der Unmäßigkeit, Treulosigkeit und dem Müßiggang hingibt? Obwohl er als nobilis bezeichnet wird, bleibt er ein Tagedieb und Taugenichts. Wer sich dagegen beherrscht, vernünftig handelt und bescheiden lebt, der ist ein wirklich Adliger, auch wenn er aus der untersten Schicht stammt. Man solle nicht die Natur schelten, daß sie die einen zu nobiles die andern zu ignobiles schaffe. Die Natur gibt allen die gleiche Fähigkeit zum Maßhalten (aequale temperamentum), sie achtet nicht auf Geschlecht, Macht und Reichtum. Vernunft ist den Kindern einfacher Leute, wie Fürsten- und Königskindern gegeben, auch wenn die einen in Purpur und Palästen, und die andern „zumeist“ in Lumpen und kleinen Katen geboren werden. „Virtutes certe et vitia faciunt, ut alter altero nobilior sit.“ Eine Sprache, die zu denken gibt. Platina wird noch schärfer: Entweder solle es überhaupt keine nobilitas geben, oder nur die sollen „vere nobiles“ sein, die durch Geist, Bildung, Tüchtigkeit, Großherzigkeit, durch Tapferkeit und Klugheit sich auszeichnen. Das ist nun unverhohlene Kritik an der Feudalgesellschaft, im Grunde wird die Forderung einer Korrektur der auf geburtsständischer Privilegierung aufgebauten Sozialstruktur angedeutet, wenn nicht gar, zumindest konzeptionell die Abschaffung der privilegierten Position ererbter Titel offen gelassen wird.

In „De optimo cive“ nimmt Platina die Konzeption der „vera nobilitas“ ausdrücklich auf (f. 37: „ex vera nobilitate, de qua antea diximus“). Dieser Verweis fällt im Rahmen seiner Darlegung über die führende Gruppe im Staat. Wie nur der tugendhafte „beste Bürger“ den ersten Platz einnehmen soll, so gelten die ethischen Kriterien auch für die Magistrate und für die Nobilität. „Non ex quovis genere hominum, licet popularis sit status noster, sed ex vera nobilitate, de qua antea diximus“ solle die Wahl des Regierenden und der Mitverantwortlichen erfolgen. Das enthält einerseits eine Spitze gegen die Forderung, daß unbedingt Leute „infimae sortis“ an die Spitze sollen, wie manche wollen — offenbar gab es solch revolutionäre Forderungen — andererseits bedingt es eine mögliche Bevorzugung aristokratischer Kreise. Platina gesteht denn auch zu, daß ein Konsens darüber bestehe, daß Leute höherer Abkunft staatserfahrener seien (f. 37). Eine Konzession, gewiß, aber sie ist nur sekundären Rangs, denn erste Grundbedingung bleibt die vera nobilitas, die eben an der gleichen Stelle und zuvor als Voraussetzung genannt ist. Der Tugendadel, der durch ingenium, ratio, virtus erworben wurde, schafft die soziale und politische Qualifikation. An einer Stelle (f. 39) heißt es sogar: „Qui sibi nobilitatem manu et ingenio pepere“, sie sollen Ämter übernehmen. Ausdrücklich wird hier die Handarbeit, das Handwerk neben der geistigen Fähigkeit, neben der gebildeten Schicht genannt. Der Handarbeiter als ein „vere nobilis“. Er kann auch wenn er „infima sorte“, der niedersten Schicht, entstammt, durch sein Verdienst ein Adliger sein und damit für Führungsaufgaben geeignet sein. Zwischen Adelsprivilegien und Herrschaft der niedersten Schichten gilt, wie in allen Lebenslagen das Gesetz der „mediocritas“ (f. 39), der gesunden Mitte und des Maßhaltens.

Das bürgerliche Gemeinwesen, das sich in „De optimo cive“ herausschält, ist ein Gebilde, in dem die Besten, die Aristokratie der Tugend und des Geistes regieren. Sein Gegenbild kann man in der maroden Nobilität und dem Gemeinwesen finden, das sich in der Tierfabel des Reinke de Vos darbietet. In der Mitte dieser Feudalität agieren der unfähige König Nobel und sein Bannerherr, der räuberische Fuchs, umgeben von Torheit, Gier, Zynik und Lüsternheit. Platinas Volksrepublik, mit dem „besten Bürger“ an der Spitze, der vera nobilitas als leitender Schicht, stellt ein Ideal dar, in dem sich altrömische Nostalgie mit den konkreten Wünschen des Humanisten Platinas und seines Kreises in Rom verbinden. Seine Konzeption der politischen und sozialen Freiheit im Sinne der „Möglichkeit und Fähigkeit zu leben, wie man will“ gehört sicher in die Geschichte der Reflexion über Freiheit und markiert einen Schritt in der Freiheitsgeschichte des Abendlandes.

BIBLIOGRAPHIE

(In Auswahl. Weitere Angaben in den Anmerkungen)

Adam, A., Arbeit und Besitz nach Retherius von Verona, Freiburger theol. Studien, 31, Freiburg, 1927.

Alberigo, G., Chiesa conciliare, Testi e ricerche di Scienze religiose, 19. Brescia, 1981.

Arnold, Kl., „Oberrheinischer Revolutionär" oder „Elsässischer Anonymus"?, Arch. für Kulturgesch. 58, 1976, 410—431.

Arnold, Kl., Niklashausen 1476, Baden-Baden, 1976. — Saecula Spiritalia 3.

Bader, K. S., Das mittelalterliche Dorf als Friedens- und Rechtsbereich, I, Weimar, 1957, II: Dorfgenossenschaft und Dorfgemeinde, Köln, 1962.

Badewien, J., Geschichtstheologie und Sozialkritik im Werk Salvians von Marseille, Göttingen 1980.

Boesch, B., Lehrhafte Literatur, Grundlagen der Romanistik, 21, Berlin, 1977.

Borst, H., Lebensformen im Mittelalter, Frankfurt 1973.

Bosl, K., Frühformen der Gesellschaft, München 1964.

Bosl, K., Der „Adelsheilige", in: Speculum historiale, Festschrift J. Spörl, 167—187, München 1965.

Bosl, K., Leitbilder und Wertvorstellungen des Adels von der Merowingerzeit bis zur Höhe der feudalen Gesellschaft, Bayer. Ak. der Wiss. Phil.-hist. Klasse, 1974.

Bosl, K., Mensch und Gesellschaft in der Geschichte Europas, München, 1972.

Bosl, K., Gesellschaftsgeschichte Italiens im Mittelalter, Monographien zur Geschichte des Mittelalters 26, Stuttgart 1982.

G. v. Bredow, Platonismus im Mittelalter, Freiburg, 1972.

Brockmeyer, N., Arbeitsorganisation und ökonomisches Denken in der Gutswirtschaft des römischen Reiches, Diss. Bochum 1968.

Brockmeyer, N., Sozialgeschichte der Antike, Köln, 1972.

Brie, F., Thomas Morus der Heitere, Englische Stud. 71, 1936, 27—57.

Brie, F., Machtpolitik und Krieg in der Utopia des Thomas More, Hist. Jahrb. 61, 1941, 116—137.

Bumke, J., Studien zum Ritterbegriff, 2., Heidelberg 1977.

Chiese nelle società, Cronache Teologiche, Torino, 1980.

Claude, D., Topographie und Verfassung der Städte Bourges und Poitiers bis in das 11. Jahrhundert, Hist. Stud. 380, Lübeck, 1960.

Conrad, H., Deutsche Rechtsgeschichte, I/II, Karlsruhe 1962.

Czok, K., Die Bürgerkämpfe in Süd- und Westdeutschland im 14. Jahrhundert, Die Stadt im Mittelalter, Darmstadt, 1976, III, 303—344.

Döllinger, J. v., Beiträge zur Sektengeschichte des Mittelalters, I/II, Darmstadt, 1968.

Dopsch, A., Wirtschaftliche und soziale Grundlagen der europäischen Kulturentwicklung, 1923/1924.

Duby, G., Les trois ordres ou l'imaginaire du féodalisme, Paris 1978.

Duby, G., Le chevalier, la femme et le prêtre, Paris 1980.

Dutton, P. E., Illustre civitatis et populi exemplum, Mediaeval, Studies, XLV, 1983.

Engelmann, E., (Herausgeb.), Städtische Volksbewegungen im 14. Jahrhundert, Berlin 1960.

E. Ennen, Frauen im Mittelalter, München, 1984.

Espinas, G., Les origines du droit d'association dans les villes d'Artois et de la Flandre francaise, 1941.

Fechter, J., Adel und Volk, Studien über das Verhältnis des Klosters zu den Ständen, Diss. Tübingen 1966.

Fleckenstein, J., Herrschaft und Stand, Untersuchungen zur Sozialgeschichte im 13. Jahrhundert, Veröffentl. des Max-Planck-Instituts für Geschichte, 51, 1977.

Gewirth, A., Marsilius of Padua the Defender of peace, I, II, 1951/1956.

Gewirth, A., Republicanism and Absolutism in the Thought of Marsilius of Padua, Medioevo, V, 1979, 23—48.

Le Goff, J., Pour un autre moyen-âge, Paris 1977.

Le Goff, J., Métiers licites et illicites dans l'occident médiéval, Annales des l'école des Hautes Etudes de Gand, V, 1963.

Le Goff, J., Métier et profession d'après les manuels de confesseurs au moyen-âge, Misc. Mediaev. 3. Berlin, 1964, 44—60.

Le Goff, J., Quelle conscience l'université médiévale a-t-elle d'elle même?, Misc. Mediaev., 3, Berlin 1964, 15—29.

Graus, F., Volk, Herrscher und Heilige im Reich der Merowinger, Prag, 1965.

Graus, F., Die Randgruppen der städt. Gesellschaft im Spätmittelalter, Zschrft. für histor. Forschung, 8, 1981, 385 ff.

Graus, F., Ketzerbewegungen u. soz. Unruhen, ebda, 1, 1974, 3 ff.

Harding, A., Political Liberty in the Middle Ages, Speculum 55, 1980, 423 ff.

Hashagen, J., Spätkarolingische Soziallehren, Dtsch. Vierteljahresschr. für Literaturwissenschaft und Geisteswiss. 17, 1939, 301—311.

Hilton, R., Class Conflict and the crisis of feudalism, London 1984.

Hoffmann, H., Gottesfriede und Treuga Dei, Schriften der MGH, 20, Stuttgart 1964.

Hünermann, F. J., Die wirtschaftsethischen Predigten des Hl. Bernhardin von Siena, Diss. Münster i. W. 1939.

Kaminsky, H., A history of the Hussite Revolution, Berkeley, 1967.

Kaser, M., Römisches Privatrecht II, Die nachklassischen Entwicklungen, München 1975.

Keller, H., „Adelsheiliger" und Pauper Christi in Ekkeberts Vita Sancti Haimeradi, Adel und Kirche, Festschrift G. Tellenbach, Freiburg, 1968.

Keller, H., Die soziale und politische Verfassung Mailands in den Anfängen des kommunalen Lebens, HistZeitschr. 211, 1970, 34—64.

Kölmel, W., Wilhelm Ockham und seine kirchenpolitischen Schriften, Essen 1962.

Kölmel, W., Regimen Christianum, Berlin, 1970.

Kölmel, W., Aspekte des Humanismus, Aevum Christianum 14, Münster, 1981.

Kölmel, W., L'Epoca imperiale: Da Carlo Magno all riforma gregoriana, in: Chiese e società, Torino, 1980, 41—69.

Kölmel, W., Antike Wortkunst und neue Denkkunst, Die Dialektik des 11. Jh., und ihr Verhältnis zur Antike und Scholastik, Actas del V Congreso internacional de Filosofia medieval. I/II, Madrid, 1979 II, 863—871.

Kölmel, W., Das Naturrecht bei Wilhelm Ockham, FranzStud. 35, 1953, 39—85.

Kölmel, W., Voluntaristische Tendenzen im Rechtsdenken Wilhelm Ockhams und der via moderna, Österr. Ztsch. für öff. Recht, 25, 1974, 217—246.

Kölmel, W., Von Ockham zu Gabriel Biel, FranzStud. 37, 1955, 218—259.

Kölmel, W., Wilhelm Ockham — der Mensch zwischen Ordnung und Freiheit, Misc. Mediaev. 3, 1964, 204—224.

Kölmel, W., Paupertas und potestas. Kirche und Welt in der Sicht des Alvarus Pelagius, FranzStud. 46, 1964, 57—101.

Kölmel, W., „A Deo sed per homines" in: Festgabe V. Heynck, FranzStud. 48, 1966, 277—302.

Kölmel, W., Apologia pauperum, Die Armutslehre Bonaventuras da Bagnoregio als soziale Theorie, Hist. Jahrb. 94, 1974, 46—68.

Kölmel, W., Labor und potestas bei Bonaventura, in: San Bonaventura maestro di vita francescana e die sapienza cristiana, Atti del congresso internazionale per il VII centenario di San Bonaventura da Bagnoregio, II, Rom 1976, 569—582.

Kölmel, W., Menschliche Existenz in der Sicht des Augustinereremiten und Humanisten Aurelio Brandolini, in: Secundum regulam vivere, Festschrift, N. Backmund, Windberg 1978, 321—334.

Kölmel, W., „Freiheit — Gleichheit — Unfreiheit" in der sozialen Theorie des späten Mittelalters, Misc. Mediaev. 12, 2, Berlin 1980, 389—407.

Kölmel, W., „Universitas civium et fidelium": Kriterien der Sozialtheorie des Marsilius von Padua, in: Medioevo V, 1979, 49—80.

Kroeschell, K., Deutsche Rechtsgeschichte, 1, 2, Hamburg 1973.

Kuchenbuch, L., Bäuerliche Gesellschaft und Klosterherrschaft im 9. Jahrhundert, Studien zur Sozialstruktur der Familia der Abtei Prüm. Vierteljahresschrift für Soz.- u. Wirtschaftsgeschichte, Beiheft 66, Wiesbaden 1978.

Kuhn, A. / Ketsch, P., Frauen im Mittelalter, I, II, Düsseldorf 1983/84.

Lagarde, G. de, La naissance de l'esprit laique au déclin du moyen-âge, I—V, 3., 1956 ff.

Lambert, M. D., Ketzerei im Mittelalter, München 1977.

Laughlin, E. M., Les femmes et l'hérésie mediévale, Concilium, 1976, 73—90.

Linck, E., Sozialer Wandel in klösterlichen Grundherrschaften des 11.—13. Jahrhunderts, Veröffentl. des Max-Planck-Instituts für Geschichte 57, Göttingen 1978.

Lokrantz, M., L'opera poetica di S. Pier Damiani, Acta Universitatis Stockholmiensis, XII, Stockholm, 1964.

Mager, W., Die Entstehung des modernen Staatsbegriffs, Mainz 1968.

Macek, J., Die hussitische revolutionäre Bewegung, Berlin 1958.

Manteufel, Th., Naissance d'une hérésie, Paris, 1963.

Manz, L., Der Ordo-Gedanke, Ein Beitrag zur Frage des mittelalterlichen Ständegedankens, Diss. 1936, Heidelberg.

Marsilio da Padova, Convegno Internazionale, 1980, in: Medioevo, V, VI, 1979 (Beiträge von: Billanovich, Gewirth, Quillet, Rubinstein, Gogacz, Vasoli, Centile, Struve, Ullmann, Damiata, Miethke, Piaia u. a.).

Maschke, E., Die Unterschichten der mittelalterlichen Städte Deutschlands, in: Die Stadt im Mittelalter, III, Darmstadt 1976.

Medieval Women, ed. by Derek Baker, Oxford 1978.

Merzbacher, F., Die Bedeutung von Freiheit und Unfreiheit im weltl. und kirchl. Recht des deutschen Mittelalters, HistJahrb. 90, 1970, 257—283.

Michaud-Quantin, P., Aspects de la vie sociale chez les moralistes, Misc. Mediaev. 3, 1964, 30—43.

Michaud-Quantin, P., La concscience d'être membre d'une universitas, Misc. Mediaev. 3, 1—14.

Michaud-Quantin, P., Universitas, Paris, 1970.

Miethke, J., Ockhams Weg zur Sozialphilosophie, Berlin 1969.

Misch, M., Apis est animal-apis est ecclesia, Europ. Hochschulschriften 107, Frankfurt, 1974.

Mollat, M., Die Armen im Mittelalter, München, 1984.

Morewedge, R. T., (Ed.) The role of woman in the middle ages, New York, 1975.

Müller, R. A., Der Arzt im Schachspiel bei Jakob von Cessolis, München 1981.

Nehlsen, H., Sklavenrecht zwischen Antike und Mittelalter, Göttinger Studien zur Rechtsgeschichte, 7, Göttingen 1972.

Mehlsen von Stryk, K., Die boni homines des frühen Mittelalters, Berlin, 1981.

Oexle, O. G., Die funktionale Dreiteilung der „Gesellschaft" bei Adalbero von Laon, Frühmitt. Stud. XII, 1978.

Pelzer, A., L'oeconomica de Conrad de Megenberg retrouvée, Revue d'hist. eccl. 45, 1950, 559—568 (mit Beschreibung des Finders der Handschrift Th. Kaeppeli, S. 569—616).

Pernoud, R., La femme au temps des cathédrales, Paris 1980.

Pöhlmann, R. v., Geschichte der sozialen Frage im Altertum, I, II, München, 1925.

Post, G., Studies in Medieval Legal Thought, Princeton, 1964.

Power, E., Medieval women, Cambridge 1975 (ed. M. M. Postan).

Quillet, J., La philosophie politique de Marsile de Padoue, Paris 1970.

Schirmer, E., Mystik und Minne, Berlin 1984.

Schmugge, L., Kirche und Gesellschaft im Hochmittelalter, Jahresbericht der Görres-Gesellschaft, Köln 1977, 63. 82.

Schreiner, Kl., Sozial- und standesgeschichtliche Untersuchungen zu den Benediktinerklöstern im östlichen Schwarzwald, Stuttgart 1964.

Schulte, A., Der Adel und die deutsche Kirche, Kirchenrechtl. Abh. 63, 1910.

Schultz, J., Atto von Vercelli, Diss. Göttingen 1888.

Schwer, W., Stand und Ständeordnung im Weltbild des Mittelalters, Paderborn, 1934.

Seibt, F., Hussitica, Köln, 1965.

Seibt, F., Utopica, Düsseldorf, 1972. — Revolution in Europa, München, 1984.

Selge, K. V., Die ersten Waldenser, Berlin 1967.

Seyfarth, W., Soziale Fragen der spätrömischen Kaiserzeit im Spiegel des Theodosianus, Berlin, 1969.

Shahar, Sh., Die Frau im Mittelalter, Königstein, 1981.

Southern, R. W., Kirche und Gesellschaft im Abendland des Mittelalters, Berlin, 1976.

Sprandel, R., Verfassung und Gesellschaft im Mittelalter, Paderborn 1975.

Sprandel, R., Mentalitäten und Systeme, Hamburg, 1979.

Stahleder, H., Zum Ständebegriff im Mittelalter, Zeitschr. für Bayer. Landesgeschichte, 35, 1972, 523—570.

Stahleder, H., Arbeit in der mittelalterlichen Gesellschaft, Misc. Bavaria Monacensia, 42.

Sternagel, P., Die artes mechanicae im Mittelalter, Münchener Hist. Stud. II, Kallmünz, 1966.

Steynitz, J. von, Mittelalterliche Hospitäler der Orden und Städte als Einrichtungen der sozialen Sicherung, Diss. Köln, 1969.

Struve, T., Die Entwicklung der organologischen Staatsauffassung im Mittelalter, Monographien zur Geschichte des Mittelalters, 16, Stuttgart, 1978.

Struve, T., „Vita civilis naturam imitetur", Hist. Jahrb. 101, 1981, 341—361.

Struve, T., Bedeutung und Funktion des Organismusvergleiches in den mittelalterlichen Theorien von Staat und Gesellschaft, Misc. Mediaev. 12, 1, Berlin, 1979, 144—161.

Stürner, W., Die Gesellschaftsstruktur und ihre Begründung bei Johannes von Salisbury, Misc. Mediaev. 12, 1, 162—178.

Stürner, W., Natur und Gesellschaft im Denken des Hoch- und Spätmittelalters, Stuttgart 1975.

Ulbrich, Cl., Leibherrschaft am Oberrhein im Spätmittelalter, Göttingen 1979.

Ullmann, W., Individuum und Gesellschaft im Mittelalter, Göttingen 1974.

Ullmann, W., Principles of Government and Politics in the Middle Ages, London 1961.

Ven, F. v. d., Sozialgeschichte der Arbeit I—III, 1972.

Vittinghoff, F., Die Bedeutung der Sklaven für den Übergang von der Antike ins abendländische Mittelalter, HistZeitschr. 192, 1961, 265—272.

Vittinghoff, F., Die Theorie des historischen Materialismus über den antiken Sklavenhalterstaat, Saeculum, 11, 1960, 89—131.

Weidemann, M., Kulturgeschichte der Merowingerzeit nach den Werken Gregors von Tours, Mainz 1982.

Wehlen, W., Geschichtsschreibung und Staatsauffassung im Zeitalter Ludwig des Frommen, Hist. Stud. 418, Lübeck, 1970.

Weinacht, P. L., Staat, Beiträge zur Pol. Wiss., 2, Berlin 1968.

Werner, E., Pauperes Christi, Leipzig, 1956.